沖縄の基地移設と地域振興

高橋 明善

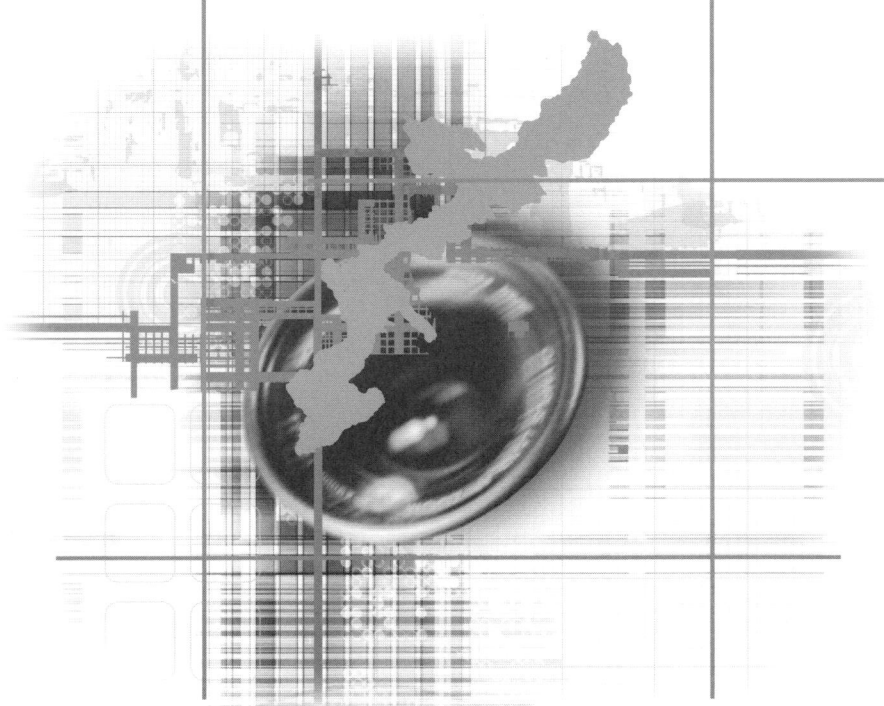

日本経済評論社

　　　　　　　　　は　し　が　き

　ここ 10 年余りの間沖縄に足を踏み入れることが多かった．きっかけは，文部省科学研究費による沖縄研究である．その間 90〜91 年度（研究代表者山本栄治），96〜98 年度（研究代表者高橋明善）の 2 度の研究費を交付された．幸い 2000 年度からまた研究費の交付を受けることになった．新しい研究に出発するにあたって 1 つの区切りとして，ここにこれまでの成果を公刊したいと思う．本書の刊行後もしばらく，沖縄の共同研究は続くのであり，また，その後も私は 70 歳をこえることになろうが，沖縄との付き合いを続けたいと思っている．だから，本書は私の研究の中間報告だと考えている．過去の研究経過については，本書第Ⅰ部「序論」を参照されたい．
　第Ⅰ部「沖縄ヤンバル地域の社会変動と海上ヘリ基地問題」は，筆者編の同名の「研究成果報告書」（東京国際大学社会研究室刊，1999 年）に筆者が執筆した部分に多少の修正を加えたものである．99 年 4 月までの時期を対象にしている．第Ⅱ部「基地移設と地域振興」は，今回新たに執筆したものであり，それ以後 2000 年 10 月半ばまでの沖縄の動きをふまえている．第Ⅲ部「沖縄研究フィールドノート」の第 1 章の「沖縄における介護保険と高齢者福祉」は別途研究費により（注参照），介護保険実施を控えた昨年（1999 年）末から，今年初めにかけて行なった調査報告の結果を再録したものである．第 2 章は最初の研究費調査の報告書「沖縄の都市と農村」（山本栄治・高橋明善・蓮見音彦編，東京大学出版会，1995 年）に所収した論文の 1 つの再録である．この書での私の調査フィールドは北部農村大宜味村と，しばしば沖縄の自治と内発的発展のモデルとされ，SACO 合意で基地の一部返還の見通しがついた読谷村であり，北部振興や，基地移設をテーマとする本書の内容にふさわしいと思われるが，本書の紙数の関係で，読谷村の調査報告のみを収録した．
　第Ⅰ部と第Ⅱ部は，執筆時期が近いので，書き下ろしに近いが，激動する基地問題と地域振興策の流れの中で内容に多少のずれがあるかもしれない．第Ⅲ

部第1章「沖縄における介護保険と高齢者福祉」は，調査目的は違うが，経済振興を中心とする沖縄振興策を別の視点から考えてみたいと思って引き受けた研究の成果である．

1999年の「科学研究費報告書」所収の，沖縄農村集落と前記大宜味村の調査報告は，残念ながら，本書に収録できなかった．近く，ジャワ，中国，沖縄，日本農村の比較に関する研究書を刊行する予定であるので参照して頂きたい．

第Ⅰ部，第Ⅱ部を通して研究は地元紙『沖縄タイムス』の記事に負うところが多い．研究費報告書には，99年4月までの詳細な年表を掲載している．99年5月からの分析のためにも，別途に詳細で，膨大な量になる基地と地域振興に関する年表を作成している．

しかし，紙数の関係もあり，本書に掲載したのはそれらの一部だけである．報告書には余部があるのでお申し出頂ければ提供できると思う．また，99年4月以降の年表は，2001年3月刊行の，「科学研究費報告書」に掲載するつもりである．参考にされたい．

研究は『沖縄タイムス』を中心に作成した年表に基づき，現地で確認，再追跡した場合が多い．だから本文の中では，事実説明にあたって，特別の但し書きがついていない限り，多くは同紙の報道によると思って頂きたい．可能な限り事件の起こった年月日を明示した．9.8.30は1999年8月30日の略であり，0.8.30は2000年8月30日の略である．報道された月日は，当日の夕刊か翌日付けの朝刊であることが多い．外国報道などは，遅くなる場合もしばしばである．確認されたい人は，同紙のホームページで検索されたい．

この報告書のためには，沖縄の数多くの方々，共同研究者のお世話になっている．名前を挙げることはしないが，1人1人に心から感謝の気持ちを捧げたい．特に個人的にも面識のある人の多い沖縄タイムス社には社名を記して，感謝したいと思う．同紙がなければ，ここまで，詳細に事実経過を追うことは到底できなかったであろう．

この報告書をほぼ完了した時，少年時代から私を父親代わりに支えてくれた，84歳の長兄が病の床に臥した．昨年春私にとって母親代わりであった義姉をなくして以来，1人暮らしであった．島根県奥出雲の山の中で，郷土の振

興を願いつつ,郷土史研究,玉はがねのたたら研究や文化振興に大きな功績を残した長兄の長寿を祈って本書を届けたいと思う.

　本書の刊行にあたっては,日本経済評論社ならびに,直接の実務,編集,等にご尽力頂いた宮野芳一氏に大変にお世話になった.厚く感謝したい.

　本書の出版には,2000年度科学研究費補助金(研究成果公開促進費)の交付を日本学術振興会から受けている.

(2000年10月記)

(注)　黒柳晴夫編「沖縄県ヤンバル地方の高齢者の保険福祉に関する研究事業報告書」財団法人長寿社会開発センター委託事業,2000年3月.

目　次　　沖縄の基地移設と地域振興

第Ⅰ部　ヤンバル地域の社会変動と海上ヘリ基地問題

序　論　生活世界・システム世界・公共世界と地域……………………3

第1章　沖縄と名護の社会経済変動 ………………………………13
 1　沖縄における格差問題 …………………………………13
 2　人口と産業の動向 ………………………………………21
 3　県民所得の地域別比較 …………………………………26

第2章　基地と自治体行財政 ………………………………………29
 1　基地面積と軍関係収入 …………………………………29
 2　基地収入と名護市財政 …………………………………29
 3　基地収入の詳細 …………………………………………39
 4　公共施設の整備水準 ……………………………………42

第3章　戦後50年，基地縮小・返還を求める沖縄の新しいうねり …47
 1　日米安保体制の下での市民投票と住民自治 …………47
 2　名護市の戦争経験——生活知の背景 …………………49
 3　日米安保再強化への懸念と基地利用代理署名問題(1995年)…54
  1)　戦後50年と安保再定義　54
  2)　基地再契約と少女暴行事件　55
  3)　日米政府の硬軟両面対応と基地の不法占拠状態化　57
 4　普天間基地全面返還合意とSACO報告（1996年）……60
  1)　普天間基地返還と安保再定義　60
  2)　最高裁訴訟と県民投票　61
  3)　移設候補地と市町村の反対　64
  4)　SACOの最終報告　66

第4章　名護市の海上ヘリ基地反対運動と地域振興 …………………69
　1　海上ヘリ基地反対運動と市民投票（1997年）……………………69
　　1）　海上ヘリ基地と事前調査　69
　　2）　市民投票　77
　　3）　市長の基地受け入れ表明　96
　2　市長選挙と知事の基地反対声明（1998年）……………………100
　　1）　政府と県知事・名護市民の綱引き　100
　　2）　市長選の対立点と知事の基地反対表明　102
　　3）　岸本市政誕生の波紋　106
　3　反対派の市民グループについて ……………………………107
　　1）　二見北十区の会　107
　　2）　命を守る会と辺野古区・久志区　109
　　3）　反対協議会の再組織化　113
　　4）　女性グループ　114
　　5）　市民の会　117
　4　比嘉名護市長と大田知事 ……………………………………119
　　1）　比嘉市長による事前調査の受け入れ　119
　　2）　大田県知事闘いの経過　123

第5章　稲嶺県政と基地問題 ………………………………………125
　1　参議院選挙と市議会選挙 ………………………………………125
　2　県知事選挙と基地問題 …………………………………………126
　3　普天間基地の移設問題 …………………………………………130
　4　那覇軍港，読谷飛行場移設問題 ………………………………135

第6章　振興計画とまちづくり ……………………………………141
　1　国・県・地域の上位計画 ………………………………………141
　　1）　第3次沖縄振興開発計画　142
　　2）　自然交響都市圏の創造　145
　　3）　国際都市形成構想　146

2　名護市のまちづくりのコンセプトとその変化 …………………149
　　　　1)　逆格差論からの出発　149
　　　　2)　名護市のまちづくりの諸計画　153
　　　　3)　名護市総合計画　154
　　　　4)　まちづくりのコンセプトの変化　156
　　3　都市づくりの将来ビジョン ……………………………………166
　　4　人口・農業から見た名護市の地域変動 ………………………168
　　　　1)　名護市内の地域別変動　168
　　　　2)　農業の労働力吸収力の衰退　171
　　　　3)　農業基盤整備と農振地域　173
　　　　4)　逆格差論の再生――私的感想　175

第Ⅱ部　基地移設と地域振興

第1章　普天間基地移設受け入れと「県・地元の意思」 …………187
　　1　代替基地の受け入れ条件 ………………………………………187
　　　　1)　知事と市長の受け入れ条件　187
　　　　2)　政府方針と問題点　189
　　　　3)　政府方針と地元条件のずれ　191
　　2　国の主導か沖縄の意思か ………………………………………193
　　　　1)　「みずからの意思と責任」の強調　193
　　　　2)　「県・地元の意思」尊重と日米政府の圧力　194
　　　　3)　知事と名護市長　203
　　3　基地被害と日米地位協定の見直し問題 ………………………207
　　　　1)　基地被害年表　207
　　　　2)　県の日米地位協定見直し要求　217

第2章　基地移設と住民運動 ……………………………………221
　　1　移設候補地の選定と住民運動（1999年4月〜12月）…………221
　　　　1)　候補地選定をめぐる県内の運動　221
　　　　2)　名護市民と基地移設　225

2　候補地決定と市長リコール問題（2000年1月〜4月）……………230
　　　　1）　政府と県の動き　230
　　　　2）　名護市長と地元市民　232
　　　　3）　市長リコール運動　235
　　3　サミットと住民運動（2000年4月〜7月）……………………………239
　　　　1）　米軍被害事件の波紋と県民大会　239
　　　　2）　サミットを目指す運動　243
　　4　代替施設協議会の発足（2000年8月末〜10月）………………………253
　　　　1）　基地使用期限と日米地位協定見直し問題　253
　　　　2）　SACO合意の進捗状況とその他の基地問題　256

第3章　基地問題と沖縄振興……………………………………………………263
　　1　第3次沖縄振興開発計画総点検……………………………………………263
　　　　1）　経緯　263
　　　　2）　人口及び経済社会のフレーム　264
　　　　3）　沖縄振興開発の現状に関する基本認識の総括　268
　　2　政府と県の沖縄・北部地域振興策…………………………………………270
　　　　1）　振興策策定の流れ　270
　　　　2）　国・県計画の内容と具体化　273
　　　　3）　「沖縄経済振興21世紀プラン」　275
　　　　4）　北部振興並びに移設先及び周辺地域振興に関する基本方針　281
　　3　振興策の進展と第3次名護市総合計画……………………………………287
　　　　1）　沖縄と北部・名護振興策の進展　287
　　　　2）　第3次名護市総合計画　293

第4章　内発的発展と文化自立論………………………………………………299
　　1　庶民の目線にたって…………………………………………………………299
　　2　沖縄イニシアティブ…………………………………………………………300
　　3　経済主義的振興策……………………………………………………………303
　　4　外発的開発……………………………………………………………………305

5　福祉と人間の復権の場としての地域 ……………………………309
　　6　環境保全と農業 ……………………………………………………313
　　7　沖縄の心と文化自立論 ……………………………………………314
　　8　基地問題解決への願望と環境世論 ………………………………316

第Ⅲ部　沖縄研究フィールド・ノート

第1章　沖縄県における介護保険と高齢者福祉 ……………………321
　　1　長寿県沖縄における高齢者介護・福祉の特質 …………………323
　　　　1）　沖縄における高齢人口と世帯構成の特質　323
　　　　2）　高齢者福祉の現状と進捗状況　325
　　　　3）　社会福祉協議会と市町村の在宅サービス　332
　　2　介護保険の実施と高齢者福祉 ……………………………………338
　　　　1）　介護申請と認定上の問題　338
　　　　2）　介護保険料の徴収と抑制　343
　　　　3）　ケアマネージャーと介護計画の作成　344
　　3　介護保険の実施主体 ………………………………………………345
　　　　1）　介護保険を担う諸機関　345
　　　　2）　もう1つの高齢者福祉政策としての「介護予防・
　　　　　　生活支援事業」　347
　　　　3）　社協のホームヘルプ事業の危機　348
　　　　4）　保健・医療・福祉複合体と単機能施設　351
　　　　5）　基幹的介護支援センターと社協　353
　　　　6）　介護・福祉のネットワーク形成と区福祉センター　354
　　4　名護市の予算と介護・福祉計画 …………………………………358
　　　　1）　名護市の予算に見る介護保険の出発　358
　　　　2）　居宅サービスの遅れ　364
　　　　3）　施設福祉の後退　370
　　5　地域福祉の充実を目指して ………………………………………372
　　　　1）　名護市第2次あけみお福祉プラン（事案）から　372
　　　　2）　地域福祉の充実を目指して　375

6　シマの高齢者 …………………………………………………377
    1)　名護市東海岸久志区の高齢者と家族　378
    2)　北部過疎村大宜味村の高齢者　382
    3)　名護市辺野古区の高齢者　383

第2章　基地の中での農村自治と地域文化の形成 ……………387
  1　村 と 戦 争 ……………………………………………………387
    1)　沖縄を象徴する地域自治　387
    2)　戦前の読谷村　389
    3)　地域形成の原点　391
  2　読谷村の戦後産業構造の変動と内発的発展 ………………396
    1)　自然増を主とする人口増加　396
    2)　村を支える産業と内発的発展　397
  3　文化運動としての村づくりと農村自治 ……………………404
    1)　基地返還闘争の軌跡　404
    2)　基地の返還とともにある文化村づくり計画　405
  4　自治を支える字の構造 ………………………………………415
    1)　強力な字の自治組織　416
    2)　旧居住民ごとのつながりの維持　417
    3)　年令階梯制と地縁を基本とした組織化　417
    4)　団体単位での組織化と活動　418
    5)　字費負担における実質平等原理　419
    6)　伝統行事の合理化と字祭りによる伝統文化の保全再生　419
    7)　基地と字予算　420
    8)　基地をめぐる諸問題とインフォーマルな活動　421
  5　むらづくりの展望 ……………………………………………424

基地移設・北部振興問題年表 ………………………………………429
参 考 文 献 ……………………………………………………………467

第Ⅰ部　ヤンバル地域の社会変動と海上ヘリ基地問題

序　論　生活世界・システム世界・公共世界と地域

1　過去の研究からの経緯

　本研究は，1996〜98年度文部省科学研究費による「ヤンバル農村の社会文化変動」の研究として出発したものである．当初の目的は，名護市を中心に，沖縄ヤンバル社会の基礎構造とその変化を農村集落（「字」「部落」）を中心に研究しようとするものであった．

　本調査を企画した高橋は共同研究者山本英治氏らとともに『沖縄と都市と農村』（東京大学出版会，1995年）を刊行した．その際高橋は農村部を担当し，中部の中城郡読谷村と北部国頭郡大宜味村の調査研究を実施した．この調査において，沖縄の農村集落は内地農村に比しより強い自治機能を保持しており，内地以上に農村理解にとって基礎的な重要性をもつと考えられるにもかかわらず，従来の沖縄農村の研究は，親族組織や祭祀研究に傾斜し，それの総合的な実証的研究が乏しいこと，とりわけ，ヤンバル農村の研究が乏しいことを痛感したのであった．本研究は，当初，このことをふまえ，沖縄農村集落「字」「部落」の社会学的研究を，沖縄本島において，近時の変化がより乏しく古層をより多く残していると思われるヤンバル農村において行なうことを企図したものであった．

2　問題の展開

　しかし，調査研究に入ると間もなく，名護市には大きな事件が発生した．海上ヘリ基地問題である．沖縄振興計画における県の国際都市構想においてその心臓部に位置づけられる南部宜野湾市の中心部にある普天間基地の移転問題を，国は沖縄の望む県外移設によってではなく，名護市東海岸地域に海上ヘリ

基地を設置することによって解決しようとしたのである．この基地設置の是非をめぐって激越な住民運動が盛り上がったのである．

　高橋は30余年前の昭和40年前後の頃，日本の国家と巨大企業の連携による巨大地域開発計画が，歴史上初めて住民運動によって拒否された沼津市・三島市・清水町の住民運動に遭遇し調査研究を行なった経験をもっている．その際も今回と同じく，別の研究目的をもって調査を始めていたのであった．

　この運動に先立って「60年安保」の国民運動があった．この国民運動では，組合や政党などの組織的運動をこえて広範な市民が政治場面に登場してきたということが日本歴史上かってない画期的なことであった．長いものにまかれてきた大衆が，権力から自立した主体として現われ，連帯して自己主張するとともに権力に対立する存在として始めて現われてきたのである．しかし，この運動は，中央に収斂する運動であり，地方社会に独自の運動ではなかった．沼津・三島・清水町の運動は，日本社会における市民形成が地方社会にまで広がってゆくきっかけをなした運動であった．この運動の結果，巨大コンビナート建設という権力の政策は住民運動の批判によって挫折することになった．その後，地方社会において開発や公害反対の住民運動が燎原の火のように全国的に拡大していった．昭和40年代から50年代前半の時期はこうした住民運動に支えられて多くの革新自治体が誕生した．地方自治や民主主義，人権を基礎とした行政や政治が模索され，日本の政治文化が大きく代わっていったのである．後述の本稿の研究視点に照して言えば，システム世界における権力と資本の合理性と効率の論理が，生活世界から生み出され新しい公共性の論理によって修正変革を迫られざるを得なくなったのである．

　今回もまた偶然，権力の論理と正面衝突する住民運動に遭遇することになった．従属と差別の中におかれた沖縄は支配からの解放と基地反対運動の闘いを刻んできた歴史をもっている．それは単なる市民運動をこえ，権力とのきびしい緊張関係の中で人間の解放を求める島ぐるみの願いに支えられて展開された点において，内地には見られない特質をもっている．今回の運動も権力システムの中枢をなす日米安保体制に基づく基地に反対する沖縄の住民の運動であり．また，「住民投票」によって直接民主主義を通して生活世界の要求を支配システムにつきつける，新しい形態での運動である．住民投票は最近数年，産

廃施設，原発などにに反対する運動として展開されてきているが，名護市における運動は，国家システムの中枢に影響を及ぼす問題に対して，しかも日米関係が作り出してきた国際システムにまで地域住民が住民投票を通して異議申し立てを行なったという点で，特別の意義をもっているといえるだろう．それは全国の75％という米軍基地を押しつけられ，差別され続けた沖縄の住民世論をふまえての日本国家のみならず，日本国民全体への批判であり，反省を求める運動でもあるのである．日本の地域社会の変動に影響を及ぼしたあるいは及ぼすと見られる2つの運動に偶然遭遇した僥倖を考えながら，ヘリ基地反対運動にも焦点を合わせ本研究を行なうことにしたのである．

3 生活世界・システム世界・公共世界

以上の2つの課題に迫るための仮説的な方法と視点を提示しておくことにしよう．

J.ハーバーマスに従ってシステム世界と生活世界を区分する．前者は権力の合理性と資本の効率性，つまり目的―手段関係の合理性によって人々の行為調整が行なわれ，行為者に対して外的強制力をもつシステム統合として社会秩序が形成される領域である．後者は，日常世界において独自の背景知（たとえば，沖縄的伝統や文化，戦争経験など）を背景としながら，言語を媒介として「事実，正当性，誠実性の確認を行ないながら」行為の意味の相互了解と相互主観の形成によって行為調整が行なわれる領域である．この行為調整によって，システム世界の強制に対して，アイデンティティ，自律性・能動性・主体性をもつコミュニケーション的行為が展開され，社会統合としての社会秩序が形成される（ユルゲン・ハーバーマス『コミュニケーション的行為の理論（下）』未来社，1987参照）．

社会秩序形成におけるこの二領域の区分は，K.マルクスの『経済学批判』序文における形成され構造化された領域であるゲゼルシャフトリッヒな土台上部構造と，生成流動する過程領域としてのゾチアルな政治的・精神的・社会的「生活過程」領域の区分に対応させて考えることもできる（『現代と思想』1973

年，季刊No.14「史的唯物論の現代的課題」のシンポにおける田中清助氏の報告参照)．

　私はハーバーマスの議論は，生活世界を考える場合も「物質的生活の生産様式」が生活過程一般を制約するとするマルクスの指摘する生活過程への客観的規定性を重視してとらえ直さなければならないと考えている．また，田中氏の議論の物資的生活の生産様式も，意味的なコユミュニケーション行為として展開される側面をもつということをふまえてとらえ直さなければならないと考える．後者に関して，たとえば，沖縄における村成員への生産労働のための土地の均等分配をはかる地割制や，戦後復興期における，農業生産から住宅建設にいたる村人の共同労働の中に (『沖縄の都市と農村』前掲，で記述した大宜味村の事例を参照) に共同主観に基づいた意味的労働の具体例を見ることができる．

　ハーバーマスは近代において，私的な生活世界とシステム世界の合理化が進むとともに，生活世界に合理性と効率性に基づくシステム世界の論理が浸透することによって「生活世界の植民地化」が進行し，意味を共有することによって行為調整が行なわれるシンボリックな行為領域が消滅してゆく傾向を論じている．

　ハーバーマスにはもうひとつ公共性，公共圏をめぐる議論がある．公共的コミュニケーションには生活世界から生まれる「自生的過程」，システム命令に組み込まれる「権力化した過程」が区別されるが，全体としては，後者が前者を従属させ，生活世界の植民地化とともに公共圏の権力化が進行せざるをえない．しかし，システム世界の組織原理の浸透は，システム不均衡をもたらし，紛争・抵抗，生活世界における病理現象・疎外・集団的同一性の不安定化，コミュニケーション関係の非人間的物象化などをひきおこす．この不均衡を回復する力として人間の反省性，批判性，主体性を主張する立場から，生活世界における「コミュニケーション行為の徹底したしたたかさ」に期待するのである．それは，「連帯という社会統合の力」を通して新たな公共圏を形成し，「生活世界の使用価値志向的要求」が通るように，「ラディカル・デモクラシーによる正統化の過程の変革」を通して，「生活世界の領域を植民地化しようとするシステムの命令の干渉を民主的に封じ込めること」，「新しいバランスを打ち立てる」ことを求めるのである．

こうした視点はM. ウェーバーの人間の社会的行為を利害の社会学として捕らえるとともに，理念は時によって転轍機としての役割を果たして歴史の進行に影響力を及ぼすとして，理念の役割を重視した方法的視点とも通ずるものをもっている．
　私は，さまざまな立場・視点から描かれる社会像を許容するにやぶさかではないが，すべての認識を，意味によって世界を秩序づける言説の違いという形で相対化する立場にはたたない．ハーバーマスは認識の真理性を合意という主観によって確定されるものと考えている点で認識の相対説にたっている．私もまた，合意の獲得を通して真理性の確認が行なわれ，具体的な歴史的現実の検証が行なわれると考えている．実際，合意の裏付けを欠いた認識が，たとえそれが部分的に真理性を反映していたとしても，しばしば独善性や真理性の歪曲に陥ることは過去の歴史，社会認識の中に頻繁に見られたことであった．しかし，合意が重要なのは人間の主観が真理性を確認し検証する過程においてであり，私は，合意そのものを真理性の最終基準であるとは考えていない．
　認識の真理性は事実確認のレベルと，価値のレベルにおいて考えられるだろう．前者の場合，たとえば，基地の存在やサンゴ礁の破壊，人口高齢化などの事実認識は客観的なものとして容易に合意されるだろう．後者の価値レベルについて次のように考える．人権，民主主義，平和，差別の撤廃などの価値は数世紀にわたってますます多くの合意を獲得し，世界史的に「検証」され，「普遍化」してきつつある価値である．私は，この歴史的検証の中にこれらの価値がもつ社会調整の原理としての普遍的な真理性の根拠を求めたいのである．しかし，それらは単なる理念によって，現実社会の中に先験的，抽象的に実現されるものではない．空間的，時間的に限定された現実社会の中での住民の合意を通して検証され社会の中に定着するものなのである．たとえば，名護のヘリ基地反対の住民投票は平和，民主主義，人権，差別などの価値をかかげて一度は反対派が勝利したが，続く市長選挙では反対派は合意形成に失敗して敗北したという事例の中にはこのことが示されている．

4 調査研究の具体的視点

　沖縄においては，システム世界，生活世界，公共世界が日本のどの地方・地域よりも鋭い緊張関係をもって対峙している．その特殊事情の内重要なものを指摘しておきたい．

　① 沖縄の村は世界観，人格，文化，システムの一体化した意味世界，生活世界の構造を強く残しつづけてきた．沖縄の村落のかつての総有的な村の土地の定期的な地割制，寄留人を排除する封鎖性，ヤーのエゴイズムを排した村秩序への個々の人格の吸収，個の村々ごとのウタキ信仰と祭祀組織の一体性，村の共同労働の広範な拡がりなど．

　② 内地とは文化的に独立した琉球王国の伝統の故に，日本国家のシステム要求に差別を伴う特殊な歪みを持って組み込まれながら，自生的な生活世界からの独自でしたたかな意味的世界を存続させるとともに作り出してきた．

　③ 第二次大戦において日本国内唯一の戦場となり，20万人余の犠牲者を出した沖縄はその戦争の惨禍の経験，戦後の米軍統治，基地被害が，内地には見られない，戦争と平和に関する特別の意味的世界を生み出し，生活世界や公共的世界のあり方をを特徴づけている．

　④ 日本と米国の形成する安保体制に基づく，そして近時には安保をこえた米国主導の世界国際システムを維持するための要としての米軍基地の存続が，システム要請としてきびしく沖縄にはのしかかり，生活世界や県民の作り出す公共世界と絶えざる矛盾を引き起こしている．

　しかし，沖縄にだけ限定されるわけではないが，とくに沖縄においては社会秩序形成領域を生活世界——公共世界——システム世界の3領域を区分するだけでは不十分である．沖縄においてはこれら3つの領域が「地域」世界からの秩序形成の論理によって制約されている．海上ヘリ基地反対運動の中で，地域という言葉がさまざまな意味連関の中で語られ，人々の行動を導く大きな力になったということを踏まえて考えているのである．内地に対する沖縄の「地域」，「沖縄」の中での開発の進む中南部の地域と「ヤンバル」地域，ヤンバルの中

心都市としての名護市と農村部，そしてまた，名護市の内部での開発のより進んだ西部の市街地区と，基地の候補地となった東部の後進地域，さらに東部でも過疎化の振興が激甚である北部と，直接基地基地が計画されるがすでに米軍基地があって，地代収入も多い地域と，多様な地域が意識され，それぞれに運動の意味連関が作り出されたのである．たとえば，県の中南部中心の開発のための基地のはきだめが北部ヤンバルか，名護西部の振興のために後進地の東部を犠牲にするのかという類の地域をめぐっての意味連関の形成である．それぞれの地域にシステム世界とそれぞれの地域に固有の生活世界が対峙し，異なった色合いをもった公共圏が現われてくる．

　生活世界での生活の意味形成においてこうした多重的構造をもつ地域の意義は極めて大きかった．地域は日常生活や共同世界と密接に結びついて人々の思考の枠を作っているだけではなく，公共世界に対しても沖縄，名護，東海岸地帯の特殊性の制約を与える．公共性が地域的特色をもって現われるのである．システム世界との衝突や調整の中で形成される「公」もまた地域的的特色をもって現われるのである．3領域に「地域」の概念を加えることによって基本的な分析の枠組としたい．

　さらに生活世界——公共世界——システム世界を私—共同—公の3領域軸との関連でも考ええて見たい．生活世界は私の領域であるとともに門中やシマ（＝部落・村・字・区）共同体や地域社会の社会関係を通して自生的に作りだされる共同性領域でもある．基地への賛否の運動の中で，住民は「主体的な反省や批判」を通して，狭い私的・地縁的・血縁的な日常世界をこえたより「広域的で普遍的」な共同性領域を作り出していった．それは観念的な世界であるだけではなく，名護をこえて沖縄全体に拡がる住民のネットワークの形成をも伴っていた．日常的共同性の中で作り出される意味的世界としての公共世界のほかに基地賛成反対の多重性をもった反省的批判的な公共世界が作り出されたのである．

　住民の生活世界の中から生み出された新しい公共世界の論理と，沖縄の基地の保持と安定化をはかろうとするシステム世界の要請が，県政や名護市行政という公の領域に影響を及ぼそうとして，葛藤したのが事態の経過であった．日米政府の安保体制堅持というシステム要請は，地域振興という沖縄の生活世界

や公共世界の要求を取り入れながら自己貫徹しようとした．それは私―共同―公の客観領域，意味世界としての生活世界・公共世界を全体とし従属させ権力秩序の中に取り込もうとした．そのことへの抵抗あるいは協力の運動が激しく盛り上がったのである．

　生活世界とシステム世界の矛盾を，生活世界から理解してゆこうとする視点は，今新しく思いついたものではない．20余年前，『社会・生活構造と地域社会』（時潮社，1975年）を共同執筆した際，私は共同執筆者である故布施鉄治氏とともに，それぞれ独自に戦後農村社会学の歴史を振り返りながら，構造・機構分析に対して，生活過程分析の重要性を主張した．

　念頭には日本農村社会学の先駆者有賀喜左衛門の方法があった．生活は生活条件に拘束されて現れるが，生活条件が直接生活を生み出すのではなく，文化的あるいは個人的個性をもつ「生活意識による生活条件の統合」や「積極的な創意」が社会や生活の形を生み出すものである．経済条件は客観的に社会や生活の「形成された相」を作る．しかし，個人の生活意識はその背後にある文化と相互作用しつつ，社会や生活の「生成流動する相」を作る．前者が生み出すのは普遍的客観的構造だが，後者はそれ自体個性的な個人や文化が相互媒介的に「歴史的創造的に働く」ことによって生成流動する場であり，生活と社会に個性的特質を与える場である．有賀氏は，社会を「形成された相」と「生成流動する相」の両面から捕らえることを主張していた．筆者が考えていたのは，生成流動しつつ個性的に作られる相としての社会と，そこでの個人や民衆の役割を重視することだった．

　この論文の最後に私は次のように述べている．「階級階層や経済的基礎構造を重視する戦後農村社会学は，農民を客観的構造と支配の中に位置づけて理解し批判的にみるという視点を強調してきた．この視点は重要ではあるとしても，そこに欠けていたのは，その研究を民衆による地方―農村の社会と生活の形成史の中に位置づけてとらえるという視点であった．この視点をもつということは，「共同生活」の研究を再び農村社会学の中に取り戻すことでもあるといってよい．民衆による社会と生活の形成史を重視するということは，それが，主体的な営みを媒介とするものである限り，農村―地方社会を個性的，特殊的「形態」においてみることをも意味する．主体と構造の交錯する領域に深

くかかわりながら，特殊具体的形態をくぐりぬけることによって農村の人間と社会を理解してゆこうとするところに，農村社会学が農村研究において担うべき特殊な再重要課題のひとつがある．農村社会学がこのような意味での生活過程—社会構造の研究＝主体的構造分析を自らのものとするとき，それは単なる客観主義的な理解と批判の科学ではなく，地方—農村社会に生活を営む無数の民衆や指導者の生活と実践に主体的な支えと，方向づけを与えることに貢献する学問となることができるであろう．そして，その方向の中には，地方自治の主体を形成し，真の地方自治を確立するという今日の国民的課題に答えてゆく道も準備されているということもできるのである」(91〜92ページ)．

　私の考え方の基本は，今でも変わってはいない．しかし，こうした主体的構造分析，地域個性の把握，共同生活を通しての民衆による地域社会形成史などを通して地方自治確立に貢献するということは，課題ではあったとしても，それを果たす道は遠いといわねばならないだろう．ただ，「沖縄の都市と農村」における読谷村の分析では地域の責任者の一定の評価も頂き，一里塚となったとは考えている．今回の研究報告はなお，中間報告であり，完成したものではないが，幾分なりとも上記してきた諸課題に答えることができれば幸いと思う．

　以上の枠組は本報告書の完成段階において熟してきたものであり，報告書がこの枠組によって最初から執筆されているのではない．しかし，全体としては，報告書の内容はこの枠組から大きくはずれるものではないと思う．なお，本書では，当初の主要研究課題であった村を中心とした沖縄社会の基礎構造に関する研究報告は紙数制限のため割愛せざるを得なかった．

第1章　沖縄と名護の社会経済変動

1　沖縄における格差問題

　海上ヘリ基地問題，その後の市長選挙，県知事選挙で地域振興問題が重要な争点になった．ヘリ基地問題は直接には地域振興問題と直接関係はないにもかかわらず，国は両者をからめ基地提供の代替として振興策を提示し基地問題を解決しようとした．住民は県民投票や名護の市民投票で基地を拒否した．しかし，続いて行なわれた各地の市長選挙で革新系候補が，県知事選挙では国と対立した大田知事が敗れ，名護でも基地問題を解決済みと争点からはずして地域振興を中心に訴えた岸本新市長が当選した．基地への批判は強いが，地域振興も住民の生活に根ざした強い要求なのである．ここでは，地域振興策論を展開することを主題にしていないが，地域振興問題に関連して，地域格差の問題を考えておくことにしたい．というのは，沖縄で地域振興が語られる場合，何時でも，全国との格差構造が，ヤンバル地域においては，沖縄本島内での南北格差が議論されるからである．

　格差構造を比較することは容易ではないが，いくつかの統計指標を参考にしながら，まず，全国と沖縄，沖縄内の格差を見ることにしたい．以下は質的比較にまで立ち入るものではなくあくまで統計数字による量的比較に過ぎないものであり，そこから，諸地域の経済・社会・生活・文化の全体を比較するものではありえないが，一応の参考にはなると思われる．

　まず，沖縄県と他府県の経済状態や生活環境等を比較する．県企画開発部企画調整室は「100の指標からみた沖縄県のすがた」（1997.11）を発行している．その中から，重要な指標を抜き出して全国47諸都道府県との比較での沖縄県を位置づけたのが表1-1である．

　実際に取り上げられたのは170指標である．このうち沖縄は全国47都道府県中第1位あるいは最下位の指標が33.5％の57指標に及んでいる．このこと自体

表 1-1　全国と沖縄の比較指標
① 〔全国 1 位〕計 22 指標

項　目	沖縄県	全国平均	年　次
平均気温	22.4 度	14.6	1961－90
米軍基地施設面積	総面積の10.73％	0.26	96
自然増加人口（1,000 人当り）	7.70 人	2.43	〃
出生率（1,000 人当り）	13.4 人	9.7	〃
合計特殊出生率	1.86％	1.43	〃
年少人口割合	21.51％	15.64	〃
乳児死亡数	5.1 人	3.8	〃
離婚率（1,000 人当り）	2.33 件	1.66	〃
公的支出の構成比（対県内総支出）	33.1％	18.1	94
第 3 次産業人口比	72.8％	61.8	95
月間男子実労働時間	179.2 時間	169.6	〃
新規学卒者無業者率（高校卒）	29.5％	7.5	96
同上（大学卒）	39.5％	15.7	〃
有業者中の転職率	6.0％	4.5	92
有業者中の離職率	6.0％	4.0	〃
完全失業率	10.3％	4.3	95
対年間収入負債高率	87.1％	62.1	94
サービス業事業所数（1,000 人当り）	11.9	9.54	〃
老人福祉施設普及率①	2669 人	1733	95
平均寿命（女）	84.47 才	82.07	90
幼稚園就園率	86.4％	62.8	96
10 万人当り 100 才以上人口	24.55 人	6.75	97

注） 1. ＝65 才以上 10 万人当り福祉施設定員数.
　　 2. ＝65 才以上の対 14 才以上比.
　　 3. ＝県企画開発部『100の指標から見た沖縄県のすがた』1997年による．総務庁統計局『社会生活統計指標――都道府県の指標――』を基本の原資料にしている．

　沖縄が全国の中で特別の位置を占めていることを示している．そのほか10位以内25，最下位から10以内32を含めれば，67％にも及んでいる．ただし，この中には，プラス評価を与えられるものとマイナス評価を与えられるもの，気温のようにそのどちらでもなく，自然的位置を示すだけのものもある．
　①　基地．米軍基地面積施設面積が総面積の10.7％を占めていることは沖縄

② 〔全国最下位〕35 指標

項　　目	沖　縄　県	全国平均	年　次
年間快晴日数	9 日	33	1961—90
最低気温	13.6 度	-0.2	〃
悪性新生物による死亡数	158.6 人	217.4	96
（人口 10 万人当り）			
脳血管疾患による死亡数	62.8 人	112.5	〃
心疾患による死亡数	72.0 人	110.7	〃
県民所得 1 人当り所得	2,118 千円	2,975	94
対県内総生産中の第 2 次産業比	20.7 %	34.0	〃
同上製造業比	6.6 %	24.3	〃
1 事業所当り就業者数	6.82 人	9.35	96
製造業出荷額・全国シェア	0.17%	2.13	95
従業員 1 人当り商品販売額	43.1＝対全国指数100.0		94
1 人当り貯蓄残高	338 万円	713	95
第 2 次産業就業者比	19.4%	31.6	〃
有業率（15 才以上人口）	54.6%	60.8	〃
新卒就職率（高校）	72.3%	93.8	97
県内就職率（高校）	59.8%	82.2	96
有効求人倍率（常雇）	0.20	0.63	〃
新卒者初任給（高校男子）	124.3 千円	154.5	〃
新卒者初任給（高校女子）	114.7 千円	146.1	〃
新卒者初任給（大学男子）	164.6 千円	193.2	〃
新卒者初任給（大学女子）	130.4 千円	158.7	〃
家計可処分所得	77.0（対全国指数）	100.0	94
貯蓄の年収比率	95.4%	174.0	〃
道路実延長	7,302km	24,170	95
交通事故件数（1 万人当り）	22.9 件	61.3	96
交通事故負傷者（10 万人当り）	265.5 人	748.6	〃
火災死傷者数（10 万人当り）	4.32 人	7.67	95
一般診療所数（10 万人当り）	45.3	69.3	〃
高校進学率	91.7%	95.9	96
高卒者中の大学進学率	23.4%	38.8	〃
都道府県自主財源割合	22.4%	48.0	95
1 人当り地方税額	131,593 円	268,176	〃
老齢化指数②	56.2%	96.6	96
衛星放送約（1,000 世帯当り）	83.1 件	177.4	97
高卒女性の大学等進学率	40.1%	46.0	96

の日米安保上の戦略的拠点となっていることを示すものであることは説明の要はないだろう．

②　公的支出．県内総支出の内公的支出の比率は全国最大でありながら財政力指数は44位，自主財源比率や1人当り地方税が最低というのも，沖縄の日本政府からの財政補給への依存的な経済のあり方を示している．しかし，1人当り行政純投資額は，20位であり上位に並ぶ過疎県に比し沖縄が特別優遇されているわけではないのであり，沖縄への国の援助が過剰宣伝され過ぎているようにも思える．

③　経済指標．経済的な指標を示すものにマイナス評価を与えられると思われる全国一というものが多い．1人当り県民所得最下位はその象徴的指標である．そのため，家計費中の食料費は全国最低にもかかわらず，エンゲル係数は7位を占める．生活保護率も5位である．貯蓄に関する指標，家計可処分所得，負債に関する指標も同じく最下位である．失業率，新規学卒者の無業率も全国最高である．有業率，新卒就職率，有効求人倍数，高卒の県内就職率，初任給水準なども全国最低であり，労働市場の狭さを示している．

④　産業構造．産業構造指標を見れば，第3次産業人口比が全国最高，第2次産業比が最低，第3次産業の総生産額中に占める割合も東京に次いで2位などは第3次産業に特化した構造をもつこと示している．しかも1,000人当りのサービス業事業所数は第1位，1人当り小売業店数は8位，1人当り商品販売額最下位，1事業所当り従業員数最下位などの指標が示すところは，沖縄には零細な商業・サービス業がひしめいているということである．就業人口や生産額で最下位と比重の低い第2次産業中の製造業についても1人当り商品販売額は最下位である．第2次産業では工業よりも建設業の比重が高いのも特質であり，第2次産業中に占める割合は指標化されていないが全国最高である．第3次産業の高い比重にもかかわらず，建設業の県内生産高比では全国6位を占める．就業者1人当り出来高では41位に過ぎず，これも零細である．沖縄の主要産業については観光をあげなければならないが，指標は少なく，面積1Km^{2}当りホテル旅館客室数4位と，100人当りゴルフ場ホール数16位の2指標がある．前者は東京，大阪，神奈川に次ぐものであることは，旅行者受け入れの多さを示しており，後者の上位は東京，大阪，名古屋，福岡などの大都市とその周辺

の府県に多いことを見れば，沖縄の特別な位置が知られるだろう．人口当り旅行業者数は16位である．

⑤　医療福祉関係指数．医療福祉関係は両極にぶれている．10万人当り老人福祉施設は全国最高で老人福祉面では沖縄は先進県であるともいえる．しかし，これは沖縄が人口流動県であることも大きいと思われる．幼稚園就園率は全国最高，保育所普及率は全国5位である．沖縄の福祉は老人と子供に厚いと思われる．後者は沖縄における女性の就業率の急速な高まりにも起因している（1990年就業人口の40.4％が女性）．身体障害者更正援護施設定員数は4位，精薄障害者施設定員数14位と健闘しているが，精神障害者相談員数は43位でアンバランスを示している．一般診療所数も全国最高であるが，病院数，病床数，医師数，看護婦（士）数は全国中位を下回る．国民年金受給者割合44位は全国上位が東京，大阪，愛知，神奈川など若年層の多い大都市圏に多いことと比較すれば，被保険者に若年層の比率が高い沖縄の人口構造にも大きな原因がある．

⑥　生活環境関係公共施設．公共施設関係で見れば，上水道普及率3位，下水道10位，道路舗装率5位，道路改良率10位が上位を占めている．道路は，国の公共事業の目玉事業であり，水不足の沖縄では上水道整備が緊急課題であった．しかし，都市計画区域内の街路改良済率は25位であり，道路普及率（人口1,000人当り実延長）は43位，自動車100台当り道路実延長＝44位，に過ぎない．下水道普及率は，大都市圏を除けば突出しているが，なお全国平均の52.8％を下回る49.8％である．公営住宅普及率も12位と健闘しているがごみ処理率（焼却及び高速堆肥化）は40位と低位である．

体育・教育施設では人口当り陸上競技場は7位と高いが，屋内体育施設では後進県である．小学校，高校（中学は指標化されていない）の屋内運動場，体育館，学校プールは全国の最低位に近い．専修・各種学校は多いがこれは，大学進学率の低位に対応したものであろう．人口比で見たの公立図書館数は22位，公園面積は33位である．全体として生活環境整備にいくつかのアンバランスを見ることができると思われる．

⑦　生活関係社会指標と沖縄の活力．沖縄の活力を示す最大の指標は人口構成と悪性疾患による死亡率の低さであろう．人口の自然増加率は全国の2.43に

対し7.7，年少人口割合，出生率，合計特殊出生率ともに全国1位，老齢化指数は最下位である．平均寿命は女性で1位，男性で5位である．人口構成が若くしかも全国1の長寿県なのである．悪性新生物，脳血管疾患，心疾患の3大疾患による死亡率は全国最下位である．健康長寿県の名に値するだろう．単なる自然要因ではなく，沖縄の文化としてこれをとらえ直すことが必要であろう．他方，これらと対照的に幼児死亡率，離婚率が全国最高であることもまた，沖縄の文化とかかわった問題として反省されなければならないだろう．

安全治安面でも沖縄は優位な位置にある．刑法犯の人口1万人当り認知数は21位と中位だが，検挙率は2位，青少年犯罪の構成比率は39位と低い．人口当り交通事故件数，同負傷者，火災事故死傷者の3つは全国最低位，交通事故死亡者も43位である．

教育面では高校進学率，大学進学率とも全国最低位である．しかし，教員1人当り小学校児童数は8位と大都市圏並みだがこれは離島が多く小規模学校の多さも関係しているのではないか．中学では33位と過疎県並みになるのである．しかし，消費支出に占める教育費の割合は4位であり，沖縄の住民にとって教育費負担の大きさは，本土以上に重要な問題である．

女性公務員の登用状況は3位と高いが，男女の初任給格差率は38位であり，行政上の女性重視と現実の社会とのギャップを感じさせる．

[上位10位以内]　25指標

有人離島＝2（41島），降水量＝8，人口増加率＝3，人口密度＝10，婚姻率（1,000人当り）＝7，建設業構成比（生産額）＝6，第3次産業構成比（生産額）＝2，1戸当り耕地面積＝8，エンゲル係数＝7，上水道普及率＝3（99.5％），下水道普及率＝10（49.8％，全国52.5％），道路舗装率＝5，道路改良率＝10，面積1Km²当り小売業店数＝8，保育所普及率（対象者に対する定員割合）＝5，10万人当り身体障害者更正援護施設定員数＝4，同専修・各種学校数＝4，同陸上競技場数＝7，平均寿命男＝5，教員1人当り小学校児童数＝8，消費支出に占める教育費の割合＝4，面積1Km²当りホテル旅館客室数＝4，女性公務員の登用状況＝3

[下位10位以下]　32指標

面積＝44，死亡率（1,000人当り）＝46，老齢人口割合＝44，県内総生産＝39，建設業就業者

1人当り工事出来高＝41，商品販売額＝39，1世帯当り使用電力量＝39，物価水準＝45（全国比96.7），1人当り現金給与総額＝46，持屋世帯率Z＝42，住宅延面積＝45（94.4m²，全国115.4m²），ごみ処理率（焼却及び高速堆肥化）＝40，道路普及率（人口1,000人当り実延長）＝43，自動車100台当り道路実延長＝44，青少年犯罪構成比率＝39，10万人当り交通事故死者数＝43，人口10万人当り身障者相談員数＝41，人口10万人当り精神障害者相談員数＝43，同歯科医師数＝40，同外来患者数＝46，同プール数＝44，国民年金受給者割合＝44，男平均寿命＝5，公立小学校児童1人当り屋内運動場整備面積＝38，同公立高校＝43，1世帯当り新聞発行部数＝42，都道府県財政力指数＝44，老年人口指数（65才以上人口の対15～64才比）＝42，人口10万人当り80才以上人口＝38，高齢者就業割合＝46，65才以上の親族のいる世帯＝41，人口1,000人当り海外旅行者＝40，女性の初任給の男子との格差の大きさ＝38

[その他] 計56指標

可住地面積＝11，自然公園面積＝24，最高気温＝25，総人口＝32，社会増人口（1,000人当り）＝27，都市人口比率＝25，生産年令人口割合＝24，1世帯当り人員＝19（3人），経済成長率（名目）＝30（94年），第1次産業構成比（生産額）＝26，事業所数30，農業粗生算額＝37，就業者1人当り農業粗生産額＝11，漁業生産額＝32，漁業1人当り生産額＝28，製造業1人当り出荷額＝36，建設工事出来高＝36，人口1人当り貸出残高＝28，第1次産業就業者構成比＝29，月間総実労働時間＝14，就職率（月間有効求職数に占める就職者の割合）＝15，平均消費性向（可処分所得に占める消費支出の割合）＝31，1,000戸当り公営住宅戸数＝12，住宅地平均価格＝24，自家用車普及率＝21，1人当り公園面積＝33（6.9m²，全国＝8m²），面積1Km²当り道路実延長＝21，街路普及率（都市計画区域内1,000人当り改良済延長）＝25，人口1万人当り刑法犯認知数＝21，人口1万人当り出火件数＝34，60才以上人口中老人クラブ会員率＝36，人口10万人当り精薄者援護施設定員数＝14，人口10万人当り一般病院数＝29，同病床数＝27，同救急自動車数＝30，同医師数＝36，同看護婦（士）数＝26，同在院患者数＝16，同体育館数＝37，同公立図書館数＝22，同ボーリング・レーン数＝28，公立中学校生徒1人当り屋内運動場整備面積＝30，教員1人当り中学校生徒数＝33，1人当り書籍・雑誌の年間販売額＝37，都道府県人口1人当り歳出決算額＝25，同普通建設事業費＝22，都道府県公債費負担比率＝36，都道府県1人当り地方債現在高＝31，人口1人当り行政純投資額＝20，人口1万人当り外国人登録人員＝26，従業員1人当り情報サービス業売上高＝20，1,000世帯当りCATV受信契約件数＝33，同移動電話の加入件数＝18，人口10万人当り旅行業者数＝

16. 面積100Km²当りゴルフ場ホール数＝16，女性議員比率＝21

　ここで，完全失業率についてふれておきたい．沖縄の失業率は1994〜98年平均で，5.1％，5.8％，6.5％，6.0％，7.7％であった．98年には，県知事選挙直前の同年8月に9.2％にまで高まり，11月には8.4％と全国の2倍近くになっている（「沖縄の統計」97年, No.248による）．12月には8.1％，1月には7.7％にまで低下している．全国の失業率は99年12月，1月は4.4％で，1953年統計開始以来の最高値である（以上の12月以降の数字は『沖縄タイムス』1999年3月2日による）．沖縄の失業率は全国に比べて高いのは事実である．しかし，過去においても全国の2倍近い失業率が常態であった．この失業率の高さが99年10年10月の県知事選挙で「県政不況」の1つの現われとして宣伝された．しかし，この問題は全国の経済との関連でも問われるべき問題である．

　沖縄の1998年就業人口は月別平均で56.1万人であり（前年は56.6万人で最高値），94年の就業人口54.1万人に比し2万人増加している．就業者の内非農林業は2.8万人増加し，農林業は0.7万人減少している．沖縄の非農林業は労働力吸収力を高めてきたのである．他方労働力人口の増加によって，失業者は同様の年平均で2.9万人から4.7万人に1.7万人増加した．この労働力人口の増加には同じ期間に県外から流入した人口の県外流出を上回った13,394人のかなりの部分が影響していると見られる．もし，そうなら，本土不況が流出人口の減少，流入人口の増大をもたらし，失業率をより高めていると見ることもできるのである．失業率の高さを「県政不況」のせいだとしたのは選挙のための政治計算による議論という性格を多分に持っていたといっても言い過ぎではないだろう．

　しかし，全国と沖縄の所得格差は表1-2に見るように一時よりも開いていることを見落とすことはできない．復帰時60％余に過ぎなかった，対全国

表1-2　所得格差
（国＝100：県）

年度		年度	
1972	59.5	1990	71.8
83	74.4	91	70.7
84	71.0	92	70.5
85	75.4	93	70.9
86	75.1	94	71.1
87	74.1	95	71.0
88	73.3	96	70.6
89	73.2	97	69.8

注：沖縄開発庁沖縄総合事務局「沖縄県経済の概況」1997年12月による．

比の所得は昭和60年代前半には75％にまで到達し，格差は縮小するかに見えた．しかし，その後，再び格差は拡大し，1991年以降70％台に低迷し，97年には69.8％と80年代以降の最低にまで落ち込んでいる．全国最大の人口増加県であることも大きな原因になっているとしても（90年122万人の人口は97年末で129万人に5.6％増加—県統計書による），最近における沖縄経済の停滞を見ることができるだろう．

2 人口と産業の動向

沖縄県の人口は全国一の自然増加率を保ちながら（96年1,000人当り7.7, 全国平均2.43, 2位埼玉4.67の増加）急増してきた．その中で，1970年代までは，本島南部，中部地域への人口集中が進み，名護市の人口も減少していた．しかし，80年代以降，名護市の人口は県の増加率に相応じて増加し，90年代には，それまでの4万人台から5万人台になり，県全体に占める人口比も4.2％を維持している（表1-3参照）．

表 1-3　名護市・沖縄県の人口推移

(単位：人, ％)

	名護市	沖縄県	名護市比率	名護農家人口	
1955	39,224				
60	41,661	883,122	4.7		
65	41,594				
70	43,191	945,111	4.6	16,960	39.3
74	44,249				
75	45,210	1,042,572			
80	45,991	1,106,559	4.2		
85	49,038	1,179,097	4.2		
90	51,154	1,222,398	4.2		
95	53,955	1,273,440	4.2	5,472	10.1
97	53,799	1,295,546	4.2		

注）　県と1975年以降の名護市は国勢調査．
　　　名護市の75年以前は『名護市史』資料篇1ならびに『名護市の農林水産業』による．
　　　1997年は住民登録人口（後掲『市町村行財政概況』第41集による）．

表 1-4 地域別人口の推移

(単位：人，%)

	1982	1995	増　減	増減率
県　計	1,130,195 (100.0)	1,273,440 (100.0)	143,245	12.7
北部	110,274 (9.8)	117,952 (9.3)	7,678	7.0
内名護市	46,782 (4.1)	53,955 (4.2)	7,173	15.3
内郡部	63.649 (5.6)	63,997 (5.0)	348	0.5
中部	426,805 (37.8)	527,200 (41.4)	100,395	23.5
南部	186,636 (16.5)	223,577 (17.6)	36,941	19.8
内本島内	167,464 (14.8)	205,054 (16.1)	37,590	22.4
内離島	19,172 (1.7)	18,523 (1.5)	−649	−3.4
那覇市	297,923 (26.4)	301,890 (23.7)	3,967	1.3
宮古	61,534 (5.4)	55,735 (4.4)	−5,799	−9.4
八重山	45,002 (4.0)	47,086 (3.7)	2,084	4.6

注）1．昭和1982年は県企画開発部統計課『沖縄県市町村所得・平成7年度』1998年による．
　　2．1995年は国調人口．

　県内地域別に見るならば，表1-4に見るように，沖縄本島中部・南部，とりわけ中部への人口集積が著しい．過剰都市那覇は人口は微増で，県内に占める人口比は低下している．なお，ここでの分析では浦添市を南部に含ませている．

　その他の本島ヤンバルといわれる北部地域や離島地域の人口の県全体に占める比率は低下してきている．宮古諸島や南部島尻郡の離島地域は人口減少を示すが八重山諸島や，北部の郡部地域では人口の絶対数は増加か横這いである．北部全体としては順調に人口を増加させている名護市の存在が大きい．人口面

から見てヤンバルの中核都市として周辺農村からの人口吸収力を幾分ともつようになってきているのである．

人口増加以上に注目されるのはその就業構造の変化である．復帰直前の1970年には第1次産業人口は30.3％を占めていた（表1-5参照）．北部地域全体では43％にも及んでいたのである．しかし，95年には，それはそれぞれ11.8％，19.9％にまで低下してきている．市民所得の15.6％を占めていた第1次産業所得も3.2％にまで低下した．前者は県市部の4.0％，県全体の7.4％に比すればなお高いとしても，農業の地位低下は明らかである．復帰前名護市の都市機能は農業と密接にリンクしたものであった．しかし，今や，名護市は非農業的産業に大きく依拠する都市に変貌したといってよいだろう．復帰当時の振興計画は，農業振興を基礎においた地域振興を考えていた．とくに北部においては，農業振興は依然として重要ではあるが，農業以外の別の柱を考えざるを得なくなっていることは明らかである．

しかし，農業に代わる自立的産業が生み出されているわけではない．全国平均の第2次産業就業率が31％であるのに比較して沖縄は19.4％と低い（表1-6参照）．沖縄は公共投資，観光，低下したとはいえ基地収入の3つの柱に大きく依拠した経済なのである．県全体と共通することだが，名護市でも，第2次

表1-5 産業別就業人口と所得・生産額の割合（1995年）

（単位：％）

	名護市〈北部地域〉（1970）	名護市	北部計	県計	全国	県市部計
（就業人口の産業別割合）						
第1次産業	30.3〈43〉	11.8	19.9	7.4	6.0	4.0
第2次産業	20.8〈18〉	19.5	19.2	19.4	31.6	8.5
第3次産業	48.9〈39〉	68.7	60.9	72.8	61.8	77.5
（所得・生産額の割合）						
	所得	純生産額	純生産額	純生産額	純生産額	
第1次産業	15.6	3.2	6.8	3.2	2.1	
第2次産業	28.7	34.0	30.9	21.3	35.0	
第3次産業	55.7	66.5	67.2	80.0	67.1	

注： 1．名護市〈北部地域〉は1970年，他は1995年．
　　 2．1970年は「名護市総合計画・基本構想」，95年は県企画開発部統計課「平成7年度沖縄県市町村民所得」1998年，同「平成7年度県民所得統計」による．
　　 3．1997年度の生産額が100％をこすが帰属利子（控除）が計算に入っていないためである．

表 1-6 産業別就業者数 (1995 年)

	県	名護市	国頭郡	市部	郡部	全国
農業	6.7	10.9	24.5	3.5	13.3	5.3
林業	0	0.2	0.3	0	0	0.1
漁業	0.7	0.7	1.7	0.5	1.1	0.5
鉱業	0.1	0.6	0.2	0	0.1	0.1
建設業	13.5	12.7	14.5	12.7	15.3	10.3
製造業	5.8	6.2	4.4	5.7	6.1	21.1
電気・ガス熱供給・水道業	0.7	0.7	0.6	0.7	0.6	0.6
運輸・通信業	6.1	4.9	3.2	6.3	5.6	6.1
卸売・小売飲食店	24.7	21.5	15.8	27.1	19.7	22.8
金融・保険業	2.7	1.7	0.7	3.2	1.8	3.1
不動産業	1.1	0.6	0.1	1.3	0.6	1.1
サービス業	31.4	35.4	28.9	32.4	29.3	24.8
公務	6.2	3.9	5.1	6.1	6.3	3.4
計	100.0	100.0	100.0	100.0	100.0	100.0

注) 1.「第41回沖縄県統計年鑑」1997年版による. 2. 計には分類不能, 不祥を含む.

産業の発達が不十分で, 就業人口比で, 第2次産業と第3次産業の比率は19.5%, 68.7%, 純生産額で34.0%と66.5%と圧倒的に第3次産業に傾斜している. しかも, 表1-6, 表1-7に見るように, 第2次産業について見れば, 日本全体ではその内67%が製造業就業で, 32.7%が建設業であるのに対し沖縄では29.9%と69.6%に逆転している. 北部の郡部 (国頭郡) ではその比率は22.9%と75.9%にも達する. 県全体としても, また, とりわけ農村部で建設業中心の公共事業への依存が大きいのである. 国・県の総生産額でも同様な傾向が見られるが, 北部郡部では建設業が鉱工業の4倍余にもなっている. また, 国の公共投資が多いということは, 公務員人口の多さにも反映している. 県の公務就業者は全国の2倍近いの比率となっている. ただ, 名護市のみは例外的に全国並みの低い比率である. 沖縄の産業の柱である観光業は名護市の場合通過客が多く, 宿泊客が少ないという問題をかかえ, 鉱工業ではオリオンビール, 琉球セメントをかかえるが, 市を支える産業の成立を見ていない.

表1-8は1995年の経済活動別市町村内純生産を見たものである. 就業人口

表 1-7 第2次産業の人口と生産額の構成比率（1995年）

(第2次産業人口合計100%，産業総生産＝100%)

		国	県	名護市	北部郡部
就業人口	建設業	32.7	69.6	65.3	75.9
	製造業	66.9	29.9	31.8	22.9
総生産	建設業	10.4	14.0	18.4	21.8
（名護北部は純生産）	鉱工業	24.9	6.9	15.6	5.0

注） 1．人口は国勢調査．
    2．生産額は県統計協会「平成8年度・県民所得統計」．
    3．純生産額は企画開発部統計課「平成7年度「沖縄県市町村民所得」による．

表 1-8 経済活動別市町村内純生産（1995年）

(単位：%)

	県計	北部計	内名護市
農林業	1.9	5.9	2.7
水産業	0.4	1.0	0.4
鉱業・製造業	6.3	10.2	15.4
建設業	15.1	21.2	18.5
電気ガス水道業	2.6	1.6	2.4
運輸・通信業	6.5	2.7	3.2
卸売・小売業	13.9	7.5	10.3
金融保険不動産業	12.7	7.6	7.9
サービス業	23.4	22.6	18.4
政府サービス生産	18.4	20.4	21.6
対家計民間非営利団体	3.0	3.5	3.3
（控除）帰属利子	▲4.5	▲4.2	▲4.3
合　計	100.0	100.0	100.0

注） 県企画開発部統計課「沖縄県市町村民所得」1995年を「同」96年で修正．

の構成比とほぼ同じ傾向が見られる．県平均に比して北部で構成比の高いのは建設業，政府サービス生産，鉱業・製造業，農業である．運輸・通信業，卸売・小売業，金融保険不動産業のような都市的経済活動は弱い．北部や名護も県全体の都市化趨勢に合わせた方向へ展開してゆくと思われる．

表 1-9 沖縄県の年次別地域別 1 人当り所得

	1982年	1985年	1990年	1995年
県　計	100.0	100.0	100.0	100.0
北部	84.3	86.1	87.3	90.8
内名護市	91.5	93.9	95.8	97.3
内郡部	79.9	81.8	81.6	87.5
中部	96.6	97.3	98.1	100.8
南部	87.6	87.3	89.2	90.4
内本島	89.4	88.2	89.6	91.9
内離島	83.0	86.8	83.1	90.1
那覇	123.5	121.2	117.6	109.7
宮古	79.0	79.4	83.2	92.4
八重山	99.9	98.5	106.1	106.8

注) 1．県企画開発部統計課「沖縄県市町村民所得」1998年3月掲載の所得人口統計より計算．
　　2．北部・南部の地区計と地区内内数字が合わない場合があるが，前者は原資料のの地区別まとめの数字，後者は市町村の積み重ね計算で，後者に間違いはない．

3　県民所得の地域別比較

　沖縄の県民1人当り所得は，1995年で本土の71％である．県全体を100と見て県内の地域比較をして見よう．95年で北部ヤンバル地域は90.8であり，南部の離島についで最低である．97.3の指数を示す名護市を除いて郡部のみを取り出すと87.5と県内最低となる．最高は那覇で，八重山と中部が続く．那覇は最高だが所得の伸びは最も低く，他の諸地域は相対的には改善されている．北部は82年に84.8，名護市91.5，北部の郡部79.9から上昇した．しかし，本土と沖縄の格差が縮小していないので，北部全体の1人当り所得は本土の2/3に満たない低所得の状態が続いており，那覇や中部との格差意識は存続していると見られる（表1-9参照）．

　表1-10の（1）と（2）は，地域別市町村の純生産額を見たものである．所得の場合と似た傾向を看取できる．那覇の伸びが著しく停滞している．北部は中部南部の伸びに対して低い水準にある．とくに近年において北部の停滞が著

表 1-10（1） 地域別市町村純生産

(単位：100万円)

	1982年	1990年	1995年
県　計	1,453,412	2,295,843	2,581,717
北部	139,567	232,197	258,050
内名護市	65,138	116,058	126,872
内郡部	74,429	116,139	131,178
中部	357,557	575,722	682,557
南部	280,862	496,324	573,610
内本島	256,518	456,977	522,130
内離島	24,344	39,347	51,480
那覇	542,470	798,637	838,006
宮古	67,911	95,743	119,328
八重山	65,046	97,203	110,155

表 1-10（2） 同上の構成比と伸び率

(単位：%)

	1982年構成比	1990年構成比	1995年構成比	82－95伸び率（82＝100）	90－95伸び率（90＝100）
県　計	100.0	100.0	100.0	193.8	112.5
北部	9.6	10.1	10.0	184.9	111.1
内名護市	4.5	5.1	4.9	194.7	109.3
内郡部	5.1	5.1	5.1	176.2	112.9
中部	24.6	25.1	26.4	190.9	118.5
南部	19.3	21.6	22.2	204.2	115.6
内本島	17.6	19.9	20.2	203.5	114.3
内離島	1.7	1.7	2.0	211.5	130.8
那覇	37.3	34.8	32.5	154.5	104.9
宮古	4.7	4.2	4.6	175.7	124.6
八重山	4.5	4.2	4.3	169.3	113.3

注）　県企画開発部統計課「沖縄県市町村民所得」（1990，95年度，1993，98年刊）による．

しくなっている．不況の影響は過剰都市那覇と過疎農村を多くかかえる北部に大きいのである．

第2章　基地と自治体行財政

1　基地面積と軍関係収入

　後述する海上ヘリ基地問題をめぐる動きは沖縄の基地問題全体に関係しているので沖縄の基地全体について概観しておくことにしたい．
　沖縄には在日米軍基地のうち施設面積で75.4％があるが，そのうち69.2％（全国総面積の52％）が名護市を含む北部地域に集中している．沖縄の53市町村中，25市町村に米軍基地があるが，後の記述の参考にもなるので，その市町村別基地面積と北部の主要な基地について，表2-1～2-3に掲示しておく．そのほかに18市町村に自衛隊基地があり，その総面積は649haであり，米軍，自衛隊いずれかの基地のある市町村は31である．北部の基地は殆どが訓練場であるが，名護市には3,350m^{2}を占めるあるキャンプ・シュワブがあり，実弾訓練も行なわれる．ほかに名護市には辺野古弾薬庫376haがある．
　所有形態で見れば本土の基地の87％が国有地であるのに対し，沖縄では国有地は33.4％に過ぎず，民有地32.8％，市町村有地30.4％となっている．名護市では，民有地が69％と圧倒的に多く，市町村有地が21.9％で，国有地は0.6％に過ぎない．市町村有地が多いということは，市町村に軍用地料収入をもたらし，財政を潤すことになる．

2　基地収入と名護市財政

　沖縄は国家資金，観光，基地に依存した経済であるといわれてきた．1997年においても，県民総支出に対する割合で，国庫からの経常移転収入が25.3％，観光収入は13％，軍関係収入は5.6％で合計43.9％を占めることになる．国庫移転収入や軍収入の合計で30％をこす外部依存経済である．その中

表 2-1　市町村別米軍基地面積

	米軍基地面積 (ha)	総面積比 (%)	総基地面積に対する割合 (%)	自衛隊基地 (ha)
県	24,286	10.7	100.0	648.8
沖縄本島	23,222	19.3	99.6	
北部計(含離島)	16,815	20.4	69.2	
名護市	2,335	11.1		
国頭村	4,936	25.3		31.6
大宜味村		0.0		
東村	3,394	41.5		
今帰仁村		0.0		
本部町	1	0.0		29.2
恩納村	1,493	29.5		29.0
宜野座村	1,609	51.5		
金武町	2,245	59.6		1.6
伊江村	802	35.4		
中部計	7,178	25.8	29.6	
石川市	140	6.6		
具志川市	296	9.3		17.2
宜野湾市	641	33.1		
沖縄市	1,762	36.0		11.8
勝連町	185	14.3		
読谷村	1,648	46.9		
嘉手納町	1,246	82.8		
北谷町	768	56.4		
北中城町	213	18.5		
浦添市	280	14.8		
南部計(含離島)	201	0.8	0.8	
うち那覇	57	1.5		
宮古	0	0.0		13.8
八重山・石垣市	92	0.4	0.4	

注）1．市町村別面積は『沖縄の米軍及び自衛隊基地（統計資料集）』1998年による．
　　2．地区別総面積や，県総面積は県総務部知事公室基地対策室「沖縄の米軍基地」1998年3月による97年3月の数字である．

で観光産業の伸びが大きく基地経済から観光経済への移行を見ることもできる（表2-4参照）．しかし，以上は平均数字である．基地所在市町村の住民や，市町村財政にとっては基地の経済的意味は大きいと考ええなければならない．

表 2-2 所有形態別米軍基地面積（1997.3.1）

(単位：ha，％)

	民有	市町村有	県有	国有	合計
北部地区	2,271	6,193	807	7,545	16,815
中部地区	2,455	1,153	21	549	7,178
南部地区	146	30	4	21	201
八重山地区	87				
合計	7,959	7,376	831	4	24,286
割合	32.8	30.4	3.4	33.4	100.0
名護市	497	1,567	193	14	2,271
（内区有地）	(62)				
割合	21.9	69.0	8.5	0.6	

注） 1．県総務部知事公室基地対策室『沖縄の米軍基地』1998年3月．
　　 2．名護市の1997年度は市の資料による．

　この点を念頭において，名護市の財政を検討して見よう．表2-5は北部市町村の財政諸指標である．まず，経常一般財源比率を見る．これは経常一般収入額を標準財政規模で除した比率であり，一般財源について標準的に期待される額と現実の収入額の割合を示すものである．北部では，広大な演習場をもつ金武町，宜野座村が150，恩納村が140であり，飛び抜けた比率をもっている．県内では中部の嘉手納町141，北谷町123.7，読谷111.5の基地所在町村が大きいのであり，北部の3町村の突出した比率を確認できよう．名護市はこれらの6町村に続いて7位で109.4である．基地関係収入がこの比率の高さに影響していることは表に明らかである．歳入総額に占める基地関係収入は，金武町の26億円34.7％を最高に北部の上記3町村と補助飛行場のある伊江村では25〜35％に達する．名護市は総額16.7億円6.7％である．これに対して北部でも基地のない大宜味，本部，今帰仁の3町村は，経常一般財源比率は100を切っているのである．

　このことは財政構造の弾力性にどう影響するか．経常収支比率がそれを説明する．この比率は人件費，扶助費，公債費等の義務的経常経費に地方税，地方交付税，地方譲与税を中心とした経常一般財源がどの程度充当されたかをみる指標で，この比率が低いほど，普通建設事業費等の臨時的経費に充当できる一般財源に余裕があり，財政構造が弾力性に富んでいることを示す．一般に

表 2-3 北部・中南部の主要米軍基地（本書に出現の基地）

基地名	関係市町村と面積（ha）						複数市町村の計	
北部訓練場	国頭村	4,401	東村	3,393			計	7,795
安波訓練場	国頭村	478						
伊江島補助飛行場	伊江村	802						
キャンプ・シュワブ	名護市	2,043	宜野座村	29			計	2,063
辺野古弾薬庫	名護市	121					計	121
キャンプ・ハンセン	名護市	168	恩納村	1,239	宜野座村	589		
	金武町	2,145					計	5,141
ギンバル訓練場	金武町	60						
金武レッドビーチ訓練場	金武町	2						
金武ブルービーチ訓練場	金武町	39						
読谷補助飛行場	読谷村	191						
キャンプ・コートニー	具志川村	135						
キャンプ・コートニー	具志川村	135						
キャンプ・桑江	北谷町	107						
キャンプ・瑞慶覧	北谷町	257	北中城村	213	宜野湾市	160		
	那覇市	180					計	648
普天間飛行場	宜野湾市	481						
津堅島訓練場	勝連町	1.6						
牧港補給地区	浦添市	275						
嘉手名飛行場	嘉手名町	885	沖縄市	746	北谷町	364		
	那覇市	0.5						
瀬名波通信施設	読谷村	61						
楚辺通信所	読谷村	54						
トリイ通信施設	読谷村	198						
那覇港湾施設	那覇市	57						
嘉手名弾薬庫地区	読谷村	1,145	沖縄市	871	嘉手名町	348		
	恩納村	255	石川市	140			計	2,808
ホワイトビーチ地区	勝連町	158						

資料）前表の『沖縄の米軍基地』による．

75％程度が安全，76～85％が要注意，85％以上が危険ゾーンだといわれている．

　沖縄県全体で見るならば，都市は88.9％と危険ゾーンにあり，町村は82％と要注意ゾーンにとどまっている．都市の義務的財政重要が相対的に大きく県都那覇市は最高94.9に達する．北部では，恩納村，伊江村，金武村に弾力性が高い．名護市は87.8と危険ゾーンに入っている．基地収入がそれ自体で，地域

表 2-4　県民総支出に対する軍収入等の割合

(単位：100万円，％)

	1985年	1990年	1995年	1996年	1997年
県民総支出	2,269,371	2,997,965	3,069,336	3,276,590	3,269,060
観光収入	227,090	325,409	364,927	379,499	423,878
	(10.0)	(10.9)	(11.9)	(11.5)	(13.0)
軍関係収入計	147,345	146,694	167,001	176,203	182,697
	(6.5)	(4.9)	(5.4)	(5.4)	(5.6)
内軍人軍属消費支出	70,792	52,488	47,693	53,033	55,554
内雇傭者所得	35,020	45,312	52,272	52,771	52,868
内軍用地料	41,533	48,894	67,036	70,399	74,275
	(1.8)	(1.6)	(2.2)	(2.1)	(2.3)
国庫経常移転	503,806	661,864	771,377	808,504	827,796
	(22.2)	(22.1)	(25.1)	(24.7)	(25.3)

資料）　1996・7年度『県民経済計算』沖縄県統計協会．
　　　県企画開発部『沖縄県勢のあらまし』1998・2000年．
注）　1．軍関係収入には自衛隊を含む．
　　　2．96，97年は推計方法に一部改訂がある．

の財政需要全体に安定性をもたらすものとはいえないのである．

　基準財政収入額と基準財政支出額の割合である財政力指数は，リゾート銀座として著名な恩納村が0.557と比較的高いのに対し，他の市町村は軒並み県平均以下である．名護市もまた，県都市平均を下回っている．表2-6に見るように名護市の財政力指数は10市中の6位にとどまり続けている．1993年から97年にかけて0.35ポイント上昇しているが，これは最近の名護市におけるスーパー進出や，人口増加による貸家アパートの増加に起因するといわれている．

　名護市の財政収支についてもう少し具体的に見よう．1人当り決算規模で名護市は県内都市平均を10万円以上上回っている（表2-7参照）．その理由は基地収入にあるといってよい．表2-8に見るように県内都市平均に比し地方税は1人当りで1.6万円少ない．しかし，市有地の軍用地料を多く含む財産収入は3万円多いため，自主財源は2.3万円豊かになる．また，依存財源も8.9万円多いが，主要には，基地にからむ国，県の支出金がその原因であることを見て取れるだろう．全体としては全国の自主財務比率が50％前後であるに対し，沖縄は名護市を含み30％程度で財政自立度が低い．

表 2-5　財政諸指標等（1996年）

	経常一般財源比率 ①	歳入総額中の基地関係収入	経常収支比率 ②	財政力指数（3年平均）
県平均	104.4	4.0	83.3	0.258
都市計	102.3	2.7	88.9	0.445
町村計	104.9	5.8	82.0	0.215
名護市	109.4	6.7	87.8	0.396
国頭村	100.2	0.8	80.8	0.251
大宜味村	98.8	0.0	85.5	0.114
東村	104.2	0.8	80.0	0.179
今帰仁村	98.5	0.0	82.5	0.166
本部町	98.6	0.1	85.0	0.210
恩納村	140.2	28.5	71.9	0.557
宜野座村	150.3	24.6	83.9	0.206
金武町	151.7	34.7	77.5	0.237
伊江村	100.2	25.4	74.2	0.129

注）1．①経常一般収入額／標準財政規模
2．②義務的経常経費／経常一般財源
3．県企画開発部地域・離島振興局市町村課「市町村行財政概況（第41集）」1998年1月による．
4．基地関係収入は県総務部知事公室基地対策室「沖縄の米軍基地」1998年3月による普通会計分．

表 2-6　財政力指数

	1993年	94年	95年	96年	97年
都市平均	0.431	0.437	0.445	0.445	0.443
名護市	0.361	0.373	0.386	0.396	0.396
10市中の順位	6	6	6	6	6

注）県企画開発部地域・離島振興局市町村課「市町村行財政概況（第41集）」1998年1月による．

　このように，基地の御蔭で，一見1人当り規模の大きい名護市財政はどのように支出されているのかを目的別歳出決算で見よう（表2-9参照）．まず，構成比から見れば，県内都市に比して大きく多いのは，総務費，土木費，農林水産費であり，少ないのは，民生費，衛生費，教育費である．総務費の多さには2つの原因がある．1つは，名護市に合併された旧4町村別に支所を存続させていることである．旧町村別のつながりの強さの現われである．効率性という点

表 2-7 決算規模（1996年）

（単位：1,000 円）

	総額	住民1人当り (97年3月住民基本台帳)
県内都市		人口　866,693人
歳入総額	307,309,901	354.6
歳出総額	301,004,172	347.3
形式収支	6,305,729	7.2
実質収支	2,834,445	3.3
実質単年度収支	553,120	0.6
名護市		人口　53,799人
歳入総額	25,066,564	465.9
歳出総額	24,791,535	460.8
形式収支	275,029	5.1
実質収支	176,508	3.3
実質単年度収支	－132,576	－2.5

注）人口は1997年3月の住民基本台帳.

では批判されるだろうが，住民密着行政という点では評価すべきだと見方は分かれよう．筆者は，地域民主主義の視点から，あまりにも広域化した名護市において，支所の存続を評価をするものであるが，効率性を無視していいということではない．第2の原因は，軍用地料の地元配分金が含まれていることである．市有地の多くはもと各字の共有地を移管替えしたものであり，その経過をふまえ，軍用地料は市6，地元4と分収されており，その分収金がたとえば，1997年度で5.4億円総務費から支出されているからである．

農林水産費の歳出総額に対し58.3％は国県支出金であり，後者の42.3％は農地費である．復帰後名護市内全域にわたって基盤整備が進められてきた．土木費の半ば50.9％は国庫支出金である．その内分けは広域であるため道路整備費が多いが（22.5％），都市計画費に19％，11億円，住宅建設・管理費に9％，河川費0.8％となっている．農業費，土木費を含めて公共事業やハード事業にポイントをおいた行政であるといえるだろう．そのことは，民生費，消防費，衛生費，教育費の民生関係の支出割合が低いことにも示される．

金額の絶対額では，県平均に比して，住民1人当りで多いのは，地方交付

表 2-8　1996 年歳入決算の状況（主の内訳）

	構成比		住民1人当り（1,000円）	
	都市計	名護市	都市計	名護市
自主財源	36.6	32.8	129.8	152.7
地方税計	23.5	14.4	83.2	67.0
個人市民税				
均等割	0.2	0.1	0.7	0.6
所得割	7.5	4.3	26.7	20.1
法人市民税				
均等割	0.5	0.4	1.9	1.7
法人税割	2.3	1.6	8.1	7.2
固定資産税				
土地	2.6	0.7	9.3	3.2
家屋	3.8	4.4	22.1	20.3
償却資産	1.6	1.3	5.8	6.3
分担金・負担金	3.2	5.8	4.1	4.5
財産収入	2.7	8.5	9.6	39.4
繰入金	3.7	3.6	13.0	16.6
繰越金	1.8	1.6	6.3	7.5
依存財源	63.4	67.2	224.7	313.2
地方譲与税	2.1	1.7	7.3	8.0
地方交付税	21.9	23.0	77.8	107.4
国庫支出金	22.2	25.2	78.5	117.3
内特定防衛施設周辺整備交付金	0.2	0.3	0.7	1.5
国有提供施設等所在地助成交付金	1.1	1.0	3.9	4.6
県支出金	4.4	7.1	15.5	33.0
地方債	11.2	8.5	39.7	39.7
ゴルフ場利用税交付金	0.1	0.3	3.9	1.3
歳入合計	100.0	100.0	354.5	465.9
内一般財源	48.0	41.5	170.2	193.5
〔参考〕	都市平均	名護市		
面積（ha）	72.8	210.2	0.08	0.39

注）　1．県企画開発部・地域離島振興局市町村課「市町村行財政概況」（第41集）1998年11月による。
　　2．一般財源は地方税，地方贈与税，利子割交付金，ゴルフ場利用税交付金，特別地方消費税交付金，自動車取得税交付金，地方交付税の合計である。
　　3．全国自主財源比率 1990年 53.2％，95年 49.7％．沖縄は 32.8％，30.8％，96年 31.6％である。
　　4．自主財源＝地方税，分担金及び負担金，使用料，手数料，財産収入，寄付金，繰入金，繰越金，諸収入．

表 2-9　目的別歳出決算（1996年）

	構成比（％）		住民1人当り（1,000円）	
	都市計	名護市	都市計	名護市
議会費	1.1	1.2	3.8	5.4
総務費	12.2	15.7	42.5	72.4
民生費	24.2	20.3	84.1	93.7
内社会福祉費	(6.9)	5.6	23.9	25.6
内老人福祉費	(4.4)	4.4	15.3	20.2
内児童福祉費	(6.4)	7.3	22.3	33.7
衛生費	5.1	3.2	17.8	14.5
労働費	0.2	0	0.9	0.2
農林水産費	3.8	7.9	13.3	36.2
商工費	1.6	0.8	5.7	3.6
土木費	24.6	29.3	85.5	135.0
内都市計画費	(14.7)	(12.5)	50.9	57.8
消防費	2.6	1.7	9.1	7.9
教育費	14.2	12.2	50.3	56.0
災害復旧費	0.1	0.7	0.4	3.3
公債費	9.8	7.1	34.0	32.6
諸支出金	0.0	0	0.9	0
歳出合計	100.0	100.0	347.3	460.8

注）　県企画開発部・地域離島振興市町村課「市町村行財政概況」（第41集）
　　　1998年11月による．

税，総務費，土木費，農林費であり，それぞれ4万円，3万円，2.3万円，5万円を上回っている．地方交付税は，県内都市平均の4倍の広い面積をもつことが大きな原因と思われる．民生費の内児童福祉費は構成比でも絶対額でも県を上回り，老人福祉費は構成比で同率，絶対額で上と，福祉にはある程度の重点がおかれているといえる．

　問題は名護市財政の将来的健全度である．表2-10は将来にわたる財政負担等を示したものである．名護市は県内都市の平均的姿を示しているように見える．翌年度以降にまわす支出は少なく，他都市に比し，むしろ健全のようにも見える．しかし，実態はきびしい．

　名護市は公営住宅の建設に力点をおいてきた，1人当りで，県平均を大幅に上回る起債額である．また，一般補助事業は沖縄への補助率は高いが，それよ

表 2-10 将来にわたる財政負担等（普通会計—1996年）

財政負担	実数，率（100万円）		住民1人当り（1万円）	
	都市計	名護市	都市計	名護市
地方債				
地方債現在高①	282,969	18,377	32.6	34.2
標準財政規模②	146,264	9,510	0.17	1.8
現在高倍率①/②	1.93	1.93		
内公営住宅	15,007	1,517	1.7	8.3
内義務教育施設	60,553	1,679	7.0	9.1
内名桜大学		2,910		15.8
債務負担行為				
翌年度以降支出予定額③	60,434	832		
対標準財政規模倍率③/②	0.413	0.087		
積立金				
現在高④	33,377	1,586		
対標準財政規模倍率④/②	22.8	16.7		
公債費比率（％）	16.7	16.1（2000年は18.4）		
起債制限比率（％）	13.3	12.7（2000年は15.4）		
公債費負担比率（％）	15.0	12.0（2000年は16.6）		

注： 1．公債費比率は1995年で全国12.6％，沖縄11.9％である．
　　　県企画開発部・地域離島振興局市町村課「市町村行財政概況」（第41集）1998年11月による．
　　 2．公債費比率は，交付税に算入されるものを除いた公債費の一般財源等の標準財政規模に対する割合，公債費負担比率は一般財源等総額に対する割合．

りもより有利な地域総合事業債による起債の交付税への肩代わり（70％中の30～55％）を利用して野球ナイター施設，公園スタンド整備，体育館，市民会館の整備などをはかってきた．名護市独自の最大の事業は，1994年度の名桜大学の建設である．大学は，総建設費63億円，内起債29.1億円，一般財源22.9億円，県支出1.03億円，周辺市町村3億円，敷地無償贈与（市並びに尚市財団）などを要して建設が行なわれ，95年より学生を受け入れた．市の長年の宿願であり，若者の増加による地域の活性化には大きく貢献した．しかし，その返済が96年より一部始まり，97年からは約4億円ずつ，2014年までかかることになる．これが，名護市財政にとってかなり重い負担としてかかってくることになる．公債費比率は15％をこして黄信号とされる制限比率（公債費比率の3

ヵ年平均）が20％をこせば，新たな借り入れは極端に制限され，市独自の新規事業の実施が難しくなる．名護市財政は黄信号である．

3　基地収入の詳細

名護市に落ちる軍用地料は，市・私有地を含めて1997年で19億円をこえる（表2-12参照）．市財政に入る基地関係収入は26億円である．さらに97年から，沖縄の反基地運動への政府の対応策であることが明らかな基地所在市町村への地方交付税の傾斜配分が決まり，同年県全体で53.34億円，その内名護市には6％の3億1,900万円が公布されることになった．名護市では，この一部6,000万円を，ヘリ基地反対運動が最も強力であったヘリ基地候補地に隣接する東海岸の旧久志村の二見以北10区の各字に交付することにした．住民投票の直前にこのことが決定されたことは如何にも政治的な匂いがするが，これまで，南部の基地所在3字と異なり，基地の恩恵を受けることのなかった10区のインフラ整備に役立つことが期待される．

字別提供軍用地面積と軍用地料は表2-11に見るようになっている．字別に見ると，沖合が海上ヘリ基地の候補地である東海岸辺野古が34.2％，隣接する久志が26.8％を占め，両字地積に名護市内基地の61％が集中している．

軍用地料総額は19億円をこえている．市有地が最も多い15.67億円だが，その内前述の字への分収金は5.37億円である．最大の辺野古や久志は1.5億円に近い1集落としては巨大な地料が入ることになる．ヘリ基地に直接面する3集落の内，豊原は久志からの分村のためもともと共有地を殆どもっていなかった．また東海岸でも二見以北の10区には軍用地料は殆ど入らない．辺野古の場合，分収金も大きいが，基地接収に先立って，共有地を個人配分したため私有地が多く，3.85億円の私有地地代がある．5.49億円の私有地地代の70％以上を占めている（表2-12参照）．

名護地主連合会の事務局によれば，個人地主は1998年で494人である．97年より地代単価が7％増となり（反基地運動に対応していると理解できる），5億7,500万円が振込まれた．1人当りで116.4万円となる．最高額の地主で1,500万

表 2-11　名護市の軍用地面積（1997 年度）

(単位：m²)

	市有地	区有地	私有地	県有地	国有地	計 (%)
久志	4,318,763	38,474	334,547	1,399,262		6,091,046 (26.8)
豊原	814,683					814,683 (3.6)
辺野古	3,935,357	9,221	3,277,809	535,642		7,758,029 (34.2)
二見	69,569		90,009			159,578 (0.7)
喜瀬	961,175	52,409				1,013,584 (4.5)
幸喜	578,198		79,257			657,455 (2.9)
許田	2,347,005	155,799	257,777			2,760,581 (12.2)
数久田	2,104,412	352,005	173,036			2,629,453 (11.6)
世富慶	513,602	133,482				647,084 (2.8)
勝山	24,868					24,868 (0.1)
城（辺野古）		10,590				10,590 (0)
合　計	15,667,632	618,498	4,345,917	1,934,904	138,244	22,705,195

注）　市役所資料による．国有地はどの字にも属さない．

表 2-12　名護市の軍用地料（1997 年）

(単位：1,000 円)

字　名	市有地	（内分収金）	私有地	（内区有地）	合計
久志	367,164	146,660	37,312	3,911	404,476
豊原	69,272	27,709			69,272
辺野古	373,056	148,521	384,993	918	758,050
二見	11,461	1,207	10,896	0	22,357
喜瀬	68,118	27,247	4,424	4,424	72,542
幸喜	40,977	16,391	6,690	0	47,667
許田	199,478	79,557	39,165	15,511	238,643
数久田	178,938	71,575	52,273	35,046	231,211
世富慶	43,672	17,469	13,363	0	57,035
勝山	1,475	590			1,475
城（辺野古）			1,112	1,112	1,112
合　計	1,353,612	536,925	549,115	60,922	1,902,728

注）　市役所資料による．地代は前年比で 97 年 5.5%，98 年 3.25%，99 年 3.5%，2000 年は 8.9%
　　と年々急騰している．

円，70 万円程度が一番多いという．地主は辺野古に 212 人がまとまっているほ
かは散らばり，久志に 40 人，豊原に 15 人がいるという．地主数は最初は少な
かったが，居住地移動，相続分割，あるいは，外部の人による土地購入などで

第2章 基地と自治体行財政

表 2-13（1） 名護市基地関係収入決算額の状況

(単位：100万円)

	①	②	③	小計	④	⑤	小計	⑥	⑦
1999	2,158	658	132	2,971	73	187	262	1,480	652
98	916	343	113	1,373	73	189	262	1,470	418
97	460	1	110	580	72	180	252	1,395	1
96	18	51	79	148	66	180	246	1,277	0
95	283	75	99	457	66	182	248	1,215	0
94	0	61	80	141	53	182	235	1,125	0
93	234	242	86	561	53	182	235	1,082	0
92	116	0	42	158	51	182	233	988	0
91	110	0	79	190	49	178	227	921	0
90	146	320	83	548	49	178	227	839	0
89	230	263	83	577	49	178	227	779	0
88	775	85	83	943	46	175	221	718	0
87	573	103	75	751	46	175	221	674	0
86	179	83	75	337	46	175	221	634	0

注）①〜⑤は，1998年は予算額．防衛施設周辺の生活環境の整備に関する法律．　①騒音防止工事助成　②民生安定施設助成　③特定防衛施設周辺整備調整交付金国有提供施設等所在市町村助成交付金　④国有提供施設等所在市町村助成交付金　⑤施設等所在市町村調整交付金　⑥財産運用収入（基地関係のみ）⑦その他，1999年度は収入見込額．

表 2-13（2） 名護市基地関係収入決算額の状況

(単位：100万円・％)

	合計	予算歳入総額	合計/歳入総額
1999	5,103	29,207	17.5
98	3,524	29,951	11.8
97	2,228	26,114	8.5
96	1,672	25,067	6.7
95	1,920	24,265	7.9
94	1,502	23,906	6.3
93	1,878	29,757	6.3
92	1,378	20,729	6.6
91	1,338	18,889	7.1
90	1,614	17,988	9.0
89	1,582	18,733	8.4
88	1,882	17,480	10.8
87	1,645	16,200	10.2
86	1,192	13,753	8.7

注）1999年は当初予算額．

増えた．なお，辺野古からの流出者は約50人という．

　名護市の基地関係収入決算額の時系列での推移を見ると，表2-13（1）（2）のようになっている．ここでは，詳細な検討はできないが，注目すべきは，次の点である．市予算歳入総額の10％をこえることもあった基地関係収入は，近年6％台に低迷し続けてきた．しかし，97年度8.5％に回復し，98年度予算では11.8％に，99年には見込み額だが17.5％に急増している．これは，明らかにヘリ基地対策のための増額と見てよいのではないか．具体的には，「防衛施設周辺の生活環境整備」の「障害防止工事の助成」の5億円の増額には久志の農業用ダムが，「民生安定施設の助成」の1億円余の増額には二見地区テーマ漁港の製氷貯氷施設の建設費1.17億の単年度分が含まれているのである．財産運用収入も97年より上述の地代アップにより，97年には1.2億円増となった．

　そのほかにも，直接基地には関係しないが，島田懇談会の提案（「沖縄本島基地所在市町村に関する懇談会」，97年3月向こう7カ年間に数百〜千億の国の資金で環境，基盤の整備をはかろうとする計画を提案して解散したが，委員長慶応大学島田晴雄教授の姓を取り，略称島田懇と呼ぶ）に沿って，人材育成センター，多目的ホール，国際交流会館，留学生センター，マルチメディア館の5施設建設，マルチメディアやスポーツ・リハビリの研究会（「ティーム未来21」計画）援助のソフト事業などがめじろ押しに出発することになった．このように見てくると，地方交付税の傾斜配分，二見以北への配分，軍用地料の値上げ，基地関係助成金の増大，島田懇談会関連の事業など，基地と直接間接に関連しつつ，さまざまな振興策が急速に活発化してきているということができよう．

4　公共施設の整備水準

　主要公共施設の整備水準を表2-14により，全国，沖縄県，那覇市，名護市，北部の基地のある町村と無い町村で比較して見よう．

　①　道路改良率，舗装率，1Km²当り延長，永久橋比率は，沖縄県は全国水準を上回っている．しかし，名護市は広域面積をかかえることもあり，道路に関しては県平均を大幅に下回る．名護市財政はこの立ち後れの回復に公共投資

第2章　基地と自治体行財政

表 2-14　主要公共施設の整備水準（市町村比較―1994年）

		全市町村の対全国比較	県内都市平均	名護	那覇	県内農村部平均	大宜味	金武
道路								
改良率	(％)	7.3	57.6†	37.1†	62.8	53.9	45.7†	84.1*
舗装率	(％)	10.7	84.5†	79.4†	99.1	75.4	72.0	84.5*
延長比率	(1km²当り)	120.0	3,065†	1,648†	8,176*	2,365	903†	2,326
永久橋比率	(％)	3.5	100.0	100.0	100.0	100.0	100.0	100.0
公園								
都市区域人口1人当り	(m²)	−2.1						
住基人口1人当り	(m²)	−1.6	5.5	5.8	4.2	8.1	2.6†	4.0†
公営住宅等比率	(％)	−0.2	3.3	3.2	5.8	1.8	2.9	2.7
し尿								
実施率	(％)	−17.2	11.6*	48.6†	3.7†	20.6	43.8*	36.1
収集率	(％)	−21.2	10.5*	38.3†	4.4†	21.7	43.6*	36.0
衛生処理率	(％)	−0.7	98.0	100.0	95.6	90.1	56.0†	64.0†
ごみ								
実施率	(％)	−0.1	99.9	99.1	100.0	98.0	100.0	100.0
収集率	(％)	6.5	99.9	99.1	100.0	98.0	100.0	100.0
衛生処理率	(％)	−2.2	67.5	67.5	66.2	71.5	0.0†	48.2†
上水道等普及率	(％)	5.0	99.3	100.0	98.2	99.7	98.4	100.0
下水道普及率	(％)	12.4	67.9†	49.3†	87.8*	17.5	0.0	0.0
公私立保育所収容率	(％)	−15.9	86.1			88.5		
公私立幼稚園保育所収容率	(％)	−21.2	94.2†	117.0*	100.1*	114.1	134.5*	135.4*
老人ホーム収容率	(％)	−10.4						
千人当り医師数	(人)	不明	1.6	2.0	1.7	1.7	0.3	1.0
千人当り病床数	(床)	1.5	18.4*	35.3*	15.8	14.6	0.0†	52.9*
小学校非木造校舎面積比率	(％)	3.8	99.9	100.0	100.0	100.0	100.0	100.0
危険校舎面積比率	(％)	−0.1	1.1	0.0	3.2	0.7	0.0	0.0
校舎必要面積不足比率	(％)	−1.2	11.2	10.1	6.9†	14.9	9.0	7.3
屋体必要面積不足比率	(％)	−1.9	19.6*	26.8*	10.7†	36.1	4.1†	16.6†
児童1人当り校舎面積	(m²)	−1.8						
プール設置学校比率	(％)	−21.9	71.0†	22.2*	100.0*	46.8	25.0†	100.0†
中学校								
非木造校舎面積比率	(％)	2.8	100.0	100.0	100.0	100.0	100.0	100.0
危険校舎面積比率	(％)	−0.6	0.3	1.2	0.0	0.4	0.0	0.0
校舎必要面積不足比率	(％)	−1.8	10.6	4.4	1.9	10.5	5.3†	0.0†
屋体必要面積不足比率	(％)	10.2	23.4†	11.2†	9.9†	35.5	0.0†	0.0†
生徒1人当り校舎面積	(m²)	−0.7						
プール設置学校比率	(％)	−26.1	68.1	50.0†	100.0†	23.4	0.0†	0.0†
人口千人当り集会施設面積	(m²)	−8.2	68.4	64.1	36.4*	101.1	87.1†	349.6*

注）　県総務部地方課「沖縄県市町村概要」（1996年3月）による．
　　　＊は県内都市平均，農村部平均より大，†は同上より小が顕著．

を集中していることの背景がうかがわれる．基地のある金武町は道路改良が進んでいるのに対し，それのない大宜味村は立ち遅れている．

② 1人当り公園面積は沖縄は全国に比し狭い．名護市は県内都市平均を確保している．しかし，北部農村部の町村は県の町村平均を下回る．

③ 公営住宅比率も県は全国を下回るが，名護市は県平均に近く，北部2町村は県の町村平均より高い．大宜味村の知見から言えば，ヤー（家に当る）と字の生活根拠地むら（シマ）の土地のシマ外への宅地売買は伝統的に皆無であり，教員，公務員のほか外部からの来住者のためには公営住宅が不可欠であるという事情がある．前述したが，名護市の公営住宅起債現在高は都市平均の5倍に達していた．このことは，名護市の公営住宅建設は都市化と人口増に対応して最近になって活発化したものであることを示している．

④ し尿処理に関しても沖縄は立ち後れている．しかし，名護は県内都市を大きく上回り，北部町村も処理率が高いが，下水道，浄化槽などを利用した衛生処理率は低い．県都那覇市がとりわけ立ち後れている．

⑤ ごみ処理では衛生処理率（焼却，高速堆肥化）が全国に比し低い．北部町村はとりわけ低いが，大宜味村では0％である．

⑥ 水不足の沖縄では上水道普及率は全国を上回り100％近い．下水道普及率も高いが，名護市は低く，北部町村では0％である．東部の辺野古集落海岸などにおける海水浴不可能化の重要な原因である．

⑦ 公私立保育園・幼稚園収容率は1994年度では県平均100.6％に達したが，全国平均を大幅に下回る．しかし，名護市は全国平均に近く，北部町村は全国平均を上回って高い．

⑧ 1,000人当り医師数は北部農村，とりわけ大宜味に少ない．1,000人当り病床数は県は全国を上回るが，名護市はとりわけ多い（35.3）．金武町はさらに多い（52.9）．しかし，大宜味には病床が皆無である．

⑨ 小中学校施設では沖縄は，屋内体育施設，プール設置学校が全国に比し極端に少ない．とりわけ都市部では名護市の設置率が低い．金武町は小学校プールのみは整備されているが，他の設置率は低く，大宜味は体育施設の整備率は高いがプールは皆無である．海が近いといっても，道路やリゾート開発や汚染によって，海水浴可能な場所は少なくなった．水が少なく汚染も進んだ河川

での遊泳も不可能な場合が多い．リゾート地の海水浴場をホテル占有にすることは県条例で禁止されたとはいえ，実際の見聞ではそこで遊泳する子供達の姿は稀である．臨海道路の建設は海水浴場を消滅させた．都市の子供が海水浴場に出掛けるには距離があり，気軽ではない．行政は名護市を含めて大型の体育施設やゴルフ場などの設置に集中し過ぎていたのではないか．

⑩　1,000人当り集会所面積は全国より狭い．名護市は県平均に近いが，特に那覇市で狭い．しかし，北部農村では広く大宜味で87m^2，金武町で350m^2（県都市平均68m^2）である．

全体として，沖縄県は公共投資に対応した道路施設と上下水道ではでは本土を凌駕している．そのほかでは，全般的に本土水準を下回る場合が多い．名護市はし尿処理，1,000人当り病床数では水準を上回るが，道路，下水道整備，学校施設で立ち後れている．基地所在村金武町は道路，施設，箱物では水準を上回るが，全体的にアンバランスである．基地のない大宜味村は保育所・幼稚園収容率と農村的処理の可能なし尿処理（衛生処理率は0）は高いが全般的に水準が低い．

沖縄県全体が全国に比しアンバランスであるが，ソフト面が弱いように思える．金武町と大宜味の比較から基地所在市町村とそれのない市町村の格差も想定できるのであり，バランスのとれた整備が望まれるであろう．

第3章　戦後50年，基地縮小・返還を求める沖縄の新しいうねり

1　日米安保体制の下での市民投票と住民自治

　1997年12月21日，名護市民は市民投票によって，日米両政府の合意による，名護市東海岸への海上ヘリポート基地建設案に対して反対の意志表示を行なった．有権者総数38,176人に対し，32,477票，82.45％の高投票率で，反対は16,639票，賛成は14,267票，その差は2,372票であった．
　地域の重要問題を住民投票によって決着しようという動きはここ数年全国に拡大している．直接民主主義に根ざした住民自治，地方自治を目指す新しい動きとして注目されるが，それらはすべて，産業廃棄物や原子力発電所，ダム建設，空港建設などの国内問題を対象としたものである．これに対し，名護市の市民投票は，日米安保体制という国際システムが要請する基地建設に対して，地方小都市の市民が反対の意志を表示しという点で，他に例のないものである．しかも，投票結果は国の計画を一頓挫させたた点で，現段階での住民運動，直接民主主義，地方自治の可能性の極限を示したものものであるということもできる．
　名護市は，もともと閉鎖性の強い地方社会であり，地縁・血縁などの地方的関係性の中で人々の生活は営まれるという側面を強くもっていた．名護市には広大なキャンプ・シュワブと辺野古弾薬庫という米軍基地が存在する．しかし，最近ではトラブルも少なく，基地の存在は辺野古をはじめとする地域住民にとっては日常化していた．東海岸地区では1956年基地建設のための借地契約が結ばれた時，米軍の強制の下ではあるが，沖縄全体の反基地運動の高まりの中で県内の反対運動の批判を受けながらも，旧久志村長や辺野古区の有力者が間にたって，地域振興を考えて条件付きでの基地受け入れに動いたという経

過があった．70年代後半まで，米軍の実弾訓練の被害が頻発し，基地撤去の名護市民運動が組まれたものだが，最近はこうした被害も比較的少なく，地代の上昇もあって，反基地運動は表面的には沈静していた．地元辺野古区は基地との間に親善委員会を定期的に開催してきた．大綱引きで有名な8月の辺野古祭りの際には，現在でも，多数の米軍基地関係者がVIPとして招待され，英語でのインフォメーションが放送される．今回の住民運動でもシュワブの存在をただちに否定するという動きは少なかったのである．

　人々は地方的に時間的に極限された世界での日常的に慣れ親しんだ生活知の中で生活を続けていた．もちろん，そこからはみ出る動きがなかったわけではない．しかし，区＝字＝シマの伝統的な自治と社会秩序は，住民を堅く伝統的なまた日常的な生活世界に閉じこめるものであった．こうしたところでは，システム世界は貨幣と行政の力をかりて生活世界の中に侵入して公共世界に転化し，人々の行動を「形式的に組織された行為領域に同化させるべく圧力をかけている」（ハーバーマス前掲，下巻，429頁）のであり，生活世界の「合理化」，貨幣と行政の力による「植民地化」が進行してゆかざるを得なかったのであった．そのことが既述のように下からの積み重ねの開発ではなく，上からの振興開発といういう開発政策の一方的な進行をもたらすものでもあった．

　こうした，地方社会が突如海上ヘリ基地建設という，全国的，国際的システムの要求に直面することになった．この圧力の下で，生活知が目覚めるとともにその背景知を動員して意識化され始め，自己確認や批判反省という「知」としての機能を発揮することになった．市民投票は，こうした状況下での生活世界とシステム世界の接点において，生活世界の側から生活知を背景にしたコミュニケーション行為の展開と意味世界の再構築が行なわれることによってもたらされたシステムへの抵抗・反乱であったのである．生活世界の背景知には大量，多様，雑多なストックがあり，個々人の行動を動かした背景知をすべて理解することは不可能に近いだろう．しかし，今回の市民投票の背景には沖縄の戦争経験があることは確認しておかねばならないだろう．

2 名護市の戦争経験——生活知の背景

　戦時下，名護地域では軍事動員が続いた．伊江島守備の井川部隊は，九州出身将兵350人と現地召集300人によって名護で編成された（1944年9月）．当初名護に本部を置いた宇土隊は本土から沖縄に到着するまでに潜水艦攻撃で4,500人中4,000人を失っていたが，井川部隊とほぼ同時期に名護に本部を置く国頭支隊3,000人に再編成された．その中には，補充部隊としての国頭郡各町村から召集された下士官兵800人，青年義勇隊200人，防衛隊員400人，鉄血勤皇隊員400人が含まれていた（戦後50年記念名護市戦没者名簿『未来への誓い』1996年所載の年表による）．名護にあった主力部隊球部隊は，45年になると，宇土部隊と特設警備隊を除いて正規軍の大部分が南部に移動した．地元編成部隊を軸とする防衛体制となったのである．
　1940年の国民徴用令による15〜45才の男女の徴用は43，44年には海を渡った伊江島飛行場建設で本格化した．男女ことごとくが一定期間帰宅も許されず動員された．45年になると中部の読谷，嘉手納飛行場建設への動員が行なわれる．44年8月の学童勤労令，女子挺身勤労令の公布によって，児童による軍陣地建設への協力，農兵隊（開墾，食糧生産への高等小学校をも含む志願動員），看護隊，救護隊などさまざまな名称での動員が行なわれていた．
　戦況が緊迫してきた1945年2月1日，最後の動員令によって満45才未満の青壮年は根こそぎ動員され防衛隊＝人足部隊に編成され，南部を含む戦線に送りこまれた．旧名護町ではその数460人，帰還するものは2割に満たなかったと『名護六百年史』は語っている．名護の県立三中，三高女の生徒らの学徒隊や青年団の男女は，勤皇隊，通信隊，護郷隊（ゲリラ戦を行なう遊撃隊）看護隊，救護隊として部隊や野戦病院に配属された．学徒隊は2,300人中1,200人が戦死した．17才未満の青年学校生徒は義勇隊と命名，護郷隊に配属された．召集規則にない17才未満の少年少女までが強制動員され命を失ったのである．残された住民も消防団，婦人会とともに消防救護訓練，軍隊の下働き，避難所作りに明け暮れていた．

1945年4月1日米軍の本島上陸作戦は中部読谷山，北谷から始まり主力部隊は首里に向かって南下していった．北上した米軍は西海岸では4月6日に名護地域上陸作戦を開始した．東海岸沿いに北上した部隊は4月2日石川に進出，逐次海岸線を制圧して，7日には，現名護市，当時久志村瀬嵩に到達した．

　北部防衛のためには宇土大佐のひきいる国頭支隊3,000人が本部半島に配置されていたが，10日間の山岳戦に破れたあと，名護の旧羽地多野岳，一つ岳方面へ撤退，そこで待ち受けた米軍に攻撃されて兵員の過半を失い敗走，部隊は久志村三原から東村方面に逃れたが，米軍の攻撃を受ける中で部隊は四散した．宇土隊長が最終的に投降するのは10月2日である．それまで，日本軍の散発的ゲリラ抵抗は続き，戦争の緊張状態が続いた．6月22日の沖縄司令官牛島中将の自殺による実質的沖縄戦終了から3カ月半後のことであった．

　旧名護町のまちや集落は上陸作戦に先立って艦砲射撃によって壊滅し，余燼がくすぶるだけになっていた．名護町以外の旧町村も大きな被害を蒙っていた．旧屋部村では「各区とも家は殆ど消失しており」，多野岳での戦いが行なわれた旧羽地村では米軍は「昼間は部落内を掃討，民家には火を放っていった」．中心地仲尾次では80％が消失したといわれる．北の半島部の屋我地地区にはハンセン氏病棟「愛楽園があったせいか」（と記録は語る）本格的上陸作戦はなく艦砲射撃が主であったが，900名の強制隔離者中330名が栄養失調やマラリアなどで死亡した．旧久志村で最大の被害を受けたのは3月の大空襲で64軒中62軒を消失した大浦区であった（『未来への誓い』参照）．

　20年2月以降，県からの退避命令によって中南部からの避難民受け入れが各地区で始まり，避難小屋建設が始まる．しかし，米軍の侵攻が始まると避難地域も安全でなくなり，戦火を避けてすべての住民は山奥に避難し，長きは4カ月に及んだ．山岳掃討作戦が繰り返され住民の死亡や怪我が相次いだ．飢えとマラリアが人々を苛んだ．とりわけ南からの避難民に状況はきびしかった．米軍は山岳掃討作戦を続けるとともに住民を威嚇，鎮撫して，収容所に収容した．中南部からも多くの難民がここに移動させられた．激戦地の今帰仁，伊江，本部三村の住民も旧久志村大浦崎や旧羽地村田井等に強制移動させられた（11月帰村）．久志北部の5集落の住民は瀬嵩に追い立てられた．西海岸では田井等に5.7万人，東海岸では久志村瀬嵩を中心に同村から南部金武村までの間

に沖縄最大の20万人，内瀬嵩収容所3万〜4万人，大浦崎収容所に3万〜4万人を収容する施設が作られた．全住民が強制収容所生活を経験することになったのである．難民の帰還移動命令は10月30日に出され，避難民の居住地への帰還が始まる．

収容所の生活は最悪であった．飢えとマラリアで，多くの人がとりわけ老人と子供が次々と死んでいった．東海岸大川区では1,000人以上が死亡，瀬嵩区では6,669人の収容者中，残された墓地台帳だけで613人，中南部出身者が多い．遺族が台帳と墓標を照合して収骨を行なってきたが，名前も告げずに亡くなった人も多い．現在では墓標もなく雑木が生い茂る傾斜地となり，身元不明の遺骨が眠ったままになっている．他にも多くの遺骨が点在したまま放置されている（『証言　沖縄戦』琉球新報社，1995年）．

1995年，県による戦後50周年を記念事業として沖縄県における15年戦争の全犠牲者と沖縄戦における犠牲者を敵味方，国籍の区別なく刻印する「平和の礎」の建設が行なわれた．それに関連して，全市町村で戦没者の悉皆調査が行なわれた．この調査ですべて判明したのではなく，まだ多く人知れず死亡した者も多いと思われる．刻名された234,183人内沖縄出身者147,110人であった．その後の調査で，98年6月で237,318人になっている．字，区を単位とする調査を基本としているため，沖縄で亡くなった朝鮮人をはじめとする外国人の調査が不十分であるという欠陥があるという批判には留意しておきたい（前掲『未来への誓い』参照）．

名護市でも各区長を調査協力者として名簿作成を行なった．前掲「未来への誓い」は全氏名を掲示するとともに簡単な集計を行なっている．ここでも外国人と思われる氏名は皆無に近いこと，他地区出身の名護地域での戦死者，収容所での死亡者者を含まず，5,676人の名前があげられている．その内沖縄戦で死亡したもの3,273人，1944年8月以降の死亡者4,510人である．1940年の人口は28,932人であり，これを基準に考えれば，全時期で人口の19.6％に当る人々が，沖縄の戦況が緊迫した44年8月以降だけでも15.6％に当る人々が戦争を原因として死亡したと概略推定される．世帯数は1世帯平均5人として5,786世帯，4.5人として6,429世帯である．いずれにせよ全時期で見れば平均して1世帯0.88人の死亡率である．

沖縄戦での死亡者だけについて見ても米軍主力部隊の上陸地読谷村がほぼ1世帯1人の死亡率であるのには及ばないが，0.64世帯に1人の死亡率となる．肉親，あるいは身近な親類縁者に数人あるいは10人をもこえる戦争犠牲者をもつのが普通の状況だったと思われる．身分別には一般住民2,035人，兵隊1,649人，軍属351人，防衛隊134人，その他1,507人となる．サイパン，パラオ，フィリピンなど外地での死亡者が多く，正確な身分区分は不祥である．いずれにせよ，日本国内で唯一戦場となった沖縄の現実を示すものであること，また，それが，一般住民をも無差別に巻き込んだ戦争であったことが明確である．死亡原因は，戦死被弾（被爆）1,858人，マラリア398人，栄養失調307人，戦病死275人，船舶遭難170人と続いているが，その他2,641人については原因不明である．日本軍によるスパイ容疑による者を含む銃剣刺殺27人があるのはいたましい死亡因である．年令別には，20才代1,473人，30〜44才1,147人が突出して多いが，60才以上766人，7才未満が732人，15〜19才556人，45〜59才451人，7〜14才317人と各年令に渡っている．男女別には男3,968人女1,708人である．若者を中心に戦争は戦われたが，女性や老人，子供をも大量に犠牲にした戦争であった．

　こうした戦争の記憶は沖縄—名護現代史の原体験として多くの住民の記憶の中に留め続けられているといってよいだろう．少なくとも60才以上の人々にとっては自らが直接体験した同時代史の経験なのである．そして，戦争経験は各字が編集する「字誌」の中に記録され，多くの自分史を記録する書物が出される．先祖を尊ぶ沖縄では年々や季節季節の崇拝儀礼の度に死者が復活し，戦争の経験が語られることがあろう．県内のあちこちでしばしば生ずる米軍基地が引き起こす問題もまた戦争の記憶との関係を考えさせる場合があるだろう．

　市民運動の最中戦争の記憶を衝撃的に想起させる事件が生じた．1944年8月学童疎開船対馬丸がトカラ列島悪石島付近で雷撃され，学童738人を含む1,508人が海底に沈んだ．その探索と引き揚げと慰霊は県民の50年に渡る悲願であったが，97年12月3日から探査が始まり，12日には船体が確認された．結局，引き揚げは深海のため不可能となり，翌年洋上慰霊祭が2度にわたって行なわれた．連日の新聞は大大的に報道を繰り返した．対馬丸には名護地区の多くの学童とその家族101人（名簿から集計）が乗船していた．犠牲者は東海

岸地区を除く全域にわたっている．あたかも21日の市民投票が11日に告示されようとする時期であった．住民に過去の戦争の悲劇を思い起させる大きな事件であった．死亡者の友人，家族，知人が高齢化しつつも多く生存していること，死者の多くが学童であったことなどは，とくに高齢者や女性たちの基地問題に対する態度に大きな影響を与えたのではないか．それは，平和の礎の建設，代理署名，少女暴行事件，県民大会，県民投票からSACO中間報告を経験しつつ，戦争の経験を再想起させ，名護市住民に改めて，基地の意味を身近な問題として考えさせるものであった．

1995年沖縄では米軍基地の縮小・返還，日米地位協定の改訂を求める人々新しい大きなうねりが高まっていった．名護市の海上ヘリ基地反対運動はそのうねりの中での県民運動とともに闘われたものである．

3～5章の報告の課題は住民投票，大田知事の移設反対表明を経て，移設容認の稲嶺県政の成立までの経過を記述することである．1997年12月名護市の市民投票で反対運動は一応の勝利を得た．大田知事が2月初めに海上基地反対声明を出した．その後，政府と県の関係は冷却し，沖縄振興も基地問題も凍結状態に陥る．しかし，年末の県知事選挙前から，基地問題と沖縄振興問題が再び国政，県政の重要な焦点になる．稲嶺新知事が当選することによって，基地問題は県内において新たな動きとなる．普天間基地の移転問題は依然として北部を重要な候補地としてくすぶり続けている．誘致運動も各地で展開され，名護市も最有力の候補地であるのである．さらに，那覇軍港の浦添移転問題が最大の焦点として登場してきた．SACO合意に基づくその他の基地移設問題も解決が進められている．名護市に焦点を合せていた研究は，沖縄の基地問題全体に目を向けざるを得なくなっている．現地調査は98年で予算の関係もあり一応終了することにしたが，基地問題全体の流れの中で普天間飛行場移設，ヘリ基地基地問題の今後を展望するため，今後の研究のために，本稿執筆に間にあうできるだけ最近時までと考えて，99年4月までの年表を整理して巻末に掲示することにした（本書では，実際には，要約年表に集約し，さらに，第Ⅱ部執筆のため，2000年10月末までの要約年表を追加した）．

3 日米安保再強化への懸念と基地利用代理署名問題（1995年）

1) 戦後50年と安保再定義

　1990年大田昌秀氏が県知事に就任してから，沖縄の悲願である基地の縮小移転への取り組みが強化された．大田知事は関連市町村長らとともに91年から97年まで6回の訪米要請を行なっている．ほかにも東門副知事を代表とする女性訪問団，沖縄・米国学者交流事業が行なわれている．大田知事は，米国での議会，専門家，世論の動きの中にかすかではあるが燭光を感じていたものと思われる（米国の政府・軍事関係者や研究者などの諸論調については，県は「「在沖米軍基地の削減等に関する議論等」1998年3月」を発表している）．沖縄戦に学徒兵として参加した大田氏は平和への信条を固く持つとともに，沖縄振興という課題を担いながら，アメリカ留学の経験をふまえて米国的世論にも訴えながら，基地問題の解決の道をつけようとしていた．95年は戦後50年の節目の年であり，先述の「平和の礎」が建設され，大々的に戦没者の追悼と平和記念が行なわれた．あたかも，基地利用地の契約期限切れが迫り手続きが開始される年であった．基地整理縮小への沖縄世論の期待が高まっていた．

　沖縄は，冷戦の終了後の世界的軍縮の流れの中で，沖縄の基地の整理縮小に期待を高めていた．しかし，95年2月米国防総省は「東アジア・太平洋安全保障戦略報告」で，日米安保を「米国のアジア政策のかなめ」と位置付け，この地域に10万人の兵力を維持する基本戦略の存続を表明した．95年日米政府の間で安保再定義が行なわれようとしていた．実際には96年4月に日米安全保障共同宣言が出されるのだが，大田知事の懸念はこの再定義により，沖縄の基地の役割増大，基地機能の強化，基地の固定化がもたらされることであった．大田知事は長期的な基地返還の展望をもちながら，基地の整理縮小に関して日米両国政府の譲歩を引き出すべく重大な覚悟をしていたと思われる．

　他方，沖縄県は92年に設定された第3次沖縄振興開発計画（3次振計）をふまえ，「特色ある地域としての整備をはかるため」，同年より，「南の国際交流

拠点を形成する」ことに沖縄振興の戦略目標を定め，調査を継続してきていた．最終的には96年11月「国際都市形成構想」として発表される．構想は，沖縄の振興開発にあたって，基地の存在が大きな阻害要因であり，その計画的，段階的返還の促進を主張している．大田氏は，基地問題の解決を基本に考えながら，それを梃子にしつつ振興開発に国の協力を引き出すという二正面作戦をとってゆくことになる．

2) 基地再契約と少女暴行事件

沖縄の基地使用期限は1997年5月（1件は96年3月）で切れ，改めて契約更新を行なうための手続きが始まろうとしていた．もっとも順調に進んだ場合土地の強制使用は次のように行なわれる．① 国が使用認定告示（総理大臣名）を行なう．② 土地，物件調書を作成して，地主の署名押印を得る．③ 使用認定から1年以内に沖縄県収容委員会へ採決申請し，これが受理されれば，④ 書類の公告縦覧を市町村長に命じた後，⑤ 県収容委員会による公開審理が行なわれ，強制使用が採決される．これらの事務は国の機関委任事務だが，この手続きの進行過程には地主や地方自治体側からの次のような二重のチェック機能がついている．

第1段階では地主の署名押印において契約を拒否する反戦地主が存在している．第2段階では，地主拒否の場合，市町村長が代行署名をすることができる．県収容委員会の強制使用と公告縦覧に疑義をもつ市長村長が拒否する場合がある．市町村長が拒否すれば知事に代行署名命令を出すことができる．第3段階で知事も拒否すれば，裁判所に訴訟が持ち込まれ，その結果をふまえて内閣総理大臣が署名代行を行なう．この過程が1年以内に終わらねば使用認定も無効になる．以上の手続き終了しなければ，米軍基地は不法使用状態ということになる．

1995年，既述のアメリカの姿勢への危機意識と，戦後50年の節目の年における平和意識の盛り上がりを背景に，この契約更新問題をバネにしながら，基地の返還縮小を求める運動の新しいうねりが急激に高まってきた．3月3日，97年5月に期限切れとなる未契約米軍用地の強制使用手続きが開始された．前

回の92年の契約更新時には就任して間もない大田知事は公告縦覧代理署名に応じていた．今回はそれを許さないとする県民の運動が盛り上がってきたのである．5月14日の「人間の輪」（17,000人）による普天間基地を包囲する運動，翌日の県民決起集会の盛り上がりが当時の運動を代表する．

　金武町では地主が直接署名押印，伊江村，恩納村，嘉手納町，北谷村，宜野湾市，浦添市の6市町村長は2,975人の代理として土地調書，物件調書に署名押印した．しかし，読谷村，沖縄市，那覇市の3市村長は35人の地主の代理署名を拒否した．責任は地主，3市町村長に代わって大田知事にかかることになった．

　95年9月4日，買物帰りの女子小学生がレンタカーで待ち伏せした米兵3人による暴行を受けた．基地に逃げ込んだ米兵は，米軍に拘束されたが，身柄引渡しは拒否された．日米地位協定によれば，容疑事実を固め起訴に持ち込むまでは身柄は米軍当局が拘束する．米軍から届いたのは海兵隊報道部からの詫び状1通にすぎなかった．過去93年には基地内禁則処分になっている女性暴行犯兵士が民間機で米国に逃亡する事件があった．5月にも日本女性殺害事件が起こっていた．今回の小学生の事件に関しては沖縄世論が激昂し，次々と各種団体の抗議集会が開かれ県や市町村の議会の抗議声明が相次いだ．地位協定の見直し要求，基地反対世論は沖縄中に広がり島ぐるみ運動に発展していった．

　19日知事は上京して河野外相に抗議し，地位協定見直しを要請した．同日米大使は知事に米政府を代表して謝罪，21日にはクリントン大統領が遺憾の意を表明した．さらに27日ペリー国防長官も遺憾の意を表明した．暴行米兵3人は異例の早さで起訴されるにいたり，29日には身柄が日本側に引き渡された．事件とその後の沖縄世論の盛り上がりは日米両政府を揺るがした．11月クリントン大統領が訪日し，日米安保の新時代を生み出すための安保再定義，安保共同宣言を行なうスケジュールが組まれている時であった．そのためには，沖縄の基地の安定的な維持は不可避のものであり，それを危惧する米政府の対応も早かったのである．

　しかし，米大使と河野外相の会見では地位協定見直しはせず運用の改善で対処すると合意した．それが，米兵の早期引渡しとなって現われたとも見られるが，大田知事には日米両政府への不信感も強まったのではないか．9月28日大

田知事は県議会で署名代行拒否を表明し，10月2日に正式文書を那覇防衛施設局に提出することになる．

　保守の西銘県政の下では，迷うことなく県知事は署名押印に応じていた．92年の契約更新の時には大田知事も公告縦覧代行に応じた．当時は「沖振法（沖縄振興開発特別措置法）の延長，3次振計画（第3次沖縄振興開発計画）の論議課程にあり，国も協議機関設置に誠意をもって報いるとのことで，やむにやまれず公約を破る結果になった」（大田知事の言葉—沖縄タイムス社編『50年目の激動』同社刊，1996年，46ページ）．しかし，約束された11省庁連絡協議会のメンバーも非公表，調査も1回，論議の内容も不明であった．基地問題の前進は全くなかったのである．こうした経緯を反省しつつ前回の轍を踏まないという知事の決意が固められたといってよいであろう．

　繰り返される米軍の犯罪に対する県民の憤りの蓄積が怒りを盛り上げていった．米海兵隊員には夜間の市内立ち入り禁止命令が出された．県民の怒りは10月21日，参加者85,000人という復帰後最大規模の県民総決起大会集会の開催となって表明された．米軍の犯罪の根絶，被害者への謝罪と保障，地位協定の見直し，基地の返還縮小を求める決議が行なわれたこの大会には知事をはじめとして，財界を含み，左右の党派，思想信条をこえて沖縄の県民が集まったのである．

3）　日米政府の硬軟両面対応と基地の不法占拠状態化

　県民集会の2日後23日ペリー米国防長官は「日本政府のいかなる提案も検討する」と発言した．米政府のクリントン訪日を控えてのあせりが示される発言であろう．翌日には基地の整理縮小のための新協議機関の設置が，河野外相と米大使との間で合意される．これはのちに海上ヘリ基地を提起するSACO（後述）の設置に連なる．日米合意をつめるべく11月1日ペリー国防長官が来日，新協議機関で検討する課題のつめが行なわれるが，アジア太平洋地域での米軍兵力の維持，安保体制堅持，地位協定見直しを行なわないことを再確認する．沖縄の動きに一面で柔軟に対応して激昂する世論を緩和しつつ，実は安保再定義による日米協力の強化をはかる米側の戦略姿勢が示されるのである．これに

対し11月4日大田知事は地位協定見直し要請を首相に行ない日米政府の合意に反発するが，日本政府は国と県の間で新たに新協議機関設置をはかると提案することによって対応する．

　しかし，激昂する世論の中で問題の沈静化の見通しはなく，11月のクリントン大統領の訪日，日米共同宣言発表というスケジュールの実行は不可能となり，16日大統領訪日の中止が発表されるにいたる．改めて，大統領の早急な来日のための地均しが行なわれることになる．そのために，日米両政府は対策を急ぎ，合意された次のふたつの協議会が異常な早さで設置され，初会合をもつことになる．

　11月17日：国と県の「沖縄米軍基地問題協議会」設置，25日第1回会合

　11月19日：日米安全保障協議委員会の下に「沖縄における施設及び区域に関する特別行動委員会」＝SACO（日米合同委員会より高いレベル）の設置が村山首相とゴア副大統領との間に合意，20日に初会合．

　11月28日知事は，基地問題協議会幹事会の席上普天間基地の返還を重点要求した．普天間基地は西銘前知事の頃から返還要求され，日米合同委員会で検討されていた．しかし，普天間を含む10施設18事業案は，1980年継続検討で合意されたが，事実上棚上げ状態になっていたものである．

　普天間基地は海兵隊のヘリ部隊を中心とする岩国と並ぶ有数のヘリ基地である．基地は宜野湾市の市街地の中心部にあり，市面積の25％を占め，市街地が基地を取り囲んでいる．騒音，事故の危険，道路の遮断と迂回など市民生活への影響が大きい．県の新しい振興計画である「国際都市形成構想」が具体化してきていたが，宜野湾市はこの構想の拠点都市として位置づけられている．県の振興計画の樹立のために普天間基地の返還が不可欠のものととらえられていたのである．

　県はそれまで，那覇港湾施設，読谷補助飛行場，県道104号越え実弾砲撃演習を最重点の三事業としてとりわけ強く返還要求をしてきた．5月11日，日米合同委員会はこれらを移設条件付きで返還することに合意したが，移設先自治体と住民の反対で膠着状態に陥っていた．そのほか基地の整理・統合・縮小のための17施設23事業案が重点審議され，内11事業返還済み，2事業は返還合意されていた（合計1,072ha中の574ha）．

少女暴行事件が拡大させた基地反対運動への日米両政府の危惧は大きかった．3事業のうち，「実弾砲撃演習」は9月には本土移転が合意され，翌年4月9日移転候補地が呈示されるにいたった．他の2事業に関しても96年度予算で移設調査費が計上される．これらをめぐる動きは98年以降活発化するが後述する．残る8施設10事業に関しても12月21日の日米合同委員会で，98年12月までに完全返還が合意される．しかし，これらは既定の路線にそったものであり，基地の整理・縮小・統合をさらに強くアピールするために，10施設18事業案が登場する．その象徴が大田知事が要求した普天間基地であったのである．本報告が主要課題とする名護の海上ヘリ基地反対運動はこの普天間基地の移転先に名護東海岸沖があげられたことへの運動である．

　9月29日の知事の代理署名拒否のあとの基地の契約更新問題の推移は次のようになる．11月22日，首相は署名勧告文書を知事に送付，知事拒否，12月4日首相職務執行命令を送付，知事拒否と経過したあと12月7日，首相は福岡高裁那覇支部に知事を提訴する．96年2月の琉球大学の県民意識調査によると県民の71％が知事の代理署名拒否を支持していた．

　明けて1996年1月5日，村山首相が退陣表明，1月11日橋本内閣が出発する．この間，北谷町のキャンプ瑞慶覧門前で米海兵隊員による交通事故で母子3人が死亡した．時期を合わせたように事件は発生するのだが，むしろそれほど米兵による事故発生の可能性が大きいというべきであろう．

　国際都市形成構想に見られる沖縄振興計画をにらみながら，県は1月30日，2015年までに基地の段階的全面返還を考える「基地返還アクションプログラム」(素案)を「米軍基地問題協議会」幹事会に呈示する．これは既に，前年11月4日，非公式に村山首相に呈示されていたものであった．大田知事は県民世論，代理署名拒否，自らの言説を武器に基地の縮小・返還と沖縄振興策をからめながら，したたかな交渉を行なってゆくことになる．

　他方，日米の市民の理解と協力を得るために，2月から「沖縄からのメッセージ」事業を全国の都道府県と米国(5回)で逐次開催した．基地問題を中心に平和と文化について紹介を行なった．この事業は，9年11月まで継続された．色刷りPRパンフ「沖縄からのメッセージ――沖縄の米軍基地」は表紙一面に宜野湾市の市街地とその中心部にある普天間飛行場の写真を掲載してい

る．

　翌96年3月25日高裁判決で県敗訴，同29日総理大臣が代行署名して，県収容委員会に裁決申請を行なう．高裁判決にもかかわらず，知事は署名を拒否し，4月1日最高裁に上告する．おそらく県側勝訴の見通しは少なかったであろう．しかし，県側としては，沖縄を政府だけでなく国民に訴える機会であるととらえていたと思われる．

　首相は緊急使用申請を行なった．申請は受理されたが，この年3月末が契約期限切れで1年早い読谷村楚辺通信所（通称「象のオリ」）関係の1人の地主の1件の土地236m²は公告縦覧が行なわれる時間はなく，国の「不法占拠」状態に入ることになった．しかし，フェンスと警察機動隊に守られた該当地に所有者は立ち入ることすらできなかった．

4　普天間基地全面返還合意とSACO報告（1996年）

1）普天間基地返還と安保再定義

　4月米大統領は改めて訪日することになった．訪日をまじかに控えた4月12日，首相と米大使は共同記者会見し，普天間飛行場の5〜7年以内の県内移設条件付きでの全面返還を発表した．2月23日には橋本首相は訪米している．大統領との会談で普天間問題は話し合われたといわれ，水面下での折衝が重ねられていたと思われる．普天間返還は県としても青天の霹靂であった．知事も条件付きを不満としたが，一歩前進とする発言をしている．

　4月15日SACO中間報告が発表された．移設条件付きでの米軍施設の20％の返還をはかろうとする報告であった．それがかりに全部実現したとしても，その面積は23,500haの県内施設の内の4,700haで，日本の米軍基地の沖縄への集中率を75％から70.6％に減らすだけのものであった．しかし，この報告や普天間基地返還合意によって，沖縄世論を緩和するというよりは煙に巻くなかで，米大統領が来日し，17日橋本首相と大統領は「日米安保共同宣言」を発表した．

この声明によって，安保は，① 日本の安全保障のための協定から，「同盟関係」のための協定に格上げされた．② 日本の防衛のためから，「アジア太平洋地域の平和と安全の確保」のためのものに拡大した．③ 米は10万人の前方展開軍事要員からなる現兵力構成を維持するとされた．④ 日米防衛協力のための指針（ガイドライン）見直し（周辺事態における協力，後方支援が協議される）や，⑤ 米国の安全保障に対する決意，日米の相互援助，日本の米軍への寄与の継続の確認が行なわれた．⑥安保の「目的との調和をはかりつつ」SACO報告の沖縄の基地の整理・統合・縮小案の措置を歓迎し，成功させるものとされた．

SACO報告はこの共同宣言と併せて理解されるべきである．基地面積はみかけの上では縮小するが，県内移設を伴いながら，基地機能は持続させようとするものであった．むしろ，移設という機会を利用して，新安保の時代にふさわしく，機能的に拡充強化された基地を新設し，周辺事態への展開に備え，有事の際の新たな施設提供にも連携しようとするものだということさえいうことができるのである．

普天間基地は，沖縄米軍の3分の2を占める米第3海兵遠征軍のホームベースであり，ヘリ部隊を中心に，航空機も配備する岩国飛行場とならぶ有数のヘリコプター基地であり，米軍の海外遠征にとって不可欠の施設である．中間報告では基地移設（候補地未定）とは別にその機能ならびに追加機能の嘉手納，沖縄両市，北谷町への移転整備をも条件づけており，関係市町村の反発を買った．中間報告の発表の翌日，はやくも最大の基地所在地である嘉手納町の議会は普天間基地の基地機能の移転に反対する決議を行なっている．また，4月30日には，中部市町村会（13市町村）が県内移設反対決議，5月19日には読谷村で「普天間飛行場返還に伴うヘリポート移設」に反対する住民決起大会が開かれている．普天間飛行場に隣接・近在する中部地区の市町村の反応が早かった．

2） 最高裁訴訟と県民投票

総理大臣が代行署名した「土地調書・物件調書」は3月29日県収容委員会に

裁決申請され,楚辺通信所分(地主1人)は,5月11日受理,13日読谷村長に公告縦覧申請,5月27日村長は拒否,県知事も6月12日代行を拒否した.同じ日に裁決申請された他の10市町村分は6月6日受理,6月7日公告縦覧が申請されたが,6月21日に伊江村を除く9市町村長が拒否し,県もまた6月12日と7月9日に拒否した.拒否したのは,恩納村,金武町,読谷村,沖縄市,北谷町,嘉手納町,宜野湾市,浦添市,那覇市の長で,地主総数2,970人,伊江村は地主22人である.次いで総理大臣の勧告,命令,が相次いで知事によって拒否され,最高裁に訴訟が提起される(楚辺分7月12日,その他8月16日).(以上の手続き,経過については,主に県総務部知事公室基地対策室「沖縄の米軍基地」1998年3月を参考にした).

　大田知事は強制使用手続きに対して憲法上の疑義と沖縄の歴史的苦難の歴史を訴えつつ,代行署名を拒否した.また,法廷での大田氏の弁論陳述は,国民世論にも沖縄を訴える歴史的価値のあるものであったと評価できるだろう.

　以上に見てきたような日米両政府の動きを牽制し,基地に関する知事の代行拒否を支援し,日米地位協定の見直しや基地縮小を求めるべく,連合沖縄は2月から県民投票条例の制定を求める署名運動を開始した.4月10日,37,136人の署名(法廷18,047人)を48市町村から集め,条例制定請求を行なった.条例は6月21日県議会で可決された(賛成26,反対17).県レベルでは日本最初の住民投票条例である.投票日は9月8日である.

　県は投票勧誘のための大キャンペーンを行なった.ポスター2種類2万枚,ちらし105万枚,講演・シンポジューム,イベントなどで投票の意義を訴えた.沖縄県軍用地等地主会連合会は県民大会にも組織的に参加しなかったが,県民投票でも棄権を組織決定した.また,全沖縄駐留軍労働組合(沖駐労)は既存組合の全駐労沖縄地区本部の基地整理縮小の運動を批判して8月に旗揚げしたばかりだが,棄権を組織決定している.この例に見るように利害関係者の棄権が多かったと思われる.

　「日米地位協定の見直し及び基地の整理縮小に関する県民投票」の結果は投票率59.53%だった.そのうち89%,全有権者の53.04%が賛成票を投じたことは基地反対の声が強いことを示しているといえる.関心は女性に高く投票率61.78%,男性は57.16%であった.しかし,県のキャンペーンにもかかわら

ず，6月の県会議員選挙の66.36％の投票率を下回り，約4割が棄権した．基地に関する沖縄県民の複雑な気持ちを見ることもできるだろう．

しかし，基地所在町村について表3-1で見れば，投票率を見ると反応はさまざまである．リゾート開発の進む恩納村，最北部の広大な演習地をもつ東村の投票率は際立って高い．東村とこれも投票率の高い最北部国頭村は国有地が多く，住民への地代収入は比較的少ない．中部の北中城村，読谷飛行場の移設が決まった革新村政の読谷村などが投票率が高い．他方開発の遅れた離島伊江村や中部東海岸の勝連町が異常に低く，同じく開発の遅れた，北部の宜野座村，金武町や，基地の町沖縄市も低い．調査地名護市は57.9％と平均より低い．地域の開発後進性と基地への依存性が投票率に比較的リンクしているように見えるのである．

ちなみに名護市では投票率57.9％，賛成19,539票で，これは有資格者数37,570票に対して52％，有効投票に対して91.94％であった．後に見る名護市における市民投票条例制定を求める署名17,539人，投票におけるヘリ基地建設反対票16,639票と比較すれば，名護市民の基地に対する世論の動向の揺れ動く微妙さをうかがうことができるように思う．

県民投票に先立って，8月28日，上記の職務執行命令に関する県の上告が最高裁で棄却される．県民投票の2日あと，知事は橋本首相と会談した．会談後，首相は基地の整理縮小，日米地位協定の見直しと沖縄振興に全力をあげること，知事を含む「沖縄政策協議会」を設置するとの総理大臣談話を発表した．沖縄振興の特別調整費50億円の支出も指示された．

最高裁判所判断から半月後，県民

表 3-1 基礎面積率10％以上市町村の投票率

(単位：％)

	投票率	基地面積率
恩納村	84.31	29.5
東村	78.01	41.5
北中城村	66.73	18.5
国頭村	63.16	25.3
読谷村	62.86	46.9
北谷町	60.29	56.4
嘉手納町	60.22	82.8
浦添市	60.16	14.8
宜野湾市	59.59	33.1
名護市	57.90	11.1
宜野湾座村	57.23	51.5
沖縄市	54.73	36.0
金武町	51.67	59.6
勝連町	45.67	14.3
伊江村	31.42	35.4

投票から5日後の9月13日，知事は代行署名を表明し，18日訴訟は取り下げられた．多くの県民・支援団体の批判を受けざるをえなかった．知事は「行政の責任者としてこれまでの6年間で最も難しい決定だった」としつつも9月13日公告縦覧代行を応諾した．代理署名訴訟に関する司法判断に従わざるをえないこと，基地の整理縮小と沖縄振興への政府の取り組みを評価し今後の国との話し合いの場で問題の解決をはかりたいことを述べている．その中で，今後に課題が山積しているとしながらも，SACOの4月の中間報告による基地の整理縮小案や，前述の橋本総理大臣の談話を評価期待している．大田知事は司法の判断の前に屈伏せざるを得なかった．しかし，沖縄問題に対する国会や世論の関心をここまで高めた功績は大きいといわねばならない．

3) 移設候補地と市町村の反対

SACOの中間報告以後の検討中心課題は普天間飛行場の重要な軍事的機能及び能力を維持しながら移転するための移設候補地を確定することであった．

6月26日，米側は嘉手納弾薬庫地区，キャンプ・ハンセン（名護南方金武町名護にも一部かかる），名護市を中心とするキャンプ・シュワブの3候補地を提案した．ここで初めて私たちの調査地名護市が登場してくることになる．嘉手納弾薬庫地区内への山林開発による建設（主に読谷村，恩納村区域内）も検討されたが，県は貴重な動植物資源が存在すること，県の100万本植樹運動展開地でもあること，前述の中部の13市町村会の反対を理由に反対した（7月2日段階で断念）．県会の移設反対決議（7月16日），8月7日北谷町議会，8月20日嘉手納周辺3市町村長政府に反対要請，8月22日金武町議会と反対の要請と決議が相次ぐ．

名護市の反応も早かった．候補地として提案がなされた翌日27日市長は移設反対の記者会見，28日には，市議会が反対決議を行ない，7月9日には市長を実行委員長として，4,100名が参加する全市的な総決起集会を開いている．8月20日，キャンプ・シュワブに隣接する名護市の辺野古，豊原，久志の3区合同委員会が反対決議を行なう．

候補地の提案，協議，県や地元の自治体や住民の反対，断念が繰り返された

第3章　戦後50年，基地縮小・返還を求める沖縄の新しいうねり　　　　65

　後，9月19日に出されたSACOの「現状報告」は嘉手納飛行場への集約，キャンプ・シュワブへの建設の両案に新たに海上施設の建設を加えた3つの案を検討するよう求めた．
　「現状報告」発表の2日前17日，来沖した橋本首相は「撤去可能な海上施設案」を公表している．その日はワシントンでのSACO合同委員会で米側が新たに提案したこの案を日本側が了承した日であり，首相の公表は実際には海上施設案がすでに，8月頃から米側が提案した優先案として考えられていたことを示すものと見られるのである．
　9月，中城湾勝連町ののホワイトビーチ沖案も浮上したが，これにも県はマリン・タウン・プロジェクトがあり，県の振興計画の障害となると反対した．後にこの勝連町は，名護ヘリ基地に対する市民投票後，地元からの誘致あるいは反対運動で再び登場してくる．浦添市沖も候補地として検討された．
　この前後，大田知事は移転候補地の同意を条件に県内移設を容認する発言も行なっている（9月30日定例議会）．しかし，10月4日中部の沖縄市議会，具志川市議会，10月9日には浦添市議会，勝連町議会，10月9日沖縄漁協組合長会（周辺海域へのヘリ基地建設反対36漁協）が移設反対決議を行なう．さらに10月26日沖縄中部8漁協，11市町村協議会の反対決議，10月30日勝連町漁協が反対声明と続き，11月8日には勝連町の51団体による「海上ヘリポート建設反対町民会議」が結成される．中部中城湾への移設は国際都市形成構想への障害を主張して知事は11月14日反対表明を行なった．
　こうした経過を経て候補地は米側提案優先でしぼられていった．10月24日那覇防衛施設局長は記者会見で，沖縄東側北部が候補地と述べ，11月16日防衛庁長官が名護市東海岸を視察し，キャンプ・シュワブ沖が有力と発言する．ここには，キャンプ・シュワブが存在し，辺野古区との間には親善委員会をもち，最近ではトラブルは少ないし，反対運動も強くはない．しかし，辺野古の反対運動団体「命を守る会」の責任者は，この時，反対運動が比較的少ないことを理由にあげたとして怒りを燃やしたと述べている．以後も長官や防衛庁の動きは地元の神経を逆撫でする場合が多かった．
　ここが，候補地となることに県は何故反対しなかったのだろうか．県公式文書（「沖縄の米軍基地」県知事公室基地刊，1998年3月）では，嘉手納弾薬庫地区

は自然保護と地元自治体の反対,中城湾は県のリゾート振興計画への支障を理由に県は反対を表明したとある.名護市沖に関しても,条件は同じである.名護市東海岸沖はまた県内有数の自然景勝地であり,また,県のリゾート振興計画地域でもある.名護市長,市議会も反対し,全市的な市民総決起集会も開いている.防衛庁長官発言の2日後 (18日) には市議会による2度目の反対決議,19日には市長の反対声明,候補地に最も近い久志3区の合同委員会の反対決議,11月29日の2度目の市長を実行委員長とする市民総決起大会の開催,同日東海岸地区の区長らで組織する久志地区活性化協議会の反対決議表明が行なわれているのである.

こうした地元の反対の動きにもかかわらず日米両政府の内部ではシュワブ沖に候補地が特定されていったと思われる.『琉球新報』は12月1日政府内部文書が候補地特定した旨を報道した.

4) SACOの最終報告

12月2日SACOの最終報告が出された.普天間飛行場の5〜7年以内の返還を最終的に確認するが,① 十分な「代替施設が完成」,②「重要な軍事的機能及び能力は今後も維持」,③ 海上施設への移転とそれの「沖縄本島の東海岸に建設」を条件としている.候補地は地元の反対に対する配慮もあって明示されぬが,名護東海岸キャンプ・シュワブ沖への海上建設に事実上特定されていたのであった.最終報告は普天間問題に関しては「普天間飛行場に関するSACO最終報告」なる付属文書報告を作成し,本報告と「不可分の一部をなすものである」と記して,特別報告している.普天間問題は県にまかせることなく日米両政府が直接乗り出して解決しようとした最重要課題であったのである.その背景には,沖縄の住民対策だけではなく,安保再定義にかかわり,基地の中枢を強化するためのヘリ基地の重要性という積極的な意味づけがあったと考えられる.

12月21日「県内移設」反対の県民大会が宜野湾市で開かれ,SACO報告が整理縮小でないと糾弾し,米軍の兵力削減撤退などを求めるアピール,スローガンを採択した (主催者発表2.2万人,123団体で保守政党,経済団体は参加せず).

SACO報告にかかわる,普天間基地以外の基地処理合意については,第II部を参照されたい.

第4章　名護市の海上ヘリ基地反対運動と地域振興

1　海上ヘリ基地反対運動と市民投票（1997年）

1)　海上ヘリ基地と事前調査

候補地の決定をめぐる政府と県の動き（96年末〜97年1月）

　11月県は「国際都市形成構想」を最終的に策定する．この構想によって沖縄振興策をめぐる政府と沖縄あるいは地元との接触はより具体的になり，基地問題と振興策のからみが深まってゆく．

　SACO最終報告の前後，シュワブ沖への基地移転を公式に特定するための動きが急速に活発化したが，誘致派の動きも新たに台頭してくることになる．

　政府は早速翌日「沖縄における特別行動委員会の最終報告に盛り込まれた措置の実施の促進について」を閣議決定した．橋本首相は，11月12日，12月5日，17日と大田知事と会談する．この年，首相は知事と実に10回の会談を行なっていること自体異例のことであろう．大田知事の姿勢も揺らいでいたと思われる．11月23日知事はシュワブ沖移設容認発言をしたとか，12月5日の会談で首相に知事や地元調整を約束したとかの報道が散見される．

　明けて1月8日沖縄問題担当の岡本行雄首相補佐官は知事に海上施設建設に協力要請を行なう．ここで，知事は普天間基地の県内移設に対して難色を示し，初めて海兵隊の兵力削減を要求した．知事の基地移設要求に答えた政府への一定の評価，沖縄基地建設上例のない知事による新基地の建設容認，という2つの事態の谷間に悩む大田知事は海上ヘリ基地への態度を保留したまま，海兵隊削減の道の提案によって，基地縮小の道を探ろうとしたのであった．数度にわたるアメリカ訪問や，県の情報収拾によってアメリカの専門家から得た，かすかな可能性に期待をかけるものであった（「在沖米軍基地の削減等に関する議論等」沖縄県，1998年3月参照）．

政府岡本補佐官ははさらに県を介して名護市説得の協力要請を行なう（1月14日）．しかし，知事は埋立案に反対の意向を示すとともに，「一義的には国の責任で行なうべきだ」と回答，同日政府は名護市に協力要請を行なうと表明する．県の同意を得られない政府は県に協力を求めながらも，県を飛び越して直接名護市への協力要請を行なう姿勢を示す．こうした段取りを経て，16日梶山官房長官は日米両政府はキャンプ・シュワブで基本合意と表明した．
　安保を再定義した日米安保共同声明の下でのシステム要請と，沖縄の基地の重要性を特記するSACO体制の下で，日米政府が知事の基地の機能縮小，県内移設反対，兵力削減の要求を飲むことはもともとありえなかったと思われる．国は既定路線を歩み，その円滑化をはかるために大田知事を政治的にまきこみ沖縄世論を緩和することを考えていたといってよいであろう．

賛成派と地域振興

　賛成派の動きも生じてきた．11月23日北部建設協議会が埋め立ての条件付きで基地誘致を決定，12月16日石川市など3漁協が漁業振興，埋め立て条件で基地受け入れを表明する．12月24日北部法人会（建設業など中心）は埋め立て案あるいは陸上案で移設促進声明を出す．東部海岸に隣接する東村でも村長は年末には絶対反対であったが，1月には岡本補佐官と接触する中で「村の振興」条件に誘致の動きを示す．これは，基地移転と地域振興を両天秤にかける中で基地問題を解決しようとする政府政策の浸透の結果である．純粋の基地反対運動として出発した地元の反対運動は，基地反対か，基地移設による振興かという形に変化してゆくことになった．

政府の説得と孤立する名護市長

　比嘉名護市長は2回の基地反対の市民総決起集会を主催し反対の意思表明を明確にしていたが，賛成派や国の圧力を受けつつ，また，名桜大学建設資金の返済をひかえての財政問題，地域振興を考慮しつつ，反対だといいながらも「国の説明には耳を傾ける」と発言し，その姿勢に動揺が見られるとする反対派の不安も広がってきていた．しかし，市長は，県と歩調をともにするという姿勢をとっていたことは注目してよい．1月20日久志地域13区長は市庁に反

第4章　名護市の海上ヘリ基地反対運動と地域振興　　　71

対意見書を提出した．翌21日，島口那覇防衛施設局長は市長に事前調査受け入れを要請する．21日の国の事前調査申し入れに対し，県の同席を条件とすると回答した．県は国の責任だと協力を拒否しているのであり，市長も協力を拒否した．この日，岸本助役（後の市長）は「現段階では調査は受け入れられない」と集まってきた久志地区の区長らに言明した．さらに市長は県に対しコメントを発表した．「北部は基地のはきだめではないこと」，「最善策は県外移設撤去」で「次善策は県内移設，漸次縮小し撤去」であるとしつつ，「県外移設の姿勢に変わりはないか」，それまでは，「普天間固定化もやむなしか」，「沖縄の振興計画」への「支障」をどう考えるのか，などである．歯切れの悪いこのコメントは名護市長が動揺しながらも県の判断に期待している姿をよく示しているといってよいだろう．

　知事は25日改めて，地元説得のための国との同席を否定する．以後，政府は県を相手にせず，名護市に集中的に働きかけを行なうことになる．この中で県と市との連携ならびに県の支援が表面的にはないまま，名護市は単独で政府と立ち向かうことになったのであり，市長の動揺は深まらざるを得なかったであろう．

　2月16日，諸富防衛施設庁長官は初めてシュワブ水域視察に地元にきた．しかし，地元の反発は強く，長官がバスを降りたのは2回だけで，実質的に視察にならなかった．知事は依然として，地元説得のための同席を拒み続ける．

命を守る会と辺野古区

　1月9日，57才の辺野古の農民比嘉盛順さんが，「ヘリポート移設絶対許すな」，「立ち上がれ辺野古住民」，「奮起せよ久志地域の皆さん」と訴える2枚の横断幕を名護市から辺野古区への道路入り口に立てた．彼は吉元副知事は中城湾はだめといったが「なぜシュワブはだめだと言わないのか」の疑問を語っている（石川真生『ヒューマン・ドキュメント　オキナワ海上ヘリ基地』高文研，1998年）．個人あるいは市民としての初めての公然とした意思表明である．地元の人によれば，辺野古住民はアマーン（やどかり）の気質だという．周囲の人に気兼ねしてやどかりのように首を出したり引っ込めたりしているのだという．比嘉さんの行動はよほどの思いをもった勇気ある行動であった．

日本共産党も火付け役だった．1月から，久志13区の内，基地候補地にもっとも近い地元3区で対話集会を開いた．久志15人，辺野古50人，豊原80人の人が集まったという．反共意識の強い地域であり，集まりにくかったのだが，ここに参加した人の中から，本来保守的な立場にあるが，命を守る会の結成とその後の運動を主導した人も出ている．
　この段階で草の根からの住民の反対運動が急速に高まってくる．すでに，年末から話し合いが行なわれていたといわれるが，1月14日に準備会を開いた後，1月27日，ヘリ基地候補地の海上に直面する辺野古区の住民を中心に27名が参加して，「ヘリポート建設阻止協議会」が結成された．この協議会は通称「命を守る会」として，地元の組織として以後の反対運動において中核的な役割を担うことになる．29日同会は結成大会を開き，翌日，区住民討論会が開かれる．151人（160人の記録もある）が集まった討論会では誘致派の発言は皆無だった．
　2月9日，辺野古区の決議機関である行政委員会は，区民の総意として反対を確認してヘリポート対策委員会の設置を決議する．この反対決議は，比嘉市長が住民投票の直後の12月末，橋本首相に基地受け入れ表明をした段階で，辺野古区の内部が賛否両論で分裂しているにもかかわらず，有効性をもっていることが区長によって確認されている点で重要な決議である．19日には51名の委員が選出され，3月13日結成会が，4月9日第2回会合が開かれ普天間基地視察が行なわれている．しかし，賛成派の動きや，国の働き掛けが強まる中でその後会合は開催されなくなった．
　2月20日久志地区（13区）区長会は再度「移設反対」の意見署を市長に提出した．当初この段階までは，東海岸地区（旧久志村）13区はあげて反対していたのだが，やがて結束が崩れることになる．
　市長による基地の事前調査受け入れ表明の直前，辺野古区の入り口に，訪れる人々のすべての目に映り，反対運動にとってシンボル的意味をもった「平和のモニュメント」が建設された．巨大な菩薩様を描いたベニヤの看板で「命育む美（チュ）ら海ヘリポートはいらない」と記されている．命を守る会がやんばる反戦の集い（労組など）と協力して設置したもので，豊原区に移り住んでいるイラスト作家許田清香さん（29才）の作品である．

1月19日，北部の労働団体がヘリ基地問題で住民投票について議論と報道された．早い時期から住民投票が話題になっていたのである．辺野古で住民討論集会が開かれた同じ日，名護市でも「ヘリ基地建設阻止，北部地域総決起大会（1,100人参加）が開催された．

名護市の北部東海岸の東村村長は振興策前提（村長）に基地誘致の意向もしめしてきたが（1月24日），地元候補地の高江区の住民が区民大会で猛烈に反発し，3月11日村長は建設容認を撤回した．後に東村は，南部の基地施設移転の一部を受け入れるという苦渋の選択をすることになる．北部市町村はどこでも地域振興と基地のはざまにたっているのである．

市長による事前調査の受け入れ
4月9日，辺野古公民館で説明会を開催，市長は地元の同意，県の責任ある対応を条件に事前調査容認の表明を行なった．政府との間には「建設を前提とするものではない」との覚え書きを交換した．地資料では，ヘリ対策協議会で「地域振興策に絡めて事前調査をまかせてほしい」と要望したとある（じんぶん企画編『私達市民が知り考え行動するための資料集』ちゃしんならん・ゆんたくフォーラム in NAGO 実行委員会発行参照）．知事は10日，名護市長と会談し，「名護市の判断結果を尊重」と調査を容認した．

国会では米軍用地特別措置法改正が大詰にさしかかっていた．これは，県土地収容委員会の裁決がえられず，軍用地の再契約が行なわれないまま使用期限切れになったとしても，裁決まで国は暫定使用できるとするものであり，今回の代理署名拒否のもたらした，国による土地不法使用状態（読谷村楚辺通信所の一部の土地）という苦い経験をなくすために行なわれた改正である．これが4月17日参議院を通過することで，5月14日使用期限きれとなる反戦地主151件，36ha分の軍用地は合法的に使用できることとなる．沖縄の反発は大きかった．4月10日に報道された『沖縄タイムス』と『朝日新聞社』の共同県民世論調査でも，関心をもつものは85％をこえ，反対61％，賛成15％となっている．この法律が沖縄だけに適用されることに対する差別批判が最も多かった．

政府は，県と県民の反発を緩和し，今後の県の協力も得るべく，3月の12回目の首相大田知事会談などを通して特措法改正と同時に，沖縄の基地問題と地

域振興に関する決議案を採択することを提案しつつ，県の了解を得ようとした．こうした経過をふまえて，知事は建設を前提しないとの条件での市長判断の尊重を表明したのである．当時の県民世論は，大田知事の海兵隊撤退による兵力削減要求を80％が支持し，代替ヘリ基地に関しても反対64％，賛成15％であり，圧倒的に知事の基地の縮小を求める強い姿勢の部分を支持していた．しかし，市長は知事の尊重発言で県のお墨付きをもらったことにもなる．基地反対派の中には市長批判だけではなく，代理署名を行なったことも含めて知事の容認発言批判が強まったことを私たちは再三ならず聞かされたものである．

市長は上記9日の辺野古での説明会に次いで，久志，豊原の基地隣接の3区，東海岸北部の旧久志村の二見以北10区への説明会を開催する．しかし，3区では説明を聞くのみであり，二見以北では区長たちは説明を拒否して会場より退席した．もっとも名護漁協は4月15日調査受け入れを表明した．こうした形式的ともいえる手続きを経た上で市長は18日調査受入れを正式表明した．

しかし，市企画部市長室では6月24日付きで，「『キャンプ・シュワブ水域代替ヘリポート海上施設に係わる事前調査及び建設』について（久志13区の区民総会における意志確認）」なる文書を作成している．

それによると，13区すべてで反対の態度をとることを決議している．

＊　久志　5/10　臨時総会——賛否両論意見がだされ，その場で投票（無記名）による意志確認を行なうこととなった．調査反対63，調査賛成17．建設反対74，建設4．総会参加総投票81．

＊　辺野古　4/27　「区民総会——「ヘリポート問題に関して区民総会を持つべきという意見があったが，ヘリポート対策協議会で議論すべきとして，命を守る会から提出された嘆願書及び署名簿（小学生以上838名，区民の7割）を区民総会で受理した」．5/14　ヘリポート対策協議会——「区は移設に対して既に反対を表明しているので区民総会を持つ必要はない．区が移設・建設反対の横断幕を上げるという結論が出た」．

＊　豊原　4/27　「定期総会——ヘリポート問題について議題にはならなかったが，設置については区政委員会で設置反対決議が3月に行なわれており，その決議を支持するとういう結論であった」．

＊　二見　「事前調査，建設についてはこれまで常会（戸主会）のたびに反

第4章　名護市の海上ヘリ基地反対運動と地域振興　　　　　　　　　75

対であることを確認しており，総会に議題として提案する必要はないと判断した」．
　＊　大浦　5/18　「常会・総会——区民投票（無記名）により，建設に対する意志確認を行った．建設反対56，建設賛成6，総会参加投票数62」．
　＊　瀬嵩　4/14　「区民総会——区民投票（無記名）により，調査並びに，建設に対する意志確認を行なった．調査並びに建設反対39，調査並びに建設賛成4，総会参加投票数43」．
　＊　大川（5/22区民総会），灯間（5/29常会），三原（4/13区民総会），安部（5/7行政委員会・区民総会），嘉陽（2/28区民総会），底仁屋（4/2区民総会），天仁屋（4/5区民総会）でいずれも，「全員総意のもとで調査，建設に反対することを決議した．区民投票はしない」と報告されている．

反対運動と地元辺野古区
　住民・市民の動きが急速に活発化する．新しい個人参加の運動団体として，4月28日に「ヘリポート基地を許さないみんなの会」（通称「みんなの会」，新城春樹代表），5月10日には「ヘリポートはいらない名護市民の会」（通称「市民の会」，宮城康博代表）が，賛成派の団体として4月24日に「辺野古活性化促進協議会」（島袋勝雄会長），が結成される．
　みんなの会の幹事は退職教員5，市会議員5（公明，社民系2，革新系無所属2，社大党1，退職教員らの間には，後に市長候補となった玉城県議の後援会に属するものも多かった），保母，農家2，精薄施設の陶芸家，会社員，主婦，区長1などであった．会員数は名護市内70人前後から後に100人前後，市外100人前後になったともいわれるが，結成と同時に組織づくりも不十分なまま運動に入ったのではっきりしない．退職教員や，社民党系の支持者が中心になったものと思われる．次に述べる市民の会に比して年令層は高い．代表は今帰仁村出身で退職教員であるが，沈没した学童疎開船対馬丸には土壇場で家族疎開に変更になったため乗船せず，同一船団だったが難を逃がれたという経験をもつ．
　多くの小グループでの話し合いがもたれたといわれるが，それらを1つにまとめていったのは市民の会である．その結成にいたる道筋を中心的に作りあげていったのは無党派の市民グループであった．後に市民の会事務局長，市民投

票推進協議会，ヘリ基地反対協議会（後述）の代表となる宮城康博氏（当時37才）によると，1月頃から週1回10人程度の集まりをもち話し合っていたという．集まったのは民宿経営者（後に市民の会の2人の代表の内の1人），予備校経営者，有機農業の実践者，北部労組に属する若者，退職教員に宮城氏などであった．最初の4人は内地からの移住者であり，他も市外の空気を吸った人が多い．宮城氏は33才まで東京で演劇活動をしていた．帰郷後は「じんぶん（知恵）企画」を主催，郷土情報誌，や自分史の発行，行政の調査企画のコンサルタントなどをやっていた．話し合いの中では，市長の姿勢への不安，市長主催の市民集会のもつ官製集会としての限界，情報の欠如などが問題になったという．

　彼らを中心として，「ちゃすがやー・ユンタク（どうしよう・話し合い）フォーラム」の4月20日開催が企画された．呼び掛け賛同人は4月18日現在で164人である．当日の参加者は新聞報道では250人，会場にあふれるほどの盛会であった．ちゃすがやー・ユンタクから「ちゃしんならー（我慢できない）・ユンタク」へと発展してきたと表現される．このフォーラムをきっかけに5月10日市民の会が結成される．上述の民宿経営の成田正雄さんと平和のモニュメント作成者のイラストレーター許田清香さんが代表に，宮城氏が事務局長に就任する．

　命を守る会は，辺野古区内で反対署名活動を開始した．4月27日に集約され，反対署名838人（小学生以上の65％）を区長に提出した．5月10日には南部3区の1つである隣接久志区の臨時総会に80人が参加し，74人が反対，4人賛成，事前調査反対60票以上という記録がある．もう1つの豊原区も年初に世帯主会で反対を確認している．

　他方，地元辺野古では基地誘致派の辺野古活性化促進協議会が4月14日に発足する．会長は島袋勝雄氏（58才），土建会社中心に700社で組織する北部法人会事務局長であるり，もと辺野古区長も経験した有力者である．同氏は早くから，移設容認を主張し，1月段階で，将来の辺野古―地元への土地確保をにらむ陸続き埋立案によって地域振興をはかるという私案を発表していた．当初，地元住民は素朴に基地反対を考えていたのだが，促進協発足の頃から，区内，地域内の意見が対立してくることになり，反対派とみられることを恐れる

第4章　名護市の海上ヘリ基地反対運動と地域振興

雰囲気が出てくる．とりわけ地元土建業関係者の誘致に向かっての動きが活発化し，区内世論も分裂してくることに注意しておきたい．

2）市民投票

市民投票推進協議会の結成と条例制定要求運動

　以上のような反対運動の盛り上がりを背景に，労働組合の間では1月からすでに検討されてきた市民投票を求める要求が，諸組織，市民の間に急速に盛り上がり，6月6日，19の参加団体によって「ヘリポート基地建設の是非を問う名護市民投票推進協議会」が結成総会を開催した．代表には市民の会の事務局長宮城康博氏が就任した．宮城氏の代表への就任は政党色，労働組合色を薄め，市民色を表に出すためのものであり，名護市では初めての諸組織の団結に加えて，全市民的な連帯を求める運動組織の形成であった．以後労働組合は市民を表に出し，裏方，事務局を支えることになる．宮城氏の経歴については述べたが，無党派の市民代表として，その髭面とともに運動のシンボル的存在になる．協議会が最も強く主張したのは基地の押しつけに対する地域の「自己決定権」であった．役員構成団体は次の通りである（参加21団体というが，名簿上は19団体のみ確認）．

　　　代表　　　市民の会
　　　副代表　　ヘリポート基地建設を許さないみんなの会，ヘリポート基地建設阻止協議会（命を守る会），五者協（北部地区労，連合北部地協，自治労北部支部，自治労名護市職労，平和運動センター北部支部）
　　　事務局長　地区労
　　　同次長　　連合，自治労，名護市職労，平和運動センター，命をを守る会，みんなの会，市民の会
　　　幹事　　　命を守る会，みんなの会，市民の会，一坪反戦地主会，新婦人，民商，平和委員会，地区労，連合，自治労，名護市職労，平和運動センター，全医労愛楽園，社民党，共産党，社大党，公明名護，清水会，県職労．共産党は6カ所の闘争本部を作った．

　結成総会には1,300人が参加し，署名活動を行なう受任者としては600人が

名前を並べた．7月8日市は推進協に対し，条例制定請求者代表証明書を公布し，翌日より1カ月の間署名活動が展開されることになる．有権者の50分の1で有効だが，市議会に条例制定拒否をさせないため，目標は3分の1の13,000人と定められた．

　市民投票推進協議会が準備されたのは，政府の海上調査が実施されようとする時期であった．5月7日，いのちを守る会は，辺野古海岸に調査抗議のためのテント小屋を設け，監視を始める．9日，治外法権の基地から突如調査船が出動調査を開始し，3隻のチャーター船で抗議する中で調査を開始し，5月中に3回の防衛施設庁の事前調査を終える．この時期日本科学者会議による「おきなわ米軍基地学術調査団」の調査が行なわれ，自然環境，住民生活に大きな犠牲を伴うとする報告書を発表された（5月10日）．6月13日には防衛施設局のボーリング調査許可申請が県土木事務所に行なわれる．その後の県の事前調査は「県は地元の話し合い要求に答えることなく調査で答えた」（命を守る会の見解）とする地元の反対で実施不可能となる．8月1日，県はボーリング調査を許可することになった．知事は首相との会談で「できることは協力する」と述べていたが，今回の調査は機関委任事務に事務的に同意しただけで，「建設是認ではない，市民と県の考えは必ずしも一致しない，反対といって通るなら解決は簡単」（『沖縄タイムス』8月4日夕刊）などと弁明，調査は建設に連なると考える地元反対派の中では知事はたよりにならないという不満も高まった．調査は陸と海の抗議船の双方からの抗議の中で8月から10月末まで実施された．

　反対運動や市民投票への支援の動きは県内に拡がるとともに，全国への支援要請も行なわれ，地元の運動は強化されてくる．6月末日県内や全国からのカンパで辺野古海岸にプレハブの小屋が完成した．命を守る会はそこで，7月12日事務所開きを行なった．推進協議会の事務所は名護市街地の中心，名護十字路に設けられており，現地におけるふたつの運動拠点が形成される．

　住民投票条例請求署名は当初出足は悪かった．ここでは，街頭署名は全く見られない．8月初め，署名の期限近くに行なわれた十字路でのリレー演説会にも立ち止まる人は殆どいなかった．その時点で，タクシーの運転手，飲食店の従業員などに聞いても無関心が多く，どこで運動が行なわれているのかと思う程であった．水面下での個別訪問署名が中心であったが，終盤になって急速に

第4章 名護市の海上ヘリ基地反対運動と地域振興

盛り上がった．結局8月13日に19,700人の目標と有権者の過半数をはるかに上回る署名簿が提出されることになる（最終有効数17,539人の効力証明を得て，条例制定の本要求を行なったのは9月16日）．まわりを見て目だつことをきらう名護市民だが，その潜在的関心が極めて高かったことを示している．

　投票結果をふまえて，名護の市民運動とそれを支援する動きは一層活発になったが，同時に，名護市全域レベルでの基地誘致派の動きも表面化し，両者の対立が深まってくる．署名簿提出のその日，政府ボーリング調査が開始された．一方で調査阻止の決起集会が辺野古で開かれるとともに，市民世論の喚起，ならびに運動の深化を目指して，市民投票推進協議会推進協議会は8月23日から「連続市民フォーラム」を開始した．運動は全県的になってくる．本島1周の運動支援船（サバニ・ピースコネクション）が9月1日出発9月20日辺野古港目指して出発，9月11日，ヘリ基地反対の全県的な「島ぐるみネットワーク」の結成を経て，19日には那覇市でヘリ基地，基地移設反対の県民大会（7,000人参加）が開催される．

　普天間基地の所在地の住民との連携も始まった．命を守る会は，9月12日，宜野湾市「普天間基地を撤廃する会」の支援で，辺野古公民館で講演会を開催した．370人の会場に入りきれない盛況だった．宜野湾市の島田善次郎牧師の講演が好評で以後牧師は市内各地で講演する．

　こうした沖縄の情勢をにらみつつ橋本首相は問題解決に熱意を示した．8月23日，日本青年会議所の沖縄地区協議会の地区大会に首相としては異例の出席を行ない，県の要望に基づいて普天間基地返還が決定，海上ヘリ基地が建設されることになったこと，「頭ごしに特定の場所に押しつけることはない」こと，NTT電話番号案内センターや国立高専の名護東部誘致などの振興策をはかること明言しつつ，「できることは協力する」とした知事—県の協力を求めた．これに対し，知事は25日の記者会見で，「県内移設に反対」，「協力できる点は協力するが，協力できない点もある」と述べている．

　橋本首相講演によって勢いを得て，9月4日市域を覆う「名護市活性化市民の会」が結成される．地域振興を目標とし，なお，基地誘致は表明していないが，実質的な誘致派の全市的な旗上げである．誘致を前面に出す前述の辺野古活性化促進協議会は11日には事務所開きを行なったが，この時期にはその主

張があまりにも露骨であり，運動が辺野古の中でさえ定着していたとはいえない．前者は，北部建設業界中心で，28団体が加入，会長には，名護市第2位の土建会社社長新垣誠福氏が就任する．9月19日の「活性化促進市民大会」は5,600人を集め地域振興を訴え，反対派にとっても容易ならぬ力をもつにいたる．反対の強い東海岸久志地区でも建設業者の集まりがもたれる．

県は，大田知事の基地縮小・県外移設の姿勢と県の要望する普天間，那覇軍港，読谷飛行場などの基地返還，地域振興をめぐって9月までに15回を重ねた橋本首相・大田知事会談などの経過をふまえ，政府との板挟みになりながら，海上ヘリ基地問題について「国と地元の問題」として静観を続けた．代理署名拒否を最高裁判決で否定されたばかりで国の機関委任事務を拒否できないという見方もなりたつが，県の国との関係での政治判断があったと見てよいだろう．この結果，地方の小都市名護市と名護市民は県の仲介を介することなく，はだかで政府と向き合わなくてはならなくなった．この県の態度に，9月12日の琉球新報社によるティーチインで，賛成反対の両派から無責任とのきびしい批判が出されたという．名護市内でも多くの被面接者からこうした意見を聞いたのだが，この結果，名護の反対・賛成派の市民はむきだしの衝突にさらされることになる．

市民・県民世論の動向

この時期の市民，県民世論は圧倒的に住民投票支持，ヘリ基地反対であった．9月21日，『沖縄タイムス』は名護市民調査を，さらに『朝日新聞』との共同で27・28日県民調査を実施している．

① 86％の名護市民がヘリ基地に関心をもち，21％が賛成，60％が反対．
② そのための住民投票には73％が賛成，反対は僅か12％，住民投票条例可決期待は59％（否決期待13％）となっている．
③ 安保体制に対しては維持派が48％．
④ 知事の不関与の姿勢へは批判がきびしい．
⑤ 北部振興が遅れているという格差意識が強いが，政府の振興策に対しての期待は半信半疑である．

8月初め，現地反対派の住民と話し合った時，わたしは安保を持ち出したら

表 4-1　ヘリ基地等に関する世論調査

(単位：％)

		名護市民	県民
ヘリ基地問題に	大いに関心	46	
	少しは関心	40	
	関心はない	11	
住民投票に	賛成	73	70
	反対	12	12
ヘリ基地建設に	賛成	21	22
	反対	60	55
北部振興は	遅れている	62	
	遅れていない	24	
知事の「国と地元」の問題という態度	その通り	18	
	知事関与すべき	40	
	知事に不信感	18	
日米安保	維持すべき	48	
	そうは思わぬ	22	
住民投票条例	可決を期待	59	

　反対運動は統一できないだろうと感想を述べたことがあるが，この調査はその観測が正しいことを示している．確かに，安保に批判的な共産，社民，社大の3政党支持者には建設賛成は皆無と報告されているが，それは，市民運動の統一軸ではなかった．反対の理由としては，反対60％中，「騒音被害・環境破壊」21％，「基地固定化への不安」17％，「米兵の事件・事故」11％，その他11％となっている．基地・環境被害とその固定化を懸念するものが多いが，もう1つ注意しておかなければならないのは，北部の格差意識である．62％が地域振興は遅れていると答えている．政府がこの地域振興を表面に出し，基地建設を訴える根拠である．

　しかし，基地か振興かの問題は名護市内でも複雑なねじれをもって受けとめられる．建設地に近い久志地区では基地に71％が反対，賛成12％であるのに対し，市街地の多い名護では56％が反対，賛成23％となっている．久志地区住民にとっては，単なる基地被害への懸念だけでなく，名護市内の東部西部の格差への不満も大きかった．振興派がもとめるのは，さらでだに遅れた東部久

志地区にさらなる犠牲を求めたうえでの実質的には名護市の西部地域の振興策なのではないか．何故西部のために犠牲を払うのかという疑問である．この疑問は，実質的に沖縄中南部の振興策のために何故北部が基地を引き受け犠牲を払うのかという疑問ともなって市民運動の中で語られたことであった．

県民世論も圧倒的多数はヘリ基地建設に反対し，住民投票を支持していた．しかし，日米防衛協力のための指針＝新ガイドラインには評価するもの36％，否定的なもの43％と接近しており，沖縄世論は安保をめぐって2分裂していることを示している．

新ガイドラインが9月24日発表された．安保見直しにより，アジアでの日米の有事対応の拠点として沖縄はしっかりと位置づけられることになった．

住民投票条令の公布

諸報道は，政府は市民投票の請求否決を強力に市に働き掛けたと述べている．市議会は29人中与党が過半数を大きく上回る18人であり，与党は否決を主張していた．しかし，野党や反対派は，数人の動揺派議員に期待をかけ，あるいは賛成派議員のリコールをほのめかしたりして働きかけた．結局，17,539人の署名のもつ意味は大きかった．市長は，前述の活性化促進協議会の大会に参加，太鼓の音に激励されつつも，本投票の日程と市民投票の実施の気持ちを明らかにした．この段階での市長判断を翌年の市長選挙をにらんでのものとする観測が一般的である．しかし，「一義的には国と地元」の問題として，後には「まずは」と言い替たとはいえ，県から突き離され，孤立した市長は判断に迷ったであろう．地域振興を最優先と希求したのが市長である．基地賛成反対の世論が渦巻いている．国は強力に働きかける．県にも言い訳できる強い立場をつくり出したい．前年7月の市民集会の際の絶対反対から地域振興を最重点とする立場へと大きく後退したが，その市長の立場に市民の同意を得ることができるとの観測をもっていたのではないか．市民の支持を得たうえで県に対しても市民に対しても強い立場を作り出し，地域振興のための国との折衝にあたろうとしたのではないか．

結局市長側から4択案として原案が提出され，賛成17対反対11（他に1は議長）で投票条令が可決された．野党は賛成・反対の2択案であった．市長の提

案は，① 賛成，② 環境対策や経済効果が期待できるので賛成，③ 反対，④ 環境対策や経済効果が期待できないので反対の4者択1方式であった．10月2日可決，6日公布で，60日以内，1月18日までに投票実施ということになったのである．同じ日，市議会は知事に意思表示を求める意見署を採択した．名護市の混乱が大きく，知事がその収取のために責任をとることを全員一致要求したのである．

4択案には，当然，推進協や野党は猛烈に反発した．問題のすりかえ，直接請求の「署名泥棒」などの批判のほか，市長のリコールも検討された．しかし，推進協は結局のところ投票の土俵に上がることに合意したのであった．

ヘリ基地反対協の形成と政府説明会
【誘致派】
まず，4択案の採択で勢いづいたのは誘致派であった．条令可決の翌日，活性化促進市民の会の会長は，基地建設の条件付き建設容認を初めて明言した．しかし，自然破壊にも目をつぶって基地建設に積極的に賛成する北部法人会事務局長，辺野古活性化協議会の会長である島袋勝雄氏（埋め立てという条件で賛成で，開発による自然の破壊は当然という文書を出している）のような主張に賛成するものは少なく，誘致派の大部分も建前上は基地に反対であり，地域振興と環境保全の条件付きであったのである．10月6日には，反対派の圧倒的に多い久志北部で「二見以北を活性化する会」が旗上げする．会長は，東部の大型リゾート開発を実施中のサンビーチ開発の地元出身の管理職職員（兄は名護で土建会社社長）である．10月14日には名護市商工会理事会が条件付賛成の決定を行なう．

活性化市民の会は，2.5万人を目標に会員数拡大をはかり，名目的にせよ会員は急速に増加する．11月4日会員数は15,987人に達したと発表，市長に条件付き賛成を伝え，条件を提示した．11月11日には2.2万人と発表したが点検の結果1.7万人となったという．住民投票請求者に近い署名を集めたことになる．20日には沖縄復帰25周年記念式典に来沖する橋本首相歓迎のパレードと前夜祭を開催，350人が商店街をパレードし賛成を訴えた．橋本首相の振興策に我が意を強くした賛成派には後述するように政府のてこ入れが繰り返される．市

民の会は，12月2日には国会で首相に振興策を要請，首相は面会時間を延長という異例の対応を行なった．また，同会は5日には国の振興策にある「女性センター」の建設促進大会を開催したがこれには比嘉市長も出席した．こうした流れの中で代議員会が条件付き賛成を決議する西海岸の数久田区のような集落も現われて来たのであった．

　普天間飛行場のある宜野湾市では商工会が基地の名護移設を容認する見解を発表した（12月5日）．また，同市で「豊かな沖縄を作る母の会主催の「ヘリポート移設を成功させる女性の集い」が，市民投票にアピールを行なっている．ここでも県内移設容認と反対派の対立が明確化したのである．

　【反対派】
　10月21日「市民投票推進協」は解散，「海上ヘリ基地建設反対・平和と名護市政民主化を求める協議会」が結成され，市民投票に向かって動き出す．実働面で前衛的役割を果たした3つの組織も生まれてくる．①　10月12日「ヘリ基地はいらない二見以北十区の会」結成大会開催（400人参加），その女性部が「ジャンヌの会」で，ジャンヌとは東海岸に生息す海生哺乳類珍獣のジュゴンの地元名である）．実際は7月段階で40才代の男中心に声をあげ，最終的には250人余が名前を連ねた．障害者施設の300名を除く有権者1,200人中700〜800名が署名した．ジャンヌの会には約200人が組織され，実際の行動には常に先頭にたった．②　11月17日「命どぅ宝・ウーマンパワーズ（通称「ヤルキーズ」）発足．市街地居住者を中心とする女性の会で会員数は約35人．③「海上ヘリ基地建設反対久志13区女性の会」（代表は大部分が玉砕した第一女子師範のひめゆり部隊の生き残りで辺野古に住む宮城清子さん―70才）．女性パワーと基地周辺の二見以北の住民のパワーは，投票が近づくにつれてその大きな力を発揮する．

　11月20日，海上ヘリ基地反対市民投票勝利総決起大会が開催され，3,000人が結集し市役所を人間の輪で包囲した．十区の会もまた同日夕方350人の人間の輪で市役所を包囲するとともにデモ行進を行なう．11月22日には住民投票を成功させた内地の自治体住民も参加して「住民投票を考える」フォーラムが開かれている．24日には，各女性グループの大集合が行なわれる．

　運動は全県的，全国的になる．10月21日県民大会開催，11月後半から12月にかけて動きは本格化する．11月15日「海上基地なんてとーんでもない」沖

第4章　名護市の海上ヘリ基地反対運動と地域振興

縄女たちのネットワークが結成され活動を開始する（高里鈴代会長，基地・軍隊を許さない行動する女たちの会，県母親大会連絡会，ヤングボイス，よつ葉の会，沖縄環境ネットワークなどの市民団体で結成）．11月22日には，那覇，宜野湾市で海上基地反対の大会が開催されているが，名護支援の集会は各地で開かれていたものと思われる．宜野湾市職労は支援のための資金活動を始め，各地で学習会が開催され支援活動が広がった．全労連，県労連や沖縄統一連（安保破棄中央実行委員会），安保破棄中央実行委員会がそれぞれ名護市内に現地闘争本部を開く．共産党は市内6カ所に闘争本部をもうけ東京や全県からの支援体制を整える．全国革新懇主催のシンポが名護で開催，県外から240人を含め1,000人が参加する．海上ヘリ反対協は全国に支援アピールを出す．視察や支援にさまざまな人々がやってきた．辺野古の命を守る会事務所に毎日つめていた金城裕治さんは98年末までに2万人の外部訪問者に応対したという．

【政府説明会】

政府の説明会が始まる．説明会は防衛施設局によって11月12日久志，豊原，辺野古3区（270人参加）と二見以北10区（200人参加）で行なわれた．「住民納得せず怒号，混乱」との新聞見出しがつけられている．ついで市内6カ所で説明会は継続される．事前調査で安全という説明に対する質問攻めに十分に答えられない場合が多く，これが勝利につながったという見方をする反対派の幹部もいる．

11月21日，政府の「シュワブ沖調査結果報告書」が公開された．地元での政府説明では伏せられていたものである．絶滅危惧8種天然記念物4種，特記すべき種44種，また海生哺乳動物ジュゴン1頭確認，その他，サンゴ，地形，潮流などについて報告されている．12月19日「世界保護基金・日本委」が，海上ヘリ基地は「絶滅危惧種のジュゴン及びサンゴ礁の回復に影響を及ぼすからやめるべき」との意見を政府に提出している．翌年1月「自然環境の保全に関する指針」を県自然環境保全審が答申している．それによると，基地建設予定地は第1ランクの「自然環境の厳正な保護を図る区域」とされており，改めてこの地域が貴重な生態地域であることを明らかにするものであった．

政府の介入

　政府は基地建設を成功させ市民投票を有利に導くための強力なてこ入れを行なっている．

　【11月】

　8月23日の橋本首相の来沖，講演はすでにふれたように異例のものであった．以後政府の高官が次々来沖し，協力依頼，振興策の提示，自衛隊員や防衛庁職員の動員が繰り返される．9月20日萩防衛庁長官来沖，普天間返還は海上施設への移転が前提だと協力依頼．11月5日久間防衛庁長官来沖，普天間飛行場移設現地対策本部会議で海上ヘリ基地の基本線確認，知事，市長，県漁連会長らに説明．

　11月7日第16回首相知事会談が行なわれる．県はそれに先立って，全県自由貿易地域（FTZ）を盛り込む「国際都市形成に向けた新たな産業振興策」を発表していた．首相知事会談で国は海上基地に協力要請，知事はこの構想への支援を要請する．会談後，「現実的対応を考えないと前へ進まない」と発言したといわれる．帰県後知事は発言を否定したが，投票干渉になるとして投票前の態度表明を避けてきた知事が，「移設を含めて現実対応を視野に入れて問題解決を求められるとの認識を示した」（『沖縄タイムス』）ものと受け取られ，県内や名護市に波紋をもたらした．

　政府と国会は，既に沖縄に関する次のような決議や閣議決定を行なっていた．「沖縄における特別行動委員会の最終報告に盛り込まれた措置の実施の促進について」（1986年12月3日　閣議決定），「沖縄における基地問題並びに地域振興に関する決議」（衆議院本会議　97年4月22日）である．11月段階で重ねて「沖縄問題の解決促進に関する件」（衆議院「沖縄及び北方問題に関する特別委員会」（97年11月19日）が決議されたのは，明らかに21日の橋本首相の来沖をにらんでのものであり，沖縄世論へのてこ入れのためのものであった．

　11月21日首相「沖縄復帰25周年記念式典」に出席．海上ヘリ基地を最善の選択肢と強調，同時に来春「沖縄経済振興21世紀プラン」をまとめると沖縄振興の意欲を示す．しかし，「振興策と基地問題のリンクにじむ」と『沖縄タイムス』は報道する．橋本首相の来沖を歓迎して前夜祭を行なった名護の賛成派は，首相の振興策を両手を挙げて歓迎し「運動にはずみがついた」と述べて

いると報道された．11月下旬には，沖縄出身・勤務の自衛隊員や防衛施設局職員3,000人に長官書簡送付による協力要請を行なう．

【12月】

12月3日，県は「国際都市形成沖縄構想」を発表する．国土庁は四全総による多極分散型国土形成促進法に基づく振興拠点地区として，中南部の7市9町8村を正式承認した（約10年での整備）．政府はさらに県や市町村，とくに名護市の要望をふまえつつ北部振興策の準備を重ねていた．11月下旬の政府自民党の電話調査で，基地賛成30％，反対60％の報道が行なわれる．焦燥を強めた政府はさまざまな手を打つ．12月2日には秋山防衛事務次官が県内財界や商工会議所の協力依頼，翌日は来名護，市長のほか活性化協議会，経済界と懇談，賛成派にてこ入れを行なう．5日には閣僚懇談会で村岡官房長官，鈴木沖縄開発庁長官が各省庁の協力を要請，同日防衛庁で市民投票に関係省庁の取り組み強化を確認する．12月6日，村岡官房長官と野中自民党幹事長代理は市長らと会談，北部12市町村に北部振興策を提示した．そして，「振興策は基地の受入が前提」と基地と振興策をリンクしたものと表明した．10日には鈴木沖縄開発庁長官が正式に北部市長村長や議会議長に北部振興策を提示，「国策に協力することで傾斜配分」を強調した．

基地と地域振興は別だとするのがこれまでの表向きの行政対応であり，反対派住民の主張であった．しかし，この段階で，利益誘導的な国の論理の強制が表面きって行なわれるようになった．12月9日，防衛施設局職員200人による海上基地宣伝のための全戸戸別訪問のローラー作戦が「ユイマール運動」として展開される．美麗装丁の「海上ヘリポート・くらしと自然を考えて」，「水と緑と観光の街づくり――北部振興にむけて」が大量に配布される．海上ヘリ基地案と候補地を説明した上で，「安全を確保し，生活環境を守ります」，「自然環境を保護します」，「漁業に配慮します」，「地域の活性化に努めます」，「普天間飛行場とここが違います」という内容をもつパンフである．これは住民の神経を逆撫でした．相互扶助を意味するなつかしい響きをもつ沖縄弁ユイマールを，外からきて住民を強制する政府の作戦の中で使うことへの違和感と反発である．

【世論の動向】

『沖縄タイムス』と『朝日新聞』は12月6，7の両日共同して世論調査を行なった．基地については実際の投票と同じく4択方式で聞いている．基地反対は54％，賛成は33％（うち25％は「環境効果や経済効果が期待できる」から）であり，4択式ということもあって，9月の60％対21％より賛成は増えている．反対は女性に強いと報告される．建設候補地久志では反対は67％，賛成20％に対し，旧名護地区では52％と36％となっており（前回56対23），建設候補地と西海岸地区との差異が一層明白になってきている．経済発展に格差があるとするものは72％（前回62）に及び，住民投票における基地と振興をめぐる論争が格差意識を高めたと思われる．しかし，地域振興と基地受け入れをからめる「政府のやり方」について，54％は「別にすべき」，31％が「やむをえない」と答え，政府の両者をからめるやり方はそれなりに浸透していっていた．大田知事は態度をはっきりすべきだとするものは73％（前回58％）で知事への批判が強まってきている．比嘉市長の基地問題への対応に対しても評価しない45％，評価する32％できびしかった．

政府の北部地域振興策

　すでに，1996年9月の橋本総理大臣談話によって沖縄特別振興対策調整費50億円が予算化されていた．さらに97年より，唐突ともいうべき基地所在町村への交付税の傾斜配分が行なわれることになり，県全体で50億円の交付税が市町村に交付されることになった（98年度で53.34億円）．名護市では，98年度で3.19億の増収が見込まれる．投票も押し迫った12月，名護市への配分額のうち6,000万円を旧久志村の二見以北10区に交付することを市議会は決定した．旧久志村南部の辺野古区，久志区は名護市合併によって市に統合された財産区をもっており，その多くが基地の中にある．基地地代は市に入るが，過去の入会権を考慮して辺野古，久志両区等にも分収入率市6，区4で交付されている．また，基地地代収入を得る個人地主も多い．しかし，北部10区には，こうした地代収入は殆どなく，基地被害のみを蒙るということへの不満が大きかった．傾斜配分の交付税の相当割合をこの時期に10区へ配分するという決定は明らかに市民投票をにらんでのものであった．

　12月10日，村岡官房長官は那覇―名護の路線を含む沖縄自動車道の料金低

減の検討を指示したと公表した．地域振興を市民投票の争点に持ち込む作戦が直接的な住民利益という身近なところで展開するのである．
　【北部と名護の振興策の解説】
　市民投票の直前の12月6〜8日，政府は北部振興策を市長に提示した．その骨子は12月18日の政府新聞広告などによると，次のようになっている．
1　沖縄の自然・文化を生かした21世紀型産業構造へ
2　沖縄経済振興の5つのポイント
3　「島田懇談会」提言のプロジェクトも推進
4　進展する主なプロジェクト
5　北部振興に向けて
　（1）　活力ある地域経済をめざす産業の振興
　（2）　人材育成・国際交流の促進
　（3）　潤いと安らぎの地域づくり支援
6　海上ヘリ基地建設が実現した場合の施策
7　北部全域対象の施策と市町村別の施策の提示．
　具体的には次のような施策が提示される．
　①　県の北部地方拠点都市地域基本計画，県国際都市構想，島田懇談会の提案，政府の沖縄政策協議会の議論，とくに名護市に関しては市の総合計画などの諸計画をふまえ総花的に施策を書き出している．
　②　基本はこれらの計画にもられた既存プロジェクトの促進だが，名護市に関しては基地受け入れを前提とするという条件付きでさらに多くの振興策を提示しており，名護中心の振興策だという周辺市町村の反発も見られる．
　③　沖縄政策協議会は基地問題が激化する中で96年9月17日の閣議決定で発足した国と県の協議機関での検討をふまえてすでにいくつかの事業は調査，実施に入ろうとしていた．名護では島田懇提案の「NTT電話番号案内センターを中心とするマルチメデイア館」の建設，人材育成センターの整備などに加えて，橋本首相が3月25日に知事に提案した辺野古久志地区への国立高等専門学校建設が含まれる．進行中の羽地国営潅漑事業や，名護東道路，二見バイパスなどの建設促進が言われる．
　④　これまで政府は基地移設と振興策は別だといってきた．しかし，今回

は，市民投票に向けて，なりふりかまわず，基地建設と振興策を結びつけて提案したのであった．「海上ヘリポートの建設が実現した場合には，地元の皆様に新たな負担をお願いすることになりますので，この負担を国民全体でわかち合うという観点から，政府は次のような施策に誠意をもって取り組みます」（前掲，政府新聞広告）．

⑤　基地を受け入れた場合に基地交付金で条件で可能となる施設の整備・充実の例として小中学校におけるプール・体育館（名護はとくに未整備＝既述），空調などの教育施設，スポーツ・レクリエーション施設，デイサービスセンター，高齢者向け社会福祉施設，その他地域住民のニーズに応えた各種施設．

⑥　基地を受け入れた場合に政府が「誠意をもって前向きに取り組む」事項．

女性の社会活動を支援する北部コミュニティセンター（仮称）の設置．名護市市街地再開発事業及びシティポート事業．今後の企業立地動向などを踏まえた名護湾の港湾整備．大浦湾岸地域における公共施設整備．

さすがに破綻しようとする三セクによる名護湾埋め立て構想はないが，名護市総合計画の中心である市街地再開発計画（350億の事業見込み），市街地と港を結んで「街と人と自然とのふれあいを求めて」構想される港湾整備計画（620億円の事業ともいわれる）はとくに巨大な計画であり，総合計画を樹立した市長の夢を実現するものであった．

なお，島田懇談会（沖縄米軍基地所在地市町村に関する懇談会）は梶山官房長官の私的諮問機関として，慶応大学島田晴雄教授を代表として96年末作られ，97年3月に答申，基地所在地市町村の振興策を提出していた．その時，懇談会は解散，協議会となり提案実現の推進役となっている．実質的に政府機関であり，10年間で1,000億程度の事業の実施を考えているといわれる．

公示から投票までの10日間

21日を投票日とする12月11日市民投票が告示された．条令は1月18日を期限としていたが，市長は政府の月末における次年度予算方針の決定に間に合わせ，振興策を軌道にのせるため実施時期を早めたのであった．この後，名護市民，県民，政府，両派の支援勢力を巻き込んで熱狂と狂乱ともいうべき集票合

戦が行なわれことになる．

　とりわけ政府のてこ入れは大きかった．閣僚，自民党幹部，官僚らの来県が続いた．まず，8月の橋本首相の日本青年会議所の1地区協議会への異例の出席に次いで，11月21日復帰25周年記念式典に出席海上基地建設を訴えた．

　村岡官房長官が11月15，16日知事，名護市長に協力依頼，12月6日に振興策説明，久間防衛庁長官は11月5日に海上基地施設基本案の知事説明，鈴木開発庁長官は11月9日に比嘉市長に北部活性化への努力説明，29日松山千春のトークショウで名護市入り，12月8日に北部振興策説明に来県している．また，梶山前官房長官（11月14日），野中自民党幹事長代理（12月5，6日）も賛成派の支援や振興策の提示で来県，秋山防衛事務次官（12月3日）は金融機関への協力依頼にきている（巻末年表参照）．

　告示後の動きについて政府，賛成派，反対派について以下に列挙しておく．

　【政府】

11日　　　告示日，橋本首相は選択肢は海上ヘリ基地だけで，反対なら普天間基地移設は不可能の発言．

12日　①　鈴木沖縄開発長長官，建設業者教会北部支部幹部と懇談，賛成派獲得への要請．

　　　②　長官指示で沖縄総合事務局は北部振興策照会窓口を設置，常時3交代で勤務問い合わせに答える手配をした．投票にそなえて北部振興策をPRするためである．

　　　③　防衛施設長次長，那覇防衛施設局200人の職員の9日から個別訪問に県出身本土職員30人の応援派遣を公表．

　　　④　久間防衛施設庁長官，反対派多数の時は普天間返還は「振り出しに戻る」と発言．

　　　⑤　島口那覇防衛施設局長名護漁協久志支部総会に出席．

　　　⑥　「ふるさと山原を語る会」（那覇）に鈴木長官出席．

13日　　　久間長官来名護，賛成派応援，基地は「観光資源」と発言し，反対派の怒りを買う．

14日　　　嘉数沖縄開発政務次官，島口局長，商店経営者の会に出席．

16日　　　萩防衛施設庁長官，宜野湾市長に異例の市民投票への協力依頼，市

　　　　長は名護市民の自主性にまかせるべき」と回答．
18日　政府は『沖縄タイムス』，『琉球新報』の2紙に「21世紀の沖縄が見えてきます」と沖縄振興の全面広告を出し，世論への最後の公的なてこ入れを行なった．

【賛成派】
11日　不在者投票対策本部設置，不在者投票を推進．
12日　① 本土建設関連企業連絡会173への案内で賛成派の大会．
　　　② 県商工会条件付賛成を容認決定，すでに同方針で運動中の北部商工会協議会の要請を受けた．
　　　③ 名護漁協久志支部臨時総会で防衛施設局長の説明を受け条件付き賛成を確認．
　　　④ 自民党支部主催の「ふるさと山原を語る会」那覇で開催，1,000人参加，不在者投票が勧められた．鈴木沖縄開発庁長官出席．
13日　辺野古活性協，地区内1,090人の有権者中625人の署名捺印による条件付賛成の要望書を市長に提出．
14日　名護商店経営者200人余集会，12月以降集会頻繁．
15日　名護農業者活性化の会と活性化促進市民の会の懇談会．
18日　活性化市民の会，市外の経済団体関係者400人を集め決起大会，市内全域に2,000人動員．
19日　県建設業教会北部支部は市内建設会社100社に1社50人の賛成の不在者投票を呼び掛けていたと報道．

【反対派】
11日　① 反対協700人参加で出陣式．
　　　② これまで土井党首のみ個人支援していた社民党反対派支援を確認．
　　　③ 沖縄統一連と県母親大会連絡会宣伝行動．
12日　① 「海上基地に反対する中小企業の会」アピール発表．
　　　② 野党議員市長に「市民の自由な意志が反映」されるよう「適切な措置」を要望．
　　　③ 県労働組合総連合市内で宣伝活動．

第4章　名護市の海上ヘリ基地反対運動と地域振興　　　　　　　　　　93

| | ④ | ヘリ基地に反対する宜野湾市民集会.
| | ⑤ | 婦人民主クラブ（再建）「一言はがき運動」を命を守る会と，ヤルキーズ宛てに.
| | ⑥ | 全国労働組合総連合も激励メッセージ運動開始,
13日 | ① | 反対協，政府の不当介入中止の申し入れ.
　　 | ② | 海上ヘリ基地はいらない羽地総決起集会.
　　 | ③ | ヤルキーズ主催「いなぐ（女）パワーフォーラム」開催.
14日　命を守る会，二見以北十区の会主催「市民投票勝利，久志地域住民総決起大会」500人参加.
15日 | ① | 自由法曹団ら5団体不在者投票急増（4日間で2,000人）を「強制や利益誘導」による制度悪用と厳正対応要求.
　　 | ② | ヘリ基地建設反対アピールの「平和の火リレー」南部「平和の礎」出発，16名護到着.
16日 | ① | 「やんばる愛郷の会」（那覇市近郊の北部出身者20人）と「平和をつくる沖縄百人委員会」基地反対の訴え.
　　 | ② | 北部大宜味村議会，「新たな海上ヘリ基地建設に反対する決議」.
17日　宜野座村松田区の「子どもの未来を守る松田父母の会」基地反対区民集会（350人参加）.
19日 | ① | 読谷飛行場移設問題をかかえる中部の読谷村議会「新たな海上ヘリ基地建設に対する決議」.
　　 | ② | 「ヘリ基地No！　女性たちの会（本部那覇）」3,269名連名の新聞一面広告.
　　 | ③ | 反対協羽地地域決起集会.
　　 | ④ | 沖縄平和運動センター600人の労組員動員.
　　 | ⑤ | 「命どう宝・ウーマンパワーズ」1,305人の女性有権者の連盟でのアピール文発表.
　　 | ⑥ | コザ高校生の模擬投票で95％反対と報道，名護予備校でも模擬投票開始.
　　 | ⑦ | 「沖縄から平和を創る市民・大学人の会（約1,000人）」が基地反対，政府介入，投票誘導に抗議するアピール.

20日　① ジャンヌの会呼び掛けで女性と子供だけの「道ジュネー（パレード）」．
　　　② 久辺中学生ヘリ反対のビラ作成の報道．
　　　③ 各界著名人「政府の不当介入」批判のアピール（小田実，永六輔氏ら）．

　市民投票の最中「対馬丸」の白い文字映像がメディアを通して県内，全国を駆けめぐり，改めてとりわけ県民と名護市民に戦争の悲惨を想起させた．1944年8月22日，疎開船対馬丸は738人の学童を含む1,484人とともにトカラ列島悪石島沖で魚雷攻撃によって海に沈んだ．遺族会の願いを受けて科学技術庁の調査船が戦後53年余にして捜索を12月初めより開始，12日，探査機のライトに「対馬丸」の文字が浮かび上がったのである．記述のように名護市もまた多くの犠牲者，関係者をもっている．市民投票の運動の最中，連日報道される対馬丸関連ニュースは基地をめぐる議論に一石を投じたことは疑いないであろう．

反対派の勝利と市民投票の特質
　以上，新聞報道を中心に政府，賛成派，反対派の動きをまとめて見た．報道される限りでは反対派の記事が多い．しかし，実際は，特に賛成派で，表にでない動き，報道されない集会，会合は数限りなく，耳にする限りでも買収，供応，賛成派の旅館での会合などが数限りなくもたれたのであった．
　12月21日の投票結果は，次の通りであった．
　　有権者総数　38,176人
　　投票総数　31,479票（投票率　82.45％）
　　不在者投票　7,633票（投票者総数の24.24％）
　　無効票・不受理票　573票（投票者総数の1.81％）
　　① 賛成　2,562票（8.13％）
　　② 条件付き賛成　11,705票（37.18％）
　　③ 条件付き反対　385票（1.82％）
　　④ 反対　16,254票（51.63％）

賛成小計（①＋②）　14,267票（45.32％）　反対合計（③＋④）　16,639票（52.86％）　反対合計（③＋④）　16,639票（52.86％）

　投票率は82.45％と高く名護市民の高い関心が示された．条件付反対を含めて過半数が反対した．無条件反対のみで過半数をしめた．賛成は合計45％余，2,372票差7％以上の差で反対派が勝利した．賛成派の大部分も「環境対策や経済効果が期待できるので賛成」であり，無条件賛成は8％余に過ぎなかった．

　①　賛成派も条件付きが大部分で，ヘリ基地に対して無条件で賛成する名護市民は少数派であることが明らかになった．

　②　4沢方式をとることによって，条件付き賛成の市民が増加したことは明らかである．

　③　同時に，政府，土建業を中心とした経済界の働き掛け，市内賛成派の活動によって，賛成票が増えたことも明らかである．先述した9月の世論調査の賛成21％，反対60％，12月の調査での賛成33％，反対54％から今回の45％，53％弱へと推移してきたのである．

　公示から投票にいたる両派の運動の特質を概括しておきたい．

　（1）　安保という日米の国際システムの要求による基地移設に対して，小都市の住民がたち向かった運動であった．これまでの全国の住民—市民投票は，産業廃棄物処理施設，原子力発電所，ダム建設など，国内問題への賛否を問うものであった．平和，基地公害，自然環境保全を求める住民の生活世界からの要求と権力システムがぶつかりあい，前者の立場の要求が直接民主主義を通してどれだけの可能性をもつかを試される投票であった．

　（2）　公職選挙法の適用を受けない投票であるため，過去のどの選挙にも見られなかったルールなき運動が展開されたと語られている．

　（3）　政府の直接介入の下での投票であった．政府高官が次々と沖縄，名護入りし，明らかに地域振興と基地をリンクさせたり，あるいは普天間基地移転と海上基地は2者択1だとして地域振興や普天間移転を望む沖縄世論を威嚇的に誘導しようとした．政府高官が直接経済界，自治体首長，議員，地元賛成派を激励してまわった．公務員である自衛隊員，防衛庁職員も大量に動員された

のであった．公職選挙ではあり得ないことである．
　(4)　賛否両派において全国規模の広がりをもって運動が行なわれた．都市レベルでは始めてのこととはいえ，人口5万人の一地方都市の住民投票が，全国レベルでの政府，政党，経済界，市民団体，労働団体，そして全県を巻きこんで行なわれたこともかってないことである．
　(5)　供応・利益誘導・不任者投票さらに風聞する限りで買収が，どの選挙にも見られない規模で大々に行なわれた．獲得された賛成票を確実にするため，対策本部を設け会社組織を利用しての組織的不在者投票運動が展開され，最終的にはその数 7,633 人（対有権者比 19.99％，対投票者比 24.24％）にも及んだ．この不在投票のやり方に対して抗議が相次ぎ，名護市民投票実施本部は「住民投票条例の趣旨を曲げるような行為は慎んでほしい」と異例の呼び掛けをしたのだった．
　(6)　地縁・血縁の保守的で，周囲をうかがってもの言わぬ保守的，伝統的風土の中に無数の「草の根市民運動」が都市部はもちろん農村集落の最末端にまで生まれ，大きな威力を発揮した．
　(7)　突如として降って湧いた権力システムの要求に対する対応によって，地域社会は熱狂と興奮の中に落とし入れられ，地域社会の中に深刻な亀裂がもたらされた．地域が一体感を回復し，市の新たな再生のための地域づくりのエネルギーを獲得できるかがこれから問われてくることになる．

3）　市長の基地受け入れ表明

　公示の後投票日まで名護市は沸き返っていた．市内外から動員され，あるいは自発的に参加した数千人規模の両派の運動員が市内を活動してまわった．市内では 10m おきに賛成派反対派の看板がおかれていた．宣伝車がひっきりなしに市内を行き交った．私は夕刻，投票締切間際に市内に入ったのだが，賛成派の宣伝車ばかりが目立ち，その絶叫と音楽の喧騒の中で，呼び掛けの言葉も全く聞き取れないほどであった．
　賛成派の活性化市民の会での炊き出し風景と，十字路に設けられた反対協の事務所の光景は対照的であった．一方には炊き出しのために動員された女性の

第4章　名護市の海上ヘリ基地反対運動と地域振興　　　　　　　　　　97

　忙しく立ち回る姿，飲食する人々が，他方には狭い事務所にあふれてむしろ静かに結果をまつ市民がいた．賛成派の事務所には，嘉数沖縄開発政務次官，野中自民党幹事長代理らがつめかけていたことはこの投票が政府・自民党をあげた総力戦であったことを示している．

　市長は「賛成，反対それぞれの票の重みを厳粛に受けとめ」とコメントを読み上げた．投票結果をふまえて基地反対の意志ももったといわれる．反対協も市長の反対を期待し，支援する体制を整えていた．市長は決断に先立って知事との会談を求めた．しかし，知事は拒否した．地域振興を求める経済団体や基地建設に固執する政府の働きかけがあった．市長は23日市幹部の前で重大な決断を表明し，24日の上京を決意する．知事との面談もあきらめ政府に直接決断を表明することになる．

　24日首相と知事の会談で，基地受け入れを求める首相に対し，知事は海兵隊撤退を求めて話し合いは平行線を辿った．その直後，市長は橋本首相と面談，「政治生命をかけて」の基地受け入れの決断と，市長辞任を表明した．首相は涙を流して感謝したと報道されている．大田知事は翌日鈴木沖縄開発庁長官と会談，使用期限が県のアクションプログラムの最終年次2015年までの限定つきなら受け入れてもよいと持ちかけたといわれる（新聞報道）．

　反対派は当然激昂した．全国から整理もできないくらい市役所に抗議のファックスが送られる．市内でも抗議行動が続発する．24日反対協は緊急アピール，25日の市役所前座込み（15人），夕刻からの抗議集会（500人），27日の「糾弾」総決起集会へと抗議行動を拡大する．そのほかにも大小の抗議集会や意志表示が相次ぐ．活性化市民の会は基地縮小，経済振興に役立つ「大英断，歴史に名を残す」と評価歓迎コメントを出すとともに，早くも次の市長選への取り組みを強調した．

　25日夕刻市長は辞表を提出した．市長の「受け入れ」声明は，① 国の所管する安全保障について名護市民が「踏絵を踏まされ」「市民の意見は2分」人間関係にまで「深刻な亀裂が入ることになったこと」の「やりきれなさ」を述べながら，投票結果の重みを「厳粛に受け止め」ながら決意したとする．② 沖縄の基地への「疑念と憤り」と基地縮小を悲願としつつも，県の判断が示されないなかで，より小さな負担を受け入れることで普天間飛行場の危機を解

消，基地の整理縮小に道を開こうとした．③ 地元辺野古の行政委員会が条件付き賛成の意向を確認していることを無視できない．④ ふるさと名護市と北部全体への思いが決意の最大の理由である．⑤ ヘリポートはやがてなくなる．私たちの世代の我慢で地域の振興がはかれる．⑥ 私の責任は政府に海上基地の安全性，環境配慮を示させることである．⑦ 市民を2分した責任を感じ市長職を辞任する．

　この決意表明には県自民党さえ大きな戸惑いを見せるのであった．翁長幹事長は受け入れの判断は「許容範囲だった」と述べるとともに，「基地は全県的な問題として，一義的には大田知事が判断すべきと主張してきた．市長も常々，知事の判断を仰ぐと言ってきた経緯からすると，知事より先に判断するのは奇異に感じる」と「戸惑いを見せた」と『沖縄タイムス』は報道している（12月25日）．

　市長の声明で決意の重要根拠とした，辺野古の行政委員会が条件つき賛成を確認したということは誤りであったことが明らかになった．12月26日報道によれば（『沖縄タイムス』），辺野古の宮城敏正区長は「以前に区として反対を決議したことはまだ生きている」と述べている．重要な決断の背景に市長の先走り臆断があったのである．

　25日の抗議集会で表明されたいくつかの抗議文のうち，市民でもっとも活発に活動した女性グループ「命どぅ宝・ウーマンパワーズ」（ヤルキーズ）のものを示しておこう．反対派の気持ちがよく現われていると思うからである．

比嘉鉄也名護市長の米軍基地建設容認に対する徹底抗議文

　12月24日名護市長は，「大切なことはみんなで決めよう」という声のもとで行なわれた「市民」投票の結果を踏みにじりました．ヘリポートはいらないという判定を出した「市民」の声に完全に耳をふさぎ，市議会で自分が言い続けた「最後まで市民と行動をともにする」という発言を完全に裏切りました．その恥ずべき行為を「郷里の捨て石」になると美化し，まるで英雄のように自分は「散る」のだと表現しました．自分の言葉がどう市民に響くかをまるで配慮しない，非人間的で，許すことのできない言動に出たのです．

　市長は，今回の発言を受け取ったすべての人に対して，「民主主義なんか，

名護には容認できない」と宣言したのと同じです．ほんとうに呆れ，悲しみ，市民として，女性として，憤らざるを得ません．このような市民の心の破壊行為，責任を放棄した行動によって，あろうことか，今後「人々の争いが避けられることを期待」すると発言した比嘉市長に対して，私たちは，心からの抗議の声を突きつけます．

　海上基地の話が出た当初，二度の市民大会での反対決議に市長は同意しましたが，その後は，なし崩し的に建設の事前調査を受け入れました．危機を感じた多くの市民が，民主主義の憲法において保障されている「住民投票」の実施を請求すると，そのやり方を，元の市民の要求であった「賛成」「反対」の二者択一から，過去に例のない，偽善的な四者択一方式に変形させたのも比嘉市長です．その上でともかく「市民投票の結果を重んじる」と言明しておきながら，市長はその後，事実上基地建設賛成派の人々の流れに身を投じ，なおかつ「原則反対」という意味不明でアンフェアな発言，ごまかしを続けました．

　日本政府は，名護市というこの小さな地域の中に重い選択を封じこめ，新しく強化した米軍の基地を東海岸につくらせようと次から次へ，露骨な手段で市民の心を買収しました．県内・県外から人員を投入し，ある時には，言うに事欠いてそれを「ゆいまーる運動」とまで呼び，このことばにこめられた沖縄の心を踏みつけ，その他にも完全に節度を失った汚い方法をとり続けました．そのような中で，良心を貫き，市・県・国内・国外からの大勢の人々の支援を受けながら，名護市民や私たちはフェアにたたかい，ヘリポート基地建設に「ノー」の答えを出したのです．今回の名護市長の責任放棄と暴言は，こうした市民の声を踏みにじり，市長としての自分すべてが破産したことを宣言するものでしかありません．これを許す場所は，市民の中のどこにもありません．

　今私たちは，言葉を失いそうになりながらも，基地建設のまわりで生きるすべての者の命を守りたい心に対して冷酷に背中を向けた比嘉鉄也市長への抗議を，言葉に表したいと思います．比嘉さん，あなたは市長を「辞める」のではありません．名護市民から無価値なものとして「拒絶」され，市史にご自分の愚行を記したのです．名護市の未来をつくっていく子どもたちに基地付きの街の絵を描いておしつけ，ただ逃げたのです．命を破壊するものに対して拒否の気持ちを明らかにした名護市民から，あなたは決別を言い渡されるのです．市

民の意志を市政に反映してくれるであろう人間としてあなたを選んだ名護市民は，今激しくあなたに憤り，あなたを恥じ，悲しい衝撃にこころを痛めつけられています．今あなたは，あなたの「政治生命」の終わりなどではなく，沖縄の人としての心と，人間としての尊厳の終わりを，世界に向かって表明しているのです．もう一度繰り返します．あなたの居る場所は，名護市民の心の中のどこにもありません．
　以上をもって私たちの抗議声明文といたします．
　　　　　　　　1997年12月25日
　　　　　　　　　　　　　　　命どう宝・ウーマンパワーズ
　　　　　　　　　　　　　　　代表・氏名

　ヘリ基地問題は重大な事態に直面することになった．知事はなお判断を下していない．新たな市長戦は2月に行なわれる．知事判断，市長戦をめぐって賛否両派とも新たな運動体制を組むことになる．

2　市長選挙と知事の基地反対表明（1998年）

1）　政府と県知事・名護市民の綱引き

　ヘリ基地問題は重大な事態に直面することになった．県と国の間にたって調整をはかっていた知事の片腕といわれた吉元副知事の再任が知事の再度の提案にもかかわらず12月22日に県議会で否決されたことは，知事にとって痛手であると同時に，県と国の間の亀裂を深めるものであった．知事はなお最終判断を下せないでいる．新たな市長戦は2月に行なわれる．知事判断，市長戦をめぐって賛否両派とも新たな運動体制を組むことになる．
　【基地反対運動の全県的盛り上がり】
　12月25日橋本首相は自民党役員会で早くも，市長選を「全力でバックアップ」と自民党役員会で述べ，党側はそれを了承したと報道される．しかし，市長選においては政府は表面に出ることを極力控えたようである．市民投票にお

いてあまりにも政府が表面に出たことが，名護市民の反発をかったことへの反省があったと思われる．また，自民党や経済界，特に土建業界も活動を自粛したようである．これらは，市長選候補の要望によったものであると考えられる．

　首相は，21日衆議院予算委員会で，海上基地は計画変更しないと述べるとともに，「基地縮小を前提とした国際都市形成構想を大幅に見直さねばならないことを懸念している」と，基地と経済振興のかかわりをはじめて示唆した．基地と地域振興は別だとするのは，反対派の主張であり，県内世論も名護市民の多くもそう考えるものが多かった．しかし，選挙戦は基地への賛否だけではなく地域振興への賛否へと重点がすりかわってゆくことになる．

　比嘉市長の受け入れ表明は基地反対の運動をさらに広範なものにした．12月27日二見以北女性の会（ジャンヌの会）が呼びかけ県内各地女性グループによって「心に届け女たちの声ネットワーク（瀬嵩区の真志喜トミ会長）が立ち上がる．12月30日には「海上基地に反対する市民団体連絡協議会」が県内の平和・人権・環境問題に取り組む殆どの31団体を網羅して発足し，1月5日には，「平和と環境を守る」共同宣言を出す．正月早々2日には普天間基地のある宜野湾市では，普天間基地撤去，基地たらいまわしの自動車デモが行なわれ，首都圏中心の「名護ヘリポート基地に反対する会」からも知事に建設阻止要請が行なわれる．

　知事は年末に県のアクションプログラムが求める2015年までのヘリ基地の期限付きを鈴木沖縄開発庁長官に打診し，外務省，防衛庁が抵抗したといわれる．その知事を最終的に踏み切らせたのは，上述の女性ネットによる名護市をはじめ県内全域の女性300人による9日の知事への要請活動であった．この女性たちの熱気の中で，知事は「皆さんの熱い思いを真摯に受けとめ」と語ったのである．女性たちは知事会見の後，那覇市での道ジュネー（パレード）を繰り広げた．

　1月12日には，海上基地建設拒否を記者会見で示唆したといわれる．16日，長く読谷村長を勤め，読谷補助飛行場の返還を達成した憲法村長山内徳信氏が，知事の懇願を受けて6期に及ぶ村長を辞任して県出納長就任を受諾した．沖縄革新派の次期エースとさえ目された人である．知事は強力なブレインを得

た．

　一方知事は県内の団体と個人からの基地移転に関する意見聴取を進めており，その報告を22日に受け取っている．経済界を除き大勢は反対だったと報道される．県庁前で知事に決断を促す座込みも行なわれている．首相は，21日知事に対して，先述のように，経済振興とのからみで，海上基地の変更はないと圧力をかける．県議会自民党など野党議員19人も，知事に決断を迫っていた．

　なお，2月19日に，県は海上ヘリ基地建設問題に関し意見調査した84団体名を公表した．賛成25，反対37，知事一任8，その他14だった．聴取団体は政党各会派10，労組5，市町村連合団体4，軍転加盟市町村30，経済団体9，地主団体3，青年団体2，医療関係4，環境団体4，法曹界1，社会福祉関係1，教育関係2，大田知事後援会の県民の会である．県の部局長会議はこの結果をふまえ移設反対で全員一致の意見集約をしたという．知事の決断は県民投票やこの団体意見の聴取など県民意見の集約に，とるべき手段をとり慎重に判断した結果であったのである．

　1月12日，16日と辺野古沖で「ジュゴン」の映像が撮影された．12月の対馬丸の発見ほどの影響はないものの，東海岸の自然の貴重さを改めて市民に報ずるものであった．また，24日には，県自然環境保全審議会が「自然環境の保全に関する指針」を答申，ヘリ基地予定地は県内で評価ランク1の保全地区とされたことも報道された．

2) 市長選の対立点と知事の基地反対表明

　賛成派の市長選挙への動きは早く，12月31日助役の岸本建男氏を擁立候補として決定した（出馬表明は1月5日）．反対派は，候補の擁立に政党間のひびわれもあって難航，ようやく1月7日，社民党県議の玉置義和氏が無所属で出馬声明することになった．岸本氏（54才）は，早稲田大学卒，市内西部で賛成派の多い屋部地区の出身，市役所生え抜きであり，もともとは革新派と見られており，かつては一坪反戦地主の会の会員だった．1973年の逆格差論として語られる名護市の総合計画樹立を推進した中心者でもあり生粋の行政マン，玉

城県議にも近い存在だったといわれる．玉城氏（49才）は中央大学卒，大田知事に近い社民党県議．社民，社大，共産，民主推薦，公明沖縄，新進沖縄第三総支部，新党平和，新社会支持での無所属立候補である．名護市内に居住するが市外出身である．

岸本候補は，比嘉市政の後継者として擁立されたが，1月10日の事務所開きで「海上基地問題は知事の結論に従う」と意向表明を行なった．1月18日の両候補の新聞対談では，「県知事の判断に従う」と重ねて述べた後，「国が強引にやってくれば特措法と同じように法律の改正が必要となる」「名護もノーといわざるを得ない」，「前市長の政策を継承するといっている．基地容認を受け継ぐとはいっていない」とさらに一歩踏み込んでいる．同じことは1月20日新聞紙上の「私の政策」でも述べている．玉置陣営は争点はあくまで基地問題と位置づけ，市民投票の流れに乗ろとした．岸本氏の基地に対する立場を争点隠しと批判した．

2月1日の市長選挙の告示日，大田知事，2人の副知事，山内出納長，土井社民党委員長が肩を並べて玉置候補を応援した．県とのパイプ役を務めてもいたと思われ，知事の判断に従うとも述べていた岸本候補は大きなショックを受けたと伝えられる．岸本氏のショックの意味はどこにあったのだろうか．

岸本氏は基地問題では名護市と県・国のパイプ役としの役割を果たしていたと思われることが正月の記者の覆面座談会でも語られている．沖縄の諸政党は基地問題では単純な賛成反対ではなく連携する面をもっている点で内地とは異なる．前述のように，自民党も市長も知事の判断が優先すると考えていた．しかし，知事は判断を名護市にまかせて突き放した．前市長は県を飛び越えて政府に承諾した．知事の意向をもふまえて県と市の間の連携調整をはかろうと努力してきた岸本氏も当惑したであろう．そこで，県と市長の両極の判断の間にたって苦しんだ自分の立場を県はあまりにも理解していないと裏切られた気持ちをもったと考えることも可能なように思う．岸本氏は「基地の是非を問う選挙ではなく，名護市政を運営する人間の選択だ」と主張していくことになる．市民投票推進協の有力メンバーが岸本氏の基地への見解をただしたうえで，選対の責任者になったともいわれる．

しかし，ながらく農村や地域の研究に従事してきたものとしての，また，多

少とも沖縄にふれたものとしての，大田氏らの応援のニュースへの私の実感は，反対派にとってきびしい状況がもたらされるというものであった．市民投票で賛成派が躓いたのは，国や経済界の過度な干渉であり，沖縄と名護という「地域」が反発したが今度は名護へ県という外部の力が干渉しているのである．

　ドクター論文執筆のため名護市に1年間滞在して基地問題の経過をつぶさに見た米デューク大学の井上雅通さんは，私たちとも一部調査をともにしたのだが，「国を躓かせた地域性が，市長選挙で逆に基地反対派を躓かせるのである」と述べている（同氏「海上ヘリ基地問題と日本人類学」『現代思想』1998年6月号）．

　ヘリ基地反対の市民投票の運動は特定のイッシュー中心の都市型の投票であった．しかし，市長選挙はそれに比べれば，基地問題を中心争点化しようとする玉城派の努力にもかかわらず，地域振興を含む総合政策型の選挙であり伝統型，農村型の投票に近いものとなった．

　玉城派の運動の中心は市民投票推進協，ヘリ基地反対協の流れを汲み，後者を母体として，1月11日に22団体で結成された「ヘリ基地反対・市民が主人公の明るい名護市をつくる会」協議会（明るい会）であった．岸本派の支持母体は出馬と同時に結成された「誇りと活力のあるまちづくりの会」であった．市議会与党議員18人を中核として，商工・企業・農業・漁業・青年部会などきめこまかに組織をつくり，さらに同期会，スポーツ愛好会，友の会などの市民グループが支援する組織体制をとった．

　両者とも大規模な決起大会を開催し，支部組織を形成した．しかし，運動スタイルはかなり異なったものとなった．玉城派の運動は市民投票の流れにのって都市型であった．決起集会，街頭宣伝，ビラ配りなどが中心であった．支援団体も多く，外部からの支援も全国的だった．

　岸本派は農村型選挙に撤した．岸本氏は賛成派にかつがれ，前市長の後継者として前市長の応援を受けながら，基地賛成派の突出した動きを押さえ，「名護市でのこの問題は終わった」として基地と切り離して地域振興に政策重点をおいた．市民投票の際の取り組みを反省し，市民投票で批判された土建業者や自民党県連，外部の政治勢力は表に出さず，名護市の選挙，「草の根市民運動」の選挙戦を強調した．素人の市民も加わり，各字ごとのきめ細かい会合や集会を開き，230回以上のミニ懇談会を開催したといわれる．さらに地縁，血縁，

第4章　名護市の海上ヘリ基地反対運動と地域振興

有力者の影響力をフルに動員する伝統型選挙運動を展開したのだった.

　市民投票で外部からの干渉に反発した名護市民には選挙の第一声に県の知事・幹部や政党委員長が登場したことに違和感を感ずるものもあったかもしれない. 外部からの応援はマイナスの面ももっていた. 旧名護町のナゴマサー（名護気質）は他人を受け入れないという閉鎖性をもつという. 玉城氏を含めて, 玉城派の後援会幹部はもともと皆よそものだということを岸本派は宣伝した. 基地反対派は公務員や給料取りが多いなどの宣伝も行なわれた.

　2月6日大田知事は, 海上基地反対を正式表明した. 投票前の発表は政府との関係悪化, 投票への影響を考えて迷ったのだが, 知事の「主体性」が問われるという判断から決断したといわれる. しかし, これも反対派の追い風にはならなかった. ヘリポート問題は決着し終わったことが強調され, 地域振興に焦点をしぼった岸本派に有利に働いたようである.

　政策を見れば, 玉城氏が平和, 民主, 自主・自立, 基地反対, 北部振興における政府の責任, 住民主人公の市政運営や地方自治, 自然と共生した多機能総合都市, 住民の発想を生かした市民本位の均衡ある街づくりなどを主張している. 岸本氏は活力, 住民ニーズ, 自然と調和したふるさと, 名護での基地問題の終焉と知事判断の重視, 政府の北部振興策への評価とその推進,「ブドウの房状」につながる市民グループの形成による市民意志の吸収, 職・住・遊・学の機能をもった活力ある北部拠点としての発展, 沖縄本島の「2極構造」の実現のための名護市の発展を目指すとする（『沖縄タイムス』1月31日版の「争点表」による）. 玉城氏が理念を強調する面が強いのに対して, 岸本氏はより現実主義的でソフトのように見える. 岸本氏は市長選でまさにブドウの房を枝でつなぐような運動を展開したのであった. 岸本氏は徹底して「地域」に固執した. 住民投票での國対沖縄の対立は沖縄対ヤンバル・名護の様相さへ示したと前掲の井上氏はいっている. 名護の「地域」の復権,「地域の持つ気持ちの襞」に入る「地域」の言説がそれと乖離してきた理念と相克し,「地域」が勝利したと分析しているのである.

　運動の側も足並みが乱れたようである. 東海岸の市民運動の代表者複数は市長候補の推薦にあたっても市民運動の流れが入りにくく白けてしまったとか, 政党の力が強く, 自発的な運動ができなかったなどと述べていた.

3） 岸本市政誕生の波紋

【岸本新市長の姿勢】

　名護市はもともと保守的な雰囲気の強いところであった．岸本派は農村型の地を這うような運動でその雰囲気の中から票を掘り起こした．2月8日の投票結果は，投票率82.35％，岸本建男16,253票，玉城義和15,103であった．なお，市民投票推進協，ヘリ基地反対協の代表を務めた宮城康博氏は市議補選に立候補，対立候補がなく無投票当選が決まっていた．

　市民投票の2,372票差を逆転1,150票差で岸本氏が当選したのである．投票率はほぼ同じであるので，単純に考えて1,700人余が市民投票と比べてねじれ投票をしたと見られる．また，基地の地元の二見などを含む投票区のみが，全体で17投票区の中で唯一投票率80％を切り，67.11％の低投票率であったことは，市民投票にあたっては，もっとも強硬な基地反対の地域であっただけに，選挙戦への基地問題の影響力の低下か，あるいはこの地区に重点的に実行された振興策の影響か，いずれにせよ，住民が候補の選択にとまどったことを示している．

　首相は岸本氏の当選に期待感と歓迎の意向を表明した．しかし，翌日記者会見で岸本新市長は，現時点では海上基地を「受け入れ容認の立場ではない」との見解を示した．「普天間問題の原点は移設とその跡利用の2点，はじめにヘリ基地，キャンプ・シュワブ沖ありきではなかったはず」，「県と政府がもう一度，普天間の原点に立ち返って，再度の調整が必要ではないか」と述べたのである．また，ヘリ基地反対の思いと地域を活性化したいという「市民のバランス感覚がうまく機能した」と分析している．市域でのヘリ基地反対の声を岸本氏も当然ととらえていると思われる．当選決定直後の談話では「比嘉前市長のあの容認と辞任の決断はパイプを所持するための苦悩の選択だった」と位置づけ，「今回の選挙はヘリ基地の是非を問う選挙ではなく」と理解し，地域振興のために政府と断絶せずパイプを確保するためのやむを得ない現実的対応だったとし，決して積極的なものではなかったと説明している．

【政府と知事のつなひき】

年度末の首相・知事会談では1月の再会談が予定されていた．しかし，大田知事の動揺をみつめる中で首相は合おうとしなかった．大田知事の対応次第では，自民党内では法人税軽減が実施される特別自由貿易地域（FTZ）制度の新設などを盛り込んだ沖縄振興開発特別措置法の改正の見送りも議論された．しかし，紆余曲折の末，2月13日閣議決定されることになった．

2月16日首相は施政方針演説の中で海上基地は「最良の選択肢」として「地元の理解と協力」を求めた．同日秋山防衛事務次官も報道された米国務次官補の柔軟対応を否定した．17日には島口那覇防衛施設局長は県外移転の可能性を否定する．しかし，同日知事は所信表明で「基地問題を抜本的に解決するためには海兵隊の削減を求めていくことが重要」と海兵隊削減に言及したのである．その後も日本政府，米側と県との綱引きが繰り返し行なわれる（年表参照）．27日に反対声明後初の政府岡本首相補佐官との接触が行なわれ県は実務者論議を要望した．

しかし，3月10日の実務者会議についての報道のなかで，首相が春までに作成と約束した「沖縄経済振興21世紀プラン」をめぐって，知事の反対声明以降，国・県の調整難航と指摘され事務レベルでの会合も開かれないと述べられている．以後，年末の大田知事の退陣まで，このプラン計画も棚上げになってしまう．この報告もここで一時ストップし，基地問題があらためて動き出す11月の県知事選挙をめぐる動きから改めて始めることにする．

3 反対派の市民グループについて

1） 二見以北十区の会

旧久志村北部の二見以北10区は大浦湾西海岸から北部に長く広がる地域である．過疎化，若者流出が進み，人口1,800人，中心部瀬嵩でさえ，65才以上25％老人世帯15％，嘉陽で44％と30％，北部ではさらに高齢化は深刻である．名護へのバスは1日4回，高校生のバス代は1日2,000円，弁当代500円として2,500円，教育費がかかり，住居を変える人も多い．名護市への旧久志村

の合併以来，過疎化が進行し，西部地域に比して冷遇されてきた想いがあるといわれる．ゴミ・廃棄物処理施設，基地があるが，公共施設も乏しく，基地収入もない．

　1970年の町村合併以来の市政への批判は強かった．基地と代替えに地域振興がいわれるが，東部を犠牲にしての西部振興ではないか．にもかかわらず，決定権は人口の多い西部がもっている．ここでは，「分村の心」が議論されることもあった．基地を呼ぶなら何故西海岸ではないのか．沖縄振興のために中部の普天間基地の北部移設に疑念をもつ名護市民の想いを，ここでは，さらに名護市の西海岸地域に対してももつのである．

　また，大浦湾，マングローブの林に囲まれる「美（チュ）ら海」は沖縄第一級の景勝の地である．潮が引けば徒歩で海の幸を手に入れることもできるのであり，海は生活とも密着し，海への想いも強い．

　旧久志村二見以北10区の住民はもっとも強い反対勢力だった．「二見以北十区の会」は最初40歳代の男中心で声をあげ，250人が名前を連ねた（会長はもと警察官）．精神障害者施設名護学院の300人を除く有権者の1,200人中の700～800人が反対署名をした．男たちは海底調査をしてさんご礁の写真をとり展示を行なった．女性たちは女性部としてジャンヌの会を組織した．20年前宜野湾しから移ってきて障害施設名護学園で働く真志喜トミさん（父は米軍上陸の日読谷飛行場で戦死，居住歴は長い）が代表になったが，地元女性は表に出にくいからだという．しかし，女性達は運動の中心だった．5色のビラ作成と5回にわたる各戸配布，会員の2回のむしろばたデモでも先頭にたった．

　賛成派の旗あげもあった．大型開発サンビーチ開発に勤める地元出身の管理職職員（兄は名護市で建設会社経営）を会長とする二見以北を活性化する会である．各区に役員をおき会員670人5業者という．反対派と賛成派の合計は住民数を上回るが，署名の時期がずれるうえ，表向き両方に義理だてした者も多いと思われる．

　賛成派の巻返しも大きかった．政府もそれを支援した．基地所在市町村交付金によってSACO関連事業として，二見以北に重点化された施策として，この地区の5つの公園整備，農業用ダムの建設，汀間漁港の製氷貯氷施設が予算化された．また，12月には，既述のように10区に国新設の名護市への地方交付

税の基地所在市町村への増加傾斜配分の内6,000万円が現ナマとして今後年々配分されることも決定しているのである．
　当初は圧倒的に反対派が多かった．しかし，ボーリング調査受け入れの後は上からの圧力とりわけ県全体の土木界からの圧力が強く雰囲気が変わったという．近くに大型開発をかかえる嘉陽，大浦区長の態度は賛成派に傾斜し微妙だったといわれる．賛成反対の対立は大きく，親戚，隣人相互に対立する場合も多く，家族の中でも意見が分かれたりすることも多かったといわれる．会の責任者の1人は市民投票は7対3で反対派といわれるが，自分は6対4と見ているといっている．
　十区の会は98年7月8～9日二見から那覇まで，基地反対の行進をした．女性中心に40人が参加し，応援が100人にもなった．基地反対のエネルギーは持続している．
　十区の会の会長M氏は市長戦の後，嘉陽区の区長選挙に立候補したが，僅か数票で落選，賛成派の前区長が当選した．選挙結果は住民が基地問題と地域運営を区別していること，区という地域＝生活世界の襞にはいる運営をこそ望んでいることをを示している．区長選挙は初めてのことであった．
　十区の会を発足させた中心メンバー7人は，基地や大型開発に代わる内発型開発を模索し，1998年6月会社組織「エコネット美（チュラ）」を発足させた．150万円の船を各人出資で購入しエコツアーのガイドをやり，宿泊施設を整備し，その後1年間で1,000人を案内したという．地域の人々と提携し老人は文化や伝統を語り，婦人は伝統料理をでもてなし，各世代の力をあわせた振興策をはかろうとしている．彼らは10区では大企業の開発はさせない決意だという．底仁屋区ではそのことを区の決議で行なっているといわれる．十区の会女性部のジャンヌの会の女性たちの間でも地域振興の話合いが始まっている．

2） 命を守る会と辺野古区・久志区

　海上基地の候補地が辺野古沖に決定しようとする1997年1月，地元でいち早く反対ののろしを上げたのは，辺野古区の住民を中心とした「ヘリポート建設阻止協議会」（命を守る会）だった．1月の結成総会には27人が参加している．

当初参加の意志を表明したのは周辺を含めて約50人だったともいわれる．市長を含め，あげて基地反対の段階では辺野古など地元でも純粋な反対の声が圧倒的に強かった．10区の区長会の反対決議もその段階で出された．

　しかし，4月市長が事前調査受け入れを表明する頃から，辺野古区の雰囲気も変わってくる．同月賛成派の土建会社を中心とする北部法人会の事務局長島袋勝雄氏を代表とする賛成派の辺野古活性化協議会が出発する．前年9月に行政委員会として反対決議をしていた辺野古区で設置された辺野古ヘリポート対策協議会も，4月2回目の会合と普天間基地視察を行なった後，賛否への区内意見が分裂する中で開催されなくなる．市長の影響下にある人，上記島袋氏など，賛成や反対の態度を留保する人には，区長経験者など区の有力者が多く，次第に正面から反対を言うことはできない雰囲気が生まれてきた．命を守る会は4月末小学生以上の区民の65％の署名をもって反対の区民大会開催を区に要求するが，行政委員会が決議しているので不要と却下される．区長には区内の意見が分裂の度を強めている時混乱をおこすことなく区をまとめていきたいという判断があったとも思われる．しかし，結果としては周囲に気兼ねする区内住民は表向き反対を言えないようになった．

　賛成派の運動は住民投票が近づくにつれ強まり，12月13日には有権者1,090人中625人の署名を集め市長に「条件付き賛成の要望書」を提出した．しかし，区選出の保守系市会議員島袋権勇氏によると，辺野古で賛成派が勝つなら全市でも勝つと述べており，付き合い的な署名も多かったのではないか．なお，この議員は，中学卒だが，区の書記を長く勤め，10年もかけて98年に完成した大部の『辺野古誌』をほとんど1人でまとめあげた人である．多くの沖縄の字誌の中でも水準は極めて高い．彼との会話からすると辺野古の戦前からの貧しい住民の生活に対する歴史認識と現実認識さらに現実政治の間で悩んだと思われる．同氏は，市長と行動をともにしたが，地元では立場上立場を鮮明にしていなかった．いずれにせよ表面的にはともあれ，底流での賛否両派の対立は強まっていった．

　命を守る会は市長の事前調査受け入れ表明後の5月の連休明けに海岸にテント小屋を設置し会員の交替で常時監視体制をとった．7月全国からのカンパを基金にプレハブの事務所が完成した．しかし，やがて，会員は1人去り，2人

第4章　名護市の海上ヘリ基地反対運動と地域振興　　　　　　　　　　　　　111

去り，15人にも満たなくなり，時には事務所に現われるのは数人ということもあった．会のメンバーとの連絡もとれなくなったと代表は述べていた．ここには全国から支援する個人や団体が訪れた．平和ツアーもやって来た．8年の12月，毎日のように事務所につめていた金城裕治氏は98年末までに合ったのは2万人にもなったという（訪問者は名前を記帳する）．島ぐるみネットワークの支援はあったが，よくここまでもったものであると同氏は述べている．

　当然さまざまな政治勢力も訪れる．素朴な基地反対の住民に対し，安保反対の理念からの反対者もいる．とくに支援名目に訪れる学生には困ったとも述懐していた．当然過激なグループもあったであろうし，地域を理解しない上ずった行動もあったであろう．彼らはすべてが味方とは限らないのである．辺野古住民を高度な政治対立の中にまきこまないように最大の配慮をしたのだが，外部の力は当然入ってくる．辺野古という地域と外部支援者の乖離は顕著である．そのことがまた賛成派や一般住民の批判の的となるのである．

　しかし，おじいちゃんやおばあちゃんが無言で支えてくれたという．女性の年寄が強かった．「おばーたー」（おばあさんたち）は，辺野古の中でのゆらぐことのない最も強力な基地反対集団であった．市長選挙の最中，40〜90才代の女性たちはジュゴンの会を組織してヘリ基地反対，玉城候補支持を確認した．沖縄戦で悲劇の玉砕をしたひめゆり部隊の生き残りの宮城清子さん（70才）も居住していた．二見生まれで戦後教師や看護婦をして東京に移り，3年前，辺野古に帰郷している．彼女を中心に「久志13区女性の会」も作られた．居住者でない教員なども組織し，表立った活動はないが節目節目には姿を現していた．また辺野古では子供が反対の自製のビラをまくということもあった．

　命を守る会の代表はN氏（53才）だった．現在は住宅機器の修理販売業を自営している．もと，71年まで5年間キャンプ・シュワブに勤務していたしこれまでの基地には抵抗感はない．ベトナム戦争で帰らない米軍の友人もいたので戦争の恐さは知っていた．商工会の理事もしており，当初は96年6月，キャンプ・シュワブの名前があがる頃までは基地に反対ではなく，区行政委員会の反対決議の後も振興策を考え区を動かそうともした．多額の軍用地地代を利用しての開発も考えられる．しかし，行政委員会では予算書も回収し，住民に情報を与えない．父が80年前に辺野古にきたが，親戚は少なく，けんかでもあれ

ば「寄留民」ということばを聞かされる．こうした区の雰囲気に対する反発もあった．勇気が必要だったが共産党の基地説明会にも出てみた．次第に基地反対になっていった．

　代表になってから，自分の仕事ができなかった．市内，県内，あるいは本土の集会に出席を求められての挨拶が多かった．寝る時だけ基地のことを忘れる状態だった．市長選挙後の組織の再編成で，夜しか参加できないという条件でもう一度代表を引き受けた（3月）．後で考えると政党は運動の盛り上がりに貢献したが，命を守る会もそれに振り回された点もありほんとうの市民運動にならなかったと反省する点もある．定款や役員組織もきちんとしたい．市長選では「明るい会の事務局会議も満足に機能しない状態で，市民投票で反対した人も保守に回帰する状態だった（以上98年3月28日聴取）．

　相談役の上記の金城裕治氏（63才）は父が大阪に移住，自分も35才まで大阪で運送業をしていた．こどもが喘息で沖縄へ帰り，沖縄バス運転手をして労働運動にも参加した．病気で倒れ，現在は療養しながら，ハウスでマンゴー作りをしている．金城氏は，ほとんど毎日プレハブ小屋に出勤し，運動を支えた．温厚な人柄でとかく角がたちがちな会員のなだめ役，まとめ役も果たした．98年末までに2万人の人に応対したこと，よくここまでやってきたきたこと，お爺ちゃんお婆ちゃんが無言の声で支えてくれたこと，ゼネコンと政府の押しつけで人の心が真二つに割られたこと，穏やかな地域を取り戻し，大きい心であったら挨拶できる昔に戻りたいことを話していた．

　命を守る会は98年4月N氏が仕事との両立が困難だというので，3人の代表世話人制になった．M氏（54才），S氏（名護勝山病院看護士44才），金城裕治の3氏である．M氏は久志で車の修理をしている．琉球大学卒業後，カナダに渡り24年間住んだ．冷暖房の店を開いていた．彼は次のように言っている．2年前帰郷したらすぐ少女暴行事件が起こった．「米軍事故の補償問題はなかなか解決せず補償額も少なく泣き寝入りが多い．カナダや米国と雲泥の差だ．普天間の移転で3,000人の米兵がくることに危機感をもった．住んでいる久志は閉鎖的なところで，運動をやる上で苦しいところもある．隣家が賛成派で市議選に立候補した（元沖縄タイムス記者）．目や顔をそむけられたりする．妻はつらいらしく，やめてくれと言い出している」．

M氏によると，久志区では市3役と行政委員の話し合いが公開されなかった．区民総会開催を要求し，97年7月，78世帯が集まり，逆かなと思っていたが6世帯が賛成しただけだった．にもかかわらず最終的には賛成派が強いように思う．命を守る会もしがらみの多い市議選では特定候補をおせないし，部落で1人でもたつと他の候補には目もくれないところがある．98年4月初めに20数年来の行政委員選挙が行なわれた．これまで上から選ばれてきた．10人の定員で，ヘリ反対の5人（うち4人新人）全員が当選した．今後市議選も区の公民館党としてぐるみ応援はできなくなるのではないか．辺野古ではまだ上からの指名制である．小部落の運動では限界があり，広い反対運動の結集が必要だ．賛成派は市民投票で負けて実質的に解散した（98年8月聴取）．
　大田知事の基地移設拒否声明以後基地問題は膠着状態に陥った．動きだすのは，県知事選挙をむかえる頃からである．再び基地は県政の争点になった．11月保守系の稲嶺知事が当選すると海上基地問題にも後述するように新たな動きが生じてきた．1999年度命を守る会の総会は4月24日に開催された．40人が参加，「海上，埋め立て，陸上などいかなる条件があろうとも，ヘリ基地反対の声を上げ続ける」ことを確認した．新代表にはS氏，事務局長にはM氏が就任した．漁港に面した事務所は会の女性グループであるジュゴンの会を中心に当番制で守っていくことが確認された．

3）反対協議会の再組織化

　「海上ヘリ基地建設反対・平和と名護市政民主化を求める協議会」は，県内基地移設に柔軟な姿勢をもち，海上ヘリ基地には反対しつつも北部地域への移設を示唆する稲嶺恵一新県知事が就任した，12月10日「北部地域へのヘリ基地建設反対と基地の県内移設に反対するアピール」を発表した．さらに，「1998年12月21日市民投票1周年にあたって臨時総会を開催し，基地の無条件全面返還要求，SACO合意に基づく県内移設反対の運動をすすめることを確認した．21団体がそこに結集し，役員組織体制を改組した．反対協の顔でもあったひげの宮城康博氏は市会議員になったため代表を辞任し，複数代表制をとることにした．

代表は新城春樹（みんなの会），宮城廣（二見以北十区の会），安志富浩（一坪反戦地主会北部支部）であった．見られるように代表は労組政党ではなく市民団体から選ぶという市民主義の原則を貫いている．労組代表は，副代表や事務局に入り縁の下から支える体制をとっている．しかし，市民投票で大きな役割を果たした市民の会は分裂あるいは発展的に解消した．9月の市会議員の選挙にあたって，宮城氏を応援する「ぶりてぃの会」（＝みんなの手，会員の3分の1）と市民投票結果を無視したと市長を訴える「ヘリ基地反対市民投票裁判原告団」（3分の2）に分れて反対協に参加することになった．他方反対協の総会の同日，新たなやんばる女性ネットが（後述），北部と県内の女性グループを結集して結成された．これから北部に問題が集中する基地問題に沖縄の女性たちが連帯しようとするものであり，反対協からも反対協にも参加した．以上のほか初期の反対協の名簿に「二見以北十区の会」が加わり，県職労の名が消えている．

  4) 女性グループ

 まだ立ち入った説明を加えていない女性の運動グループについてふれておきたい．

 ヤルキーズ（命どぅ宝ウーマンパワーズ）は市民投票運動の最中11月17日に結成された名護市西部とくに市街地女性を中心とした運動であった．親子劇場運動を行なっていた女性グループが呼び掛け，それに新婦人の会，市民の会，みんなの会など反対協の女性が参加して当初30人，投票時には35人になっていた．反対協という組織運動をこえて，組織内や外部の女性が横に結合して自発的な運動主体を形成したのだった．大組織の指示に従って行動するのではなく，小グループを形成し自発的な運動を展開したのが市民運動とりわけ女性たちの特質であった．

 ジャンヌの会は東部の，ヤルキーズは西部の運動を分担した．ビラ配布，個別訪問，電話，街頭宣伝，座込み，講演会開催，抗議文送付，スーパー前でのリレートーク，12月13日の「いなぐ（女）フォーラム」（110人参加）など多様な運動を投票日まで繰り返した．18日には名護市の女性だけで，新聞紙上で

1,000人アピールを行なった．6班の編成を行ない，1カ月に10枚のビラ配布，ローラー作戦での個別訪問を繰り返した．最低1回は全戸訪問している．これに，外部から恩納村の2つの女性グループ（ナビの会，かまどうぐあーの会），ヘリ基地NOの会，学生などが協力した．資金は自前でカンパはすべて反対協に委託した．主なメンバーの所属は次のようになっている．親子劇場の会3人，市民の会11人，大学生6人，学校勤務（養護学校M，高校）4人，みんなの会2人，新婦人の会，久志13区女性の会，ジャンヌの会，県職員，各1人その他4人．

会の主要メンバー数人からの聞き取りから彼女たちの事後感想を紹介しておきたい．

(1) 最後の4～5日は家事もしなかった．「子供がいたけどなあ」と付け加える．

(2) 賛成派の有力土建会社のいる屋部地区は難しかった．商店街では大きい声を出せなかった．羽地地区は革新地盤で反応がよかった．個別訪問が一番効果があったと思う．投票日が近づくと車で声をかけてくれる人もありうれしかった．

(3) 賛成派がルールのない運動を行なったので後味の悪い運動であった．
① 防衛庁はホテルの階を借り切って200人が沖縄の言葉を使ってユイマール運動となづけた個別訪問を行ないプロの運動を行なった．② 政府の高官や政治家が松山千春や橋本聖子を連れてきて宣伝したり，基地は観光資源だといったりした．これらは住民の感情を逆撫でして政府の押しつけに対し沖縄の文化を守ろうという声があがった．③ 不在投票動員のノルマが会社に課され車で土方服のまま投票所に連れていった．④ 牛豚山羊を殺して飲食させ，参加者は白い袋をもらって帰った．1票2万～5万円ともいわれた．⑤ ある男がこう言った「15万円もらった．でも心は売っていない」，これに対して「体を売ったでしょう」と言ってやった．⑥ 賛成派から環境対策が消え経済効果と開発策だけが宣伝された．⑦ 突然，北部女性センターを作るという話が出た．何をするところか判らず許せない．⑧ 女性が記号のように使われたり母性が利用されたりした．今まで何もしなかったのに，飲食店街に子供の預け場所を作るなど言い出した．⑨ 土建業者の多いところではどなられることもあった．

⑩ 中傷が多かった．メンバーに対しては「みなさん外からきた人にだまされてはいけない」とか，島田牧師への中傷もあった．Kさんは，名護市国際交流委員会の仕事をして，日本語学校を経営しているが過激派だとレッテルをはられた．なお，Kさんは後に中傷いやがらせにたえかねて学校を那覇に移したという．⑪ 東部を分担したジャンヌの会は5色のビラ5枚を各戸に配布した．二見以北十区の会のむしろばたデモの中心には女性がいた．⑫ 少女暴行事件では子供を守れなかったことへの反省からの子供を守ろうという声があがった．子供たちのパレード行進もあった．女性の運動は子供のためのものでもあった．二見以北では，瀬嵩の会，灯間の会，三原の会，辺野古の会，名護学院の会などが代表を選んで名前を表にしている．

命を守る会を精神的にバックアップした辺野古の高齢の女性たちはジュゴンの会を組織し，2月9日総会をもった．この辺野古のおばーたーを含めた女と子供に負けたという賛成派の感想も耳にするほど女性の運動は盛り上がったのである．

12月27日二見以北のジャンヌの会の呼び掛けで沖縄をつなぐネットワークが形成され，彼女らの声が知事の決断を大きく動かしたことは既にふれた．名護市長選後，政府が海上基地にこだわっている中，話し合いが始まった．2月から5月初旬まで，毎週，那覇から中部から女性たちは二見以北の瀬嵩に集まった．何ができるか，その結論は，東京へいって世論に訴えようということだった．事前行動として3月29日に基地予定地の平島に船で渡った「浜下り」，「ジョイント討論会」などを経て，「心に届け女たちの声ネットーワーク」が5月8日〜10日に東京大行動を行なった．県内20団体，124人の沖縄女性が自費参加した．名護からは54人，内辺野古9人，二見以北32人，名護12人が参加して，米大使館，首相官邸への要請行動，女性国会議員との懇談会，道ジュネー（パレードと市民への訴え），交流会などを行なった．代表はジャンヌの会の真志喜トミさんだった．この時全国ネットの形成も話し合われ，東京で準備が行なわれている．

市民投票のちょうど1年後に結成された「新たな基地はいらない，やんばる女性ネット」（前述）を構成するのは次の23グループである．きっかけは，県知事選挙における本島女性の大田支援ネットの形成であるという．

名護	ジュゴンの会，ジャンヌの会，反対協，久志13区女性の会，いじゅの会（＝花の名，最近できた子供のことなどの勉強会），ぶりていの会（宮城後援会），新婦人の会，民商
他地区	恩納ナビーの会，子供の未来を守る松田父母の会（宜野座村）
地域活動者団体	東村，今帰仁村，本部町，大宜味村，宜野座村，金武町，恩納村，名護市，伊江村，国頭村の代表，伊是名村，伊平屋村は連絡とれず
地域	労組女性部，退職女性教師の会，市町村女性議員

代表は宮城幸さんで保育園を経営している．大田前知事と同年令の兄戦死，亡父は琉球政府立法院議員，那覇観光社長である．彼女は知事選挙では市民投票と違い，「むぬかーすしるわーしゅ」（もの・食べさせる・私・主）を新知事に感じた，しかし，「命どう宝」女性には金で売れぬものがあると述べていた．

このネットにも，反対協にも「心に届け女たちのネットワーク」やヤルキーズは入っていない．自由に行動したいということであった．宜野湾市の賛成派の女性「豊かな未来を作る母と子の会」のような運動もあった．

5）市民の会

1997年5月9日の市民の会結成のきっかけになったフォーラムに参加した人を中心とする呼び掛け人164人を，名簿で判る限りで居住地と職業で分類してみよう．

```
男女    男　83人，女　79人
地区別　久志　南部3区　①　辺野古6　②　豊原4　③　久志2　　　計12人
二見以北10区　　①　嘉陽37　②　瀬嵩31　④　その他10　　　　計78人
西部　　　　　①　旧名護51　②　羽地12　③　その他11　　　　計74人
職業　　　　　　農業　37人（1人を除き東部で，29人は二見以北）
　　　　　　　　施設職員・看護婦　24人
　　　　　　　　自営業・自由業的　17人
　　　　　　　　会社員・公務員・店員　11人
　　　　　　　　労組・政党　8人
```

　　　　　反戦地主会　3人
　　　　　学生　2人
　　　　　その他の職業　3人
　　　　　市民（職不明）　32人（うち女10人）
　　　　　主婦・無職女　12人
　　　　　新開地の住民（職不明）　10人（うち女6人）
　呼び掛け人は全地域に拡がるが，二見以北の参加者が多く，この地域の人々の関心の高さが示される．職業は農業が最も多いが主として，基地候補地に面する東部海岸の農民である．次いで福祉施設の職員・看護婦，自営業・自由業的職業が続く．いわゆる給料とりは8人と比較的少ない．職業を記入しない市民や主婦層の比重も高い．
　自営業，自由業経営者の中には次のような人がいる．
　羽地北部の工芸村（6人が農業兼ねて藍染め，焼き物織物などを行なう）のU氏やMさん．本土から移って民宿を経営する車椅子の成田正雄さん．ヤンバルの自然を画くY氏．両親は地元出身だが淡路島育ちのイラストレーターの許田清香さん．本土で演劇活動をし，帰郷後雑誌編集や企画調査をやっていた代表の宮城さん．宜野湾市から移って20年のジャンヌの会代表の真志喜トミさん．今帰仁出身で退職教員の新城春樹さん（副代表，後に代表）．本土から移って予備校や日本語学校を経営しているO.T，O.Y夫妻．本土から移って大学に勤務する夫をもち，20年前に名護にきて図書館運動などをやってきたヤルキーズ代表のNさん．そのほか保育園園長の宮城幸さん（後にヤンバル女性ネットの代表），同じく園長のOさん，マンガ家，陶芸家など．
　当初，市民の会の中で無党派の運動のひとつの中心を担ったのは，選択的に名護に移住し，地縁や血縁関係から自由で広い思考を行ないうる外部経験をもち，主体的・自発的に人生を築いている人々の反省的，批判的思考であった．そして，国，県，市，そして東部久志全体などの地域から疎外され続けてきた二見以北の農業者を中心とする地付きの住民集団もまた運動の中心だった．労組・政党がそれを支え，一般市民が広くそのまわりに結集したのである．
　過去に直接的利益確保のための住民運動や，労組や政党など既存組織の運動はあった．しかし，基地反対運動はこうした担い手をもつことにより，基地や

環境の問題が閉ざされた関係をこえた「市民」の公共性問題となり，広汎な市民を運動に引き出したのだった．沖縄の戦争経験と基地被害，疎外された北部東部海岸地区，ヤンバルのかけがえのない自然などの背景知と地域内あるいは地域をこえて拡がる人々のコミュニケーションの多様なネットが結んで，多様な形態での情報，知識，運動を生み出され，それらが生活や地域の襞にまで入り込むことで人々を動かしたのである．

しかし，地域振興というシンボルもまた人々が生活実感として求めるものであった．権力のシステム論理はそこをつかまえて人々の心に入り込もうとしている．県も住民も基地と開発は別だと考え主張しても，システム論理はそれらを結びつけることによって，基地移設をはかろうとしてきたのであった．その論理は住民投票によって一時的に挫折したものの，国際的なシステム論理である点において，産業廃棄物処理場，ダム建設，原子力発電所反対などのために行なわれる住民投票におけるシステム世界と生活世界の衝突とはレベルの異なる強い力をもって，その意志を押し通そうとしている．市民の会も分裂し，年末の知事選前後から再び基地移設問題が沖縄に重要な選択を迫る問題として登場してくるのである．

4 比嘉名護市長と大田知事

1） 比嘉市長による事前調査の受け入れ

政府，大田知事，比嘉市長，土建業と商工会などの経済界，県内や名護市内の賛否両派の住民の運動など多様な動の流れと力のせめぎあいの中で基地問題は推移してきた．その中で県内に関していえば，さまざまな動きは，知事と市長の判断を引き出すための運動であったともいえる．そこで，この知事と市長の立場の推移の理解は，ヘリ基地問題理解のためのかなめとなる点である．

1997年3月初頭短時間だが比嘉市長にあった．市長は「基地がくるというのは迷惑だ．2015年には帰ってくるのだから静かにしていてくれればよかった」との趣旨を語っていた．2015年とは県の基地返還のためのアクションプログ

ラムによる返還の最終年次である．市長は県の示す2015年にかすかにせよ希望をかけていたようである．市長は事前調査を求められ悩んでいた時であったと思う．そして「元気のよいおばさん達がたくさんいる．彼女たちの話を聞いてやって欲しい」と要望していた．現実には市長は基地の容認を迫られ，そして市長が期待していたおばさんたちの多くは基地反対に動いたのであった．

　市長は，当初基地絶対反対の立場にたち，自ら実行委員長になり，96年7月と11月の2度「名護市域への代替ヘリポート建設反対市民層決起大会」を開いていた．7月の大会決議は，「今回の日米安全保障協議委員会の決定は，『普天間飛行場返還』と引き替えに『有事の際の日米防衛協力の強化』を約束するものであって，決して恒久平和を願う県民の心・意思に沿うものではない」，「市民の生命，財産及び環境を守る立場から，これ以上の基地機能の拡大・強化，さらには固定化につながるようなヘリポート」の建設には市民総ぐるみの運動で断固反対する．また，日米地位協定の見直しと基地の整理・縮小を求め，跡地の平和利用を推進することを，ここに決議する」と述べている．この立場は，少女暴行事件以来一挙に高まった反基地運動の盛り上りの中での県内世論の主要な流れに沿うものであった．しかし，「名護市民にとって寝耳に水であり，住民無視もはなはだしい」と名護市としての立場も鮮明にしている．

　11月の大会声明では「政府が中城湾を困難というのであれば，当然北部地域の水域においても困難であることを理解すべきである」と述べている．中城湾地域，嘉手納飛行場など普天間飛行場の移設候補地が浮上してきたが，県の報告書では関係市町村の反対，環境保全，県の開発計画への障害を理由に反対したとされる（前掲「沖縄の米軍基地」参照）．同じ反対をしている名護市にも概当する条件である．それなのに何故名護市だけを候補地にするのかというのは当然の疑問である．しかし，7月は全市民のものといってよい大会であったが，その後利害関係の深い北部建設協議会が条件付賛成の意見を表明，11月には商工会が抜け落ち，参加者も4,100名から2,600人に減っていた．新聞記者や反対運動のメンバーの観測では，市長は第2回大会の前からすでに動揺していたともいわれる．市民大会は市長へのてこ入れ大会でもあったのである．

　ここでは，市長の立場に立って流れを追って見よう．地元の運動団体が残した記録には，11月23日知事「シュワブ沖移設容認発言」という記録がある．

翌年1月8日大田知事は岡本首相補佐官のSACOの日米合意実施への協力要請に対し，「県内移設条件付きでは県民の利害が得られない」と初めて米軍の兵力削減を求めている．同月14日政府は候補地を特定するとともに県に対して名護市説得への協力要請を行なった．しかし，知事はこの問題については「一義的に国の責任で地元と交渉すべき」との意向を表明している．地元からすれば知事の態度は不鮮明だととられざるを得なかったであろう．

　市長は県の指導・協力の下でこの問題に対処したいと念じていたであろう．一小自治体の首長には政府中枢が総力を上げて求めてくるものに対応することは荷の重いものと感じられたのは当然である．市長は事前調査には「原則反対」「県の同席があるなら国の説明には耳を傾ける」という態度をとることになる．21日那覇防衛施設局長の事前調査への協力要請の際の対応はあくまで県とともに歩むという姿勢をとっていた．

　後に4月18日，事前調査受け入れについての記者会見では次のように述べている．「那覇防衛施設局長が，名護市長に対し，事前調査の協力要請をした時にも，原則反対，県の同席を求めるという市の考え方を示し，協力の申し入れを拒否いたしました．しかし，県は，『一義的には政府と市の関係』とし，この問題に関与する立場にないとの考いを示しました．言うなれば，県の指導・協力が得られないまま，孤立無援の中での選択を迫られるものでありました」．さらに局長との会談の後，同日付けで，「北部は基地の掃きだめ」ではないことを強調しつつ，基地問題への県の全体方針を確認する質問状を出している（『沖縄タイムス』1月21日朝刊）．また，「名護市の基本的考え方」を表明している．SACOの合意が県参加の作業委員会で協議されたものであること，移設が県の国際都市構想に不可欠の事案なら「国と県が共通」の状況認識の下に市に説明を行うべきであるとするものであるとする．しかし大田知事は27日「基地問題の対応には地域差」があり，「県が主導する立場にはない」と国と市の交渉を見守る立場を強調していた．

　その後，国と県や市との水面下での交渉が行なわれたであろう．県は地域振興と基地は別問題と姿勢を崩していない．しかし，知事は普天間基地の移設を政府に迫り，条件つき移設を引き出した際に，「一定評価」の表明もしてきびしい批判も受けていた．知事はオール・オア・ナッシングではないとも語ってい

た．国は基地問題と沖縄振興策は別だとして，基地問題，振興に関する国会決議や閣議決定を繰りかえしていたが，現実には両者はひとつのものであることははっきりしていた．

　名護市長はある意味では，県からは自由裁量のお墨付きをもらったようなものである．住民運動の反対を受けつつも，市長が希求したのは地域振興であった．北部振興策が県によって軽視されているのではないか，中南部の基地移設に県は反対しつつも，名護への移設には反対を明確にしないこともまた，中南部の振興中心の考え方ではないかとの不満もあったであろう．国の提示する地域振興の提案は市長を強く動かしたと思われる．早くも正月の段階で市長，助役は万座ビーチホテルで岡本補佐官と接触しているといわれる（名護常駐の新聞記者による）．

　名護市は財政的に多難な問題をかかえていた．市長は自らが多くの反対を押し切って建設した名桜大学とネオ・パークを一本立ちさせたいという思い入れをもらしたことがあるといわれる（新聞記者）．とくに，名桜大学の起債は29.1億円であり，その本格的償還は1997年より始まる．さらに，市長が名護総合計画の最重点施策として構想し，87年第三セクタの会社を作って発足した名護湾ウォーターフロント三共開発計画の危機的な状況があった．名護湾の20haを埋め立てる総事業費500億円をこえる大プロジェクトであるが，バブル崩壊によって計画は頓挫して休眠状態になり，債務超過で会社財産すべてを売却しても借金を返せない状況に陥っていた（99年岸本新市長によって会社解散）．国の振興策は渡りに船でもあったと思われる．実際，97年1月26日の新聞は「北部東海岸に1,000億円の公共事業」とさえ報道していたのであった．

　市長は受け入れの準備のための地元説明会の開催を各地で継続しつつ，一方で国と「調査は建設を決定するものではない」との覚え書きを交換する（4月9日）．4月10日，知事は事前調査に関して「名護市の判断結果を尊重」と調査を容認する．そして，18日，基地「建設に対しては原則反対」としながら，首相が公式の場で行なった「地元の理解を得ないまま，頭越しに決定することはしない」との発言に期待しつつ市長は事前調査受け入れを容認することになるのである．

2) 大田県知事闘いの経過

　大田知事は，戦後50年，日本復帰25年の節目の年を迎えて盛り上がった基地に反対する県民世論，符丁を合わせるように勃発した米兵による少女暴行事件への県民の怒りを背景にして，世界システムの軍事的中枢をなすアメリカ政府とそれを支える日本政府に対して壮烈な戦いを挑んだ．そして，県民世論に期待しつつ，知事は基地移設反対を表明したのだったがシステム論理に追い詰められ，さらに県民の過半数の支持を失い政治の表面舞台から退場せざるを得なくなった．この大田知事の普天間基地移設反対表明にいたる過程を総括的にふりかえっておきたい．

　1995年2月，米国防省は「東アジア戦略報告」を提出した．そこには，世界的緊張緩和にもかかわらず，アジア，太平洋地域で戦力保持，沖縄米軍基地の存続が明記されている．こうした戦略をふまえ，日米安保の見直し協議がはじまり，11月にはクリントン大統領が訪日，安保再定義による新しい日米の協力体制が世界に宣言される予定になっていた．

　沖縄の基地使用契約も翌年あるい翌々年には切れ，新しい契約の手続きが3月から開始された．こうした情勢の下で沖縄では，基地反対運動の大きなうねりが生じてきていたのであった．5月の17,000人の人間の輪による普天間基地包囲，「県民の平和とくらしを守る県民総決起大会」などが続いていた．折しも9月4日少女暴行事件が発生した．事件は県民感情の強烈な怒りを引き起こし，日米地位協定の差別性，基地のもつ問題性を県民に訴え，10月21日には復帰後最大の85,000人に及ぶ県民抗議集会が開催されるにいたった．

　クリントン大統領の来日と日米安保再定義の協議を進める日米両国政府は，沖縄の怒りの世論と知事の積極的行動に震撼させられた．米政府はひたすらあやまり，日本政府は対応に苦慮した．基地問題についての協議のための新協議会の設置（SACO），地域振興のための沖縄政策協議会などの設置が急遽設置されることになった．大統領の訪日は延期された．

　知事はこれまでも基地問題解決に努力し，5月には県の重要3事案那覇軍港，読谷飛行場，県道越え実弾射撃演習移設の合意を日米政府からとりつけてい

た．知事は新たに行動を開始した．知事がとった重要な行動は，① 基地強制使用のための署名代行拒否，② 地位協定見直し，③ 基地の整理縮小問題の解決であった．

　これら3つの闘いのうち，代行署名の拒否に対しては，最高裁での敗訴，代行署名受諾，米軍用地特別措置法の再度の改正で国の直轄事務とされ，自治体から権限を奪われた．地位協定に関しては，11月1日の日米政府間で米軍兵力維持，日米安保体制維持を確認しつつ，見直しを行なわず運用面の改善が約束されただけであった．危機的状況の中でも安保を至上とする日米政府の姿勢と，地位協定に関しての日本政府の弱腰が見えてくる．

　95年11月28日知事は沖縄基地問題協議会で市街地にあって危険であるとともに，検討中の国際都市形成構想の核となる地域に位置する普天間飛行場の返還要求を提出した．沖縄世論は激昂していた．県は96年1月30日には基地返還アクション・プログラムを正式提示した．基地の整理縮小で具体策が出されなければ安保体制の根幹にも影響しかねないとの危機感が日米両政府の間に拡がった．日米の協議が重ねられ，4月12日の普天間基地返還が発表された．15日のSACO中間報告による基地一部返還の目玉として大きく宣伝された．基地返還はいずれも県内移設条件付きであった．直後には，この「成果」をふまえてクリントン大統領が訪日，17日，安保再定義による「日米安保宣言」が出された．

　この段階から知事は難しい局面に入ることになる．

第5章　稲嶺県政と基地問題

1　参議院選挙と市議会選挙

　太田知事の海上ヘリ基地反対声明の後，国と県の間は完全な冷却状態に陥った．橋本首相と大田知事は18回にも及ぶ会合を重ね蜜月状態だったが，大田知事の重ねての要請にもかかわらず，首相は合おうとはしなかった．基地問題についての話し合いだけではなく，沖縄の振興のために作られた沖縄政策協議会でさえ1度も開かれていないのである．基地問題は暗礁に乗り上げ，普天間移転のみならずSACO合意事項を含めて大きな動きはない．そこで，本報告は11月の県知事選挙の時期まで飛ぶことにする．

　ただ，その間に参議院選挙（7月12日）と市議会選挙（9月13日）があったので簡単に触れておきたい．参院選は県知事選挙の前哨戦として自民党が前面に出た選挙だったが，革新共同の社大党委員長島袋宗康氏が，自民党西田候補と自由連合金城候補を破って当選した．しかし，島袋氏と自民党西田氏の票差は僅差で，自由連合の金城氏の票を合わせれば，保守票が上回っていた．名護市では，西田候補10,539，島袋候補9,616，金城候補1,392で，北部全体ではそれぞれ27,137，21,031，3,428と自民党候補が上回っていた．そのほか，いくつかの首長選挙で革新首長の落選が続いた．不況が続く中で（9月の沖縄の失業率は8.7％と本土の2倍），前回選挙で60％をこす得票をして圧勝した大田知事を支える基盤が少しずつ，変化してきていたのである．

　名護市議選でも基地問題は大きな争点にならなかった．地縁，血縁選挙は相変わらずだった．結果は，市長与党派18対野党12で勢力図は選挙前と同じになった．しかし，反対協代表でその顔だった宮城康博氏は中位で当選した．宮城を落とすわけにはいかないと革新系を含め多くの人が支持した．新人が10人当選したのもちょっとした変化だった．社大党は1人落選し1人当選（前議員の後継者が無所属で当選），共産党と社民党とは2人から1人に，公明党は1か

ら2になった．共産党の1人は，かろうじて最下位にすべりこみ当選だった．現地での反対運動の火付け役であり，6カ所に闘争本部をもって市民投票に努力した共産党の勢力縮小には驚かされる．選挙前同党の前議員が，福祉施設建設にあたって不自然な動きを示したとして，本人は辞表提出，党は除名措置をとった．しかし，彼はトップ当選だった．本人は問題を解決したといい，市民はだまされたのだと了解したようである．もう1つ大きいのは，市民運動で中心的な役割を果たした市民の会が市議選の中で分裂，宮城氏を応援するブリティの会と，比嘉市長の住民意志の無視を訴える原告団に分裂したことである．

　これらの経過は3つのことを考えさせる．① 名護市民投票は，革新と保守の争いではなく，海上基地という特定のイッシューに対して，基地に反対する市民としての原感覚からの反対運動であった．名護の市民の多くは依然として地縁血縁の保守的な社会の中で政治選択をしている．② それだけに基地反対という政治や，システムから自立して公共的な意味の世界を生み出した市民性の成立の意義をより強く受け止めざるを得ない．同時に，そうした市民性が名護社会の新しい伝統として定着潜在し将来への新しい可能性を生み出ものとなるかどうかがこれから問われなければならない．③ 政治がからんだ時，多元的な市民組織はもろさもっているということである．名護市長選でも政党や労組の論理がぶつかり合い，多くの市民組織は選挙に積極的に参画できず，市民代表としての候補を擁立することも応援することはできなかった．

2　県知事選挙と基地問題

　8月15日稲嶺恵一氏が経済団体の要請を受けて県知事選挙に出馬を表明した．同氏は慶応大学出身，（株）りゅうせき代表取締役会長，りゅうせきネットワーク議長，県経営者協会特別顧問である．3年前の県民総決起大会では大田知事と同じ壇上にたって基地の整理・縮小を訴えたという．

　9月21日稲嶺氏は政策発表を行なった．基地に関しては，「海上ヘリ基地見直し，県民の財産となる陸上新空港建設，一定期間に限定した軍民共用」を提案している．会見では，最長15年，北部に移設の可能性が高いとも述べてい

た．つまり，北部に15年を限定して軍民共用の陸上空港を作るというのである．大田氏のハワイ，グアム，日本本土移設とする「県外移設案」と対立する．

　稲嶺氏は基地の整理縮小を求めながらも日米安保条約を「不可欠」と是認し，県内移設を一時的に認め，「政府との協調と経済振興」を訴えた．沖縄の9月の失業率は本土の2倍9.7％に達していた．これを政府との関係を基地問題で悪化させた大田知事の失政によるとして「県政不況」だと批判した．

　政府は稲嶺知事を側面から応援した．野中官房長官や小淵首相は選挙前に，県内移設を前提するなら，海上基地にこだわらないとか，見直しをするとかのアドバルーンをあげたのである．

　選挙戦にあたっては，徹底して県民党の立場を貫こうとした．稲嶺候補を応援したのは自民，新進沖縄，スポーツ平和だが，政党が表に出ることは避け，閣僚の来県も断った．名護住民投票や，参議院選挙で政府，自民党が表面に出て反発を買ったこと，名護市長選やいくつかの首長選で住民党が勝利した経験から学んでいるのである．地方では，地方議員がはりつく地域密着型選挙を行ない，全体の動向を左右する都市部でとくに，革新票の多い那覇を中心にプロの専門家を入れて映像，イベント，歌と踊り，キャッチフレーズによる宣伝，パンフの配布など都市型選挙を併用してムードを盛り上げた．これはベトナム戦争さえ知らず，戦争経験がなく，不況の波を就職不安などで集中的に蒙っており，ムードに弱い都市の若者に影響力が大きかったといわれる．名護の市民投票でも若者は地域振興に揺れるものが多かった．稲嶺知事を支援する県民の会には73企業・団体が参加したが，これは参院選の26の3倍近くになる．

　労働組合や政党あるいは過去に当然の大田知事派だった人々の動きも微妙だった．連合沖縄（4.6万人）は大田知事基軸で，各組織に委ねる方針を出したが，事実上自主投票を認めた．そのうちの1つ旧同盟系の県友愛会（7,000人）は稲嶺推薦を決めている．革新・保守の構図では沖縄問題を解決できない，稲嶺氏は中道・中立だというのである．全沖縄註留軍労働組合（302人）も稲嶺支援に回った．選挙後の沖縄タイムス記者座談会によると（11月17日付け），神山操前連合沖縄会長，比屋根清元沖教組委員長も稲嶺陣営についた．大田知事の副知事だった仲井真弘沖縄電力社長は稲嶺後援会長になったし，同じく，

副知事だった尚弘子氏も大田知事を離れた．県庁OBも稲嶺応援が多かったという．

大田選対に参加した政党は社民，社大，共産であった．民主，自由連合は推薦，公明は大田支持基軸に自主投票であったが，終盤公明票はかなり稲嶺氏に流れたという．労組選対には18組合が参加（組合員4万人）したが，主力は自治労県本部，全逓，私鉄，情報労連などの連帯ユニオン会議加盟労組，大田氏を組織内候補とする沖教組，高教組のほか国公労，全駐留などである．女性ネットワークの活発な支援活動が目についたという．

選挙結果は，稲嶺氏が374,833票（52.4％），大田氏が337,369（47.2％）で約3万7千票差での稲嶺氏の勝利だった．4年前大田氏は330,601票（60.3％），対立候補（自民党）が217,769票（39.7％）で圧勝していた．出馬声明後，僅か2カ月半で稲嶺氏は前回の対立候補票を16万票増やしたのだから，地滑り的圧勝だったといってよいだろう．政党，労組の動きが左右したのではなく，無党派市民の多くが稲嶺氏を支持したのである．名護市長選でもそうだったが，直接の政党色を出すことなく，地域党（県民党，市民党）を表に出すことによって，経済と基地問題にかかわる沖縄の危機打開を訴えた作戦も成功の重要な原因であったと思われる．

都市部でも本島内の9市全部で稲嶺氏が勝利した．北部では，稲嶺氏は59％を獲得した．名護市でも稲嶺氏17,166票（56.3％），大田氏13,274票と稲嶺氏の圧勝であった．革新市政が30年続き，親泊康晴那覇市長を選対本部長にすえた大票田那覇市で得票率52.1％，7,600票（稲嶺87,709，大田80,145）差で稲嶺氏が制したのは，選挙を象徴する結果であった．

大田知事は基地のない沖縄，「共生」「平和」「自立」の「沖縄の心」を訴え，沖縄の振興をはかろうとしてきた．しかし，日米政府の沖縄基地の整理縮小策は遅々として進んでいなかった．復帰直後，復帰時の施設面積割合にして15.3％が返還された．しかし，最近においては返還は遅々として進まない．依然として沖縄に75％の基地が集中している．73年に合意された那覇軍港の返還問題は20年以上店ざらしであった．駐留の軍人・軍属・家族数は復帰時の4.2万人から5万人をこえる水準に増加している．本土と内地の所得格差も最近縮小することなく70％で推移している．沖縄問題は，日本国内世論から忘

れられたかのごとく政治の中心争点になることもなかった．

　大田知事は，代理署名の拒否から始まり，少女暴行事件による県民世論の盛り上りを踏み台に，国際的緊張緩和，安保再定義などの政治情勢をつかまえて，日米政府に働きかけ，基地問題の解決を日米両政府に迫るとともに本土と世界に沖縄の現状を訴え続けた．沖縄問題は，1995年から98年にかけての最大級の政治外交問題となった．基地の整理統合，沖縄の地域振興のために数々の方策がとられることになった．98年2月の海上ヘリ基地反対声明までは大田知事は成功したといってよい．知事は協議を重ねた政府や首相と県民の世論との板挟みの中で，基地問題と地域振興の双方を解決しようと努力した．最終的には，県民を代表する立場から政府の言いなりにはなれないとしたのである．しかし，政府はその後，大田知事と沖縄を徹底的に無視していった．SACO合意の基地の整理縮小案の大部分は2年近く暗礁に乗り上げたままになった．政府と県が経済振興策を話し合うために新設された「沖縄政策協議会」も中断したままであった．

　1995年以来沖縄は基地をめぐり興奮と熱狂の中にあった．その盛り上にもかかわらず，何も解決していない．基地の整理縮小も進まず，失業率本土の2倍以上というフレーズで過剰に宣伝される経済不況からの脱却の見通しはたたない．大田知事の政策は次第に理念の1人歩きの様相を示すことになる．県民は長い緊張の時代に疲れたのであろうか．大田氏離れが進行していった．沖縄の地域主義は本土政府や本土政党に対しては容易に妥協しない批判姿勢をもっている．そこへ登場した稲嶺候補は県民党を名乗ってそうした抵抗批判を回避しながら主張した．基地の整理縮小を求めるとしながらも，政府と協調しての経済振興という現実路線の提起である．精神疲労の状態にあった県民の相当部分が，稲嶺支持へと動いていった．大田知事賛成派の中にも，大田知事批判が強まっていた．名護市での見聞でいえば，知事が早い時期に海上ヘリ基地反対を表明していれば，名護市民の間にこれほどの亀裂はなかったと，大田知事の優柔不断が非難されることも多かった．知事は板挟みの苦況の中で悩み続けたのだが政治の世界では，そうした人間的悩み，あるいは民主主義理念に基づく悩みをこえて冷酷な判断が行なわれるのである．

　選挙の結果に対して「初めて沖縄県民が新基地の建設を容認したことを意味

する」(『毎日新聞』社説)という評価がある．確かに銃剣とブルドーザーによって基地建設が行なわれたのが沖縄の基地であった．しかし，この結果を「即，基地の県内移設が認められたと受け取るのは，ご都合主義にすぎる」という朝日新聞の社説の方が正鵠を射ていると思われる．政治的経済的しめつけによって沖縄を追込み，稲嶺候補をして不況は，基地の県外移設にこだわり，政府との関係を悪化せたことがもたらした県政不況だと言わしめ，それを県民の中に浸透させていった状況を政府は作り出た．過去においても直接銃剣とブルドーザーによる強制だけではなく，どうせ基地を拒否できないのなら，地域振興を条件にとキャンプ・シュワブ基地誘致に動いた旧久志村の例もあるのである．基地か地域振興かと本来別個のイッシューを1つのものにして選択を迫るシステム論理は基地強制の論理にほかならない．県民世論は圧倒的に基地の整理・縮小を望んでいるのである．稲嶺新知事もこの県民世論を重視している．毎日新聞も知事選の表の争点が「普天間代替基地」とすれば裏の争点は「不況」だったとしている．稲嶺候補は海上基地反対を表明している．とすれば，不況＝経済問題が稲嶺候補に投票した人々にとっては表の争点として映ったといわざるを得ない．

3　普天間基地の移設問題

【1998年】

　稲嶺新知事の登場とともに基地問題と地域振興問題は急速に動き出した．基地問題で重要なのは普天間基地移設に加え，那覇軍港と読谷飛行場の移設問題である．まず，普天間基地移設問題の流れから見よう．

　稲嶺新知事の当選の翌日には，早くも『沖縄タイムス』は，政府は普天間基地移設先の用地選定に入ったと報道している．キャンプ・シュワブ，東村高江区，宜野座村などが候補地として浮上しているとするのである．

　名護市は依然として候補地である．岸本市長は16日「こちらから手をあげることはないが，適地とされるなら，話は聞かなければならないと思う」と述べた．しかし，同日の定例議会では，「市民の生活を脅かすような施設は受け

入れ難い」としている．18日議会では，さらに，「県内では軍用であれ，民用であれ，空港建設が自然環境に影響を与えるのは明白だ．陸上建設，しかも軍民共用空港は住民生活への影響がかなり大きい」と稲嶺知事との距離を表明する．しかし，「知事の判断に従う」「県の頭越しに政府と手を結ぶことはない」と比嘉市政との距離も表明した．

政府では野中官房長官が，稲嶺氏の基地問題への対応策に対して，「期限をつけるのは困難」だとするが，海上へリ基地反対については「米政府とも協議する」と述べてきびしさと柔軟性の両面を強調した．稲嶺氏は「軍民空港よりまず経済問題だ」として，地域振興策を重点にするとしている．政府にとって基地問題はより重要である．11月20日には首相とクリントン大統領の会談で，SACO合意の実施上の協力が確認される．首相は過去の失敗を繰り返さないように「稲嶺県政の判断を待つ」，普天間移設については圧力をかけないとしながら，沖縄振興策を打ち出すことによって，知事判断が有利に行なわれるようサポートを繰り返す．

12月11日中断されていた沖縄政策協議会が知事を迎え全閣僚出席の下に再開された．その際首相は使途を定めない沖縄振興特別対策費100億円を提示，知事は当面の具体的な沖縄振興のための措置のほか，「沖縄経済振興21世紀プラン」の策定を要望するとともに，那覇軍港の県内移設に柔軟な姿勢を初めて「正式」表明した．

政府は財政難の下でも11月末の補正予算で，沖縄の公共事業の沖縄シェアを全国をはるかに上回る水準で追加した．名護市にも北部振興策にある名護人材交流センター，マルチメディア館などを予算化した．12月末の翌年度大蔵予算原案では，沖縄開発庁の予算は前年度比4％増で政府の公共事業費に占める割合でも83年以来の高さになった．さらに進んで北部振興予算を提示したが，名護では自然動植物公園予算が内示された．軍用地料も3.5％増と高い伸びとなった．那覇軍港の浦添移設2,800万円の調査費もついた．

稲嶺知事は12月16日の定例議会で，大田県政との違いを表明する．「海兵隊削減や基地の国外，県外移設は現実的ではない」，「日米両政府に使用期限の設定」の要求，地域限定型の自由貿易地域構想（大田知事は全県的），基地返還アクションプログラムの見直しがいわれる．国際都市形成構想についても産業振

興策として不十分だと見直しを示唆した．また，海上基地反対については正式に政府に申し入れたいとも述べた．

　12月22日ジョン・ホール在日米軍司令官らが知事を異例の表敬訪問したが，知事は米の求める中断したままの県，那覇防衛施設局，在沖米軍三者連絡協議に前向きの姿勢を示すとともに，県民感情への理解を求めた．さらに普天間移設のためのプロジェクトチームの設置，調査費のついた那覇軍港の浦添移設問題に意欲を示した．

　基地反対の声も継続する．ヘリ基地反対協は11月18日ただちに軍民共用基地反対運動を構築する方針と声明を発表，その後，候補地とされた東村の住民の反対，村長の県内移設反対の意志表明も行なわれる．12月21日，市民投票1周年の反対協の総会が開かれ，組織の再編，諸組織との連携強化が方針化される．同日，北部地域の女性団体14を組織して「新たな基地はいらない，やんばる女性ネットの会」が発足する．

　そして，12月22日『沖縄タイムス』によると，沖縄商工会議所が中部東海岸の勝連町の与勝半島沖を埋め立てての基地建設の構想を決定し，具志川，与那城，勝連の3市町の商工会と4者協議会の発足を打診したと報道される．民間航空機メンテナンス飛行場を建設，那覇軍港，牧港補給基地の誘致も視野に入れて，県ならびに中部地域の活性化をはかり，その一角に代替基地をおこうとするものである．県財界の中枢部の動きと見られるが，地元商工会は難色を示している．

【1999年】

　自自連立内閣の沖縄開発庁長官（兼務）に就任した野中官房長官は，基地問題と振興策を「一体的に進めていく」との考えを示し移設の環境作りに踏み込んだ．防衛庁長官の「海上基地が最良の選択」，知事の米政府高官との会談での県内移設を基本とするSACO合意の実施の基本姿勢表明などが続く．しかし，1月28日フォーリー米大使は軍民共用基地が米軍の作戦上必要な条件を満たす提案なら，検討する用意があると述べたが，知事のいう15年間の期限には懸念を表明する．1月29日，沖縄政策協議会が開催，知事は那覇軍港施設の浦添移設受け入れを表明，政府は「沖縄経済振興21世紀プラン」の策定などを約束した．

2月16日知事は99年度県政運営「所信表明」を行なうが，そこには大田県政の施策の中心をなしていた「国際都市形成構想」の言葉はなく，「国際都市沖縄にふさわしい」，「国際交流拠点の整備」などが語られるにとどまった．24日，議会で，候補地については「複数案を幅広く弾力的に検討する」，公約の海上基地反対，軍民共用案の正式の申し入れはしていないが，官房長官，防衛庁長官と話したので先方は十分承知していると答弁した．県政は急速に大田色を払拭してゆくのである．

2月26日，総理大臣の照屋寛徳参院議員への普天間基地移設に関する答弁書が出された．① 海上基地案は最良の選択肢と判断されたものであり，② これの見直しのために米政府との交渉は考えはない，③ 今後は知事の意見をふまえて解決に取り組む，④ 使用期限明示はできないという趣旨のものであった．基地移設に弾力的対応などいろいろな発言が相次いだが，政府の公式見解では名護の海上ヘリ基地は依然として第1候補なのである．

県は那覇3月1日，普天間飛行場，那覇港湾施設返却問題対策室を発足させ，問題解決への姿勢を示す．こうした情勢の中で，基地誘致運動が新たな勢いを得てくる．3月4日，中部地区で唯一橋でつながらない離島勝連町の津堅島で，「津堅の未来を考える会」は島東海岸埋立てによる代替ヘリ基地誘致による架橋建設で産業振興をはかるための総決起集会を開催した．480人の有権者中408人が署名した．名護岸本市長は軍民共用空港について「名護市が適地とされるなら話はきく」と表明した．海上ヘリ基地の候補地辺野古の「活性化促進協議会」は市民投票の後活動停止状態だったが，3月31日，事務所開きをして活動を再開した．会は海上ヘリ基地には反対で，将来地元に残る一部埋立て軍民共用空港建設案を提起している．同じく辺野古，久志，豊原の地元3区の久辺地域振興促進協議会と，新たに結成された「二見以北村おこし研究会」は海上ヘリ基地誘致を県に陳情している．名護市経済界に代わって，地元住民の誘致運動が目立つようになってきているのである．3月29日には「「津堅の未来を考える会の活動を支援する会」が沖縄市商工会議所で開催される．与勝半島沖埋立て案と津堅島案が歩みより，前者は両者を1つの案としてまとめようとするのである．

知事は同日，記者会見で，海上基地案には県民の財産にならないので反対と

述べ，文書化された公約では北部とはいっていないとし，与勝，津堅案も選択範囲に入っていることを示唆している．3月25日防衛庁幹部は，「海上ヘリ基地が最善との方針を崩していない」としつつも「県の提案も重視」してゆくと述べ，前名護市長の「決断は生きている」と述べ，県のイニシアティブに期待を表明した．4月18日キャンベル米国防総省次官補代理は朝日新聞のインタビューに答え，海上ヘリ基地を「最良の選択肢とは考えていない」，軍民共用案にに対しては基地と県民利益への最大配慮と「援護射撃」を送っている．

　基地移設は海上ヘリ案を基本としつつも多様な選択肢をもつものとなってきている．宜野湾市長も公約は県内移設反対であったが，4月12日，「返還問題解決促進アピール」を発表，県内で合意がえられた場合，反対できる立場にないことを示唆した．市議会は23日普天間即時返還の意見書を採択している．

　各地に反対の動きも現われる．3月13日名護ヘリ基地反対協は「もう一度考えよう名護市民投票と基地の県内移設」シンポジュームを開催した．21日，津堅島では「ヘリ基地に反対し，島を守るチキンチュの会」が結成大会を開く．24日，勝連町長は定例議会でヘリ基地反対を再度声明し，4月7日，同町議会は「米軍普天間飛行場返還に伴う代替ヘリポート誘致建設について反対を求める決議」を賛成多数で採択した．沖縄商工会議所案や津堅島案に反対している．名護に代替する基地案も実現は前途多難なのである．24日には命を守る会が組織を再編し，「海上埋め立て，陸上などいかなる条件があろうとヘリ基地反対の声を上げ続ける」などの運動方針を決めた．4月28日には，名護市で「やんばるへの基地移設に反対し，戦争協力法案の廃案を目指す4・28集会」が開かれている．

　3月，4月に生じた県ならびに名護市にかかわる重要問題についてふれておこう．3月25日沖縄振興開発審議会が中城湾新港地区の一部を特別自由貿易地域の設置を答申した．前年4月の沖縄振興開発促進法改正で創設された，情報産業と観光振興地域を含めた3制度中最初のものであり，国内でも初めての制度である．

　3月26日，米軍用地特別措置法の再改定案を含む「地方分権整備法案」が閣議決定された．大田知事が抵抗の武器とした代理署名の権限はこれによって失われることになった．市町村長や県知事の「代理署名」や「公告縦覧」が国の

直轄事務となるほか，新規米軍用地収用・使用に当たって首相の代行採決が新設されたのである．

4月26日安保条約にかかわるガイドライン法案が衆議院特別委員会で可決された．沖縄では有事に民間施設の動員や民間協力を求めるこの法案に対する関心は強かった．政府有力者の沖縄がもっとも大きく関係するという発言さえあったのである．『沖縄タイムス』の世論調査では法案反対55％，賛成26％と圧倒的に反対が多かった．しかし，共同通信社の全国調査では23％と66％で賛成が多く，沖縄と本土のの温度差が示される．沖縄では，4月14日8,000人参加の反対集会をはじめ反対運動が展開している．

名護市関係についても見ておきたい．1月14日，防衛庁長官は比嘉前名護市長に異例の「感謝状」を贈呈している．4月6日名護市議会議員らが副知事に99年に調査費がついた国立工業専門学校早期建設を，4月27日には市議会特別委員会が久志地域への高専設置を政府に要請している．4月15日岸本市長によって名護市リゾート開発の三セクウォーターフロント三共開発株式会社の赤字解散の方針が固められた．24日には名護104センターが豊原地区でオーペレータ100人体制で業務を開始した．基地問題の最中に提起された振興策が実現の方向を歩んでいる．基地が実現した場合と条件をつけた計画がうそではないことを示すための見本的な政府の施策だと見ることもできよう．

4　那覇軍港，読谷飛行場移設問題

県が1990年頃から重要3事案として最重点事項として返還をもとめていた，「那覇港湾施設の移設（返還）」，「読谷補助飛行場の返還」，「県道104号越え実弾砲撃演習の移転（廃止）」の解決については，95年5月11日の日米合同委員会で合意されていた．最後の問題はSACO合意の後本土への移転で解決していた．しかし，残る2施設に関しては，移設先との調整が難航し膠着状態に陥っていた．SACO報告の重要案件でもある．これらが稲嶺知事誕生以降急速に動き出すのである．普天間基地移設が候補地選定をめぐって混迷している時，那覇，読谷とも移設先が受け入れの方向を示すようになってくる．基地より経済

と新知事は言い，普天間移設にはどっしり構えているように見えるが，他の2つは基地と経済が結合することによって，解決の方向が見えようとしてきているのである．

　稲嶺知事が知事選挙の政策発表をした翌日の9月22日，浦添市議会は同市商工会会議所の「浦添市西海岸開発促進のための提言」陳情を20対6で可決した．これによって那覇の港湾施設の浦添移設に市が事実上積極姿勢を示すことになる．ここでも移設反対を公約して当選した宮城健一市長は苦況に陥っていくことになる．

　10月19日，那覇市議会は「那覇軍港の早期移設と港湾機能の一体化による産業振興に関する意見書」を可決した．いずれも移設早期促進で県，那覇・浦添両市の歩調が整ったと報道されている．浦添市では12月22日，「那覇軍港の浦添移設に反対する市民の会」結成大会が開催され，24日反対の基本姿勢堅持を市長に申し入れる．名護反対協新代表新城春樹氏が連帯の挨拶を行なった．同日には「浦添軍港建設反対！　あらゆる基地の建設・強化に反対するネットワーク」が浦添市や議会の動きに抗議表明を行なっている．浦添市議会は，那覇軍港の一部機能移転を盛り込んだ「西海岸開発に関する意見書」の議員提案については時期尚早としてい本会議提案を見送った．

　すでに12月の沖縄政策協議会で那覇軍港移設に柔軟な考えを示していた知事は，1月29日，同協議会で浦添移設受け入れを表明した．3月8日浦添市議会は那覇軍港機能の移設を盛り込む「浦添市西海岸開発促進に関する要請決議」と同「意見書」を採択した．17対7で革新宮城市長の与党が反対した．市長は軍民共用を条件に受け入れの検討を表明した「ハブ空港の実現であり，軍港そのものの移設には反対．あくまで民港が主である」「物資の搬出入などの那覇軍港機能（一部）の移設である」と苦しい表明を行なう．前掲反対市民の会はただちに，3月12日「那覇軍港の浦添移設に反対する市民総決起大会」を開催した（1,100名参加）．名護のヘリ基地対策協，勝連町の「ヘリ基地ちゅくらさんどー与勝の会」も参加した．3月17日には市長は知事に軍港移転はしないことと，西海岸整備，国際都市構想のハブ港構想推進を要望した．那覇軍港の移設は新知事の主導で移設の実現への軌道に乗ったかのように見える．

　中部読谷村は総面積の47％が基地である．そこには5つの基地施設がある．

①　読谷補助飛行場191ha，②　トリイ通信施設198ha，③　瀬名波通信施設61ha，④　楚辺通信所54ha（直径200m，高さ28mの巨大な檻のようなケージ型アンテナがあるため通称「象のオリ」と呼ばれる），⑤　嘉手納弾薬庫施設（村内1,145ha）である．読谷村の基地は村域を分断する形で散在し，村の人口が3.4万人に増加する中で，1997年までに30回の事故が発生している．ここは，憲法村長山内徳信氏（大田県政の最後に県出納長就任）が6期に渡って村長を勤め，基地返還運動も最も強く，復帰時の基地面積率は72％だったから返還実績も最も大きいところである．読谷飛行場は戦時に日本軍によって，戦後返還の約束のもとに強制収用されて建設されたもので，沖縄戦で，最初に読谷沖合に上陸した米軍によって占領され，そのまま補助飛行場として使用されている（詳細は，第Ⅲ部第2章参照）．

　これらの施設の内，SACO報告で返還合意されたのは，読谷補助飛行場と象のオリ―楚辺通信所，瀬名波通信施設である．合意は次のようになっている．

　読谷補助飛行場――パラシュート降下訓練が伊江島補助飛行場に移転され，また，楚辺通信所が移設された後に，2000年度末までを目途に，読谷補助飛行場を返還する．

　楚辺通信所――アンテナ施設及び関連支援施設がキャンプ・ハンセンに移設された後に，2000年度末までを目途に楚辺通信所を返還する．

　瀬名波通信施設――アンテナ施設及び関連支援施設がトリイ通信所に移設された後に，2000年度末までを目途に，瀬名波通信施設（61ha）を返還する．ただし，マイクロ・ウェーブ塔部分（約0.1ha）は，保持される．

　条件となる施設の県内移設の目処がたたなかったが，稲嶺県政になってから，県内移設反対の全県的ムードが変わってきた．SACO交付金を期待するするとともに，代替の経済振興を条件に引き受けに動き始めたのである．

　3月24日伊江村は読谷飛行場のパラシュート訓練受け入れを表明した．3月中に受け入れれば交付金が2年分支払われるのが理由である．伊江村は89年にハリアーパッド（射爆撃場）受け入れ関連事業70億円が実施されたが，98年で打切りになるのである．象のオリの受け入れ先の金武町では地元では賛成反対双方の対立も続いた．98年11月町商工会（355人）理事会は象のオリの町内条件付き移設を進めるよう町当局に要請することを決定している．これに対し，

「象の『オリ』の移設に反対する会」が結成され，99年3月8日には住民投票を要求している．しかし，同29日議会は条件付きで受け入れを求める町商工会提出の陳情を採択した．金武町長は前年以来2度の反対声明を出していたが，議会での「条件付誘致」の陳情採択をふまえ，3月31日「苦渋の選択」として防衛施設局や県に受け入れを表明した．これもまた，SACO交付金が呼び水であった．しかし，隣接して影響を受ける恩納村長は同村の了解のないままの「表明は性急すぎたと」遺憾の意を表明している．

　伊江村，金武町以外でも，北谷町，北中条村が同様の対応をとった．SACO報告では，キャンプ桑江，キャンプ瑞慶覧の米軍住宅地統合の後，各35ha，83haが返還されるとしていたが，この統合を両町村長は，3月29日に受け入れたのである．年度内のかけこみ的受け入れはまさに交付金受け取りを考えたものであり，基地より地域振興を重視する流れが強まっている．

　なお，多くの問題は残っている．国頭村，東村にかかわる沖縄最大面積の基地，北部訓練場の過半（3,987ha）の返還条件である，残余部分からの海への出入確保のための新規土地38haと水域121haの提供，ならびに7カ所のヘリパッド（ヘリコプター着陸帯）の移設問題はなお紛糾している．ヘリ着陸帯の移設先高江区の反対は強く，東村村長も移設先の見直しを求めている．国頭村長も再検討を表明している．日本生態学会や琉球大学は，ヘリパッドには絶滅危惧種生息地帯にあたとする調査報告を発表，前者は予定地見直し要請を出している．

　唯一国頭村の安波訓練場だけが12月22日返還された．土地980ha,水域7,895haが新たに土地38ha，水域120haの提供と交換で返却されたのである．SACO合意による11施設返還の最初の返還である．

　4月16日，米軍は伊江島の天候不良を理由に嘉手納飛行場でのパラシュート訓練実施を通告，発表して実施した．稲嶺知事，嘉手納周辺3市町連絡協議会も抗議した．しかし，政府は例外措置としながらも，米軍の必要性があれば何時でも嘉手納を使うとする姿勢表明に対して，訓練は米軍の権利で断ることはできない述べている．4月19日米海兵隊の大型ヘリが国頭村沖合に墜落するという事故があった．この事故は改めて基地の危険性を知らしめた．県，関連市町村の抗議声明が相次いだ．東村や国頭村では移設計画見直しの村長表明さえ

出されている．

　しかし，最大の問題は普天間基地移設問題である．4月29日，2000年のサミットが沖縄名護部瀬名リゾート地域で開かれることになった．明らかに8候補地の激越な競争の中での沖縄問題を背景にした逆転決定であった．普天間基地問題解決も当然政府の射程に入っていただろうし，サミットまでの基地問題解決のための政府の圧力，さらには米国の圧力も強まるであろう．現に，7月段階でその兆候が急速に顕在化し始めているのである．

　県の頭越しには決定しない，県の意向を尊重すると政府は言い続けてきた．過去の経過から見ると，政府や本土政党が表に出ることはマイナスだった．そこで浦添方式という言葉も聞かれるようになった．経済団体が受け入れ条件を整え，地元自治体を動かし，政府が地域振興と交付金を通して支援する方式は浦添で成功しつつある．しかし，1月17日，野呂田防衛庁長官はいずれ決断を迫ることを示唆していたのである．サミットを期限に普天間基地移設問題は急速に動き始めるであろう．

第6章　振興計画とまちづくり

1　国・県・地域の上位計画

　名護の市民投票に当たって，政府が振興策を振りかざしながら，前面に出て基地移設を進めようとしたことは，市民にとって，権力が基地を押しつけ金で基地を買うような姿勢をとっているように受け止められ，猛烈な反発を食うことになった．

　政府の地域振興策は基地問題が発生し，市民投票が実施されることが決まってから唐突に上からとってつけたように作られるたものであった．多くの名護市民にとっては何を今更という気持ちであったろう．政府の振興策は，上すべりした．基地返還を前提とする沖縄県の振興策や，県の提出する新しい振興枠組みの中で，振興策を位置付けようとする北部地域や名護の振興計画はまだ十分に練れたものではなかった．国の大規模な北部支援策は県や地域の振興計画と整合するものではなかった．

　稲嶺知事が，基地移設容認と経済振興を公約して当選して以来，政府と県は蜜月の関係になる．政府と県の振興策のすり合わせが進んでいく．当初は，金で基地を買う批判を恐れた政府は，基地と振興策は関係ないとしつつ，沖縄振興策を進めていった．稲嶺県政の地域振興策と政府の振興策は次第に整合性をもつものとなっていくのである．やがて，稲嶺県政は，政府の約束する援助の巨額性や制度の改正等に期待し依存することによってのみ実現可能な方向に歩んでいくことになる．沖縄の自主性と政府の連携による振興策が樹立される．県政が抜き差しならない段階に立ち至ると，振興策は基地移設容認を前提とするものであることが政府の側からもはっきりと公言されるようになっていくのである．

　同じことは北部地域や，名護市についても言えることである．名護市は復帰直後大規模模開発を否定し，やんばるの風土の優越性を主張する逆格差論に基

づく総合計画をもっていた．比嘉市長になってから，開発主義的な総合計画が作られ，施策が実施された．市民投票の後，市長になった岸本市長は，かつては逆格差論を主導的立場で指導した人であった．新市長の下で作られた名護市の計画は，基地を前提とせず，自前の努力での人間主義的な等身大の振興策を考えるものであった．

　しかし，市長当選後すぐから，政府は，北部・名護振興のための具体的施策を実施し，名護市を期待させ，姿勢の政府依存性を強めさせていった．とりわけ名護市長が基地移設受け入れを表明して以来，これでもか，これでもかと言わんばかりに施策が打ち出される．市長も基地を受け入れたからにはと，積極的に振興策を政府に要求し始める．市長の姿勢が転換してくるのである．

　以下に県や名護市，北部の計画や振興策を見るのは，こうした推移を見るためである．この第Ⅰ部では，国県の方向付けの変化の特徴的現れを見るにとどめている．具体的な動きは1999年以降の流れを見る第Ⅱ部で見たいと思う．岸本市長下で99年末第3次総合計画が策定されたがこの時期においてさえ計画は，ソフト開発を中心に，地道な下からの積み上げ方式を考えていたのであった．

　1）　第3次沖縄振興開発計画

　国の第3次沖縄振興開発計画（3次振計）は1992年度から2001年度を計画年度として1992年に決定された．

　3次振計は2次振計までの目標であった「本土との格差是正」「自立経済への基盤整備」に加え「広く我が国の経済社会及び文化の発展に寄与する特色ある地域としての整備」という新しい理念が提起され，その具体的方向として「我が国の南の国際交流拠点の形成」を打ち出した．

　95年から沖縄振興開発審議会は「後期展望」の準備を始め，97年3月に策定発表された．県は3次振計をふまえ，後期展望にも備え独自の「国際都市形成構想」を準備しつつあった．それは96年11月に発表され，基地問題が激化する中でその直前に新設された国の「沖縄政策協議会」に提出される．後期展望は「構想の具体化の状況をみながら，引き続き国として必要な支援を行なって

第6章 振興計画とまちづくり

いく必要がある」としながら、同協議会では10のプロジェクトチームを作って、県との間で協議を進めているとしている。ただ、大田前知事が海上ヘリ基地反対を表明した98年2月以降、年末の稲嶺知事の当選まで、同協議会は開催されていない。大田知事と政府の信頼関係が破られたということなのだろうが、知事がどうあろうと県民の生活や願いを無視していいということはないのであり、政府のいう沖縄振興は基地と密接にリンクしているといわざるを得ない。

92年計画は「平和で活力に満ち潤いのある沖縄県の実現」を基本理念とし、「本土との格差是正」、「自立的発展の基礎条件の整備」、「特色ある地域としての整備」、「世界に開かれた個性豊かで文化の薫り高いい地域社会の形成」を目標として策定された。それは、振興開発の基本方向を次のように定めていた。① 自立を目指した特色ある産業の振興．② 地域特性を生かした南の交流拠点の形成．③ 経済社会の進展に対応した社会資本の整備．④ 明日を担う多様な人材の育成と学術・文化の振興．⑤ 良好で住みよい環境の確保と福祉・医療の充実（自然環境と国土の保全及び公害の防止を含む）．⑥ 都市地域の整備と農山漁村、離島・過疎地域の活性化．ここでは既述のように「我国の南の国際交流拠点の形成」が沖縄振興開発の一環としてうち出されたことをもう一度注目しておきたい．

後期計画も理念や目標は同じだが、基本方向に関して差違が出ている．その中で、第1に抽象的総花的計画が具体的になったこと、第2に基地の整理統合を強調していること、第3に県内の圏域別計画を提示していることに注目したい．

第1の具体性についてみよう．① について、総花的な産業振興をこえて、戦略的産業として観光・リゾート産業、情報産業、バイオ関連産業の育成を強調している．② について、沖縄県が進めてきた中国福建州の経済交流協会事務所や東アジア、東南アジアの海外事務所の設置、国際協力事業団を通じての亜熱帯農業に関しての技術指導、留学生の増加などの実態をふまえて交流促進をいっている．③ について、航空、海上交通、情報通信、水資源開発、エネルギー開発と確保が強調される．先島の空港整備、港湾整備、離島架橋、都市モノレール、ダム建設など進行または計画中の事業をふまえている．④ につ

いては名護市における三セク方式での名桜大学の設置, 琉球大学の研究の発展をふまえている.

　第2の基地の整理統合に関しての認識については, 3次振計策定後の社会経済情勢の変化として取り上げている. あげられる変化は次の6点だが特に基地問題と振興策の関係への認識の深まりに注目したい. ① 地球時代（グローバリゼーションの進展）, ② 環境への認識の高まり, ③ 高齢化時代, ④ 高度情報化時代, ⑤ 防災への認識の高まり, ⑥ 米軍施設・区域の整理・統合・縮小と沖縄振興策の検討. ここで基地反対運動の高まりの中で設置された日米政府による「沖縄に関する特別行動委員会」（[SACO]）における基地の整理・統合協議,「沖縄政策協議会」の設置,「沖縄米軍基地所在市町村に関する懇談会（通称「島田懇談会」）の提言をふまえて, 議論している. 初期計画には簡単にふれられているだけであった基地問題の処理が沖縄振興にとっての最も重要な留意事項として登場してくるのである.

　さらに, 後半の「施策展開の基本方向と留意事項」として, 次の6点をあげる. ① 特色ある産業の育成. ② 特色ある南の交流拠点の形成. ③ 自立的発展をささえる社会資本の整備. ④ 環境への配慮. ⑤ 離島・圏域の整備. ⑥ 米軍施設・区域の整理・統合・縮小と返還跡地の有効利用. ここでも基地の整理統合が再強調されているのである. 1995年以来の沖縄での基地反対運動の盛り上がりによって, 沖縄振興策がはっきりと基地問題の解決とリンクしたものとして, 前面に押し出されることになったのである.

　第3に圏域別構想で, 北部や名護市に関して強調されるのは次の点である. 北部では, ① 農林水産業の振興, ② 国際的規模の観光リゾート地の整備, 交通・情報通信体系や生活環境の整備, ③ 国土保全と自然を生かした広域生活圏の形成をはかる. 北部の中心名護では, ① 人材育成などの都市機能の強化. ② 周辺との連携強化を通しての地方拠点都市地域としての整備を進める. 北部圏域全体として豊かな自然が残っていること, 世界的に貴重な野生生物が生息していることをふまえ, 自然環境の保全と豊かな自然条件の活用を考えている. 国の振興計画は県や地域・自治体の計画に影響を与えると同時に県計画や施策が国の計画に具体的内容を与える. 県と地域・自治体の間にもそうした相互関係がある. 以下では, 県と北部地域, 名護の計画を見よう.

2) 自然交響都市圏の創造（北部地方拠点都市計画）

1993年国の施策による県内唯一の地方拠点都市として，沖縄県は名護市を選定した．この選択には中南部に比し開発の遅れた北部への政治配慮が働いていたことはいうまでもないことである．

北部市町村の広域市町村圏事務組合は翌年北部地方拠点都市地域基本計画（「自然交響都市圏の創造」93～2003年度）を策定した．基本理念は沖縄本島における南部の那覇中心の地域構造を変革し，名護市の北部拠点としての形成によって，「2極構造の実現を目指して」「自然交響都市圏の創造」におくとしている．2極構造の実現ということの中には北部ヤンバル地域の願いが示されていることに注目しておきたい．また，本島地域で開発が遅れたが故に，最も豊かな自然が残されていることをふまえて，「自然との共生」を基本としした構想でもある．北部自然交響都市圏地域基本構想は地域内を3ゾーン，4エリアに区分して市町村の役割分担を明確にする．

さらにこうしたゾーンとエリアに区分された北部拠点都市発展誘導のために5つの拠点地区を設定する．地域圏南部リゾート開発村の恩納村から名護を経て，本武半島の海洋博会場地をもつ本武町に至る西海岸地帯を交通流動の多いミリオン回廊とよびこの回廊上に4つの拠点地区を設定する．実際は名護市を中心としており，3つまでは名護市内におかれる．① シティポート（名護港を中心にする市街地開発），② 学園都市地区（新設の名桜大学の周辺地区），③ 交

ゾーン	エリア（市町村の役割分担）
自然共生ゾーン	① 山の共生エリア（北部の国頭村，大宜味村・東村） ② 島の共生エリア（伊江村，伊是名村，伊平屋村） 自然共生のシンボルゾーンとなる農山漁村地域で，農林水業や伝統工芸の振興とレクリエーションエリアの形成
広域都市拠点ゾーン	（名護市，本部町，今帰仁村） コアシティとしての名護市街地を中心に都市機能と産業集積，住環境の整備，交通通信ネットワークの形成
余暇・交流ゾーン	③ 西海岸レクリエーションエリア（恩納村，名護市の一部） ④ 東海岸交流都市エリア（金武町，宜野座村）

流・リサーチ地区（後に2000年のサミット会場にも決定した，当時県が第三セクターで建設を進めていた部瀬名リゾートの隣接地帯）がそれである．④ 4つ目のエキスポタウン地区は本武町の国営沖縄記念公園海洋博覧会地区である．以上に加えて回廊から外れているが，⑤ 米軍基地の門前町である金武町の市街地区を加えている．

　計画は，拠点地域に関し，重点的に「実施すべき事業」として名護市で21事業，本部町で3事業，金武町で6事業を具体的にあげている．しかし，その他の地区に関しては，重点的に「推進すべき公共事業」を一般論的に論じているだけである．また，この計画は94年に策定された，後述の名護市の新総合計画をふまえており，名護市中心の計画であること，都市中心の計画であることは明らかである．後に海上ヘリ基地候補地となり，県のリゾート重点整備地域としても指定された名護市東海岸の過疎地帯，離島，北部の都市化の遅れた地域についても計画は「具体的」には触れていない．後の政府の「北部振興ならびに移設先及び周辺地域振興策」（2000年8月）にリンクしていく構想である．

3）　国際都市形成構想

　県は「南の国際交流拠点の形成」という3次振計の基本方向の提案をふまえて，県の計画を準備してきたが，おりしも基地反対運動が高揚してきた1996年11月，「国際都市形成構想──21世紀に向けた沖縄のグランドデザイン──」を発表して国に提示した．以後，基地問題の解決と，この構想を軸とした国の沖縄振興策への協力が県からの要求としてつきつけられることになる．翌年5月には「国際都市形成基本計画」を策定している．後に稲嶺知事によって廃棄されるが，大田県政の平和主義の理念と共に作られた振興計画であり，沖縄の基地返還運動と地域振興策のつながりを最もよく理解させるものであり，また，後の稲嶺県政の経済中心の振興策にも影響しているが，それとの対比で，県政の変化が判る記念碑的意義をもつので詳しく紹介しておきたい．

　［構想］

A 基本理念と基本目標
　「平和」，「共生」，「自立」を理念に，沖縄の「自立的発展」をはかるともに「アジア・太平洋地域の平和と持続的発展に寄与する地域の形成」を目指す
B 基本方針──平和交流，技術協力，経済・文化交流
C 施策の方向──① 南北交流の拠点形成，② 環境共生モデル地域の形成，③ 21世紀にふさわしい新しい産業の創出と振興，魅力あるリゾート地の形成，④ 質の高い，潤いに満ちた生活環境の形成，⑤ 人材の育成，⑥ 地域における国際化の推進

［計画］
A 沖縄基本政策の新しい方向性──① 脱・軍事都市／平和外交都市沖縄の構築，② 南の国際交流拠点の形成，③ 基地返還の促進と沖縄県土の再編，④ 沖縄経済の産業振興の推進
B 開発整備の理念と目標
　a 県土構造の特性と課題　① 我が国唯一の「島しょ県」，② 県土の11％を占める米軍基地の存在，③ 貴重な亜熱帯自然環境，歴史的・文化的環境
　b 県土構造再編の理念と目標　①「国際的自立ネットワーク型」県土構造の構築」（那覇1極集中から圏域ごとの自立した連携），② 米軍基地の段階的縮小と県土構造の再編，③ 沖縄固有の資源と共生しうる開発手法の確立
C 圏域ごとの開発整備の理念と目標
　a 中南部圏　① 国際都市形成の中核を担う「アジアのネットワーク・コア」の形成，② 沖縄の経済的自立を支えるべき「新産業集積圏」の形成，③「平和理念の発信拠点，④ 基地跡地の利転用と都市構造の改善，⑤ 離島地域の振興
　b 北部圏　①「国際自然交響都市圏」の形成，② 名護市を中心とする自立的な産業基盤の形成
　c 宮古圏　基盤の形成　① 魅力ある生活文化と島しょ技術を生かした自立的島しょ圏の形成→「エコアイランド」の形成，② 島しょ型開発モデルの形成
　d 八重山圏　① 環境保全型島しょリゾート地域の形成→「ネイチャーアイランド」の形成，② 近隣諸国との相互交流促進に向けた新しい国際交流圏の形成
D 開発整備の基本方向

a　中南部圏　① 国際都市OKINAWAを実現するための8つの拠点形成，② 新産業創出ゾーン（西海岸ベースポート地区）の形成，③ 新都市核（普天間・瑞慶覧国際平和交流都市）の形成と拠点都市の再編，④ 骨格的自然環境軸，歴史・文化・生活軸の形成
    b　北部圏　① 名護市の拠点機能の充実とネットワーク型都市圏の形成，② 国際都市OKINAWAの実現を担う3つの拠点形成
    c　宮古圏　略
    d　八重山圏　略
  E　国際都市形成における12の拠点設定
　　北部圏に関係するのは次の3つの拠点である．
    ①　自然環境保全・技術研究拠点（国頭村，東村，大宜味村，名護市，宜野座村，金武町，恩納村）――環境調和型システムの構築
    ②　自然交響都市拠点（名護市，本部町，今帰仁村）――北部の中核拠点形成
    ③　リゾート拠点は8つあるが，北部では，伊江島・本部リゾート拠点（本部町，今帰仁村，伊江村），サンセットリゾート拠点（名護市西海岸，恩納村），サンライズリゾート拠点（名護市東海岸，金武町，宜野座村）
　　北部圏についての構想は，先に北部の市町村で作られた自然交響都市圏構想（北部地方拠点都市計画）と内容はほぼ照応すると考えてよいだろう．
  F　先導整備地区の設定
　　最も戦略的重要度の高い2地区を指定する．両地区の整備は普天間飛行場と那覇軍の移転が不可欠にかかわる．
    a　西海岸ベースポート地区（沖縄経済特別区）の形成，南部糸満市から那覇を経て浦添にいたる西海岸一帯の地区である．那覇空港，那覇港の国際ハブ港としての整備，国際業務地区（那覇新都心地区と周辺），国際アーバンリゾートの整備（那覇港～那覇軍港跡地）など．長期的には嘉手納・中城湾港新港地区との連携を深め西海岸産業振興軸を形成する．
　　　この地区の計画の形成には，那覇軍港の移転がキーであり，海上ヘリ基地問題に続いて那覇軍港の浦添港移転問題が沖縄の基地問題のもうひとつの重要な焦点になっている．
    b　普天間・瑞慶覧国際平和交流都市（新都市）の建設．宜野湾市街地の中央部

にある普天間飛行場とキャンプ瑞慶覧の移転と跡地利用をはかることによっての那覇市，沖縄市とともに中南部圏の都市構造を支える新たな拠点機能を担う新都市を建設する．海上ヘリ基地問題と直接リンクする地区である．① 国際協力・外交特別区の整備（普天間基地中心部＋浦添市東部），② 国際研究学術交流地区の整備（普天間基地南部〜琉球大学），③ 歴史・自然体験テーマパークの整備（普天間基地西部＋中城村・北中城村），④ 国際コンベンション地区の周辺⑤ 国際居住地区の整備（普天間基地北部＋キャンプ瑞慶覧東部），⑥ 自然環境共生型インダストリアルリパーク（マルチメデイア特別区の整備（キャンプ瑞慶覧西部）

　県は1996年1月，2015年までに沖縄の40カ所の全米軍基地の返還を求める基地返還アクションプログラムを作成した．このプログラムは検討されつつあった国際都市構想をにらみながら作られたものであると同時にプログラムをふまえて，国際都市形成構想は作られたものである．
　以上のような国際都市構想とアクションプログラムを前提に太田知事は普天間基地の返還要求を出し，それを日米政府が県内移転を条件に合意したことから，その移転問題が，最終的に移転先候補地となった名護だけではなく，沖縄全体がひっくり返るような大問題となっていったのである．
　いずれにせよ，大田県政の下で，基地問題と沖縄の地域振興問題は最も深いところで，一体の問題としてリンクしていることがはっきりしてきたことを確認しておかなければならない．

2　名護市のまちづくりのコンセプトとその変化

1）　逆格差論からの出発

　1998年2月8日名護市市長選が行なわれた．住民投票において日本政府が進めた市内西部海岸沖合への海上ヘリ基地設置に対する反対票が多数を占めたにもかかわらず，その受け入れを表明した前市長比嘉鉄也氏が退陣した後の選挙

である．候補は同氏の後継者と見做される岸本建男前助役と反対派の押す社民党県議を辞職して立候補した玉城義和氏である．結果は基地賛成派がこぞって推した岸本氏の当選となった．住民投票と市長選は一見反対の結果を示したのである．

　橋本首相をはじめ政府首脳は狂喜した．ところが，岸本新市長は当選直後の記者会見で，「容認派の市長と見られていることに，『誤解だ．（海上基地問題は）終結した』」（『民意と決断』沖縄タイムス社，169ページ），「私自身は基地容認派ではない，普天間返還の最善策は県外への移設だ」（『朝日新聞』2月11日）と，基地建設容認の市長が誕生したという見方を否定した．2月6日，大田県知事は海上基地に反対の意志を表明していたが，その「知事の判断に従う」と述べたのである．

　岸本氏は選挙戦の最中から基地問題は県と国の問題であり，これを凍結し，知事の判断に従うと述べ，もっぱら地域振興をかかげて選挙戦を戦った．これは基地問題を選挙戦の争点からはずす方便だとする観測もあったが岸本氏自身の本音であったと考えることもできる．訴えた政策にも「平和なまちづくり」，県の「平和アクションプログラムに基づく基地の整理・縮小，基地返還に伴う跡地利用計画の促進」があるのである（『沖縄タイムス』1月31日）．

　名護市は1988年度を初年度とし，10年後を目途とする「名護市新総合計画」を，95年にその「後期基本計画」を策定しているが，後者の基本計画の総論でも土地利用計画，国内・国際交流と並ぶ3本の柱の1つとして，「平和なまちづくり」を掲げている．名護市は1982年非核宣言を行ない，保守系市長の下でも平和はまちづくりの基本におかれている．5,676人の戦没者を出した（名護市史編纂室『未来への誓い』市民生活課発行）戦争の被害をきびしく経験した沖縄や名護市的特質をこの「計画書」に見ることができるだろう．市行政の中で立前化しがちな面があるといっても，平和は，沖縄の自治体としては崩せない公の論理なのである．

　岸本新市長は，革新系市長の下で行政マンとしてのスタートを切った人であり，復帰直後の1973年名護市が策定した「名護市総合計画・基本構想」の策定に事務局を担当し中心的な役割を果たした．この計画は沖縄海洋博への過大な期待，経済主義的な工業開発や観光開発による環境・地域資源の破壊や，そ

第6章　振興計画とまちづくり　　　　　　　　　　151

れらを中心とする安易な所得格差論に基づく開発を批判する．自立経済の確立の道を，本土との所得格差是正のためではなく，「本土に対するきびしい批判と失われた"時間と空間"を回復しようとする県民の切実な要求を実現するための具体的手段として語られるもの」と考えている．それは「異民族支配」や「同民族支配」がもたらす「外からの差別と分断を断ち切り，自らの内在的可能性という内発的可能性という内発的条件を整えることによって」バランスのとれた生産経済を確立することに求めようとするものである．本土による沖縄に対する差別と分断の象徴である基地依存経済からの脱却も，経済開発主義的な工業と観光開発によってではなく，農林漁業や地場産業育成によって達成されるべきものとする．

　具体的には次のように主張する「今，多くの農業，漁業（またはこれらが本来可能な）地域の将来にとって必要なことは，経済的格差だけをみることではなく，それをふまえた上で，むしろ地域住民の生命や生活，文化を支えてきた美しい自然，豊かな生産のもつ，都市への逆・格差をはっきりと認識し，それを基本とした豊かな生活を，自立的に建設して行くことではなかろうか．その時はじめて，都市も息を吹き返すことになるであろう．まさに，農林漁業や地場産業の正しい発展は，人類の使命と言うべきであろう」．「正しい農業，漁業生産が保証されている限りにおいて」，「こうした農漁村があってこそはじめて都市の役割も正しく発揮されるものでああることを認識しなければならない．この都市と農村の正しい関係を見ない開発論は，計画者の良心的努力とは裏腹に，相変わらず農村，漁村を破壊する結果になることをはっきりと認識しなければならないだろう」．

　計画の原則は次の4点である．① 自然保護の原則＝美しい自然の保護（平野，山，川，海）生活・生産・生態のバランスの優先．② 生活・生産基盤の確立＝第1次産業の確立を基礎とした地場産業の育成や自力観光の態勢づくり，北部地域の中核都市の役割．③ 住民自治の原則，住民の創意，願望，提案，批判を基本的な用件としての組織づくり，外部大資本の開発計画のチェック．④ 計画に関する基本認識＝自治体における計画とは，現実のあらゆる差別，格差に対する未来への理性的，人間的闘いである．こうした立場から，「現実の必要性に立脚」して，自治体に可能な課題を1つ1つ積み上げる「積み上げ

方式」での施策の実施を考えている.

　計画を流れる基本思想として重要な点は次の点にあるだろう.戦前の同民族支配,戦後の異民族支配から同民族支配への転換にもかかわらず,特殊な地域として差別,分断という歴史の苦難を与えた本土のシステムへの批判をふまえ,沖縄の内発的条件を基礎にしながら,本土の権力と資本のシステム論理に対立する発展の道を探ってゆこうとしているのである.1986年まで4期続いた革新自治体の時代であったこともあって,理想主義的な性格を強くもっている.その後,比嘉市長に交代する中でこうした本土や基地とのきびしい緊張関係をもった計画は現実主義的に転換する.しかし,そこで作成された計画も上述したように「平和」をかかげる点は一貫している.それは沖縄―名護住民の中に根づく平和への願望を反映したものであるということができるだろう.

　当選直後の岸本市長に対しての,私たちの逆格差論に関しての質問に対して,市長は社会経済条件が変わってきており,考え方は当時と同じではない.特に農業の雇用吸収力が減ったと答えた.選挙戦の最中に岸本氏は,基地問題と街の振興を主題とする市長選は別問題だとして,振興策について,街に活力を生み出すために新産業の導入とくにマルチメディア企業の誘致を強調している.同時に農業の立て直し,観光や失業対策の重視,若者が定着できる街づくりを語る.とりわけ花いっぱい運動により「誇り」をもてる美しい街づくり運動を再生したいという点が特徴ある施策である.政策実施手法として,クラスター(ブドウの房)方式により,住民と行政が無数のチャンネルで結びつき意志決定がなされる市行政にしたいという(『沖縄タイムス』2月6日).新産業の導入による活性化が主張されており,過去の逆格差論のもつ理想主義的な哲学はないが,既述のように基地に一定の批判的姿勢をもつとともに,農業や街づくりに対しての見識や,街づくりの手法に関しては,逆格差論と共通する認識をもっていると見ることもできるだろう.

　実際,復帰後の沖縄―名護の社会経済条件の変化は当初からは想像できなかったであろう大きな変化であった.たしかに平和は名護市行政や社会の強力な公共論理となっている.しかし,新しい地域振興策を求める地域住民の生活の声が地方自治の場面の公共議論となっているのも現実なのである.

2) 名護市のまちづくりの諸計画

　名護市は独自に多くのまちづくり計画と作ってきた．それらは，県計画のシステムの中に組入れられ調整を求められることになる．名護市は平成元年新総合計画を作っていた．やんばる地域の中核都市と自らを位置づけその情報源となるべく，中核となるための都市機能の充実をはかることを目標としていた．計画の具体化は県の構想を受けて観光・リゾート開発を重視するものに傾斜してきていると思われる．

　名護市の計画の主なものと関連する県計画や北部圏計画をあげれば次のようなものがある．

1983年　　都市計画用途地域拡大622，0ha（1963年当初決定540ha，75年561haへ拡大）
　87年度　名護市農村総合整備計画（88〜97）
　89年　　名護市新総合計画（88〜97）
　　　　　羽地内海ウォーターフロント開発構想（年度なし）
　91年　　沖縄トロピカルリゾート構想＝北部東海岸地区が重点整備地区
　　　　　名護シティーポート基本計画（基本構想は1989年）
　92年　　第1次土地利用計画
　　　　　沖縄県第3次振興開発計画（92〜2001年度）
　93年　　都市計画用途地域第3回変更（用途地域拡大，705,9ha）
　　　　　沖縄県環境管理計画
　　　　　羽地ダム周辺地域整備計画
　　　　　地方拠点法基づく「沖縄県北部地方拠点都市地域」に指定（自治省）
　94年　　シティーポート実施計画（年度なし）
　　　　　羽地ダム周辺地域整備計画（年度なし）
　　　　　沖縄県環境管理計画（年度なし）
　　　　　県観光振興基本計画
　　　　　名桜大学建設
　　　　　名護市新総合計画，後期基本計画策定（93〜97年）
　　　　　「昭和48年度計画を継承」という．

　　　　　　名護市市街地総合再生産計画（調査中）
　　　　　　名護市地区別整備基本計画による方針目標設定（東海岸，羽地内海，名護湾の3地区）
　　　　　　沖縄県北部地方拠点都市地域基本計画（自然交響都市圏，93～2003年度）
　　　　　　国指定の県内唯一の地域拠点都市として名護市93年度に指定
　　　　　　都市計画第4回変更（用途地域拡大，707.1ha）
　　　　　　名護農業振興地域整備計画
　　95年　　県赤土等流出防止条令（10a以上土地の区画形質変更の届け義務等）
　　96年　　県国際都市形成構想
　　　　　　基地返還アクション・プログラム（素案）
　　　　　　東海岸地区整備計画
　　　　　　都市計画用途地域第5回変更（法改正，面積不変更，708ha）
　　97年　　県国際都市形成基本計画
　　　　　　県ブセナリゾート開発計画
　　98年　　名護市特定商業集積整備基本構想（年度なし）
　　　　　　第2次名護市土地利用計画（年度なし）
　　　　　　都市マスタープラン（年度なし）
　　　　　　地域保健福祉計画（年度なし）
　　　　　　羽地内海地区整備計画

3）名護市総合計画

　名護市でのこれらの諸計画を統合していくのは，1989年の新総合計画とそれを引き継いだ94年の後期基本計画「あけみおのまち・名護」のまちづくり（計画）である．この後北部地方拠点地域基本計画や国際都市構想（計画），基地問題に関連しての島田懇談会の答申や，政府の北部振興策が出される中で，まちづくりのコンセプトや具体的な事業の内容，名護市の地域的位置づけなどにはかなり大きな変化が生じている．まず，総合計画の骨子を見た上で，後に変化の方向を考えて見たい（注：あけみお＝しあわせ＝ニライカナイ）．

1　基本構想

第6章　振興計画とまちづくり

まちづくの目標あるいは基本方向を，次のように考える．
　1　基本原則は豊かな風土性に立脚し，自然と共生しながら発展する．
　2　まちづくりの目標　① 海浜都市の形成——海にひらかれたまちづくり——，② 中核都市の形成——"やんばる"情報源としてのまちづくり——，③ 教育・文化都市実現，④ 地場産業の育成——全国ブランドのまちづくり——，⑤ ネットワークの形成——連結と循環のまちづくり——
2　基本計画——総論
　　　　① 土地利用計画，② 平和なまちづくり，③ 国内・国際交流
3　基本計画——各論
　1．海辺都市の形成（海にひらかれたまちづくり）
　　1－1　ウォーターフロントの整備
　　　　1）　名護湾ウォーターフロント構想（海とのふれあいを求めて）
　　　　　　羽地内海・大浦湾ウォーターフロント構想
　　　　2）　シティポート構想（街と人と自然の出会いを求めて）
　　1－2　リゾート観光の振興
　　　　1）　山原自然園構想（山原の自然とのふれあい空間を求めて）
　　　　2）　伝統工芸村構想（匠のふるさとを求めて）
　2．中核都市の形成（やんばる情報源としてのまちづくり）
　　2－1　快適な居住環境の整備
　　　　1）　住宅地整備——① 住宅・宅地　② 市街地整備（市街地再整備）
　　　　2）　道路整備
　　　　3）　水と緑の環境整備——① 公園・緑地，② 河川・排水路
　　2－2　広域中核機能の整備
　　　　1）　広域中核機能の充実——文化・教育・流通・イベント・観光・施設など都市機能の充実
　3．教育文化都市の実現（表情ゆたかなまちづくり）
　　3－1　文化の振興——① 市民文化の振興，② 文化活動
　　3－2　学校教育の充実
　　3－3　社会教育体育の充実
　　　　① 生涯学習の推進，② スポーツ・レクリエーションの振興

3—4　市民自治の充実
　　　① コミュニティの醸成
4．地場産業の育成（全国ブランドのまちづくり）
　4—1　農業の振興
　4—2　林業の振興
　4—3　水産業の振興
　4—4　工業の振興
　4—5　商業の振興
5．ネットワークの形成（連結と循環のまちづくり）
　5—1　交通・流通体系の整備
　5—2　住みよい環境管理システムの充実
　　　　① 上下水道，② 環境汚染の防止，③ 安全なまちづくり
　5—3　保健医療の充実
　5—4　社会福祉の充実
6．市民参加の推進，コミュニティ，効率的な行財政運営，広域行政

4）　まちづくりのコンセプトの変化（名護市総合計画）

【基本原則】
　北部圏計画は地域圏の将来像を名護市を中心とした「自然交響都市圏の創造」におくとともに，沖縄本島における「2極構造の実現」においている．ヤンバルの中核都市であるだけではなくそれをこえて，沖縄の2極の一方をなす都市として名護を位置づけるのである．そのことによって，名護市は他の農村部と機能分担をすることになる．総合計画では基本原則を風土と自然との共生においていた．しかし，北部圏計画における名護市の位置付けは，広域都市拠点ゾーンとしての都市機能を充実させることと，市西海岸南部でのレクリエーションエリアの整備の2つにポイントをおいている．名護市そのものの自然との共生ではなくヤンバル全体の中で山，島の共生エリアと機能分担した上での都市形成なのである．中核都市の周辺地域に対する都市機能のみが重視され，名護市内における自然との共生に関して語ることがない．もちろん名護市が実

際のまちづくりにおいて自然を軽視してしまうわけではないのだが，基本的なコンセプトの中で脱落していることは気にならざるを得ない．とくに，海上ヘリ基地の候補地となった名護市東海岸地区はどのゾーンにもエリアにも属さず取り残されてしまっている．東海岸の旧久志村地域の住民が疎外感をもつのは当然であろう．このことはヘリ基地反対運動の中で，基地の負担のみを背負い，開発は西海岸だとして久志の住民が反発したところである．国際都市構想では，サンライズリゾート拠点の中に東海岸地区が含まれている．

【基本計画——総論】

　総合計画は総論で土地利用，平和，国内・国際交流について述べる．土地利用については，後にふれる．平和については基地の整理縮小への努力，戦争体験，名護市非核宣言，平和学習について述べている．まさにこの問題がヘリ基地問題で争点になったのであった．国内・国際交流ではハワイのヒロ市や国内の都市との姉妹友好都市提携，職員交換研修，民間での児童交換，観光協会・ホテルの交流などをあげるが，今後，交流拠点となる友好都市交流センターの設置，南米移民や在住外国人との交流を深めるとしている．島田懇談会事業では留学生センターや国際交流会館が計画され，予算化されている．何よりも大きいのは，2000年のサミット会場が名護市に決まったことであろう．しかし，これは余りにも大き過ぎるのであり，名護市でサミットが開かれたということだけにとどまるかもしれない．しかし，国際化はますます名護市まちづくりコンセプトの中で重要なものになることは疑いない．

【基本計画——各論】

　各論で述べられる，① 名護湾開発とリゾート開発を軸とする「海辺都市」の形成，② 中核都市の基盤整備と都市機能の強化，③ 教育文化都市の形成，④ 地場産業の育成，⑤ ネットワークの形成の5つはまちづくりの目標としてあげられたものである．そのほか，⑥ 市民参加とコミュニティ形成，⑦ 効率的行財政運営，⑧ 広域行政，についてもふれている．

(1) **海辺都市の形成**（海にひらかれたまちづくり）

① 　ウォーターフロントの設備

　「海辺都市」の形成は名護市のまちづくりの中心コンセプトである．第1次

総合計画は，逆格差論を根底において，農業や地場産業を育てつつ開発していく「積み重ね方式」を主張していた．新総合計画は，自然との共生を基礎にしつつも，開発型に移行した．それは，「海辺都市の形成」を第1の柱として，ウォーターフロント計画をおいている．その中軸をなすのは，総合計画の冒頭にうたわれた名護湾北部を埋め立て開発する海岸埋め立て計画であった．この埋め立てのため第三セクター名護ウォーターフロント三共開発（株）が市長を社長として発足していたがバブル崩壊で民間業者は撤退し，1999年初頭赤字計上の上解散した．今日の段階で自然破壊をもたらすこの計画自体の意味が問われなければならないであろう．

② シティポート計画

海浜都市計画の第1の柱はウォータフロント計画である．そのうち埋め立て計画は消滅し，シティポート計画が最重要の開発課題となっている．これは名護漁港や水産関連施設を北部漁業の拠点として整備するとともに，漁港空間を海とかかわりのあるテーマパークに見立て，海にかかわる生活，産業・文化・歴史をテーマにした諸施設，交流広場や海と関係の深い施設を中心に設置し，名護中心市街地とシンボルロードで結び，両者の一体化としの整備，「海にひらかれたまちづくり」の交流拠点づくりを行なおうとするものである．これは，北部地方拠点都市地域基本計画の拠点地区形成の基本計画でもある．

すでに，名護市海岸の延長800mを埋め立て26haを造成して，21世紀の森公園が整備されている（1976～2009年）．野球場，ラグビー場，屋内運動場，体育館，陸上競技場，相撲場，テニス・コート，ゲートボール場などの体育施設や野外ステージ，集会場，広場，駐車場，森林公園などを配置した総合公園である．しかし，当初は総合計画とは無関係に進められた事業であった．この埋め立ての成功はさらなる名護湾北部海岸線埋め立て構想を生み出したのだが上述のように失敗した．

③ リゾート観光の推進

総合計画は海辺都市形成の第2の柱としてリゾート観光の推進をあげ，山原自然園構想（山原の自然とのふれあい空間を求めて），伝統工芸村構想（匠のふるさとを求めて）を構想している．前者は名護岳自然生態地区と，羽地大川山と水の歴史地区（羽地ダム建設中），多野岳レクリエーション地区を構想してい

る．後者では市最北端の源河区に数人の工芸家が市外より移住して，小工芸村を作っている．しかし，北部圏構想にはこれらは現われてこない．むしろ，名護市で進んだのは，大型リゾート開発であった．

　1991年国土庁ほか6省庁承認の沖縄トロピカルリゾート構想は，名護市の総合計画の具体的実施を観光・リゾートを軸にするものに変容させる起動力となったものであった．構想は県内10地域を特定地域として指定したが，名護では東海岸地区と恩納村，読谷村，名護市を含む「恩納海岸地区」が重点整備地域として指定された．93年の県の観光振興基本計画は，北部国頭西海岸・羽地内海リゾート振興地域，東海岸，恩納海岸の3つに区分して観光・リゾートの振興をはかろうとする．県は北部リゾート圏におけるリージョナルコアとして名護市を位置づける．

　県のトロピカルリゾート構想は直ちに動きだした．県は，90年から，名護市西南海岸の県有地を中心とする1,100haの広大な地域（開発面積583ha）を「部瀬名地域海浜リゾート」として開発を開始した．開発を担うのは県，名護市，恩納村などが出資した第三セクターであり，97年中心エリアのホテル（401室）が完成オープンした．完成時4,658室コンドミニアム1,630室，36ホールのゴルフコース2，マリーナ300艘，スポーツ・文化施設，ショッピングなどの施設を含む壮大な計画である．ここは2000年の先進国サミットの本会場となる予定である．

　リゾート開発構想を受けながら，国際都市構想は，西海岸地域におけるサンセットリゾート拠点（名護市，恩納村），東海岸地域におけるサンライズリゾート拠点（名護，金武，宜野座村）の開発を打ちだしている．こうした県計画の流れを受けながら，名護市内でも大型開発が行なわれた．東海岸安部，嘉陽区を中心に市有地も提供して，大規模なカヌチャリゾート開発が行なわれ，93年にゴルフ場が次いでホテル建設も行なわれた．

　その他にも多くの開発計画が見られる．89年以降3つのゴルフ場が作られたほか，さらに東海岸地域では，海上ヘリ基地に近い豊原・久志区の私有地買収（ほぼ完了）によるリゾート開発が計画され，二見以北の瀬嵩区にも開発計画があるという．羽地内海に面した屋我地でも海に面した一等地の買収が終わっている．部瀬名リゾートに隣接した喜瀬地域の開発も進行している．

カヌチャリゾートの場合，雇用機会は期待より低かったといわれる．ゴルフ場で100名地元雇用20人，ホテルは専門業者が業務を担当し，パートを含む250人中地元雇用は皿洗いなど雑務的なものが多く30～40人である．

(2) 中核都市の形成（やんばる情報源としてのまちづくり）

ここで強調されるのは，居住環境整備を柱としての，① 居住環境整備，② 市街地再整備，③ 道路整備，④ 水と緑の環境整備と広域中核都市機能の充実である．

これらの課題に関する現状と問題点についてふれておきたい．

ⓐ 国道開設と市街地のスプロール的拡大，中心市街地の衰退

名護南部で高速道路につながる国道新58線は1988年に開通したが，名護湾に沿って市街地を迂回し，名護町の西はずれ郊外の宮里から北東へ市内を縦断して羽地内海に抜け，海岸沿いに北部大宜味村へと連絡する．併せてバイパスもできた．周辺農業地帯の市街地化が進んだ．市内に7つの県営団地（入居1,050戸），17の市営団地（入居607戸）があるが，県営6団地（642戸），市営8団地（193戸）の大部分が，国道開設以降にこの沿線に建設されている．沿線の為又地区には名桜大学が建設された．住宅，借家・下宿，商業施設が増加するとともに，大型スーパーも進出し，新しい市街地が形成されつつあるが，為又地区を中心に，国道周辺はスプロール化，乱開発の様相を呈してきている．

新市街地は，駐車場もない名護中心市街地商店街（名護十字路と近くにあるガジュマルの大木は名護市のシンボルであった）から顧客を奪い，閉鎖された空き店舗を続出させ，その衰退をもたらしている．また，市役所，市民会館・公民館・福祉センター（以上3つは85年建設），県合同庁舎（94年建設），名桜大学などの公共施設の多くが，十字路商店街から離れたところに移転あるいは建設されたことも十字路商店街の衰退を進めている．

問題の中心は，既成市街地の低度利用のままでの市街地のスロール的拡大，公共施設の分散立地，中心市街地の形成の困難化などにある．とりわけ，中心市街地を再開発することが重要な課題となる．名護市は，95年市街地総合再生計画策定調査，96年市街地再開発基本計画策定調査を行ない，また，98年には中心市街地を中心に特定商業集積整備構想（98年3月）を策定してこの課

題を焦点にすえようとしている．98年に策定された，名護市の「都市マスタープラン」は中心市街地への1核集中型の都市づくりを基本に，サブ・コアを配置する土地利用計画を考えている．しかし，計画当事者は1核集中型か多核型かのいずれに動くか「即断し難い」とも述べており，歯切れはよくない．

　政府が海上基地の是非を問う市民投票の直前に提示した名護市中心の北部振興策は，海上基地を受け入れた場合と条件をつけて，シティポート事業，港湾整備，市街地再開発事業，ヘリ基地に隣接する東部の大浦湾公共設備整備事業など，名護市の課題にはいわば何でも応じます方式で，総額1,000億円をこえると思われる巨大事業を約束した．さすがに破綻に瀕している三セクが計画していた名護湾の埋め立ては含まれないが，名護市にとっては晴天の霹靂のことであったろう．名護の総合計画による絵に描いた餅になりかねなかった地域振興策はヘリ基地問題と密接にリンクするものとなることによって，現実の政策舞台に登場することになった．

ⓑ　都市計画上の施策の実際

　57億3,900万円（96年度決算）に及ぶ巨額の土木費支出の内27.7億円の48.2％は都市計画費である．都市計画費総額に対し，土地区画整理事業費が8.5％，街路費27.3％，下水道費15.5％，公園費40.9％，住宅管理建設費25.8％となっている．

　名護市は市街化に対応するため大がかりな土地区画整理を計画実施している．1969年以来，93年までに，6地区38.7ha，が完了している．必要市街地面積（人口密集地区＝DID地区95年18,000人，外縁地区の人口増加を含めて2006年39,000人の予測）825haと見込み，旧市街地に隣接する農業地帯＝西～東北の国道58号線周辺と市街地隣接の東部地域で1989～2002年に事業実施中2地区143.4ha，整備計画策定5地区240haの土地区画整理を計画している（「都市マスタープランによる」）．一部の既整備地区を含めて広大な農業地帯の整備であり，それらは都市計画の住居専用地域や準工業地域に指定されており，農地の減少はさらに急速に進むであろう．全体として見れば，計画に基づいた都市開発というよりは，スプロール化が先に進み，宅地化が進んだところを計画に組み入れたという性格が強い．実際開発の中心為又区内の景観は乱開発そのものである．

なお，都市計画地域に準備された準工業用地は44haであり，工業への期待は相対的には低いといってよい．

総合計画のいう「水と緑の環境整備」ならびに都市マスタープランのいう「緑と水の定住都市」の重点はこれまで，公園整備であった．水に関わる河川費は土木費の1％に過ぎない．名護市には37の公園供用面積31haがある（97年）．うち32は85年以降の供用開始であり，公園整備は急速に進められていることが判る．97年3月の住民基本台帳人口53,799人で割れば，1人当り5.74m^2で国基準の1人当り6m^2に近づいてきている．将来計画としては，52公園を計画，計画決定面積で179haを考えているが，1人当り20m^2を目標として整備するという（前掲「都市マスタープラン」による）．前述の総合公園「21世紀の森公園」が26ha（現在の供用面積17.5ha），広域公園「名護城公園」が計画69ha（同4.8ha）を占めており，両者を除くと計画面積で15.6m^2，1人当り供用面積で，8.6m^2になってしまう．大型の公園だけではなく身近な街区公園や近隣公園の整備が望まれるだろう．

市の60％を占める自然緑地では，沖縄海岸国定公園，鳥獣特別保護地区，自然保護地区などの指定やマングローブ保全事業などが行なわれている．しかし，名護市内の河川，海辺環境の汚染は著しい．開発の遅れた，東海岸でも南部久辺地域では海水浴さえできない．サンゴの死滅，赤土流出，などの対策が望まれている．市中心部の汚染された「幸地川を蘇生させる会」や農村部にありながら県下最大の汚染川だった「源河川にアユを呼び戻す会」などの市民運動があるが，名護市が体系性をもった独自の自然の再生保全計画を作る必要があるだろう．自然との共生を言いながら，かけ声にとどまり，これまでのところ，開発優先で，自然は浸食される一方であったのである．

　ⓒ　広域中核機能の整備

この課題に関しては，総合計画は，基本的に広域的な「結節機能」をもつ教育・文化・観光，医療福祉，レクリエーションなどの公共・民間施設の整備や誘致，流通機能の拡充（地域流通センターの設置など），イベント開催などを考えている．しかし全体としては総花的，抽象的であり，北部圏の中核都市機能とは何かに関する中心コンセプトがないのが総合計画や北部計画などのこれまでの計画だった．そのことは名護市がこれまであれやこれやの開発を進めてき

た特徴のないまちであるということにも基づいている．

(3) **教育・文化都市の形成**

　第3の柱である教育・文化の形成では総合計画は，① 文化振興について施設面で公民館，博物館の充実，将来の美術館建設を，文化活動では，動植物や住宅などの指定文化財や埋蔵文化財，60団体の参加する芸術文化活動，市民会館を拠点とする市段階の文化行事，伝統芸能などについて語っている．沖縄全体と歩調を1つにしているが次々と発行される字誌に対しての支援がある．本土にはほとんど見られない字誌の発行は，市史編纂室の活動とともに特筆されてよい．さらに，② 学校教育，③ 社会教育・体育の充実，スポーツ・レクリエーション振興，市民自治とくにコミュニティの醸成が語られている．

　教育文化面では，総合計画の樹立以降，1994年に発足した名桜大学の位置づけが急速に大きくなってきている．

　94年に建設された名桜大学は，地域の教育・文化（とくに人材育成），情報交流拠点，国際交流拠点として中心的な位置づけを与えられている．北部地方拠点開発構想の中に盛り込まれ，基地問題が激化する中で，政府の緊急対応として発足した基地所在市町村に関する半政府機関の島田懇談会によって重点施策として取り上げられた，人材育成センターとそれに付属の多目的ホール（マルチメディア教室を含む），留学生センター，国際交流会館などが名桜大学中心に計画され，98年には基地関係特別資金として予算化され，建設に入っている．同じくヘリ基地対策の一環として設置が決まったNTTの交換施設は東海岸に設置されるが，基地関係特別費によって建設されるマルチメディア館の中に入り，そこで人材育成をはかりつつ，情報産業の発展の軸になることが期待されている．島田懇談会提案による「ティーム21」の研究会組織としてマルチメディア研究会，スポーツリハビリ研究会も予算化されている．基地対策として東地区に工業高専の設置も政府から提案され設立運動が始まっている．教育研究機関としてはほかに79年に設置された県立農業大学校や農業試験場，北部医師会立看護学校などがある．また部瀬名リゾートを中心に2000年サミットが開催されることも決まった．

　総合計画では強調されなかった人材要請がまちづくりの重要な課題として正

面に据えられるようになった．具体性が乏しかった情報化・国際化への対応も上記の流れやサミットによって入れ物づくりが先行しつつまちづくりのコンセプトとしての期待が高まっているが，具体的な中味があるとはいえないであろう．

名護市には，オリオンビール，沖縄セメントの比較的大きな工場があるが，他は小零細企業が多く地場産業にも特徴はない．市の産業計画の目指すところは製造業にはなく，情報産業の期待も高まっているが，観光・リゾートが中心となっていると考えてよい．

総合計画は，自然との共生，海辺都市，リゾート都市，中核都市を強調していた．その後の変化によって，研究学園都市，国際情報都市，北部圏の「結節都市」（筆者の総括用語）などが強調されるようになる．こうした言葉によって都市の性格と機能がイメージされながら，沖縄本島の2極軸の1極を形成する北部自然交響都市圏における中核都市が構想されるようになってきているように思う．しかし，こうした都市イメージの膨らみは基地対策や大規模開発とかかわりながらもたらされたものであり，名護市の内発性に基づいたものではないということである．その中で名護市が自前で作り出した名桜大学が生み出すものには期待をよせていいだろう．

政府の振興計画は基地受け入れを条件に名護市に，施設の乏しいプール，体育館の建設，総合計画が求めるスポーツレクリーエション施設の整備を約束するとともに，さらに，地元女性たちも正体が判らないという「女性の社会活動を支援する北部コミュニティセンター」の建設も唐突に提案している．後者は明らかに基地反対の志向の強い女性に対しての見え透いた提案であるといっていいだろう．

市民自治の充実，コミュニティの醸成という点での，沖縄や名護市の特質は字＝しまを単位とする行政区の強固な組織化，旧5町村ごとの支所体制である．市内には55の行政区があるが殆どが独立の公民館と専従職員組織をもち，それぞれか，5つの旧町村別の支所単位で連絡組織をもっているのである．

(4) **地場産業の育成**（全国ブランドのまちづくり）

観光，情報，研究学園都市などの声が高まる一方，地場産業の育成は影に引

きこもってしまっているように見える．政府の基地施策で名護漁港の整備があげられてはいる．しかし，もともと名護市には，農業のほか地場産業として見るべきものはなかったのである．そして，その農業が衰退の一途をた辿っているからである．農業農村整備については，後に見る．

(5) **ネットワークの形成**（連結と循環のまちづくり）

中心には交通・流通，上下水道，環境汚染（ゴミ処理，し尿），公害，交通安全，消防防災，防犯のネットワークなどが語られるが，とくに物的なネットワークの整備が強調されている．このネットワークの概念で弱いのは人間のネットワークである．NPO，NGO，ボランティアなどの位置づけをもっと明確化してよいだろう．基地問題をめぐって名護市では実に多様な人間の輪が形成された．それらが政治問題をこえて如何にまちづくりの力に転化するかも考えるべき重要な問題であろう．

岸本新市長はぶどうの房状の市民のネットワークを基礎にしたまちづくりを構想している．伝統的な字のぐるみ的な房を単位とするネットワークによるまちづくりだけでは限界にきている．岸本市長の就任最初の街づくりへの提案は，ハード開発ではなく，かつての逆格差論の発想を生かした，「花の里」まちづくりであり，政府の基地政策とは無関係の市の独自施策として98年より出発した．年間を通して花が彩る亜熱帯都市名護の形成には自前の都市づくりの夢と個性がある．こうした施策にどのように市民のネットワークの力がひきだせるのであろうか．

名護市の保健医療，児童，母子，障害者，高齢者などの福祉についてもネットワーク形成のなかで述べている．しかし，ネットワークの言葉が深められていない．人間の連帯のネットワークであることを明確にすべきだろう．ここでも政府は「デイサービスセンターなどの高齢者向けの社会福祉施設」の整備を約束している．

3 都市づくりの将来ビジョン

　岸本市長誕生後の1998年策定の名護市都市マスタープランは将来ビジョンを観光都市にはっきりとおくものとなっている点で上記新総合計画を一歩踏み出している．第1ステージは「水と緑の定住都市」，第2ステージは「やんばるの中核都市」，第3ステージは「世界に開かれた観光都市」である．施設型開発ではなく「水と緑の定住都市」を最初のキーコンセプトとしてうち出した所にかつて逆格差論を唱えた岸本新市長の姿勢がうかがえる．1998年に出発した，市の自前の事業である花の里まちづくりはそのための第一歩であろうが，サミット都市としてもふさわしい国際都市づくりであろう．第3ステージには「世界に開かれた」を強調していることも総合計画との差違であるといってよい．沖縄の国際都市形成構想の影響を見ることができるが，この段階では予想もしていなかった先進国サミット会場地とされたことにより，名護市は各ステージをこえて国際化を迫られることになるのである．

　この都市マスタープランは，岸本新市長によると2つの特質をもつと述べられている．第1点は市街地，自然，農村全体を対象としての，都市と農村の対比をのりこえた地域を都市の概念の中に包み込んでいること，第2点は，市内の55字を基本に，それを小学校区ごとに17にまとめて住区を構成して都市計画の基本単位とし，住区の代表であるまちづくり委員によって——市民参加による報告書を作成したことだとしている．上から大規模開発を提示するのではなく，また基地移設を前提とした政府の振興策に依存するのでもない，下からの積み上げ方式の計画が強く志向されているのであり，岸本市長の逆格差論以来の姿勢が復活生かされようとしているように見える．

　全体としての市全域の土地利用計画，市街地土地利用計画，道路計画，上下水道や廃棄物処理の供給処理施設計画，市街地整備計画，学園ゾーン整備計画などを提示したあと，住区ごとの地区別計画を作成している．

　上記まちづくり委員会は行政計画に地域住民の意見要望を反映させる1つの手段として導入されたが，各字（＝区）ごとにの区長以下の4人が参加して構

成される．同じく98年に作成された第2次名護市土地利用計画も，都市マスタープランとリンクしつつ，委員会での意見を反映して作成されている．

以上2つのビジョ

表 6-1 土地利用計画による用域別面積の変化

(単位：ha)

	第1次（1992）	第2次（1997）	
生活用域	1,975	2,145	＋170
農業用域	2,816	2,825	＋9
リゾート用域	459	653	＋194
環境保全用域	13,639	13,266	－373
特定用域（軍用地）	2,125	2,125	0

注）「第2次名護市土地利用計画」1998年3月による．

ン，計画は，字や住区ごとの地域問題や行政課題をふまえて作成されたものであり，上からの行政主導によったり，字や住区の個別事案ごとの陳情に政治的に対応す場合の多い従来のあるいは内地に一般的な行政手法に比して，画期的なものとして評価していいだろう．各字の解決問題が公園，住宅地の整備，河川護岸改修，公民館，道路・歩道・街灯・橋梁，葬祭場，墓地，児童館，図書館，観光施設，広場・公園，派出所，農地造成，ペンション，福祉施設，若者センター，水道，水路，農業基盤，キャンプ場，マングローブなど，自然保護，農産物直売所，グランド，養殖施設，アユ養殖や資料館，船付場，松並木復元，体育館，人工ビーチ，プール，住宅地整備，集落排水，緑化道路，農業用ダム，漁港，砂防植栽，野鳥観察場，展望台，ゲートボール場，観光塩田や牧場，道の駅建設など多彩な整備計画をふまえての土地利用計画が行なわれている．

第1次土地利用計画と異なる用途変更には，農村部における宅地の確保，大型リゾート施設の新設，市街地の拡大，主要幹線の沿線利用，その他墓園整備などがあげられている．都市化への対応，とリゾート開発，墓地が3大需要であり，名護墓地を除き名護市の変化の方向が農村最末端にまで及んでいることがうかがえる．

その結果住区ごとに積み上げられた用途面積は，環境保全領域の減少，リゾート用域，生活用域の拡大となっている（表6-1参照）．

4 人口・農業から見た名護市の地域変動

1) 名護市内の地域別変動

　名護市は1970年，旧名護町，屋部村，羽地村，屋我地村，久志村の5町村が合併してできた．沖縄本島の旧国頭郡に属するヤンバルといわれる地域の中心都市である．市域は標高300～400mの多野岳，久志岳によって東西に別れる．太平洋沿いの東部海岸の狭小な平地や台地に，旧久志村の13字が南北に点在している．北部には地域の大部分が山地であるが貴重な自然を残す東村とその西に国頭村が位置するが，両村には，面積だけを見れば沖縄最大の米軍北部演習場が存在している．

　大浦湾南部の3字は久辺地区といわれ，北から辺野古，豊原，久志の3字があり，その後背地の台地上には広大なキャンプ・シュワブ（20,627ha）が拡がっている．辺野古はまた，沖合が海上ヘリ基地の候補地となった字である．大浦湾の西部から北部の字は二見以北10区といわれ，旧久志村の中心瀬嵩区を含むが全体として過疎化が進んでいる．再南部の久志区の南は宜野座村を経て金武町につながるが，西部恩納村や名護市の一部を含めて，この地帯にはキャンプ・ハンセン（51,405ha）がある．基地に取り囲まれた地域なのである．

　久志区のあたりは島のくびれ部にあたり，車道で5～6kmで東支那海に面した西海岸の名護湾の南部に出る．その波静かな名護湾に面して旧名護町がある．町の南にはリゾート開発の進む恩納村がある．名護湾の西北部には本部半島が東支那海に突出し，その先には本部町，今帰仁村がある．この旧名護町から半島にさしかかる位置に名護市の旧屋部村がある．名護市の東北部は旧羽地村を，隣村大宜味村を経て，最北端の国頭村に至る．東羽地地区の海岸と西北本部半島が挟まれた地域に穏やかな羽地内海があるが，内海たる所以は，北地域に屋我地島があり，外海と内海が遮断されているからである．島は羽地地区と架橋で結ばれるが，そこに過疎化の進む旧屋我地村がある．名護市の行政上の特質として，この旧5町村の自立性が強く，それぞれの地域に市役所の支所

をおかざるを得ないこと，また，全体で55の字の自立性が強く大部分が専任職員をもち，市もまた字の行政区である55の区に多額の援助を出して行政の末端組織として利用していることに注意しておきたい．

名護市は市域の大部分を山が占めている．それに，11.1％を占め

表6-2　名護市の土地利用

区分	面積 (km²)	％
農用地	29.08	13.8
宅地	6.99	3.3
山林・原野・雑種地	131.79	62.7
軍用地	23.35	11.1
その他	18.93	9.0
合計	210.14	100.0

注）「市勢要覧資料」1994年による．

る基地を含めれば，市域の75％近くとなる．農用地面積は13.8％に過ぎない．名護市は復帰の年農家人口は総人口の39％，農家数は総世帯数の37.6％を占めていた．1995年にはこの比率はそれぞれ，10.3％，8.7％にまで激減してしまった．狭小な耕地での農業であっただけに，農業の衰退は極めて急速だった．農村に依存していた都市は，いまや名護市の都市機能を中心に周辺地域が依存する都市に生まれ変ってきている（表6-2参照）．

沖縄の日本復帰の年，旧名護町を除いて他の旧4村は農家人口は半ばから3分の2を占めており，旧名護町でも，18.5％であり，名護市は農村地帯に支えられた田舎町，農村町であった．しかし，その後急速に都市化と農業の衰退が進行する．旧名護町は1995年復帰時に比べて人口数は41％増加した．西に隣接する旧屋部村地区はスプロール的に住宅地が拡がり，増加は57％にもなっている．旧名護の北部羽地の人口は横這いではある．しかし，世帯分離や少家族化によって世帯数が増えたこと，農業の衰退で実際は住宅地化と都市化が進んでいる．

1995年には，旧名護町の農家人口は3.7％，そのほかの地域でも20％から30％にまで減少してしまっている．とりわけ，旧名護では，3.7％，屋部では11.8％となり，農村的性格が払底されようとしている．農家数で見ても，3,641戸が1,603戸へと44％にまで減ってしまった．名護市全体世帯に対して，農家率は37.6％だったのが8.7％になってしまった．名護市を除いて，どの地区も農家率は3分の2以上を占めていたのが，すべて20％前後以下になってしまった．急速な農業離脱が進んでいるのである．経営耕地面積も41％にまで減っ

表 6-3 名護市の地区別人口推移

(比は%)

字　名	名護	羽地	久志	屋部	屋我地	二見以北10区
1955年	20,687	13,840	4,697	(名護に含む)		(久志のうち)
70	22,107	8,080	5,660	3,980	3,364	2,677
71	22,762	8,017	5,557	4,004	3,176	2,536
農家人口	4,213	5,567	2,720	2,640	1,820	
対人口比	18.5	69.4	48.9	66.9	57.3	
1975年	25,131	8,214	5,212	4,193	2,855	2,196
88	30,281	8,278	4,664	5,751	2,427	2,117
90	30,546	8,373	4,581	5,959	2,316	
95	31,258	8,827	4,567	6,247	2,209	1,979
(対70年比)	141	109	81	157	66	74
農家人口	1,160	1,961	861	736	754	605
(対人口比)	3.7	22.2	18.9	11.8	34.1	30.6
1997年	31,816	8,800	4,470	6,555	2,158	

注) 1. 1955年は『名護市史』資料篇1，1970～75年は『統計名護』1989年．
　　以後は名護市「中小小売商業活性化ビジョン」1998年による．
　　人口のソースは，住民登録からの集計．
　2. 農家数は農業センサスによる．
　3. 二見以北人口は「とうけい名護」1990年)による．95年は住民登録人口．

表 6-4 地域別農家数推移 (復帰時～1995年)

(率は%)

| | 1971 | | | 1996 | 1995 | |
	世帯数	農家数	農家率	世帯数	農家数	農家率
合　計	9,696	3,641	37.6	18,438	1,603	8.7
名護	5,072	829	16.3	10,623	310	2.9
屋部	876	565	64.5	2,342	215	9.2
屋我地	541	402	74.3	1,083	232	21.4
羽地	1,848	1,250	67.7	2,826	569	20.1
久志	1,359	595	43.8	1,690	277	16.4
(除辺野古)	825	549	66.5	1,205	249	20.7
二見以北10区	579	391	67.5	836	200	23.9

注) 1. 世帯数は名護市「統計なご」1989年 (原資料は住民登録)．
　　農家数は農業センサスによる．1996年は市役所調べ．
　2. 辺野古は46年で農家数46戸，世帯数534戸，95年で農家数28，世帯数485．

表 6-5　農家数の変化

	1971	75	80	85	90	95
総農家数	3,641	2,807	2,655	2,573 (2,486)	2,175	1,603

注）1985年より農家の定義が変わり，以後は同年の（　）内の数字が基準となる．

表 6-6　経営耕地面積の推移

(単位：a，％)

耕地面積推移	1971年①	1995年②	②／①
計	261,389	108,426	41.5
名護	57,371	21,306	37.1
屋部	49,040	12,112	24.7
屋我地	35,590	23,400	65.7
羽地	76,177	33,254	43.7
久志	43,211	18,354	42.5

注）農業センサスによる．

た．都市化，過疎化の影響は農業に対して壊滅的な撃を与えてきている．他方，旧屋我地地区や久志地区では過疎化が進行し，対70年比で久志で人口は81％，屋我地で66％に減ってしまった．久志でも二見以北の地帯が減少は大きく74％になっている．農地が拡がり穏やかな心休まる農村地帯を実感させるのは，屋我地島だけであるといってよい．久志地区は土地が狭小な上に農地が点在しているのに加え，耕作放棄地も多く，海の見える風景は美しいが，耕地が連担して拡がるという景観は見られないのである（以上表6-3～表6-6参照）．

2）　農業の労働力吸収力の衰退

名護市の農家数は年々減少し，復帰時の3,641戸は1995年には44％の1,603戸になった．とりわけ，90年代に入ってから，急速に減少の度を加えている（表6-5参照）．それとともに農業センサスによる地域内農家の経営耕地面積も激減し，復帰時の41.5％になってしまった．原因は都市化と耕作放棄によるも

表 6-7　農業従事者者と農業就業人口（名護市・15才以上）

		1971	就業人口比	1995	就業人口比	対1971比
15才以上計	男	5,595	58.9	2,614	15.0	46.7
	女	6,063	41.8	2,351	11.4	38.7
	計	11,658	25.9	4,965	8.7	42.6
農業従事者	男	4,557	27.1	2,051	7.2	45.0
	女	4,357	23.2	1,393	6.5	32.0
	計	914	23.0	3,444	6.4	38.7
農業就業人口	男	2,631	12.0	1,407	3.8	53.5
	女	3,692		1,205		32.6
	計	6,323		2,612		41.3
基幹的農業就業人口	男	1,795		1,284		71.5
	女	2,119		716		33.8
	計	3,914		2,000		51.1
他産業従事者	男	2,761		1,064		38.5
	女	1,334		582		43.6
	計	4,095		1,646		40.2
他産業就業人口	男	2,403		956		39.8
	女	1,115		535		48.0
	計	3,518		1,491		42.4
基幹的他産業就業人口	男	2,394		950		39.7
	女	1,091		513		47.0
	計	3,485		1,463		42.0
仕事不祥事	男	561		251		44.7
	女	1,256		611		48.6
	計	1,817		862		47.4

注）　1．農業人口は農業センサスによる．
　　 2．総就業人口1971年は15,134，94年は22,986である．

のである（表6-6参照）．

　農業の労働力吸収力は著しく弱まった．表6-7に見るように，多少とも農業に就業する「農業従事者」は復帰時58.9％，農業を主とする就業者「農業就業人口」は復帰時，それぞれ総就業人口の41.8％，58.9％にに及んでいたが，95年にはそれぞれえ15％，11.4％へと激減した．農業は他産業に就業の場を得ることのできない人口を潜在的過剰人口として滞留させる場であった．しかし，農業のもつこうした力は急速に失われ，就業問題が深刻化する．最近にお

ける本土の失業率（99年1月で4.4％）を2倍近く上回る完全失業率の原因の1つでもある．もう1つ，農家における女性人口の減少と，女性の農業就業率の低下が問題になる．この地域ではかつて農家女性の農業就業率は高かった．同時に農業に就業しない女性も多かった．彼女たちは，地元に定着し，農業だけではなく，家族と村の社会生活を支える力となっていたのである．しかし，現在では，女性人口は男性を大きく下回り，農業に就業するものも男性より極端に低くなってしまった．流出したり，他産業に従事する女性が増加たりしていることは，農村家族の生活に大きな影響をもたらすであろう．

名護市は農業型社会から自生的生産基盤の成熟がないまま消費社会型社会へ転換，移行してきているのである．

3）農業基盤整備と農振地域

1994年1月名護農業振興地域整備計画が認可された．次のような農業用地と農業外用地の区分に計画のポイントがある．低地部においては市街地集落の拡大を見込んだ花き・野菜栽培用の優良農地の確保，丘陵・台地・段丘部においてはリゾート・観光開発と調和した農業用地の確保と土地改良，丘陵・台地・段丘部と一部傾斜地におけるみかん等の果樹栽培地域での土地改良．市街地の拡大とリゾート・観光のバランスが用地地区分計画の基本にある．

農用地設定面積は次のようになる．現況農用地については，65％を農用地として指定する．

名護市は復帰後農地基盤整備を継続実施してきた．1996年までに農地整備

表6-8　用地からの除外現況農用地

現況農用地 3,248ha	指定農用地 2,114ha	ゴルフ・団地用等 58.7ha	集落内農地 327ha	近代化不適当 677ha
現況森林・原野 7,233ha	新規農地開発 302ha	農地保全林（砂防，防風，防潮など） 1,732ha		
ほかに森林・原野については，現況の24％を農用地として指定する				

注）　1．農業人口は農業センサスによる．
　　　2．総就業人口1971年は15,134, 94年は22,986である．

76地区，2,340ha，農村基盤整備，集落整備などの面整備6地区9,919haで実施され，前者で65地区，後者で3地区を完了（両者で進捗率88.4％）している（県農林水産部資料による）．

　農振計画による農地基盤整備は区画整理・灌漑を基本としている．灌漑事業として最大のものは，羽地ダム建設に関連するものである．98年12月（定礎式）より羽地大川の河口3kmの山あいを塞き止める羽地ダムの建設が始まった（2004年度完成）．復帰前から計画し調査されてきたものが，1997年ヘリ基地問題が発生するに及び，政府によって着工のための予算化が早められた．主要目的は沖縄南部への都市用水供給である．並行して進む農業用ダム真喜屋ダム（2002年完成）に羽地ダムから一部農業用水が補給される．灌漑計画は当初，約1,500haであったが1,320haに減少した．灌漑設備費の91％は国・県支出，市が受益者負担分4％を含め残りを負担するという好条件だが，維持管理費がほかにかかる．幹線工事は完了，99年より支線工事が始まるが，農家の農業意欲が減退し，結局560ha位の面積が灌漑面積になればという見通しであるという．羽地ダム建設は水不足の中南部のための「北水南送」政策によって（現在北部には5つのダムがある），76年から計画が始まり，92年にようやく地元住民との間に合意形成がなされた．羽地ダムそのものはもっぱら中南部のためのものであり，北部は一方的に犠牲になるのではないかと懸念されたからである．問題は既述した農家の農業からの撤退傾向なのである．農業主体が消滅する中でその主体の再形成が行なわれなければ，折角の整備された農地も利用されない．水がきても年々の水利費や運営費の負担を忌避して受益を望まない農家も出てくるだろう．

　主要作物の収穫・栽培面積の変化を見よう（表6-9参照）．

　作付け面積と水需要の大きいさとうきび栽培の双方の激減を注目したい．野菜も地域内供給が減少している．かんきつ，パインはかろうじて横這いであり，全体の産物の中で花きだけが伸びている．農業は全く新しい視点から考え直さなければならないだろう．最近始まった薬草栽培を含めて亜熱帯性気候を利用した農業のソフト技術の開発，環境保全産業としての位置づけとと環境保全のための農家援助，伝統的食文化の掘り起こしを通しての食文化に根ざした農産物とその加工品のブランド形成，販売戦略としての情報端末の農家への配

表 6-9　名護市主要農産物収穫栽培面積・飼養頭数

(単位：ha)

	面積頭数最大時	1989年	1997年
さとうきび（収穫）	1,113　(1979)	902	517
（戸数）			976
パイン（収穫）	368　(1982)	166	200
	(以前不明)		
（戸数）	1,011　(1972)	225	成園　209
	(栽培面積 800)		ハウス　76
かんきつ（成園）	166　(1983)	150	159
花き（切花，作付け）	86　(1985)	79	120
（切葉）		6	33
（鉢物）	6　(1990)	3	4
野菜（合計）	270　(1983)	213	78
肉用牛（頭数）	1,041　(1984)	734	1,347
（戸数）	128　(1983)	73	49
乳用牛（頭数）	152　(1987)	90	61
（戸数）	73	2	
豚（頭数）	49,924　(1984)	39,020	29,027
（戸数）	1,110　(1972)	10,346	
採卵鶏（1,000羽）	354　(1900)	310,245	
（成鶏）（戸数）	374　(1972)	9,246	

注：1．「名護市の農林水産業」県総合事務局名護統計情報出張所．
　　2．名護市「平成9年事務報告書」による．

置とその組織化を通して都市と観光客を相手にした直販システムの形成等がとりあえず考えられる．

　膨大な公的資金を利用した基盤整備の見通しはついた．現在の段階では，新しいポイントに焦点を併せた公共資金の転換先を開発しなければならないだろう．

　　4）　逆格差論の再生――私的感想

★　名護の自然は美しいか．
　ヤンバルの自然は美しい，名護の市民から幾度も聞いた言葉である．だが，私は幾度も沖縄海岸や名護市内を往復しつつ，果たしてそうだろうかと疑問を

持ってきた．開発の遅れた高知県の海と山と川の方が美しいのではないか．沖縄の人たちは，恵まれた風光明媚な自然資源に安住し，それを浪費してきたのではないかという疑問を断ち切れない．那覇から北上すると，開発を抑制してきた読谷海岸の一部を除き自動車道周辺には，どこでもリゾートと基地が広がり，無差別の都市化の中で，自然の美しさに目を奪われることはないのである．

　名護の自然のどこが美しいか．旧名護町，羽地，屋部など平坦部の農村は山の上まで虫食い的に開発され，都市と農村の無秩序な一体化そのものではないか．確かに，名護の北にある大宜味村の海岸を歩きながら，夕べの海と岸と雲の織り成す荘厳な景色に厳しゅくな気持ちを味わったことを思いだす．一部には自然が残されていることも事実である．名護市でも心なごむ農村風景に屋我地半島と東海岸地域で接することができる．名護市以南ではほかに本部半島の今帰仁に残されているだけである．その屋我地にも内海に面した最景勝の地にリゾート買い占め地の看板が立っている．

　広大なキャンプ・シュワブの脇を通り東海岸に出る．静かなたたずまいの農村風景が広がっているのであるが，基地のある辺野古区内のさびれた飲食街の風景はおよそ農村らしくなく異様である．住民に聞くと海岸は，住宅排水で汚染され泳ぐこともできない．基地に囲い込まれたビーチを夏に2週間開放してもらってようやく子供たちは泳ぐことができるだけである．辺野古では，干潮時，沖合の無人の島にまで歩行可能であり，ウニ，貝，あわび，たこなどをとることができた．それがいなくなった原因ははっきりしないが，大規模開発のゴルフ場の農薬汚染のせいかと住民はうわさしている．

　大浦湾沿いにマングローブの林を迂回しつつ北上する光景は美しく乱雑な西海岸とは異なっている．しかし，山の上には周囲にマッチしないホテルが建ち，大浦湾北部の安部，嘉陽区でも最大の景勝地を囲い込んで，市有地をも利用した大リゾート開発が行なわれている．南部の久志でもリゾート開発が動きだした．北部での海岸は泳ぐことができるが，その中心瀬嵩でも開発計画が進行している．

　もう一度西海岸に帰れば，旧市街地東北部の農地開発は赤土の流出をもたらし，沿岸埋め立てと相まってさんご礁は一時壊滅状態に陥った．県はようやく

1995年赤土等防止条例を制定した．川も汚染されている．名護市のシンボルであるガジュマルの大木の側を流れる市街地中心部の幸地川を清流ということはとてもできないだろう．アユを取り戻す運動を行なっている源河川も市街地を離れた最北端にあるにもかかわらず，ワースト3の悪臭の川であったといわれる．名護の住民は，今日の都市化の時代において自然は自覚的に保全されなければその姿をとどめることができないということについて不十分にしか認識していなかったのではないか．

　第1次の総合計画は逆格差論にたって，経済主義的な開発を批判しつつ，声高く自然の保全をうたっていた．自然を保全しつつ農林水産業を内発的に発展させてゆく積み上げ方式での開発を主張していた．しかし，第2次計画以降，自然との共生をいいつつも，上からの開発方式に転換していった．それを進めていったのは，国（リゾート法や基地対策のための財源ばらまきなど），県，名護市，そして住民のそれぞれであった．公権力の効率追求，資本の利潤追求，住民の私的利益の無秩序開発が三昧一体となって，かつてのおだやかな生活空間を破壊していったのであった．これを抑制するための生活世界からの運動もほそぼそと続けられてはいた．羽地内海の海岸をマングローブで埋めつくす植栽運動（最近の運動），上記源河川の青年を中心としつつ区ぐるみで行なわれている川をきれいにしアユを呼び戻そうとする運動（1986年より）はその具体的な現われである．もちろん，それぞれの字がそれなりに努力してきたこと，行政も公園設置，都市計画などを通して調和を求めてきたことは否定できない．しかし，全体として見れば「創設」されてきた空間は，初期の期待と逆の方向を歩んできたように思える．

　名護市には多くの観光施設がある．名護市特定商業集積整備基本構想は亜熱帯園，ゴーヤパーク，フルーツランド，パイン園，ガラスの郷，貝類展示館，3つのビーチ，オリオンビール工場，名護城址，ネオパーク，やんばる物産センター，海中公園など主要なものとして23の施設をあげている．1996年これらの施設の入場者は物産センターに26,5.0％，フルーツランド19.8％，パイン園14.3％，ネオパーク10.2％など276万人，92年の233％になった．さらに6つの大型レジャー施設としての6つのホテルがオープンし，16のホテル，27の国民宿舎・民宿等で市内の宿泊収容人員は3,990人に達した．しかし宿泊者は

25,8万人であり，その利用率は低い．

　人々は何を求めて名護市を訪れるのだろうか．名護市の印象は私には散漫であり，これといったポイントを見出すことはできない．名護的個性の魅力をもたない施設型観光を中心としており，沖縄北部観光の通過点としての性格しかもちあわせていないように思える．そのことは宿泊客の少なさにも現われている．施設型福祉を中心としており，大型レジャーやリゾート施設は資本の論理で動いている限り，1泊4万～5万円の部屋さえもつ観光ホテルに市民の影や生活の影はうすい．現在の観光リゾートとして作り出された空間は資本と行政がたずさえて作り出している「創設空間」であって，市民が作り出した空間ではない．

　名護の貴重な資源が外部に売却される．地元雇用は「観光・リゾート」の項で先に紹介したようにパート，雑役を中心としている．かりに利益があったとしてもそれは外部にもちさられる．土地売却ではなく貸地，地元農産物の利用，地元雇用，地元業者のサービスの利用など，地域住民の論理をふまえた，主体的自主的地域計画に従属する開発を考えるべきであったであろう．

　自然との共生，積み上げ方式の開発を考えた逆格差論はもう一度想起され，時代に合せて新しく再生されてしかるべきだと私は考える．こうした原点に立ち返るための2つのきっかけが公共世界に登場している．1つは，観光・リゾートを基軸にした開発計画のただ中から現われてきた．県のリゾート開発構想に沖縄の自然，なかでも北部の自然の風光に注目せざるをえなかった．北部地方拠点都市地域基本構想は「自然交響都市圏」構想として，観光開発を軸におきながらも　自然との共生を主要課題にせざるをえなかった．県の国際都市構想は「国際自然環境共生モデル地域」として自然保全技術等に関する国際交流拠点となることを期待しているのである．名護市の近時の諸計画もこれら上位計画を受けて自然共生を繰り返し語っている．しかし，これらはなお，公共資金の引き出しによるインフラ整備を通して外部民間資本の吸引を基本軸としており，効率と利潤の論理と妥協的であるといってよい．

　もう1つのきっかけはヘリ基地反対運動の中での論争である．この運動の中で基地のもたらす環境被害が重要な争点になった．この論争の中で，東海岸沖合にのみ現われるジュゴンや，美（ちゅ）ら海が語られ，サンゴ礁の破壊，マ

ングローブの林，その他生態系の保全と破壊に関するさまざまな問題が市民の間の争点になった．「ジュゴンは食べればおいしいよ」という生活経験，海水浴もできない汚れた海岸が改めて反省されることになった．ヘリ基地反対運動は環境教育の役割を果たしたのであり，市民の自然環境への意識は急速に高まったと見られる．

　これら2つの公共世界のうち後者の力がこれまであまりにも弱かったといわなければならない．市民や住民の意識変化とそれに基づいた生活世界からのサポートがない限り，公行政による自然との共生のうたい文句も効率性と利益の論理の前に絵に書いた餅になるのがおちだからである．

　逆格差論は真の観光・レクリエーションは「国民の"やすらぎ"と"自然・人間・風土"との交流にある」と考え地域住民による「自力観光」を主張していた．それは，単なる観光客の消費に期待する開発ではなく，住民の日常生活の基盤の上に成立し，併せて農漁民の兼業の場でもある民宿を中心としての開発を考えていた．しかし，上記商業集積の基本構想では民宿はわずか8軒，県の統計では2軒にすぎない．上からのリゾート開発に萎縮してしまった自力観光の姿を見ることができよう．

　ヘリ基地反対運動の中から，基地や大型リゾートに依存しない生活，過疎からの脱却，地域の活性化を考えて，東海岸に．エコネット・美（ちゅ）らが98年6月に発足した．7人の農業者が，33万円の資金を出し合い，船を購入して設立した会社である．賛同者から1万円の基金をつのり，海，山，川のエコツーリズムの案内をしたり，地区の協力をえて高齢者の昔話を聞いてもらったり，ホームステイを紹介したり，地元食を提供したりして参加者と交流しようとようとするものである．99年3月中旬までにすでに900人の案内を行なったという（『沖縄タイムス』3月14日号）．東部海岸では基地に反対した二見以北十区の会で新しい村づくりの話合いが始まった．上記の会社もその中から生まれたものである．政府，行政の箱もの整備をこえた自然を大切にする村づくりが検討されている．女性たちは女性部で民宿，産地直送，農産加工などを運動の中での知りあった東京の知己たちと連絡をとりあいながら話し合っている．

★　［源河］——アユを呼び戻す

　源河における自然回復運動について述べておきたい．羽地の最北部源河川流

域にある比較的農業的性格を留めた集落である．ヘリ基地反対協の議長宮城康弘氏の出身地でもある．ここには最近外部から6家族が移り住んで，一種の工芸村を作っている．自然農法での農業を行ない，藍染，焼き物織物などの工芸を営んでいる．みかん，マンゴー，さとうきび中心の農業だったが，97年より契約栽培で県内で増えている薬草ウッチンの契約栽培が始まった．

源河川はかって水面が黒くなるといわれた程，琉球アユが豊富に遡上する川であった．ところが，県内でもワースト3といわれる汚染された川になった．原因はいろいろ考えられる．① 上流に砂防ダムが建設され生態系が変化した．② 北水南送の県の水資源開発政策によって，ここでも河口から1kmで1日8,000トンの取水が行なわれ，流水量が少なくなった．③ 水量減で河口も砂で埋まり河口閉鎖の状態がしばしば発生する．③ 7戸あった養豚農家の畜産排水が流入する．④ パインの更新期の不注意な畑の掘り返しによる赤土の流出，根をはらないきびの収穫後にも同じ問題が起こる．⑤ 生活排水，ごみの廃棄，⑥ 上流のかつての薪採取林への琉球松植林など，が考えられる．

沖縄テレビの寺田麗子さんを中心とする「川は訴える」取材班の呼び掛けに，地元青年会が反応した．区民全体に呼び掛けて，清流のシンボルであるアユ復活をとりあげ，1986年「源河川にアユを呼び戻す会」が発足した．会長には区長が就任し，250世帯全戸が会費各500円を負担して設立総会を開いた．のちに学者グループを中心に「琉球アユを蘇生させる会」も作られ支援の環が広がる．

養豚は山の上に移転して2団地にまとめられ，廃水処理施設が整備された．生活ごみ・排水問題も区全体の話し合いで改善され，総出で川の清掃が行なわれた．県も遅ればせながら赤土防止条例を出す（前述）．生活排水の循環システムも考案され名護市もその導入のための補助制度を作った．学者も協力してアユの事前調査が行なわれ，全県的に呼び掛けるフォーラムの開催が繰り返される．当初は奄美大島からの卵導入，高知大学からの稚魚譲り受けなどによって孵化，種苗生産が行なわれるが失敗する．さらに和歌山，鹿児島から稚魚が導入され，最終的に遡上を確認したのは1994年であった．和歌山県からの稚魚を初めて川に放流したのは92年である．内外からの協力と区の資金で1,400万円が集まりアユセンターが設置され，そこで稚魚が生産され川に放流される

ことになった．

　フォーラムの中で砂防・取水堰に魚道をつけること，河川維持用水の確保などが提案され実現している．現在3人の青年が専従してセンターを運営している．当初水産庁が次いで北部ダム事務所が約250万円を補助しておりこれを人件費にあてている．名護市も300万円をつなぎ的に補助している．そのほか，沖銀ふるさと資金，国の河川整備資金などを得て運営している．

　補助金に依存している形なのだが，専従青年たちは自立の道も考えている．沿岸漁業も全くないのでうなぎ，エビ，テレピアの養殖放流に乗り出しているが，まだ試験段階である．地元小学生（57人いる）も青年の川の清掃や生物調査に年5〜6回合流する．

　アユのうわさが広がると多くの行楽客が殺到しはじめた．沖縄は自然が美しいといいながら実は自然に飢えているのである．この行楽客のモラルの低さが河川を汚染する．パンフを配って協力を要請してもたとえば，川での食器洗いなどなかなか防げない．

　この自然回復運動は区の人々のまとまり協力の上に成功したものである．ヘリ基地反対運動の激しい対立の中にもアユ，マングローブ，東海岸のエコ美ネットの運動など自然と人間の関係についての新しい意味の世界の構築運動が芽生えているのである（1998年，7月31日聴取）．（参照：寺田麗子『川は訴える』ボーダーインク社，1995年．諸喜田茂充・池原貞雄編著『琉球の清流』沖縄出版，1994年）．

　1997年夏，訪問したオーストリアでは環境破壊ということでリゾート地の原状回復が行なわれていた．ドイツバイエルン州ではリゾートに否定的で，農家の経営する滞在型民宿に手厚い援助が行なわれていた．私も宿泊した牛後や小屋の上の農家民宿は乱雑な施設のないドイツの農村田園風景を十分にたんのうさせるものであった．

　西欧ではエコツーリズムとともに，ビオトープ運動が盛んである．安定した生態系の秩序のことであるが，各地に自然生態系を回復し，それらを切れ目なく列ねて，動植物が自由に移動できる連続空間を作る試みがオランダでは特に熱心であった．水質保全のために有機質肥料さえ減量する環境生態系保全農業に所得保障が行なわれる．EU共同体とそれに参加する各国はいまや，生産よ

りも小農業を保全して環境保全の役割に貢献してもらうことに政策の重点を移し，広範に所得補償政策を展開している．所得補償政策は，たとえばEU共同体，ドイツ国家，バイエルン州がそれぞれに行ない，3重の補償が行なわれる．

　名護市は海，山，水，緑を強調するが，那覇をはじめとする沖縄本島の他の都市と同じく市街地に緑が乏しく，市民の集まる広場も少ない．戦前の名護市は米軍の攻撃により，100％近く壊滅した．戦前の街の写真は緑の街路樹に覆われている．再建された中心市街地には街路樹はなきに等しい．亜熱帯の強力な紫外線をさえぎる緑は沖縄の都市にとっては不可欠のものであると思われる．生活の中に緑を，そして連続した動植物の生存空間を作ることが大事であることを市民と計画立案者は再認識してほしい．

　農業もまた基盤整備というハード事業に重点をおいてきた．しかし，その間に農業からの撤退が急速に進んでいる．基盤整備事業に見通しもつきかけていることをふまえ，膨大な資金を要した基盤整備に代わる国・県・市の資金投入先が，亜熱帯農業のためのソフト技術の開発（たとえば羽地大川区の薬草栽培や東海岸底仁屋区の花，市場開拓など），農業の環境保全機能，情報技術の庶民化を伴う産地直販の市場開発等に向かってほしい．たとえば，沖縄直送の天然成熟の味は東京では味わえない美味のものである．沖縄特性をもった農産物は開発可能性をもっているのである．

　泡盛の原料はタイからの輸入米である．どこの国に地酒づくりをを輸入原料に頼っている国があるだろうか．ぶどうとワインづくりで何百年も変わらぬ生活をしているところもあるのである．農業の将来のためにも，かつて沖縄有数の米の産地であった名護で泡盛の原料米の研究が進められてももいいだろう．

　岸本新市長は1998年度，市の重点政策による単独事業として，花の里町づくり政策を出発させ，公約した通り，ぶどうの房・クラスター方式でのネットワーク作りを支援しながら，運動化しようとしている．どうせなら，単なる花壇作りではなく，西欧によく見られるように，個別の住宅の窓窓が，街路に向かって花を飾るような文化を作り出してもらいたいものである．

　道格差論はかつてそれを提唱した新市長の心から消えてはいないと思われる．市民の生活の中から積み上げ方式で町づくりをはかる道は，未来に向かっ

て使い捨てられる資源のフロウではなく，未来に向かってストックを作り出し未来に責任を負う町づくりであり，個性的風土の中で市民が生きていることを示す個性ある町づくりを可能にするものとして期待したい．もちろん逆格差論がすべてではなく，さまざまな計画との調整が行なわれなければならないだろうが，政策立案の原点として確認しておいてほしいものである．

第Ⅱ部　基地移設と地域振興

第1章　普天間基地移設受け入れと「県・地元の意思」

1　代替基地の受け入れ条件

1)　知事と市長の受け入れ条件（99年末）

　1999年11月22日，稲嶺県知事はキャンプ・シュワブ水域内名護市辺野古沿岸地域を普天間飛行場の移設候補地として選定したことを発表した．県民への説明文では，「移設の条件」として次の4点をあげている．
　【知事の移設条件】
　①　普天間飛行場の移設先及び周辺地域の振興，並びに跡地利用については，実施体制の整備，行財政上の措置について立法等を含め特別な対策を講じること．
　②　代替施設の建設については，必要な調査を行ない，地域住民の生活に十分配慮するとともに自然環境への影響を極力少なくすること．
　③　代替施設は，民間航空機が就航できる軍民共用空港とし，将来にわたって地域及び県民の財産となり得るものであること．
　④　米軍による施設の使用については，15年の期限を設けることが，基地の整理・縮小を求める県民感情からして必要であること．
　特徴点は移設先，周辺地域振興策あるいは跡地利用に重点がおかれていることであり，それに住民生活と自然環境，軍民共用空港への配慮，15年期限が加わっている．また，海上基地に反対が知事の公約であったが，海上案への賛否が不明確である．海上案期待の政府にそれの実現の可能性を残しているのである．
　25日の記者会見で「移設先の住民に対する配慮と地位協定の見直しを強調して要望した」と述べたが，地位協定に関しては条件として明文化されていない．政府としては，4条件は期限問題をのぞけば受け入れやすいものであった

といえよう．首相は知事に感謝，全面協力と述べたが使用期限については具体的に言及しなかった．

【岸本市長の『受け入れ声明』と『受け入れ基本条件』】（要約）

稲嶺知事に遅れること1カ月余，12月27日，名護岸本市長も普天間基地の移設受け入れを表明した．

岸本市長の受け入れ表明文は短いが，次の点が注目される．米軍基地が不可欠であるとするなら「基地の負担は日本国民が等しく引き受けるべきものである」，にもかかわらず，名護市民にその是非を問うていることについて「日本国民はこのことの重大さを十分に認識すべきである」．「私のこれまでの人生で最も困難な選択である」．受け入れの前提条件が「確実に実施されるための明確で具体的な方策が明らかにされなければ，私は移設容認を撤回するものであることを市民の皆様にお約束し，容認の意志を表明するものである」．

●受け入れ基本条件

① 安全性の確保——住民の意向尊重の基本計画策定とそのための国の「協議機関」の設置

② 自然環境への配慮——環境影響評価の実施，必要に応じての代替環境醸成，必要な研究機関の設置

③ 既存の米軍施設等の改善——キャンプ・シュワブ内の廃弾処理対策，辺野古弾薬庫危険区域内の国道329号の安全対策など

④ 日米地位協定の改善及び当該施設の使用期限——日米地位協定の諸課題改善，使用期限については「15年の使用について具体的な取り組みを行なう」

⑤ 基地使用協定——安全対策と基地から発生する諸問題への対策や，基地内への自治体の立ち入り等自治体の意見を反映して国と名護市で締結，県立ち会い，定期的な見直し

⑥ 基地の整理縮小の実現に向けて取り組む

⑦ 持続的発展の確保——第14回沖縄政策協議会で了解された事項の確実な実施

受け入れ条件は，県の4条件より，より具体的詳細であり，日米地位協定の改善，使用協定の締結を条件としていることは，住民世論をより踏まえているといえよう．

市長は，本来「日本国民全体が等しく引き受けるべきもの」を何故沖縄県民がそして名護市民のみにその是非が問われているのかを短い文章の中で痛切に訴えている．「人生で最も困難な選択」というぎりぎりの選択の中で，条件が満たされない場合，「移設容認を撤回する」ことをも市民に約束するとしている点では，振興策に傾斜した知事の長文の県民への訴えより，短いながらはるかに重い表現となっている．

しかし，県の条件と同じく，市長も基本計画，工法に関し，市民投票が否定し，市長も公言してきた，海上ヘリ基地を拒否するとはいっていない．知事と同じく政府に譲歩して，海上利用の基地の可能性を選択肢にいれることを容認したと見られても仕方がないだろう．

後述するように，受け入れ表明に示される市長の内面吐露の反面，市長は現実主義政治家としてたくみに政府や県に呼応してゆく側面もっていたことは次第に明らかにする．

2) 政府方針と問題点

政府は代替施設の建設地点を「キャンプ・シュワブ水域内名護市辺野古沿岸地域」にすることを12月28日の閣議で正式決定，17日の第14回沖縄政策協議会の了解をふまえ，名護市長の7条件を緊急考慮して，次のような方針を決定した．

【代替施設について】

基本計画の策定——工法・建設場所に関し「地域住民の意向を尊重」して策定

　安全・環境対策
① 基本方針——住民生活・自然環境に「著しい影響」のないよう「最大限努力」
② 代替施設の機能・規模——軍民共用で最小限の規模
③ 環境影響評価の実施，必要に応じての代替環境の醸成，必要な研究機関設置
④ 代替施設の使用に関する協定の締結——地方公共団体の立ち入りにつ

き，その意見が反映するよう政府が「誠意をもって米政府と協議」，政府と名護市の間で県立ち会いの下で締結
⑤ 協議機関の設置——代替施設の基本計画策定に当って，政府・県・地元地方公共団体で設置・協議
⑥ 実施体制の確立——建設・使用段階でも協議機関を設置して住民生活に配慮する取り組みと使用協定，環境問題についてのフォローアップの実施

使用期限問題——「政府としては，代替施設の使用期限については，国際情勢もあり厳しい問題があるとの認識を有しているが，沖縄県知事及び名護市長から要請がなされたことを重く受け止め，これを米国政府との話し合いの中で取り上げるとともに，国際情勢の変化に対応して，本代替施設を含め，在沖縄米軍の兵力構成等の軍事態勢につき，米国政府と協議していくこととする」

関連事項
① 米軍施設・区域の整理・統合・縮小への取り組み
② 日米地位協定の改善——「地位協定の運用改善」に「誠意をもって」努める
③ 名護市内既存施設にかかる事項——キャンプ・シュワブの廃弾処理，辺野古弾薬庫の危険区域，ヘリポートの代替施設への移設について取り組む

【地域の振興について】
① 普天間飛行場移設先及び周辺地域の振興（別紙1）
② 沖縄県北部地域の振興（別紙2）
③ 駐留軍用地跡地利用の促進及び円滑化等（別紙3）

最後の地域振興に関しては12月17日の第14回沖縄政策協議会における「北部地域の振興に関する方針案」を閣議決定として承認したものである．政策協議会の方針案については後述するが，3つの地域振興策について法制面の整備，それぞれについて地元との協議会設置，北部振興に関して10年1,000億円の財源確保，使用協定締結など，これまで地元で構想してきた振興策をふまえて国の方針が決定されている．この協議会の開催と振興策等や予算提示は，名護の周辺北部市町村に期待をもたせつつ，名護市長の基地引き受け年内決断を

引き出すためのものであったと考えていいだろう．

3) 政府方針と地元条件のずれ

　政府は基地問題への対応，北部・移設先振興，軍民共用空港，基本計画設定にあたっての政府・県・地元の協議機関の設置，安全や自然環境への配慮，使用協定の策定など両首長の要求を受け入れた．県・市両首長の基地候補地の選定と受け入れについて「苦渋の決断に心から敬意と感謝」「政府方針の実現が十分図られるよう関係省庁の全面的な協力を要請する」と述べ，政府一体の支援・協力を約束したのである．だがもっとも重要な点で問題が残された．

　第1は15年使用期限の問題である．これは稲嶺知事の選挙公約であるとともに，知事が辺野古沿岸域に候補地を選定した時の県民への説明に明確に示されたものであった．この後，両首長の閣議決定をふまえての条件達成要求と米国の反発との板挟みの中で，政府責任のとり方の曖昧さが明確になる．政府にとって，使用期限問題に関する約束は普天間移設の推進にとって足枷となるのである．

　第2は使用協定の締結と日米地位協定の改善の問題である．政府は名護市の求める使用協定の策定を約束した．しかし，その協定は県の立ち会いの下での国と市の間で締結されるものである．地元公共団体の立ち入りなどまで踏み込んで約束しているが，政府の立場は当然のことながら日米地位協定に拘束される．使用協定を地元の意見を反映するように策定することは日米地位協定の改定とリンクしているといわねばならない．

　米軍横田基地や厚木基地では航空機騒音に関する日米合意がある．しかし，「規定はあっても，緊急事態や例外的なものについては対象外となる．原則はほとんど守られず実効性は上がらない」と横田基地騒音訴訟弁護団吉田事務局長は語っている（12月18日）．また，防衛施設庁は米軍に関して政府と地方自治体には例がないと語ったにもかかわらず，地権者，自治体のそれぞれと結んだ東富士演習場使用協定の前例があるが，「防衛施設庁は米軍の側に立ち」実効性に乏しいことを警告する関係者運動団体役員の投書が『沖縄タイムス』にのった（2000年1月13日）．

大田前知事は日米地位協定の見直しを要求し続けた．少女暴行事件の直後でも日米政府は地位協定の見直しを行なわず運用改善で対処することに合意している．98年10月7日の北中城村での米兵による女子高校生ひき逃げ事件の後の11月4日にも県は運用改善ではなく見直し要請を行なっている．この時名護市議会も同様要請を議決している．

　今回も，名護岸本市長は基地移設の条件として協定の改善を条件として提出している．知事も異例の知事就任前での首相，官房長官らとの会談で，地位協定の見直しを要請している（11月24日）．だから，稲嶺新知事は地位協定の改定は県民の最大の願いの1つであることは十分認識していたであろうが，何故か，候補地選定の99年11月段階では移設条件に含めていなかった．名護市長は受け入れ条件に日米地位協定改善を求めたが，国が示した方針は，「改定」ではなく「地位協定の運用改善」に「誠意をもって」努めるにとどまる．

　基地や外交上の重要な時期に期を一にしたように米兵による事件が起こる．安保再定義を控えた95年には少女暴行事件が起こった．この時も地位協定があるため米兵の身柄をただちには拘束できなかった．米軍関係者には国内法を適用されず，住民との間に差別を生み出す日米地位協定への不満は何時でも沖縄住民の怒りの根源であった．サミット前にもわいせつ事件，ひき逃げ事件などが起こった．県民感情は激昂した．99年7月14日県議会が，27日には軍用地転用促進・基地問題協議会（知事会長，基地所在市町村の首長による構成）が地位協定見直しを決議した．県民は単なる運用改善では納得しないのである．

　第3は代替施設に関する基本計画，工法・建設場所の決定に関して「地域住民の意向を尊重し」としつつ先送りされたことである．稲嶺知事は選挙公約で海上ヘリ基地は県民の財産にならないとして反対，陸上，軍民共用案を提起した．しかし，それらは知事受け入れ条件に明記されていない．代替施設は「県民の財産になり得るもの」だけとしかふれられていない．稲嶺知事の公約はここではぼかされてしまっている．移設先への影響が具体的になり，地元の賛成・反対の運動や対立，内外のゼネコン・地元建設会社の争いを引き起こすことになる工法・建設場所は明らかにされないまま見切り発車されたのである．海上基地建設はなお選択肢の中に入っていたといわねばならない．

2　国の主導か沖縄の意思か

1）「みずからの意志と責任」の強調

　稲嶺知事は1999年11月22日基地移設候補地の選定を県民に報告する訴えの中で，その決断が主体的なものであることを主張して「私の決断は，沖縄が当事者能力を発揮する主役であることを内外にアピールするものであり，また，沖縄がみずからの意志と責任を示すことによって，基地問題の解決に向けた新たな将来展望を切り拓くことにもつながると考えます」と述べている．

　判断の根拠として知事は次のように説明する．① 経済振興と基地の整理縮小，国民としての安保維持の責任の3つの課題を達成するために国と協力して打開策を考える．安保反対や基地即時全面撤去の主張とは意見を異にする．② 日米両政府の努力が生み出した事前の策としてのSACO合意の着実な実現が基地の整理・縮小のステップにつながる．③ 県民が納得できる必要条件の担保，新代替施設の県民の側での活用，移設先周辺地域への配慮と振興ならびに沖縄全体の振興．④ 跡地利用の促進．以上の認識に基づいて「『名護市辺野古沿岸域』に移設することが適切であると判断し，移設に伴う種々の必要条件が整備されることを訴え」た．直前19日の沖縄政策協議会で沖縄側の要望に政府が「明確な対処方針を示した」ので，移設先を公表したとしている．

　候補地選定理由は，① 既存の米軍施設・区域内移設で基地の整理・縮小が可能なこと，② 海域への飛行訓練ルートの設定により騒音の影響を軽減できること，③ 軍民共用空港の設置が可能な条件を整え，地域経済発展の拠点となりうることをあげている．

　こうした議論をふまえて「移設にあたって整備すべき条件」として記述の4事項についての国が具体的方策をたてることを求めているのである．

　さらに，付属説明書で，候補地選定に関しての基本的考え方として次のように述べる．普天間基地の返還に関して沖縄県が返還を要望したこと，日米政府は前県政が提案した県外，国外移設も在沖米軍の兵力削減も困難であるとして

いること，返還を夢と願望に終わらせないためには「責任ある代替案」提示が行政の責務であること，過去の政府提案の海上ヘリ基地案は県民の財産にならないとして見直しを求めていること，移設先・周辺地域の振興につらなる軍民共用空港の建設が重要であること，さらに跡地利用のための実効性を担保する新制度の確立，行政上の特別措置，総合的な実施機関の設置を提案したこと．以上の考え方にたって，複数候補地から総合判断して，辺野古沿岸地区を最善と判断した．稲嶺県政は，はたして，「当事者能力を発揮する主役」としての役割を果たしたとほんとうにいえるのだろうか．

2) 「県・地元の意思」尊重と日米政府の圧力

低姿勢の野中官房長官（98年末）

政府は過去に政府が露骨に前面に出たことによって，沖縄県民と名護市民の反発を食ったことを反省したと考えられる．県知事・市長の普天間基地移設候補地の選定にあたっては極力背景に退いて稲嶺知事の決断を待つという姿勢を保持しようとした．野中官房長官は知事選挙中に早くも海上ヘリ基地にはこだわらないと稲嶺氏を応援し，12月末段階で，代替施設の結論は急がず，県側からの提案に対応したい（11月6日，12月26日，28日）と述べている．その裏には，稲嶺氏の選挙公約や選挙応援を通して，同氏が基地を引き受けるという確信を得ていたことがあるだろう．そこで，当初は，国は基地移設では正面に出る事なく，稲嶺知事が主張する地域振興の方針を支援することによって，知事が基地引き受けを決断しやすい条件を作ることに腐心したといってよい．「基地を金で買う」という結果になることに対する県民の批判をもっとも恐れていたのである．

実際，知事は98年12月15日の知事就任の翌日の初議会の席で大田前知事が求め続けた「海兵隊削減や基地の国外，県外移設は現実的ではない」と「明確に否定」し，使用期限の設定を求めつつ，SACO合意実現，産業振興とセットした軍民共用空港の実現の方向を表明していたのである（16日）．こうしたことへの見通しのもとに，「地元の頭ごしには進めない」というのは，最後まで政府の表向きの姿勢であったのである．

第1章　普天間基地移設受け入れと「県・地元の意思」

　米政府も知事選挙の前後，海上ヘリ基地や軍民共用空港には柔軟姿勢を示した．98年11月1日コーエン米国防長官は日本政府と沖縄が合意し代案があれば「海上ヘリ基地」にはこだわらないと述べた．12月23日には国防省高官は共用空港について日米両政府の協議が始まったとしながら，前向き発言をしている．

政府の本音・米政府の姿勢（1999年初頭）
　防衛庁関係者の意見はより政府の本音を伝えているといってよい．稲嶺氏当選の翌日，秋山防衛事務次官は公約に水をかけるかのように，新知事の意向をふまえて米軍と交渉するとしながらも「あらかじめ期限の設定は困難と考える」と語った．年があけて，野呂田防衛庁長官は1月17日「海上基地が最良の選択肢」と問題をぶりかえす．また「県の頭ごしに進めることはない」と述べていたが，17日には「いずれ決断を迫る」ことを示唆したのである．
　2月26日照屋寛徳沖縄選出参院議員（社民党・護憲連合）の質問への小渕首相名の答弁書は「地元の頭ごしには進める考えはない」としながらも，「海上ヘリ基地案は最良の選択肢であると判断されたものである」こと，「一般論として申し上げれば，使用期限を明示することについては，将来の国際情勢など様々な要因と関連するため，困難であると考えられる」と回答している．これは政府の公式見解であるといってよいだろう．
　しかし，やがて，海上ヘリ案に関しては強硬派と見られる防衛庁筋からも「自治体首長の下した決断は生きている」としながらも，「県の提案も重視していく」（3月25日）と野中官房長官の柔軟姿勢に近い発言も見られるようにもなる．そして，4月23日閣議了承の日本政府の外交青書では海上ヘリ基地に関し「最良」の文字は消え，問題の多い基地の工法はぼかされているのである．
　他方，複数の米政府筋からもSACO合意の完全実施と使用期限設定の不適切性は繰り返されるが，海上ヘリ基地案に対しては前記国防長官の見解と同じく柔軟な考えが出される（4月14日・18日）．しかし，沖縄の意向をふまえてという日本政府の対応にじれを感じたと思われる駐日米大使は6月になると知事に早期決着を要望している．月末の大統領発言と照応しており，米政府の意を体したものであろう．

稲嶺知事の対応（98年末〜99年前半）

　稲嶺知事は当選後の最初の議会で，大田前県政との違いを明確にした（12月16日）．「基地返還アクションプログラム」を否定，自由貿易地域も全県移行を求めた前県政に対して地域限定するとともに，国際都市形成構想も産業振興策として不十分として見直すとした．基地に関しては，使用期限の設定を強く主張するとしつつ，SACO合意の実現，陸上軍民共用空港，それと結んでの臨界型産業振興を現実的な方法だと，移設を前提・承認しているのは公約どおりである．

　この時，海上基地には反対であり，「今後，正式に政府に申し入れたい」（12月17日）としているが，他方，代替施設に関して検討する新作業チームを編成，北部軍民共用空港を基本としながら，結論は公約にこだわらず，条件をつけずに任せたいとも述べている．知事の態度は曖昧であるといわねばならない．知事が海上基地に反対だということは新しく候補地を探すとすることの前提である．しかし，条件をつけずにもう一度考えようとも述べていることは，SACO合意に従って基地の県内移設を前提としつつ，白紙に戻して海上基地を含めて候補地を考えようということであるといってよいだろう．

　3月には新チームとして，普天間飛行場・那覇港湾施設返還問題対策室が発足することになった．そこで，知事は再び「公約で提示した案も含め，複数案を幅広く弾力的に検討していただきたい」と述べている（2月24日）．3月24日には，名護東海岸の誘致派の中で海上基地案を支持する久辺地域振興促進協と二見以北村起こし研究会の陳情に対して，知事公室長は公約の陸上軍民共用空港案を中心に複数案を検討，その中で検討したいとも回答している．日米政府や軍部の意向も明らかに念頭にあって，海上案も消えてはいないのである．また，軍民共用空港は公約では「北部」という言葉は入っていないとも述べ，選定候補地を広げても見せた（3月29日）．そして，12月議会で述べた「政府に正式申し入れ」については，官房長官，防衛庁長官に話したので「先方は十分認識している」と回答するにとどまり，12月議会よりはっきり後退してきているのである（2月24日）．

　こうした知事の対応は国と県のキャッチボールの中でのゆれ動きと見てよい．親川知事公室長は「対策室で検討し，国と相談しながら決定してもらう」

という議会答弁を行なっている（2月26日，同日夕刊報道）．知事は最終的には知事が選定責任をもつと述べたが，実際には水面下で国との緊密な連絡をとりながら選定作業が行なわれていたのだった．知事は，その調整の中で，政府の意向も勘案して主張あるいは譲歩しながら，普天間基地の県側に有利な条件での移設とそれを材料にしての振興策を最大限の引き出しを求めて柔軟に対応しようとしていた．政府の中にある海上基地が最良選択肢との意見や，日米両政府の15年期限への固い姿勢にぶつかると，「正式申し入れ」によって，15年期限や海上基地反対を条件化することを避けることにもなったのである．だから12月議会では明確だった15年の「『期限付き陸上北部軍民共用空港』が前面から退いた」とさえ批評されることにもなった（2月25日『沖縄タイムス』）．しかし，もう1つ考慮にいれなければならないことがあった．それは県内世論の動向である．後にみるようにそれを説得，納得させるための対応も知事は行なわなければならない．公約は絶対条件ではなく，沖縄の基地反対の世論と地域振興策引き出しのはざまの中で，現実主義的に伸縮されるものであったように思われる．

クリントン大統領の「沖縄には行きたくない」発言
　クリントン大統領や米政府は普天間移設のために積極的に働き掛けた．5月3日の日米首脳会談で，小渕首相がガイドライン法衆院通過，サミット沖縄決定を報告した際，大統領は稲嶺知事選出とサミット決定による普天間飛行場移設問題の「進展」に期待を表明している．5月27日，米国務省当局者は「米軍基地問題の進展にとって良い機会となる」と発言する．6月18日のケルンサミットの際には，大統領は首相に「沖縄サミットはこれまでの基地移転を含む軍事面の合意を解決し，履行する機会になる」とサミットと結びつけて問題解決の進展を迫っている．
　さらに衝撃的な発言が行なわれた．6月25日，1年後の沖縄サミットをひかえて，クリントン大統領は「基地問題が未解決の沖縄には行きたくない」と記者会見で語り，また日本にサミットまでに「米側が受け入れ可能な移設案を作成するよう促した」とも報道される．
　大統領にとっては，96年の日米安保再定義による日米の同盟を強化する新

体制の確立は彼の行なったアジア政策の中で中軸をなすものである．到底不可能と思われていた普天間基地移設を日本側の要請を受けて譲歩したにもかかわらず，日本側の対応が煮え切らないことにいらだちを感じていたのであろう．また，それ以上に，基地移設は単なる既存施設の移設ではなく，新機能と最新設備をもった新基地の建設であり，極東における新しい米国の軍事体制の整備のためには不可欠の基地建設であり，新安保確立というクリントン政策の仕上げは普天間基地移設によってなされるのである．

　大統領は上記発言までに3度小渕首相と会談している．98年11月20日SACO合意の実現で合意，99年5月3日には稲嶺知事当選とサミット決定で普天間移設問題進展の期待を表明，ケルンサミットの際の6月18日の会談ではサミットまでの基地問題解決の大幅な進展を迫った．「沖縄サミットはこれまでの基地移転を含む軍事面の合意を解決し，履行する機会になる」．大統領の要求は次第に具体的で性急なものになってきている．さらに決定的な追い打ちは先程の「沖縄には行きたくない」発言である．

　新安保秩序確立のための基礎固めは着々と進んでいた．4月末日米防衛強力のための新指針「ガイドラン」関連法案が衆議院を通過したと首相は大統領に報告した．6月11日には米軍用地特措法が475本の地方分権整備関連法の中に含まれたまま衆議院で可決された．軍用地の再利用問題は，国の直接執行事務となり，地主拒否の場合必要とされた市町村長や知事の代理署名も不要となった．さらも県の土地収容委員会が緊急採決の申し立てに対応しない場合，首相が採決できる．これで，95・96年に沖縄を揺るがしたような軍用地の再利用における混乱は未然に防止され，今後の基地の安定的な継続利用が保障されることになったのである．

　進まないのは基地移設であった．米側はサミットを利用して，日本と沖縄にその促進のための圧力をかける方針を打ち出したものと考えられる．

　以後の日米の政府関係者の発言や対応は大統領発言やサミットを意識したものに変化してくる．政府は表向き冷静であった．大統領発言の直後の6月29日に開催された沖縄政策協議会では野中官房長官は「県の頭ごしに何かを決めるものではない」と述べた．しかし，長官が全閣僚の前で普天移設問題を持ち出し県や関係省庁の協力要請を行なったことは政府の姿勢の積極化を示してい

第1章　普天間基地移設受け入れと「県・地元の意思」

る．高村正彦外相も普天間移設問題の早期解決を求めたのである．米側からも積極発言が目立つ．太平洋軍司令官の日本政府の協力要請と早期解決要請（7月13日），元国防次官補の来年2月か3月までの決定要請（7月20日），米政府高官のサミットまでに特に普天間代替地を特定したい（7月22日）発言が続く．そして，7月26日コーエン国防長官の「重要な進展を，今後6カ月前後に期待する」発言は波紋が大きかった．日本側でも野呂田防衛庁長官も「個人的には」とことわりながら年内解決の期待を述べる（22・23日）．

　政府側はサミットと関連づけることによって，県の頭ごし決定が行なわれることへの沖縄世論の反発を恐れた．野中官房長官はコーエン国防長官の発言は期待の「一般的」表現だと説明した．その直後の28日国防長官は首相，官房・防衛長官と会談，サミットまでの解決の期待を述べ，首相は早期決着の意向を表明したのであった．しかし，高村外相は期限をつけたかのように取られやすいサミットと関連があるような発言はしないように米大使に伝えたという（8月3日）．また，候補地や工法は県が決めることであり，早いにこしたことはないが，「サミットと普天間移設は関連しない」と名護市議会議長らに述べている．解決を急ぎながらも表向きの姿勢は慎重だったのである．

政府のシナリオ
　しかし，サミットを機会に基地問題の解決をはかろうとする米政府の意向ははっきりしており，日本政府も適切な対応をとらざるを得なくなってきたことは明らかである．実際，裏では，基地移設問題解決の秘密シナリオが政府関係者によって作成されていたと報道される．この点について大田前知事が琉球新報松元記者の証言により詳しく紹介されている．シナリオは年内決着，米軍が最適と考えるキャンプ・シュワブ沖特定を明記して，当初政府高官，自民党有力者に配られた．クリントン発言後しばらくして，県・名護市には当事者能力が欠如していると判断して，このシナリオを県・市につきつけたという．国が担保するのは，地域振興と決断しない場合の県政停滞への恐れであった（大田昌英『基地なき島への道標』集英社，2000年，168ページ以下）．

　『沖縄タイムス』は11月14日，7月に作成されたといわれるシナリオの全文を入手・公開した．それは，SACOの中心課題である普天間飛行場と那覇軍港

の移設を首長が承認するにいたるまでのシナリオである．普天間移設を中心に紹介しておく．

A　はじめに

2001年のクリントン大統領の任期切れ後の新政権によるSACOの1年凍結の可能性と，その翌年は稲嶺知事の知事選のため重要決定不可能であることをふまえて，大統領は訪日までの解決を要望した．沖縄問題解決のモメンタムが失われることを危惧する．議論の時を終え，決断の時期を迎えている．サミット開催地選定など今年の沖縄には時の勢いがある．限られた期間での合意形成のために関係者が共通認識をもつことが必要．

B　プラン作成にあたっての留意点

I　スケジュール

（1）　求められるのは知事の受け入れ表明である．名護市長も知事が判断すべきこととしている．

（2）　那覇港湾方式による手順を指向する．商工会議所，議会，市民団体などの支持を得ることによって首長の受け入れ表明に至る方式である．2年前の名護でとったような調査，原案作成，地元説明の方式は時間がかかり，国の押しつけ反対運動を起こす．

（3）　北部共用飛行場の公約実現のためには12月までの受け入れ表明が必要である．

II　内容について

① キャンプ・シュワブを含む東海岸に移設，② 海上ではなく陸上に建設し，自然環境，生活環境保全に最大限配慮，③ 国は北部振興策を実施，④ 国は普天間跡地利用と地主対策を実施（説明）．① 前回名護市で混乱が続いたこと，② 候補地は名護市にしぼること，沖縄では複数の候補地があがっているが，反対派の勢力分散のために望ましいとの考え方あり，市長は県の判断をまつとの考え，前市長は受け入れており，知事はその判断を尊重という形で調整，③ 地元との争点をできるだけ残さないように建設場所と工法を確定すべきこと，海上ヘリは地元の環境面の懸念，台風懸念で候補になりえない．影響評価なしでの受け入れについて納得できる説明が必要（停止条件付き受け入れ表明と説明），④ 北部振興への期待が強く，千載一遇のチャンスを失うことへの危惧があり，振興策実現にに国が責任をもつことを明らかにすることに

よって期待に答える．普天間跡地利用についても支援を約束しなければ地元は納得しない．

Ⅲ　プラン実施上の留意点

① 沖縄の負担を国民全体で分かち合う方針の継続，そのために総理大臣談話，閣議決定なども考慮する，② 政府のイニシアティブも必要，自治体首長の負担軽減，③ 沖縄が「自主性，自律性を発揮して基地問題に対処することが極めて重要」，海上ヘリ問題で地元が一番反発したのは中央からの受け入れ要請だった．地元から誘致運動を盛り上げた浦添では反対運動は大きくならない，④ 地元からの幅広い支援の輪をつくることが必要不可欠．

クリントン発言をきっかけに，国のプランを候補地は名護東海岸，年内解決の方針を明確化してスケジュールを作り，その実現のためにイニシアティブを発揮した．サミット開催地決定をふまえ，沖縄問題解決のためにまさに「時はいま」と表明している．「国と相談しながら」決定するのが県の方針だったのだから，国の影響力は県の方針を決定的に左右した．

シナリオは海上ヘリ問題の経過からの反省点をふまえて巧みに組み立てられている．① 過去の海上基地決定の時には，複数の候補地からの選定，調査，工法などの計画案作成，住民説明の手続きを踏んでいたが，それらが賛否の激しい対立と紛争をもたらしたこと，賛成多数となる見込みのない住民投票要求の恐れもあること，また時間がかかること，などを反省し，そうした手続きなしで首長が短期間に承認決定する方法を考える．地域振興を期待する商工会議所を中心に基地誘致運動を作り出し，その流れに議会，市民の一部が乗ることによって首長に決断を迫るという那覇軍港の浦添移設にかかわるいわゆる「浦添方式」を考えている．名護でも後述のように多くの賛成市民団体活動し，議会が移設賛成に動き，周辺自治体首長への働きかけも行なわれた．

② 地元が最も反発したのは中央政府や国会議員の受け入れ要請だったと反省，地元への押しつけではなく，自主性，自律性発揮による対処を強調する．「地域」の論理をふまえた対処を考えている．これが「地元の頭ごしには決定しない」という頻繁な政府関係者の発言となって現れている．

③ 沖縄で複数の候補地で誘致運動が競り合っているということは，反対派

の勢力を分散させるうえで望ましいという考え方も表明している．県内各地で，県の提案を信じて振興策を求めて誘致に動いた住民や，また，それに反対した住民の膨大なエネルギーは，全く無駄のものであったのであり，むしろ，国の方針決定のための手段として利用されたことになる．

　プランでは造成か埋め立てかあるいは海上を含めた混成型かの工法を確定して争点を残さないようにするとしているが，これはプラン通りには確定されなかった．これの早急な確定は新たな紛争を引き起こすことが懸念されたからであろう．しかし，この点に関しては，納得できる説明が必要としながら，簡単に（停止条件付き受け入れ表明と説明）と括弧づきの注記が入っている．恐らくこれは，知事・市長の受け入れ条件つきの受け入れ表明を指すものと見られる．とすれば，早急に必要なのは首長の受け入れ表明であり，それさえあれば，「停止条件」も「受け入れ条件」も事後処理事項として乗り越えられるという国の見通しの下に国と県・市の間に話し合いが行なわれたと見られるのである．

　県は議会，世論の要求で知事の受け入れ表明後1カ月近くたった12月16日になって，やっと選定資料を公表した．8月までに具体的候補地として，7カ所があがった．候補地の比較表が作られており，知事は受け入れ表明にあたって「総合的に判断した」と述べているが，新聞・識者論調も，また，筆者の見るところでも何故辺野古かの理由づけはできない資料である．やはり，初めに国の示す辺野古ありきの方針の下で，ある時点から，複数の候補地からの選定のための作業は曖昧なものにたってしまったといってよいだろう．

　後述するように国の巨大な振興策が引き出された．しかし，知事の判断は自主的，自立的とはとてもいえないだろう．大田知事の時代，国は金で基地を買うという批判を恐れ，振興策と基地は別問題と言い続けてきたが，稲嶺知事の登場以降，両者は一体であることが政府関係者からも県当局からも公然と語られるようになった．振興策ではその内実はどうあれ，県はともかく成果をかちとった．「千載一遇のチャンス」を生かすことができたのである．しかし，基地移設承認は知事の「沖縄が当事者能力を発揮する主役である」「みずからの意志と責任を示す」という宣言にもかかわらず，国主導のものであったことは明らかなように思える．

実際，公約の15年期限問題も，海上ヘリ基地反対も明記されず，工法も確定されなかったし，十分な住民の合意をとりつけることもされなかった．日米地位協定見直しも移設条件に含まれず手はふれられなかった．世論調査でも基地移設に反対するものがなお，圧倒的に多いのである．基地に関しての重要な問題はほとんど未解決のままで残しながら，国のシナリオに沿って，史上初めての沖縄の側からの自主的な「基地引き受け」の申し出が「見切り発車」として性急に行なわれたといってよいだろう．

名護市民投票による反対派の勝利，比嘉市長の受け入れ表明，そして，決定的な大田知事の受け入れ拒否を経て一度振り出しにもどった普天間移設候補地の決定は，稲嶺知事の複数候補地から自主的に選択するという方針にもかかわらず，そのための手続きとともに，国の主導によって，再度名護市を選択するための儀式の中で行なわれてしまったように思われる．

3） 知事と名護市長（1999年）

しかし，知事と名護市長が国のシナリオに沿って決定を受け入れることになったとしても，それに至る過程には紆余曲折があった．さまざまなレベルでの沖縄の平和，反基地の世論をゆさぶる事件があった．

日本全体としては既述のガイドライン関連法案，地方分権法は沖縄では本土に比しはるかに重要な問題として議論された．たとえば，4月26日報道の共同通信社の世論調査で，ガイドライン関連法案反対・賛成は国内では23％と66％であるに対し，沖縄では55％と26％で賛否が逆転している．5月11日の野呂田防衛庁長官の「周辺事態が発生した場合，米軍基地の集中する沖縄が最も大きな影響を受ける可能性がある」との発言は県内に広い反発を招いた．地方分権法は沖縄とは基地のための土地利用に対する抵抗権を奪うものだった．

新県政は前県政とは姿勢を転換させた．7月22日に説明が行なわれた2000年度「重点施策の基本方向」は「平和行政と基地問題」を最重点に掲げていた前県政から方向転換して，「沖縄経済振興21世紀プラン」事業の実現など経済に重点を移した．しかし，基地にかかわる重大な決定が行なわれようとする時に限って，基地や戦争・平和にかかわる事件が頻発する．後述するように

1999〜2000年にも県民を激昂させる米軍犯罪や基地被害が起こった．

　県政は大きな失敗もした．それは，2000年4月1日開館の新平和記念資料館の展示ならびに説明の変更問題である．この改訂に関して監修委員に相談なく，「反日的になってはいけない」などと報道される県三役の指示で，内容が変更された．八重山平和記念資料館でも同様の事件が起こった．県の平和行政を問う沖縄世論が盛り上がった．最終的には10月14日県知事が謝罪することになったのである．しかし，展示内容はなお，完全に復元されたとはいえない．

　沖縄世論の基地移設とサミットとの関連づけに対しての批判は厳しかった．7月20日『沖縄タイムス』の県民世論調査が報告された．サミット開催は4分の3が良かったと評価しているものの，基地問題に関連させるのはおかしいとするものは62.3％，北部では70.7％にも及んでいたのである．

　県知事や名護市長もクリントン発言直後からもサミットと基地移設は別問題と関連の否定を繰り返した．サミットの関連，引き替えと見られることは県の自主性否定につらなることにもなるからであろう．以上のような流れの中で知事は15年期限問題をより厳しく表面に出し始める．県の主体性を主張せざるを得なかったのであろう．国に対して15年期限問題を改めて主張することを繰り返し始めるのは，10月2日，朝日新聞報道が県は候補地を1カ所に絞り込み政府に提案する方針を固めたと報道した直前の9月末からである（9月27日，10月22・25・28日，11月19日）．受け入れ表明後の11月25日にも橋本前首相，自民党三役，公明党代表，県選出代議士らに候補地決定を報告すると同時に15年期限を主張し続けると強調している．

　ところが，これに応ずるかのように，政府関係者からの消極あるいは否定反応が相次ぐ．10月23日には野中・青木の新旧官房長官，沖縄開発庁長官，外務大臣らが一堂に知事と会見，その後の記者会見で，青木長官は「国際情勢も変わり，米国の立場もある．そういうものを考えなければならない」と話した．その後，防衛事務次官，防衛庁長官の同種発言が続く．

　県内移設の促進や知事を支援する動きも活発化した．県軍用地等地主会連合会（約32,000人）が，7月21日，防衛施設庁長官に普天間飛行場県内移設を前提としての早期返還を防衛施設庁に初めて要請する．8月21日には宜野湾市で

「米軍普天間飛行場の移転先早期決定に関する要請決議・意見書」が可決される．9月1日には普天間飛行場返還跡地利用促進協議会が商工会中核で結成されている．10月になると県経済界に知事バックアップのための会の結成が計画され，知事判断の直前の11月10日に「21・沖縄の未来をひらく県民の会」が70団体1,000人で組織され，基地建設などでの知事支援を決定している．新聞報道によれば，22日，沖縄商工連合会会長，経済同友会代表幹事，工業連合会会長，建設産業団体連合会会長，経営者協会会長，沖縄懇談会会長とその本土側代表幹事などが沖縄経済会の代表的な人々は市長決定を支持している．12月21日には，医師連盟，同婦人部会，薬剤師連盟，歯科医師連盟も支持を表明している．県議会のほか諸団体や経済界，医療関連者ら地元からの基地県内移設支持の体制が整備されていったのである．基地移設を通して経済振興を考える団体が稲嶺県政を支えているといってよいだろう．それは，知事の公約・主張・決定への賛同であると同時に，政府のシナリオの計算に乗っていたことであった．

　名護市長の場合は知事よりもう少し屈折している．市長もまたサミットと基地は「交換条件」ではないとして自主判断を強調するが，県との関係を重視する．市長選での公約「イエスでもノウでも知事の判断に従う」といったのは，海上ヘリ基地についてということだった．「大田知事が『拒否』の判断をしたことで終わっているという認識だ．今回は陸上案という違った案が出てきた」「知事から提案があった場合『内容』を吟味する」とインタビューに答えている（7月20日）．また，8月9日には，野党議員との懇談会で，次のように述べる「受け入れると明言したことはないし」，「名護市にくるとも思っていない」．市民投票を重く受けとめ，「陸上案が海上案よりも市民生活に影響を及ぼすものなら受け入れ難い」「原点に戻って県と国が話し合い，その結果『名護』であるならば話を聞くが，市から先走って，誘致するようなことはしない」，比嘉前市長の政治決断は生きているという政府見解には「私は前市長の決断を受け継いでいない」などと語った．

　① サミットと交換条件ではない，② 海上案は終わっている，③ 前市長を受け継いでいない，④ 原点に戻っての話し合いの結果なら話を聞く，⑤ 市民生活への影響を重視すると自らの判断の主体性を強調する．判りにくいのは第

1に「原点に戻っての県と国が話し合い」という場合の原点とは何かということである．結果として岸本市長は原点での話し合いを了解したということになるが曖昧なまま残された．過去の，大田「知事の判断に従う」，「海上ヘリ基地反対」の2つは大田県政の場合には矛盾がない．しかし，稲嶺県政下では受け入れ条件で基地工法を曖昧にしているので，両立しない可能性を含んでいる．

　結局のところ，国と県の両政治システムが設定した枠の中で，原点は曖昧なままおいつめられ，「知事の判断に従って」政治的判断を行なわざるを得なかったのが真実であろう．受け入れ表明後の名護市民商の公開質問状に助役が公約は「知事の判断に従うことであり」違反ではないと答えたという．しかし，これは中味抜きの形式的な言葉の一致をいっているに過ぎず，市長の心理はもう少し複雑であったと思われる．

　市長は現実主義的な政治家としても対応した．たとえば，市民投票について，「法解釈で言えば」「陸上案や埋め立て案は含まれていない」（9月16日）という発言，「現在の私の立場として，国や県の意向も，地元の意向もどちらも大事」（10月22日），「市民投票の結果は重く受けとめる」が「行政の行為を規制するものではない」，「市民投票は代議員制度を補充するもの」として議会の決議を優先する（12月16日）などの発言にもそれが見られる．その議会は12月23日未明徹夜の審議で「普天間飛行場の名護市辺野古沿岸域への移設整備促進決議」を可決した．ただ予定された北部市町村会の支援決議は保留された．

　最終的な決定は，国と県に迫られ，国の年内解決というシナリオの上に乗って移設容認の道をひた走ったとみざるをえない短兵急なものでもあった．知事の意志表示と並行して比較的早い時期からすでに移設承認の意志を固め，移設条件をつめること，承認のための形式を整えることに努めていたと見られるのである．12月15日地元意向の集約として「久辺3地区」を当面もっとも被害の大きい地域と考えている」と答えた．受け入れ表明時の記者会見で，「住民投票の結果は重く見てきた」といいつつ，辺野古，豊原，漁業組合，市議会議決などを踏まえて容認意志表示をした」と語っている（12月27日）．隣接する反対運動の最も強い二見以北10地区には意見聴取は行なわないとしていた．なお，意向を確認した漁業組合長は与党市議会議長である．

久辺地区には辺野古，豊原，久志区が含まれている．しかし，後述するように，実際に連絡をとったのは辺野古区だけで，その辺野古区長も「一任すると言っていない」と述べ，他の2区は市長との接触を否定している．
　『沖縄タイムス』と『朝日新聞』は，市長受け入れ表明の直前の12月16・17日名護市民の世論調査を実施している．それによると，基地移設反対59％，賛成23％と圧倒的に反対が多い．女性は賛成16％反対65％，男性は賛成30％，反対53％と女性の賛成者はとりわけ少ない．地元東海岸久志地区（辺野古など13区）に限れば，反対は64％，賛成23％とさらに反対が増加する．25・26日の琉球新報電話調査では，知事の名護市選定を支持しないが県内で56％，名護市で63％，支持は41％と35％である．知事が15年期限をつけても反対が圧倒的に多い．
　とても住民意見の集約や説明が行なわれたとはいえないだろう．市長の判断は，国，県の圧力の下で行なわれたものであり，市長にできたのは，県の条件に加えて，使用協定の締結や日米地位協定の改善を要求し，移設容認撤回の可能性の意志の表明を行なうことであった．

3　基地被害と日米地位協定の見直し問題

1）　基地被害年表（1999年4月～2000年8月）

　岸本市長は受け入れ条件の中に日米地位協定改善，使用協定の締結を要請している．県知事は口頭では日米地位協定見直しの申し入れはしたというが，基地移設承認条件としては使用協定の策定にも直接ふれていない．しかし，長い基地被害の歴史の中で，たえず問題になってきた不平等性や治外法権的な内容をもつ協定の改訂を求める県民世論を無視することはできなかった．基地候補地選定中にも米軍被害は頻発したのである．県民への説明のためには見直しが不可欠であった．稲嶺県政も日米地位協定の見直しを正面にすえざるを得なかった．県は準備を重ね，2000年8月16日にいたって，地位協定の「運用改善」ではなく，具体的な「見直し県案」作成提示するにいたった．国との落差は大

きく，事前調整がなく政府が当惑する内容のものもあったという．

　こうした，県の積極姿勢の後押しになった基地被害について，1999年4月のサミット候補地としての決定から翌年7月のサミット開催時期まで生じたものを，新聞報道に見られる限りであるが，整理して見ておくことにしたい．

　ただし，沖縄においては，基地被害は常態であるということを前提にしておかなければならない．報道されないものも多くあると見られる．

　知事に地位協定の見直し要求を求めさせざるをえなかった，米軍の無理押しや政府の弱腰に注目しつつ米軍の訓練事故年表を見よう．

　米軍訓練はしばしば，SACO合意や地位協定を無視して行なわれ，住民に危険性を思い知らせる．訓練の度に周辺自治体，県，住民団体は抗議し，時には政府も米軍に抗議する．よくもまあ事故が繰り返され，その度に沖縄の自治体は抗議，抗議で大変に忙しいと思うのは私だけだろうか．冗談ではなく，一歩間違えれば住民の命にかかわる事故が頻発しているのである．

【米軍訓練と事故】（　）内は抗議決議あるいは意見書採択団体など
　　1999年

　4・17　嘉手納基地内で関係自治体，平和団体の抗議の中で米軍陸軍特殊部隊（グリーンベレー）のパラシュート訓練（政府は例外的と容認，県中止要請，周辺3市町連絡協，県議会）．

　訓練は，関係自治体や平和団体が抗議する中で行なわれた．SACO合意で読谷飛行場から伊江島に移ったはずである．しかし，米軍は気象条件，施設未整備を理由に中止要請を無視して度重なる訓練を実施した．米軍は「訓練の即応能力を維持する必要性があるときはいつでも嘉手納を使うつもりだ」とし，外務省幹部は「訓練するのは米軍の権利であり，通告があればことわることはできない」と述べている．県議会決議は「中止要請にもかかわらず訓練前日に一方的に通告して強行したことに対し」［県民を愚ろうするものであり，断じて許されるものではない」と手厳しい．

　4・19　米海兵隊普天間基地の大型ヘリ国頭村東海岸400mに墜落，4人行方不明（嘉手納市議会，北谷町議会，宜野湾市，沖縄市議会，名護市議会，東村高江区長，国頭村長，同議会，県・県議会）．

墜落事故は居住地帯に400mと至近距離へのものであった．通知は3時間半後と遅れた．普天間基地の危険性を改めて再認識させるものだった．普天間基地とその移設に関連する宜野湾市，名護市議会は演習中止を含めて抗議決議，関係日米機関に申し入れを行なう．周辺自治体が一斉に反発して同様決議をしたのはもちろんだが，県議会も両事件に対して全会一致で抗議文意見書を可決している．東村長や，国頭村長はヘリパッド移設先の見直しを求めると表明した．

4・28　副知事ホワイトビーチ停泊の原潜の通告なし出港について米総領事に遺憾の意表明．

6・4　嘉手納基地でハリアー機墜落，復帰後134件目の墜落，住宅地域から500mの至近距離，後に近くに日本人従業員4人がいたと判明（知事，副知事，野中官房長官はただちに抗議あるいは再発防止申し入れ．3市町村連絡協議会「沖縄，北谷，嘉手納三連協」，議会で沖縄市，嘉手納町，那覇市，県議会，北谷町，具志川市．諸政党，労働団体）．

墜落は住宅地から500m，至近距離に日本人従業員4人がいた．SACO合意でハリアー機は岩国に移動し沖縄にはいないはずである．しかし，外務省，防衛庁長官は常駐の意識はないとしている．米軍もあるいは常駐，あるいは恒久的配備ではない（6・15，6・16，7・2）と曖昧である．前年7月のヘリ墜落事故の原因報告はSACO合意で半年以内とされているにもかかわらず，6月15日になって漸く他の5件のヘリ墜落事故原因と合わせてマスコミに提供される．

7・23　米で垂直離着陸攻撃機AV8Bハリアー機の墜落事故頻発のため，嘉手納基地内の同機種5機一時飛行停止．沖縄にないはずだが実質常駐しているハリアー機の事故確率が高く危険だということを示しており，各自治体はその撤去を要求している．

8・11　東村村営屋外運動場に，普天間基地所属のUH-1Nヘリがエンジンオイル漏れで不時着（村長抗議．官房長官，県，知事と基地所在市町村長で構成する軍用地転用促進・基地問題協議会，宜野湾市，那覇市，市町村，平和団体，政党，労働団体など）．

事故による民間運動場への不時着は，政府，県，自治体，県民の広汎な抗議・原因究明再発・防止を求める運動を引き起こした．基地外の民間上空での

飛行は禁じられていないのである．米軍は陳謝したが，事故は続く．

　9・3　米民間シンクタンク「米軍沖縄管理体制は危険で大規模事故がおこる可能性高い」「基地撤去か削減」の解決策しかないと警告．

　9・7　ハリアー機の訓練再開．抗議が続く．

　9・9　三連協，環境問題での基地内調査要請で必要な政府間合意，深夜早朝飛行事前通報，日本の緊急車両による基地内道路使用など要請．

　11・11　嘉手納基地内ラプコン（進入管制レーダーシステム）のレーダー故障で民間機50便に最大2時間の遅れ，13便欠航（94年7月にも発生），軍用機には影響なし（県議会，官房長官，読谷村）．

　日本側への通報が発生後12時間後と遅れ，レーダーの故障復旧に27時間半かかった．2月13日にも事故が起こった．日本復帰時の米軍管理「暫定期間」という取り決めが現在まで継続しているのである．知事の基地受け入れ表明を控えた日本政府の対応は珍しく早かった．11月18日にはラプコン管制業務移管問題検討を日米合同委員会に提起した．県議会も12月21日早期返還を求める意見書を可決した．3月16日米国務長官は，「米軍の運用上の所要が満たされることを前提に返還する」と首相・外相・防衛庁長官との会談で述べたが返還時期は未定である．独立国日本の沖縄の空が沖縄のものとして回復されることになるかどうかは，前提条件についてのつめがどうなるかにかかっている．

　12・9　嘉手納弾薬庫近くに米空軍「エアロクラブ軽飛行機不時着」，市町村，三連協，抗議と住宅地域での飛行禁止決議（石川市，沖縄市，嘉手納町）．

　米司令官は陳謝するが，外務省「日米地位協定に基づいたもので問題はない」とする．米軍司令官は1月14日3首長に訓練は中止要請を拒否，訓練継続方針を説明した．

　12・14　キャンプ・シュワブ水域大浦湾で米空軍パラシュート訓練，15人降下，荷物1個落下（名護市議会，知事）．

　防衛施設局は問題ないとするが，県はSACO合意違反とし．知事，名護市使用協定締結を要望，官房長官は遺憾の意を表明，住民に配慮の申し入れはしたが，SACO合意違反にならないという認識である．在日米軍米司令部（横田）は県の申し入れに対し，シュワブ水域でのパラシュート訓練はSACO合意に違反しない，ラプコーン返還には前向き対応するとの方針を説明している（1・

14).

2000年

1・6　伊江島補助飛行場で実施のパラシュート訓練で海兵隊3人と物資1個がフェンス内に降下（県，伊江村長）．

1・6　99年の米原潜日本寄港は41回（内勝連町ホワイトビーチに14回），前年55回と報道（勝連町，諸団体）．

1・21　空母キティホークの艦載機25機嘉手納基地拠点に24～29日訓練（沖縄・嘉手納・北谷の3市町連協，嘉手納町議会，北谷町議会，沖縄市議会）．

周辺自治体の抗議にもかかわらず，防衛施設庁施設部長は艦載機訓練の中止を求める考えはなく，安全，騒音配慮を申し入れ，と表明した．

1・27　辺野古キャンプ・シュワブ内砂浜に9台の水陸両用車移動のため出現，漁船水路を通り，もずく被害が懸念．

2・8　ANK機と米機ニアミスとANK機長報告を当初米軍否定（県），県の再発防止要請に近接を認める．

2・13　嘉手納ラプコン2時間停止，最大15分の遅れ．

2・15　普天間基地所属の米軍ヘリ・給油機5機フィリピンからの帰途石垣民間空港に着陸（復帰後民間空港利用104回）．（県，石垣市，石垣の労組団体）今月3日の使用申し出に県は拒否したが米軍は無視（3月1日米軍着陸取り止め伝達）．地位協定は民間空港使用を認め使用目的を制限していないため県は緊急時以外の使用制限を92年11月に政府に申し入れている．3月に米軍は着陸取り止めを防衛施設局に伝える．

2・29　勝連町議会原潜入港に抗議決議．

4・8　2005年普天間移設地配備予定のオスプレイ機米国内で墜落，19人死亡，海兵隊史上最悪の事故．

オスプレイは沖縄に配置されようとしている最新鋭の垂直離着陸機である．

4・27　米海兵隊水陸両用車事前通告なしに宜野座村漁場通航，ウニ・モズク・刺し網漁に影響，岩礁，さんご礁に影響（宜野座，村議会，政府，米軍陳謝）．

5月4日村発表によれば，従来と異なり事前通知なしと被害報告．米軍は視界不良でミス，今後は情報交換と発表した．米軍発表が事実としても視界不良

は何時でも起こるのであり，突発的危険性が常にあることが示される．1月にも名護市辺野古水域に水陸両用車が移動のために突如出現して被害を及ぼしている．

　5月4日村発表，従来と異なり事前通知がないことと，被害報告を行なう．過去に通行禁止や立票建設の要望を出しているが解決していない．米軍は視界不良でミス，今後は情報交換と発表．政府は立ち票（目印し）設置，被害調査を約束した．

　5・23　東村サトウキビ畑で米海兵隊ライフル射撃訓練，薬きょう広範囲に散乱（平和運動センター，東村議会，政府，）政府は謝罪と損害状況を確認して対応すると表明，米軍は陳謝した．

　8・ 4　普天間基地の米軍機機体からエンジン不調で煙を出し普天間基地に緊急着陸

　8・29　米海兵隊は28日までに本国でのトラブル続出で，普天間基地の主力3機種の飛行停止を決定．三連協除去を申し入れ確認．

　演習は基地内で行なわれるだけではない．住宅地近くでの飛行・パラシュート訓練畑地での射撃訓練，漁場への侵入と漁場被害，民間空港侵入，原潜寄港，ニアミス，基地外での米軍事故が相次ぐ．米シンクタンク「日本政策研究所」からも「米軍沖縄管理体制危険で大規模事故が起こる可能性が高い」，「基地の削減か撤去しかない」とする危険告知も行なわれてさえいる（99年9月3日）．さまざまな事件事故が発生する．住民は危険と隣り合わせで生活している．だから事件・事故の度に関連公共団体や県は厳しい抗議を繰り返すが，事件・事故はやむことがないし，運用面で改善されることも少ない．

　【基地汚染】
　　1999年
　5・13　金武町で返還予定のギンバル訓練場の砂浜，海岸沿い侵食発見．
　7・ 5　読谷村の返還された嘉手納弾薬庫後から引渡し日の24日六価クロム，鉛など発見された問題で，地主は安全確認まで引取拒否，村議会支援．
　7・15　日米合同委員会，嘉手納基地内ため池へ60～70年代にPCB入り変圧器廃油投棄との従業員証言で調査，低濃度で問題なし結論公表．
　嘉手納町長は調査方法に問題があるとする．嘉手納，北谷両町長県の立ち入

り要求，地位協定をたてに米軍拒否．また，97年7月の文化財や環境調査のための普天間飛行場，北部訓練場，安波訓練場への県の立ち入り調査要求や，県収容委員会の地籍調査，自治体の赤土流出調査立ち入り調査などが拒否されているという（『沖縄タイムス』報道）．SACO合意は地位協定三条の運用改善で「米軍機能の運用に支障がない限り」立ち入りを認める合意ができているが，拒否される場合が多いのである．

　8・13　北谷町の普天間川にキャンプ瑞慶覧から油流出，町長抗議．
　9・25　読谷の返還汚染地の受け取り拒否問題で防衛施設局と国の責任で処理するとの覚え書き交換で同意．
　10・5　宜野座村長はキャンプ・ハンセン内計画の赤土防止ダム9基中5基が米軍要請で中断，防衛施設局に再開要請．

　　2000年
　1・5　沖縄市比謝川に嘉手納弾薬庫ボイラー室から油流出（県基地対策室によると復帰後96件目），市と市議会抗議，県再発防止，安全管理申し入れ．
　1・21　三者協基地内の廃弾処理の議題化を県から米軍に申し入れ要望．
　4・17　米陸軍相模総合補給廠保管の全国基地から集積されたPCBを含む産業廃棄物を積んだ貨物船カナダ，アメリカで引取拒否，Uターン，一時陸揚げ，県は，在沖米軍のPCB保管管理状況について政府に確認要求．立ち入り調査など地位協定改正の必要性浮き彫り（後にウェーキ島で1年保管と決定）．
　4・24　知事有害物資に関しての情報開示不十分と地位協定改定を求める．
　5・24　米軍は嘉手納弾薬庫地区内に国内使用禁止の劣化ウラン弾保管を公表．
　防衛施設庁の次長は「適切な管理が期待されるし，そう理解しているので地位協定上は問題ないと述べた」．周辺3市町の三連協は劣化ウランの撤去を要望した．県は嘉手納基地司令官に保管場所や状況をただしたが，回答はなかった（5・31）．ところが，5月31日　西原町内鉄くず業者が米軍の劣化ウラン薬きょう数百発保管が判明と報道された．8月7日，河野外相は，これは95年12月の鳥島誤射事件の1,500発の可能性があるとしたが，業者はそれ以前に購入したといい，鳥島使用のものなら未発見のものが1,000発以上が不明だということになる．「適切な管理」が行なわれているとはとてもいえないだろう．

7・23　東村高江区の国有地に米軍が数トン分の産廃物投棄疑い濃厚と報道されたが米軍は半ばは軍の責任だと認めた．

8・25　キャンプ瑞慶覧から油が宜野湾市と北谷町の境界域に流出，基地による環境汚染が進んでいる．県の環境基準は基地には適用できない．浄化費用の負担や立ち入り調査など，地位協定では曖昧にされている．PCBや劣化ウランなど廃棄物の管理が不透明ずさんであるにもかかわらず政府は「適正な管理」が行なわれているから地位協定上問題はないと期待を述べる．基地汚染にとどまらず，度重なる油流出，廃棄物の投棄など基地外にまで汚染が広がる．汚染，文化財，赤土流出などの調査のための立ち入り調査はSACO合意にもかかわらず拒否されることが多い．県や自治体と米軍は問題の処理にあたっての認識が決定的に違っているのである．

　読谷村の返還地からの六価クロム・鉛の発見，基地内でのPCB汚染やPCBを含む廃棄物の保管，劣化ウラン弾の保管と薬きょうの民間流出，基地からの油流出など基地公害も深刻なものになっている．国内法が適用されず，排他的使用権をもつ基地内の汚染は，基地外にも影響をもたらしている．SACO合意で基地の返還が進むと汚染された基地の原状回復問題は跡地利用問題とからみ大きな社会問題となってきている．過去には汚染の調査が不完全なままあるいは問題にしないままの返還が一般的だったが，今日の沖縄世論はそれを許さないのである．

　基地内で何が起こり，何が行なわれているかは排他的使用権のために不明であり，情報も公開されない．公共団体の立ち入り調査や個別協定締結申し入れも多くの場合地位協定や管轄外を理由に拒絶される．騒音防止協定を結んでも守られない．上記年表の中にもこうした事例が多々見られるであろう．日米政府のいう運用改善は対症療法的で効果は少なく，想定できない事故事件が次次と発生する．

【森林火災】
　　1999年
　4・21　金武町キャンプ・ハンセンで演習による山火事発生，1,000m^2焼失．
　9・ 8　金武町キャンプ・ハンセンで実弾演習に伴う山火事発生，焼失面積4万m^2，今年7件目．

第1章　普天間基地移設受け入れと「県・地元の意思」

　　2000年
　2・2　金武町キャンプ・ハンセン演習場で実弾訓練で大規模山火事発生，12・5万ha以上焼失（今年5件目）国発表復帰後264万㎡消失（25日）．
　4・18　キャンプ・シュワブ内で原野火災発生．
　4・19　名護市議会のキャンプ・シュワブ原野火災への立ち入り調査要求を米軍拒否．
　4・24　金武町長火災防止について，何十回も再発防止を申し入れたが改善されず，個別協定を要請しても現地司令官の権限外とされ，直接政府に申し入れをした．
　6・23　恩納村キャンプ・ハンセン内練習場で実弾訓練による火災発生．
　演習による森林火災も頻発する．復帰後264万㎡の膨大な面積が消失した．貴重な自然が破壊されるだけではなく，場合によっては，住民居住地区にも被害を与える恐れがある．ここでも立ち入り検査は拒否され，金武町は火災が頻発し，何十回申し入れても効果なく，使用協定も現地司令官とでは話し合いがつかない．直接政府に申し入れするが，日米の話し合いは早期に結論をみない．もってゆくところがないのである．

【騒音】
　　1999年
　8・2　北谷町長航空機騒音の軽減を米軍などに要請，3年前の騒音防止協定後も改善が見られないため．
　　2000年
　1・24　米艦載機訓練開始，爆音激化，70デシベル以上北谷町で1日135回以上，嘉手納町で245回．
　3・22　嘉手納基地周辺6市町村住民5,544人，夜間・早朝の飛行差し止めと，精神的・身体的被害への賠償を求める新嘉手納基地爆音訴訟を起こす．
　5・1　嘉手納町99年騒音測定調査結果発表，70デシベル以上1,892回，前年比，193回増，騒音防止協定の遵守，低空飛行，急旋回の制限，有害物資の安全管理，汚染土壌の浄化体制確立などを米軍に要請，北谷の騒音回数は昨年平均の3倍（5月11日報道）．
　嘉手納町と北谷町について「両町」と結ばれた「騒音防止協定はないに等し

く」騒音はより激しくなり，「協定遵守の協定も空しい」と報道されている．

　1998年1月19日，嘉手納基地の騒音が最も激しい北谷町砂辺地区で，議会の基地対策特別委員会が住民から基地被害の実態を聞いた．冒頭，区長は騒音の影響で，人口・世帯は66年の1,052人，249世帯から，97年の635人，206世帯に減少したと述べられた．住民からの苦情が続いた．「早朝4時半のエンジン調整音で眠れないことがある」，「住宅地の真上を戦闘機が2機1組で作戦飛行するのはすぐやめてほしい」，防衛庁は防音工事助成金をだしているが，「窓を閉め切るため夏は電気代がかさむ．お金に余裕のない高齢者の家庭ほどクーラーを使用できない」．区には昨年「集団移転」を打診してきた．米軍は騒音防止協定を無視する，夜間早朝の飛行を繰り返す．

　3月22日の新嘉手納爆音訴訟はこうした被害への訴訟である．前回の訴訟判決（98年5月）は被害補償は一部認めたが，日本政府に対する飛行差し止め要求に対しては，政府は，安保条約，日米地位協定によって，支配の及ばない米軍行為には権限をもたないと棄却された．そこで今回は嘉手納基地周辺6市町村の住民5,544人による日米両政府を相手にしたマンモス訴訟を起こしたのである．

　【米軍犯罪】

　米軍犯罪も日常的だということは次の年表で明らかである．それらの中でとりわけ重要なのは，サミット開催を間近に控えた7月3日未明，沖縄市で発生した就寝中の女子中学生への米海兵隊員の準わいせつ事件である．過去の少女暴行事件を彷彿させる事件だった．県内は激昂騒然とし，抗議の県民総決起大会の開催が行なわれるまでになった．大会は，抗議謝罪要求とともに基地の整理縮小，地位協定見直しを求めた．米軍犯罪に関してはこの事件を中心に後に説明したい．

　　1999年
　6・12　米兵住宅侵入事件．
　8・ 6　飲酒運転で死亡事故をおこした米兵帰国居所不明．SACO合意の地位協定運用弾力化で賠償手続きは支障なく行なわれると政府表明．
　　2000年
　1・14　沖縄市で米海兵隊員による婦女暴行未遂事件．

4・23 読谷の国道交差点で82才の男性，米兵車にはねられ死亡．
5・20 米兵4人，沖縄市内の衣料品店に侵入窃盗逮捕．
5・20 具志川市内公園施設に落書きの米国未成年者6人割り出し，150万円の賠償金．
7・2 タクシー足げりで逃走の2人の米兵を逃走幇助容疑で逮捕．
7・3 未明，沖縄市で就寝中の女子中学生に対する普天間基地の米海兵隊員準わいせつ事件発生．県内世論激昂，騒然（詳細は後述）．
7・6 宜野湾市で米海兵隊員トロピカルビーチでフェンスに車両ぶつけ器物破壊．
7・9 沖縄市内で嘉手納基地所属米兵，読谷村男性（27才）をひき逃げ．
7・15 わいせつ事件抗議の県民総決起大会，7,000人，日米地位協定見直しも要求．
8・2 宜野湾市内で米兵泥酔女性に暴行，事件化を望まず不起訴．

【文化財】

1999年

10・19 北谷町長と議長は関係省庁を訪ね，キャンプ桑江の返還予定地内埋蔵文化財や環境汚染問題などに対する国の支援要請．
11・30 北谷町のキャンプ桑江返還予定地についての協議会（国・県）が9月に発足，40ha中13haに文化財埋蔵地，文化財保護法に調査費用13億円余，1人当り負担400万円，国の支援要請を求める．

2000年

2・2 宜野湾市長文相を訪問，普天間返還跡地の文化財調査への人的支援を要望．

2) 県の日米地位協定見直し要求

僅か1年4カ月の間だが，実にさまざまな事件が起こっている．生じた事件の殆どの場合，関係自治体は抗議書・意見書を決議し，政府・米軍に抗議や要請を行なっている．しかし，ぶつかるのは何時でも，政府間約束である日米地位協定の壁である．少女暴行事件の時も日本政府は県の地位協定改定の要求に

も，運用改善で対処するで押し切った．2000年8月14日報道によると，政府はSACO合意の進捗状況をまとめたが，日米地位協定の運用改善に関し，「事故報告と住民の認識とのずれ，立ち入りに関しても運用上の理由で拒否が多い」としている．1995年「米軍運用に支障がない限り」の条件で認められた立ち入りに関して，「実情は要請前より後退している」ともいわれる（県幹部，8月29日報道）．8月25日には，政府は照屋参議院議員の質問主意書に書面回答し，アメリカは「施設及び区域内において，それらの設定，運営，警護及び管理のため必要なすべての措置をとることができる」（地位協定第3条いわゆる「排他的使用権」）を根拠とした立ち入り禁止に関する「日米地位協定第3条」を見直す考えはないこと，可能な限り関係地方自治体からの要請にこたえるべく配慮されていると書面回答しているのである．

　県は当初「実をとるため運用改善を検討した」（8月17日）といわれるが，普天間移設をも考慮し，基地被害に悩む市町村の意向を尋ね，世論を勘案して，見直しに踏み切ったといわれる．地位協定の見直し要求の1つ1つは，過去に生じた事件と対応している

　基地内での有害物資汚染が明らかになる中で，返還予定地の地主の不安が高まった．現行地位協定では米軍は返還の際の原状回復義務は免除されている．こうした不安の高まりを背景に県は99年9月，「基地の環境調査及び環境浄化等に関する海外調査検討委員会」を発足させ，同委員会は11月の調査を経て2000年3月31日，報告書を提出した．NATO軍とドイツの間には，ボン補足協定が結ばれ，国内法の適用，立ち入り権，原状回復義務などが明記されており，日米地位協定の不平等性，不公平が明らかになっている．県はこの報告をふまえ，自治体の意見を聴取し，見直し案を準備したのであった．

　日米地位協定の見直し県案は概要次のようなものである．

　1　第2条関係（施設・区域の提供）　(1)両国政府は関係地方公共団体の要請があった場合，協定の内容について検討する，(2)検討にあたって地方公共団体の意見を聴取しその意向を尊重する，(3)使用範囲・目的・条件等を明記
　2　第3条関係（施設・区域に関する措置）　(1)公共団体の事前通知後の立ち入り調査権，緊急の場合の即座の立ち入り権の明記，(2)事件・事故発生時の

地方公共団体への情報提供，災害拡大防止のための適切な措置義務を明記，(3) 軍隊諸活動に国内法の適用明記

　3　第3条A（施設・区域の環境保全等）に新設条項　(1) 合衆国の公害防止と自然環境保全への回復措置義務，環境保全に関する国内法適用，(2) 施設区域内のおける計画策定にあたって，環境文化財への影響最少化の義務，実施前・実施後における影響評価調査と公表，調査をふまえた日米両政府の協議，(3) 環境汚染について合衆国責任での回復義務

　4　第4条関係（施設の返還）　施設・区域返還に当たっての汚染・不発弾処理等の事前調査ち原状回復計画の策定と実施等

　5　第5条関係（入港料・着陸料の免除）　(1) 緊急時以外の民間空港・港湾の使用禁止，(2)（略）

　6　第9条関係（合衆国軍隊構成員等の地位）　検疫，保健衛生に関して国内法適用

　7　第13条関係（租税）　軍隊関係者の私有車両について民間車両との同税率課税

　8　第15条関係（諸機関の管理）（略）

　9　第17条関係（裁判権）　日本当局からの要請ある場合に被疑者の起訴前拘禁移転

　10　第18条関係（請求権の放棄）　(1) 米軍関係者のもたらした損害の賠償額が裁判所確定判決に満たない時の日米両政府による差額補てん義務，(2) 合衆国当局の上記支払いのための給料差し押え義務

　11　第25条関係（合同委員会）　合意事項の速やかな公開

　1995年の大田県政下での見直し要求は「自治体の振興開発等に悪影響がある場合は，米国政府は返還要請に応じる必要がある」と明記していたが，今回はそのような姿勢はない．第6条航空管制権の問題は既述したように別途に政治問題化しているがそれには触れていない．第7条の公益事業など利用優先権，11〜15条に定める自動車税以外の税金免除規定などの経済特権にも触れていない．しかし，見直し案は，全28条中11条について見直しを求め県内自治体や世論の要求に答えようとしている．県内市町村の最大の要求は地元の意向を尊重し，取り入れよということであった．見直し案は最初にそのことをと

りあげている．国内法適用，立ち入り調査権，原状回復義務，民港使用禁止，自動車課税，起訴前拘留，損害賠償義務（米軍人との離婚婦女の子弟養育費支払いなどを含むといわれる）など，米軍被害への対応で制約条件となってきた地位協定の大幅な見直しを求めている．

　第25条の地位協定「実施に関して相互間の協議を必要とするすべての事項」と地位協定に規定していない事項を含む広範事項の決定機関であり，非公開を原則とする合同委員会の合意事項の公開要求は日米地位協定の根幹に迫るものといってもよいだろう．沖縄が基地への抵抗の最大の法的武器としてきた米軍用地特措法も前年6月に改正された．しかし，新たな抵抗が日米地位協定の見直しを迫ることに突破口を見出そうとしているように思われる．それを支えるのは住民の要求であり県内世論である．その流れは基地容認の保守県政をも巻き込んで流れようとしている．

第2章　基地移設と住民運動

1　移設候補地の選定と住民運動（1999年4月〜12月）

1）候補地選定をめぐる県内の運動

選定過程での広域的運動

　県は99年3月1日，普天間飛行場・那覇港湾施設返却問題対策室を発足させ，候補地域の選定に入った．知事公約の陸上の軍民共用空港案を中心に複数案を提示する方針で選定作業に入る（3・24）．防衛庁側は県の提案も重視していくとしながらも，海上ヘリが最善との方針を崩していないとか，自治体の首長が下した決断は生きているなどとして，知事のイニシアティブでの地元の合意形成に期待を示した（3・25）．しかし，知事は3月29日県民の財産にならないという理由で海上基地建設に反対の意向を示すとともに県内全域から選定するという姿勢を示した．

　8月までは，県の選定作業の帰趨はなお不透明な部分を残していた．名護市の反対協などの運動団体は，住民投票の勝利と市長選の敗北，サミットの開催決定をふまえて，県の選定作業と市長の対応を見守り，シンポジュームの開催などを通して運動の反省総括を行ないながら，運動の輪を広げるとともに，その持続とエネルギーの蓄積をはかることに努めていた．

　基地反対派の運動としては，基地選定をめぐる広域レベルでの基地移設反対と基地撤去運動が中心である．そのほかには基地誘致をはかるいくつかの地域で賛成反対の運動や，基地の県内移設反対や基地撤去を公約としていた普天間基地所在地の市長の態度決定をめぐる運動，那覇軍港移設をめぐる運動などが見られる．

　まず第1の広域的な住民の動きを見よう．1999年3月・4月はすでにふれたように，沖縄にとっては大きな意味をもつ政策決定が行なわれた．1つは4月

のガイドライン関連諸法案の成立，6月の米軍用地特措法改正を含む地方分権法の改正である．これらをめぐって多くの県民運動が展開し，基地問題がそれに絡んでくる．

新聞紙上に現われた基地移設反対の広域的な市民的組織・団体は次のようなものである．

反戦地主会，沖縄平和運動センター，「浦添軍港建設反対！ ヘリ基地建設反対！ あるゆる基地の建設・強化に反対するネットワーク」，「反戦平和・人間の尊厳・いのちとくらしを守る沖縄民衆会議浦添軍港建設反対！ ヘリ基地建設反対！ あるゆる基地の建設・強化に反対するネットワーク」，「軍事基地の県内移設に反対する市民団体連絡協議会」，「基地・軍隊を許さない行動する女たちの会」，「1フィート運動の会」，「普天間基地・那覇軍港の県内移設に反対する県民会議（略称・基地の県内移設反対県民会議）」，県労連，沖教組那覇支部，日本科学者会議海上基地調査団，沖縄国公労，自治労．

① 活動形態　これらの団体が政府，米軍，県，市，抗議・要請活動，座込み，あるいは集会を開催するなど多彩な活動を行なう．これらの内「軍事基地の県内移設に反対する市民団体連絡協議会」（略称・基地の県内移設反対県民会議）は「海上ヘリ基地建設に反対する市民団体連絡協議会」の参加団体30を母体に9月27日に結成されたものであり，県内の運動の中での中枢的役割を担うことになる．10月23日に開催された普天間基地・那覇軍港の移設に反対する県民大会（12,000人参加），12月21日に「日米両政府による基地のおしつけ反対県民会議」（8,000人参加）の2つの大集会が開催されているが，いずれも主催はこの県民会議である．県民会議の主要な構成団体には次のようなものがある．反対協，ヘリ基地ちゅくらさんどー与勝の会，ヘリ基地に反対し島を守るチキンチュの会，那覇軍港の浦添移設に反対する市民の会，普天間基地撤去および爆音を追放する宜野湾市民の会，象のオリに反対する会，平和市民連絡協，沖縄平和運動センター，沖縄統一連，社民党，社大党，共産党（「反対協ニュース」Vol. 2, 99年10月号によると13団体で結成）．

② 組織形態　沖縄では長い運動の歴史の経験から多様な運動が構築される．既存の労働団体や政党，平和運動組織，特定目的をもった一坪反戦地主会のような組織，個人加入の全県的あるいは地域的な市民組織，両者をを統一す

る組織，さらにそれら全体を統一する県民会議や名護市の反対協のような統一連合組織などである．その際，沖縄の市民・住民運動の特質は暴力につながる運動や活動家を徹底的に排除しようとする非暴力的な特質である．ある新市民組織の発足大会を観察した限りでもそのことは徹底しているように思われる．辺野古の反対運動でも，特定の集団の介入と関係をもたないことに苦労するということを述べていた．

③　広域的な運動はそれぞれが問題の発生ごとに連携することが多い．そこから交流が拡がる．沖縄の運動はそこで知り合い生まれた直接的人間関係の拡がりとその累積の上にもなりたっており，沖縄であるが故に存在する即時的共同性の上に，交流の中で生まれた連帯意識が積み重ねられてゆく運動である．名護市の東海岸のある女性は狭い世界の中に住んでいたのだが，さまざまな人々と知り合い交流することによって新しい自分の世界が開けたと語っていた．基地運動は，基地に対する共通関心を通して，沖縄世界を作り出す運動でもあるのである．

④　広域的な運動は地域や名護市の運動とリンクする．たとえば，第22回「5・15平和行進」「5・15平和とくらしを守県民大会」（7,000人参加）は，前者の3日間の行進に延べ6,000人が参加するが3コースの1つは名護市辺野古から出発して宜野湾市に集合する．10月23日の県民大会には名護市からバス7台700人が参加しているのである．また，逆に11・13日に全県的組織が連帯して，名護の現地で決起集会を開催した場合もある（1,200人参加）．

⑤　地域的組織間の個別的交流連携も行なわれる．反対協や命を守る会の人々は，他地域の組織との間に経験交流をしたり集会に招き招かれたりすることがしばしばである．

⑥　基地をめぐる地域や住民の動きを考える場合重要なのは自治体の動きである．沖縄での基地被害は日常的であるが，基地所在自治体は基地の重圧，基地被害に対して対応する基礎団体であり，基地被害対応のための住民の立場を代表する運動団体ともなっていることが多いことは，本土に見られない特質である．既述のように，それぞれの市町村は，基地被害に対応し，米軍，政府，県に抗議や問題解決の活動を繰り返している．その場合，自治体は住民の生命と生活を守るという点で基地移設への賛成反対をこえて住民と1つになる．基

地所在町村自治体にとって基地問題の処理は日常的な活動である．

⑦　もう1つ重要な団体は区一自治会である．基地被害に対して真っ先に声をあげるのは，直接的な被害地の自治会である．自治会は住民を代弁する．もちろん，自治体と自治会が住民利害のすべて代弁することができるわけはない．とくに那覇のような流動型の人口，中間層の一定の蓄積のあるところではあてはらまらないところもあるかもしれない．名護市でも自治会が住民利害を代弁できるとは限らない．とくに基地反対運動では住民の意見は分かれる．しかし，日常的な基地被害に関しては，とりわけ北部や中部では自治会が第1次的な対応主体である．

宜野湾市の移設承認・勝連町の基地誘致反対運動・那覇軍港問題
　この間に動きが活発に見られたのは，普天間飛行場の所在地宜野湾市であった．市長が県内移設を正式に表明するかしないかが賛成反対派の運動の焦点になる．市長の承認は政府の後押しになると見られていたのである．市長は7月22日野党会派の面談後「移設先で住民合意が得られた場合反対しない，県内移設に応じる」と非公式に話していたが，正式態度は示していなかった．

　7月14日野党4会派議員10人は野中官房長官，外相，防衛庁長官と基地移設にからんで協議している．新聞観測ではこのことがきっかけとなり，8月21日議会は「米軍普天間飛行場の移設先早期決定に関する要請決議意見書」・を可決することになる．14対14で賛否同数，議長採決というきわどい採決であった．他方，地元商工会を中心に，「普天間飛行場返還・跡地利用促進協議会」の結成が準備されていたが，9月1日市内25団体を網羅して発足した．市軍用地等地主会も参加している．先述の政府シナリオ通りといっていいだろう．地元経済界を中心に運動を盛り上げ，議会で決議するいわゆる浦添方式の実行である．

　市長は公約で基地の県内移設反対，普天間飛行場撤去をあげていた．これの堅持を求める要請も相次いだ．年内に市長に要請した団体には次のようなものがある．

　市職労，カマド小（グアー）の集い（女性団体），爆音反対基地撤去をめざす市民協議会，基地はいらない市民の会，普天間基地・那覇軍港の県内移設に反

対する県民会議(略称,基地の県内移設反対県民会議),心に届け女たちのネットワークなど.

　現実には市長,保守系議員,地主会は返還を前提として,国に跡地利用に向かっての援助要請を繰り返し,政府の影響は強まっていた.市長の正式表明はないまま,政府の思うままに,県内移設承認の既成事実化が進行していたのである.県知事の受け入れ表明にあたっては,市長は「だれも望まないのが当然」「解決に向けて一歩前進」と話している.名護市長受け入れにあたっては「苦渋の選択」「決意に敬意」と表明している.市民の命には替えられないという立場からの市長の判断であろうが,政府の方針の中に巻き込まれてゆく姿が見られるだろう.

　ここにいたるまでに,基地の市内移設運動も見られた.野党議員の一部(3人)が基地を市内西海岸の公有水面に移設し地域振興の実をとろうとして,独自に県に要請を行なったのである(9・15).県が候補地に入ると答えたため,地元では関連5自治会長を含む「西海岸公有水面への米軍不点か基地移設反対市民の会」が結成されて対立した.

2) 名護市民と基地移設

　名護市で誘致運動に動いたのは,辺野古活性化促進協,久辺地域振興促進協,二見以北村おこし研究会である.いずれも,表面的には少数派であるが,地元有力者が中心になっており,その力は見逃せない.辺野古活性化促進協は一部埋め立て軍民共用空港案を,後ふたつは海上基地案をおして,それぞれに地域振興を条件に県や国に誘致運動を展開していた.

　市議会の中では積極的推進派の与党の一部議員が「北部地域の新空港早期建設に関する決議案」を提出する.賛否を明確にせず,政府や県の納得できる条件提示をまって自主的決定することを建前とする市長にとっては,この時期に,こうした決議案を議決されることは迷惑であった.政府・県との交渉もなく,初めに普天間基地誘致ありきをいうに等しいからである.他の与党会派は市長の意向を受け,議会は9月27日,20対8でこれを否決する.

　選定期間中の名護市の反対派の最大の懸念はサミット開催と基地の移設がリ

ンクすることであった．反対協は8月9日ヘリ基地建設おしつけに抗議声明を発表，13日「サミットを利用した基地建設を許さない市民集会」が開催された．選定作業はサミットをにらみながら着々と進んでいった．9月早々，県は候補地を辺野古，津堅，金武の3地区に絞って政府に伝え，辺野古最有力との報道が流された（9・1）．県幹部の市民投票について，「海上基地建設に限って賛否を問うた」との発言や（9・3），市長の市民について「法解釈で言えば」「陸上案や埋め立て案は含まれていない」（9・16議会）などの辺野古移設の可能性を否定しない発言が相次ぐ．10月6日には辺野古に1カ所に絞り込みの報道が行なわれ，12日には選定作業はほぼ終了との知事公室長が表明する．翌13日，政府の普天間移設など担当の安達俊雄内閣審議官と北部12市町村長の会合が行なわれるが，これは振興策を説明しながら，候補地決定への環境整備だとの観測も流される．

【区行政委員会】

こうした事態の進行に対して，地元3区で，9月24日，辺野古行政委員会，27日久志行政委員会，30日豊原区行政委員会と反対決議が続く．辺野古と豊原は陸上・埋め立て案に反対であり，海上案に関しては豊原は前回97年に反対しており，県が否定している限り考えられないとしているが，辺野古区の場合は若干微妙である．それは海上案を含めての反対案は退けられているからである．区長は96年の反対決議が生きているからと表向き述べているが，実際は賛否の意見は分かれたという．行政委員の1人には，基地移設問題発生の当初から埋め立て案を主張し続けてきた辺野古活性化促進協議会の会長もいるが，「ほとんどの委員が移設賛成だ．われわれの意見が否定されたとは思っていない」と述べている．これは，同時に区内の基地をめぐる微妙な情勢，賛成派の根強い力を示している．しかし，反対決議が続くことは，地元無視で県の選定作業が進んでいることに対する強い不満が表明されたと考えてよいだろう．知事は海上基地反対を公約にしている，市長もそれを否定した市民投票の重みを強調している．地元辺野古と国・県・市との間の亀裂は大きいのである．

10月20日には久志13区長の合同協議が行なわれたが，全体での反対決議はまとまらなかった．97年1月の反対決議が生きていること，上記3区に大浦区

で最近反対決議が行なわれたことを理由にしているが，区長レベルでの基地への対応は，各区内での対立をふまえて微妙なものとなっていると見てよい．11月10日報道によれば，新反対決議は3区のほか大川，底仁屋，2年前の反対決議確認は，ほかに天仁屋，汀間，瀬嵩の3区である．

【市民団体】

移設候補地が具体化するにつれて，名護のヘリ反対協や命を守る会などの動きも活発化する．9月3日両者は「勝連町津堅島の「ヘリ基地ちゅくらさんど与勝の会」，那覇軍港の浦添移設に反対する市民の会」「普天間飛行場撤去及び爆音を追放する宜野湾市民の会」などと合同で「県内移設選定作業の即時中止申し入れ」を知事公室に行なった．その際公室長は辺野古が候補地に含まれていることを初めて認めるとともに，名護市民投票は海上基地案に限っての賛否投票だったという見解を示した．参加のメンバーの怒号に包まれたと報道される．これら団体は8日に再度知事公室を尋ね発言撤回要求をすることになる．

名護における基地反対のもっとも活動的な市民団体は，上記2団体と「二見以北十区の会」であり，10月になると，それぞれに市長に受け入れ拒否要請を行なう（いずれも反対協参加の組織）．11月には市長への要請団体には「久志13区女性の会」も現われてくる．

反対運動の中心は反対組織を統合した反対協である．2000年4月現在の反対協の構成団体は次の20団体である．

ヘリポート建設阻止協議会（命を守る会），ヘリ基地いらない二見以北十区の会（10区の会），ヘリポート基地建設を許さないみんなの会（みんなの会），ヘリ基地反対・名護市民投票裁判原告団，ぶりでいの会，新たな基地はいらない・やんばる女性ネット，名護民主商工会，新日本婦人の会名護支部，一坪反戦地主会北部ブロック，平和運動センター北部支部，名護市平和委員会，沖縄医療生協名護支部，北部地区労働組合協議会，連合沖縄北部地域協議会，自治労名護市職員労働組合，自治労北部総支部，全医労愛楽園支部，社大党名護支部，社民党北部総支部，日本共産党北部地区委員会．1年前に既に県職は抜けていたが，さらに，中央で与党化した公明党が抜け，名護市議会議員団の名前もなくなり，新たに沖縄医療生協沖縄支部が加入している．

なお，反対協共同代表の中で十区の会代表が病気で退き，みんなの会と一坪

反戦地主の会の2人が共同代表を継続し，地区労から事務局長を出している．命を守る会は最初から顧問として活動を中心的に支えてきた病身の温厚金城裕治氏が8月から代表になった（65才）．命を守る会の代表は頻繁にかわっており，運動の厳しさがうかがわれる．

　11月には市長が受け入れ意志表明決断との報道が流される．9日与党会派などに振興策など条件が満たされれば受け入れる方針と述べたというのである．反対派の反応は早かった．13日には「基地の県内移設に反対する県民会議」決起集会が開かれる．辺野古から500人，東海岸北部の汀間から200人が「怒りの平和行進」を行ない，市役所前で1,200人の大集会となった．17日には二見以北十区の会と命を守る会の主催で移設先東海岸の久志地区総決起大会が500人もの参加者を集めて実施される．

　11月19日の沖縄政策協議会で知事は政府に対し早期に候補地を表明したいと述べた．政府は北部振興策を提示する．振興策は，基地受け入れとの引き替えであることは明らかであろう．翌20日には，反対協は市長が受け入れの場合はリコール運動を行なうことを決定する．22日に知事が辺野古を移設先として発表すると緊急集会を開催に抗議するとともに23日から座込みを開始する．知事2週間の間に延べ1,500人が参加したといわれる．市内25カ所での地域懇談会，緊急市民集会などが繰り返される．

　政府は基地問題の年内解決を期待するが名護市長は年内の受け入れ表明には迷いをもっていたという．しかし，政府と県は年内決着に向けてさらに新たな手をうってくる．県は12月13日「米軍普天間飛行場移設・返還に伴う同飛行場移設先及び周辺地域の振興に関する要望書」を提出，国・県・関係自治体による協議の場の設置，国の行財政支援のための法制面整備などの考え方を伝えた．これに対して，青木官房長官は「全力をあげて取り組むこと，これは，「代替施設建設による地元への新たな負担」への代償であると，基地建設とリンクしていることをはっきりと述べた．

　さらに，17日の沖縄政策協議会では，北部地域振興のため10年間1,000億円規模の北部振興事業制度を創設すること，軍民共用空港を年頭に空港活用型産業の育成，人材育成機関設置，名護市での国際情報特区形成，国県地元の振興協議機関の設置，名護市と政府の基地使用協定締結などの北部振興策，移設先

と周辺振興策をうち出したのだった.

　地元賛成派の中には,埋め立て案支持の辺野古活性協と海上案支持の久辺地域振興促進協の間には厳しい対立が続いていた.しかし,事態の流れの中で工法よりも地域振興を優先して合意が成立する.知事が辺野古に受け入れ表明すると,両者は沖合3km建設,工法は市・県・国に一任で合意した（12・11）.辺野古行政委員会の陸上,埋め立て両案に反対の決議をふまえ,市長判断を控えて,辺野古活性化促進協が方針見直しをしたものである.市長の判断の支援をはかるとともに,対立のもたらす振興策への影響を懸念したのである.

　名護市商工会理事会は,北部振興策を評価,同日ただちに,移設促進を決議し,19日には市長に「受け入れ英断」を要請する.また,市議会与党は,市長の決断支援のために,「普天間基地移設整備促進決議」を23日未明徹夜審議の後,傍聴する反対派の怒号の中で17対10で可決したのだった.市議会議長が会長の名護漁協はすでに市長に判断をまかせるとしていたが,17日にはそのことを再確認している.

　北部市町村長会は名護市議会の普天間移設決議支援の採決を保留していた.しかし,28日には,早速,市長決断の尊重と政府振興策を評価する声明を出したことを見れば,すでに十分な根回しは行なわれていたといってよいだろう.

　北部振興策で周辺市町村の中に誘致容認環境を作り出し,議会,経済界を含めて地元からの誘致運動を引き出すという「浦添方式」の政府シナリオ通りの準備が行なわれ,市長の27日の引き受け表明が引き出されたのである.御用納めの日であり,正月休みにつながり,反対運動の勢いをとめることができる日であった.23日以降連日のように抗議集会が開催され,市長に面談要求を出すが実現せず,26日からは座込みが行なわれる中での市長の意思表明であった.受け入れ当日反対協は市長リコールの方針を決定した.年明けからはこの問題が運動の中心課題となる.

　なお,この間に,この月結成の退職女教師の会が初めて運動に参加してきたこと,平和・基地反対祈願の第1回「満月・祈り・御万人（うまんちゅ）祭り」が東海岸瀬嵩海岸で開催されたことに注意しておきたい.後者はソウル,シアトル,神戸,東京,北海道でも連帯開催されたものであり,次には翌年7月に

開催された．海岸は北部住民にとって集まりと祈りの場なのである．

2　候補地決定と市長リコール問題（2000年1月～4月）

1)　政府と県の動き

　年が明けると，政府の動きは活発化した．1月20日，政府・県・北部市町村代表で北部振興関係者会議が開催された．官房長官，同副長官，知事，名護市市長，北部市町村会長の今帰仁村長，北部振興会長東村長のほか13省庁の事務次官が出席し，長官が「陣頭にたって精力的に取り組んで欲しい」と述べる異例のものであった．普天間移設のために，4つの三者協議会（政府・県・地元市町村）の早期立ち上げ方針を決定した．そのうち，北部振興，移設先及び周辺地域の振興を2月上旬設置（10日初会合）を確認した．提案された新組織は新設見込みを含め次のようなものである．

　　三者協議会　　① 北部振興，② 移設先・周辺地域振興，③ 代替施設，④ 跡地利用
　　支援組織　　　各協議会対応で副長官，関係省庁局長，副知事，助役などで構成
　　　　　　　　　①＋②，③，④ の3支援組織
　　実務検討組織　北部振興本部・ポスト3次振計法制検討本部（以上新設），跡地利用問題対策本部（96年6月設置の既存組織改組）（プロジェクトチームともいう）＝内閣府沖縄問題担当室，関係省庁課長級，県担当者，市町村担当者．具体化は1月31日

　政府内では沖縄開発庁の組織を再編強化し，職員を2.5倍に増やし，総括・総合振興班，北部振興，跡地利用，法制の4班に再編成した（1月24日決定）．

　6月1日には第3の協議会として跡地対策準備協議会（国・県・宜野湾）が発足したが，具体的な工法などを決める代替施設協議会の発足は，県・市の使用期限の主張や地元の反対が強くサミット後に持ち込まれざるを得なかった．サミット前に波風を立てたくないないということも考えられたと思われる．

こうした体制の下で，振興策に関しての検討は進んでいた．6月30日には沖縄開発庁は「3次振計総点検」を発表している．そして，8月24日に「沖縄経済振興21世紀プラン」最終報告を発表，翌25日の沖縄政策協議会で，その報告を承認するとともに，2月以後の振興協議会での検討をふまえて策定された「北部振興ならびに移設先及び周辺地域振興に関する基本方針」を決定した．

振興協議会には市町村も参加しているのであり，基地移設を前提した方針審議であった．方針発表の当日，北部市町村長を代表して金武町長は，普天間移設と振興策のリンクについて，「名護市が主体的に受け入れを表明した．北部12市町村としては，リンクはやむを得ないと思う」と述べている．地域振興策に北部全市町村を巻き込み，振興策と基地移設と一体化することによって，問題解決の内堀まで埋めようとする施策が着々と進行していったのである．

しかし，基地移設に関しては日米両政府と県・市・地元住民の間にはなお大きな溝が存在している．政府の年末の閣議決定は，使用期限に関して，知事，市長からの「要請がなされたことを重く受け止め，これを米国政府との話し合いの中で取り上げる」と述べていた．しかし，米側の対応は一貫して，取りつく島もない厳しさをもつものであった．

遡って1月4日，防衛庁長官はコーエン米防衛長官に15年使用期限要求を「重く受けとめている」と伝えたが，同時に「国際情勢の推移の予測が極めて困難なことを勘案すべきだ」とも述べたという（『日本経済新聞』報道）．交渉というより及び腰の伝達である．河野外相は，1月24日，国防長官，フォーリー駐日大使との会談で俎上にのせたこと，「日米安保共同宣言の国際情勢をふまえて考えるということだった」ということを知事・市長との会談で伝えた．2月16日に衆院予算委では，使用期限について具体的協議にいたっていないとの認識を示した．政府決定の棒読みとも報道されるように，メッセンジャー的な役割を果たしただけだったといってよいだろう．

米政府は以後繰り返し期限設定に関して拒否反応を示す．1月の日米首脳会談，2月のオルブライト国務長官，国防総省報道官，3月の外相会議での国防長官，6月の在日米軍司令官などの暖簾に腕押しの発言が繰り返される．3月17日の記者会見でのコーエン米国防長官発言の「期限問題は安保共同宣言に

米の立場は反映，実際の脅威に基づいて安保問題を話し合っており，人為的にきまるものではない」というのが米政府の基本的立場であるといってよい．5月5日の日米首脳会談では首相が初めて使用期限問題に言及したが米側は応ずる気配はなかったという．5月31日米政府当局者は「クリントン政権は今後移転問題で新たな案を示さない」と日本政府の弱体，問題の膠着に対する強い不満を表明した．とどのつまりは防衛庁長官の15年問題は不可能ではないかという発言が行なわれ，中川官房長官があわてて発言を撤回するという一幕もあったのである（7月5日）．

政府と米政府の会合は何時でもSACO合意の着実な実施を謳い合う．しかし，それは基地の整理・縮小の名を借りての基地の県内移設ではないか．日本政府の姿勢は極めて曖昧であるといわねばならないだろう．

こうした情勢の中で，知事と市長は繰り返し政府に15年期限問題を申し入れる．名護市長は，1月12日来県の衆院外務委員会委員（12人）に，使用期限は「絶対条件ではなく複数条件の1つ」と述べたと報道される．もしこの報道が事実なら，使用期限問題については，当初市長は極めて曖昧な態度を衆院委員に伝えたことになる．しかし，この問題は，当初の知事の思惑をこえて，一人歩きをはじめ，知事や市長の姿勢，とりわけ市長の姿勢をしばりはじめたように思われる．

2） 名護市長と地元市民

知事と市長の移設受け入れ表明によって地元行政委員会の対応にも変化が見られ，賛成派の動きも活発化してくる．

まず辺野古行政委員会は1月25日，条件闘争的な決議を行なう．「基本的には辺野古沿岸域への移設は望まないが，現在の国際情勢，SACO合意，名護市長が受け入れ表明したことにかんがみ，今後の動向を見据えて，辺野古住民に不安なく，辺野古に有利になるよう慎重審議をし，条件整備等を行なう必要がある」とするものであり，諮問機関を近く発足させ，条件をつめることを確認した．区長は「前の反対決議は生きている．市長も住民への悪影響があれば移設に反対するとしており，その中で条件整備闘争していこうというものだ」．

第2章　基地移設と住民運動

これは条件闘争に転化したもので事実上の容認決議だとする報道もある．もちろん反対派は反発した．

賛成派の久辺地域振興協と二見以北村おこし研究会は，1月27日外務省沖縄事務所，那覇防衛施設局，在沖縄総領事館に誘致条件の申し入れを行なっている．市長の受け入れ方針に賛同した上で，① 建設場所はキャンプ・シュワブ岬から3km以上離す，② リーフ内の自然環境を保存する，③ 住民地区やリーフ内上空でヘリ飛行を行なわない，④ 基地使用協定の締結の4条件を提示した．2月10日には上京して関係省庁に要請を行なっている．ちょうどこの時期（26日），キャンプ内砂浜に9台の水陸両用車が移動のために現れ，「漁船水路を通り」，モズク養殖施設への被害が懸念される事件が生じている．

そして不幸な事件が起こった．辺野古区長が29日自宅で毒物自殺をはかったのである．幸い生命には異常がなかったが，大阪から帰郷の新区長は，十分に地元の雰囲気になじむことなく，賛否の対立の中で苦悶したものと思われる．

1月25日の行政委員会決議をめぐって，辺野古反対派住民は区行政委員会と話し合いを行ない，「区民全体の命にかかわる大事な問題を区民の意思を聞くことなく決議したことはとうてい認められない」と申し入れた．委員長は「移設容認ではない，過去の反対決議は生きている」と回答する．そして，① あらためて反対決議をする，② 議事録公開，③ 公民館公報誌で今後の動きを報告すること，という反対派の要請を受け入れたというが，① については9月にいたるまで行なわれていない．

4月23日，辺野古区民大会が開催される．区には区民大会開催規定はないので自主的なものと思われる．100人以上が出席する中で反対派住民から大事な問題は区民全体で決める体制を作ってほしいという要望が相次いだ．行政委員長は，前と同じく「移設容認はしていない」「結論を出す時期がいずれくる」「その時までに条件などを勉強したい」とし，反対派が前回にも要求して持越しになっていた，反対の立て看板設置，市への意見書提出，区ヘリ対策協の再開などは斥けられた．

辺野古の最終決議機関である行政委員会メンバーは推薦制であり，過去の重要役職経験者など有力者が就任する．そのため，区民の中には区の運営からの

疎外感をもつものが多いように思われる．反対派と区の行政の間にはずれが大きいのである．久志区では市民投票後の行政委員会委員選出は住民要求で初めて選挙で行なわれた．委員の中で反対派が多数を占めることになり，反対を委員会レベルで決議している．しかし，表面きった反対運動は住民の中に波風をたてることになるため，やりにくい雰囲気があるという．

　市長の地元に対する対応はどうであったか．当初辞任も選択肢の1つとしていた市長は，受け入れ表明の後，地元支持勢力や，リコール派のもたつきを見ながら態度を鮮明にしていく．

　市長は地元意向の確認を受け入れ理由にしていた．その地元とは直接基地に隣接する南部の久辺3区（久志，辺野古，豊原）だとしていた．北部に隣接する二見以北は，地元ではないということになる．

　市長は17日辺野古区行政委員会を訪問して説明した．しかし，辺野古区の宮城行政委員長は，「市長の判断を見守ると言う従来の姿勢を伝えただけで一任するといっていない，事実無根」，「選挙で選ばれた市長の判断は尊重しなければならないし，無視するわけにはいかないという意味」だと述べたといわれる（12・28）．26日に市企画部長から電話はがあったが，「市の判断を見守る」という姿勢の確認だったとも述べている（28日）．辺野古区は過去2回の反対決議をしているが，賛成，反対の対立の最も激しいところである．豊原区長は市と話したことはないとしており，反対の意見の明確な久志区については市長は連絡もしていないのである．

　二見以北の地域では反対派住民の比率が最も高い．反対派の組織二見以北十区の会は市長の基地受け入れに関しての説明会開催を繰り返し要求してきた．市長はこの要求に関連しての3月17日の議会答弁で次のように述べている．「私は信念に基づいて決断した．それを覆すために地元と折衝する気はない」．「振興策があるから普天間を受け入れたのではない．普天間は容認せざるを得ない状況にあった．容認するからには（振興策）をやってくれということだった」．24日の質問では，地元意見について，地元とした辺野古には直接市長が訪問，豊原には表明後連絡，「いかなる工法にも反対」の久志については「久志は移設反対と理解している」，二見以北については「意思決定を説明する会をつくることは否定しない」とした上で，受け入れ是非について住民の声を聞

く作業は終わっていることを強調したと報道される．
　市長にとって地元意見を聞くということは，第二義的なものになってしまっているようである．
　その上で自分なりの覚悟で条件闘争に踏み切った．もはや，受け入れ是非を議論する段階は過ぎた．意見を変えることはない．これから必要なのは，条件闘争を煮詰めるための，東海岸の行政区で構成する「協議機関の早期設置」（3・22日表明）であった．3月8日の施政方針演説では，安全性の確保，自然環境への影響防止，基地使用協定の締結，使用期限等の基本条件への「確実な対応を政府及び県に強く求めていきます」としている（2000年度名護市「施政方針」）．続く議会質問では「15年問題が決着しなければ代替施設は着工すべきでない，7項目条件で明確な回答なければ受け入れ撤回も有り得る（3月21日議会），さらに，「地元が同意した計画でなければ絶対に受け入れない」（3・22）と条件の中味をより具体的に述べている．知事には見られない強い姿勢である．ただし，施政方針で列挙する条件の中で年末の7条件にある「日米地位協定の改善」が「等」の中に一括され，明示されていないことは，年末の県や政府との食い違いに基づく躊躇なのであろうか．

3）　市長リコール運動

　1999年市長の受け入れ表明の当日，反対協は市長リコールの運動を開始することを決定した．大晦日から元旦にかけ，二見以北十区の会は瀬嵩の浜で「いのちがめぐる東海岸から『平和の火』を2000年へ」の会を開く．それは歴史の節目に南部の平和記念公園摩文仁の丘の平和の火を東海岸に灯そうとして企画された．2000年にむかって平和の火を1人1人の胸に灯そうとするものであった．
　1月6日，反対協は幹事会で早期のリコール請求，署名を集める受任者600人以上の確保，地域懇談会を通してのリコールの必要性の認識の深化・拡大の，方針を決定した．25日から受任者の一般公募が始まる．
　市長は自らの進退に関して，新聞報道の限りでは，12月1日「市長は受け入れ後辞任も1つの選択肢」と述べていたという．1月7日には市長後援会や与

党議員とリコール対応策を協議し，もう少し様子を見ることにしたというが，後援会や，議員たちは辞任回避を申し入れており，リコール反対署名運動も提起されたという．1月25日には出身地宇茂佐で激励会が行なわれた．2月8日の市長就任2周年激励会は約5,900人の大規模集会となったという．この圧倒的多数の集まりが市長に辞任回避の意思を固めさせることになったといっていいであろう．これだけの大集会はかつてなかったであろう．

名護市民の多数派は世論調査でも基地反対である．市長への支持不支持は基地問題をこえた地域内の人間関係の争いになってゆく可能性をもっていた．名護市は，市民投票の時と同じく，真二つに亀裂する瀬戸際におかれることになる．

反対協や二見以北十区の会，命を守る会,, 心に届け女たちの声ネットワーク，退職女教師の会はさまざまな活動を展開する．リコールに関する勉強会，リコールや住民投票成功地の新潟県巻町や徳島市の経験，まちづくりのための大分「由布院のまちづくり」の経験などを学ぶ連続講座の開催，あるいは講師派遣，パンフ2万枚全戸配布などの運動が展開されている．二見以北十区の会は基地移設受け入れの撤回を求める署名を地域内で集め，地元人口の43％，832人と出身者208人，計1,040人の基地受け入れ撤回の署名を市に提出した（2・7）．市長出身地の屋部の公民館でも「名護・屋部地域の未来を考える学習会」（平和を願う教師と父母のネットワーク主催）が開催される．

基地移設反対の運動は県内各地で行なわれる．それらは，県，市の基地受け入れに対する当然の県内外の団体や地域の反応であったろう．だが同時にそれらの中の多くは名護のリコール運動にも連携していいく性格のものであった．再び名護市は地域内での対立によってだけでなく，地域外の影響を受けて騒然となろうとしていた．

2月21日反対協はリコール受任者が，当初目標600人を大きくこえて，900人を突破したと発表した．しかし，実際にリコール要求の署名運動に入るのにはいくつかの大きな問題があった．

第1は候補者選びが難航したことである．普通なら最も有力な玉城県議は一度市長選で敗北している．ここまで温存しておけばよかったという反対協有力者の感想もあった．名護出身の県幹部の名前も出たが断られた．名護市は保守

的な地域である．後述するように，後に行なわれた県議会選挙，国会選挙でも保守票が革新票を大きく上回っている．基地への賛否がただちに市長選挙に反映するのではない．市長が長年培った人脈の豊かさ，実績，それらにつながる地縁・血縁の関係をバックに支持派は強力な体制を作り出しつつあった．それを打ち破り，短期間に選挙戦を戦うにたるの人材を発掘することが困難であったのである．ある市民団体の代表者は候補者選定が密室で行なわれわかりにくい，政党や労働組合の意見不一致が大きいと語っていた．

第2は受任者は900人をこすとはいえ，リコール要求に，はたして，市民投票を上回るだけの署名を集めらるだろうかということである．リコール署名は個人の名前を出して，特定の個人とそれにつながる人々との関係を否定することの宣言である．相手は地域内権力に近いところに位置する人々である．周囲の様子をうかがいながら行動する「ナゴマサー気質」は根底においては変っていない．市民投票は，いわば匿名の外部権力に対する戦いであった．それでも，内部に親戚・縁者・家族の中にさえ深刻な亀裂を生み出したのであり，いまなお修復されない人間関係への苦い記憶も存続している．市民投票は名護市の中に自由な発言・行動を可能とする場面を広げてきたが，なお，名護社会の深層では体質は変わっていないのである．狭い地域社会の中で亀裂を生み出して体制を変えることの困難さは十分認識されていたことであろう．岸本市長が一度辞意を表明したことは，支持者の広範囲な結束を高めた．リコールに先立って市長が辞表を提出すれば，リコール運動そのものも立ち消えになってしまうだけでなく，準備不足の選挙で対抗することもできないのである．市長候補者選びの難航の重要な原因の1つであると思われる．

第3は，期間的制約である．6月11日には県議選が行なわれる．議員の任期満了60日前の4月25日からは署名活動は禁止されるのでその期間を避けなければならない．署名は1カ月で有権者の3分の1（3月1日で13,307人）を集めなければならない．県議戦が終了すると7月のサミットが待ち構えている．サミット歓迎の県内全体の雰囲気の中でサミット開催に混乱を及ぼすことは避けなければならない．

第4は反対協の組織問題である．20団体を組織するとはいえ，次第に運動は参加団体の意識的成員や，役員を中心とした，抗議・声明・集会などの示威行

動を中心としたものになってきており，市民の日常的なエネルギーを運動の中に吸収できないという悩みをかかえていた．市民の日常感覚と反対協の運動のつながりの希薄化が反省されたという．地元の東海岸では基地に対する反対は強い．しかし，そこでも，知事・市長の受け入れ表明以来，表面には出ないとしても，力を得た地区有力者による賛成派の運動が潜行しながらも広がっており，反対派が表に声出しにくいという雰囲気が広がっている．多数派をしめる西海岸の市民はその意識は別としても，運動とは次第に疎遠になってきている．市民運動の初心に帰れということがいわれる．しかし，市民投票時に多くの個人の自主的参加をもたらして運動の中心となった市民の会は，代表者の宮城氏が市議選に立候補当選した際に2つの組織に分裂した．宮城氏を中心とする「ぶりていの会」と「ヘリ基地反対・名護市民投票訴訟団」への分裂である．宮城氏も議会で基地反対の論陣をはっているものの，反対協の会合にも出席しないため，ぶりていの会に属する女性団体ヤルキーズのメンバーも，後発の「新たな基地はいらない・やんばる女性ネット」によって活動する状況になっている．市民投票訴訟も敗北してそのエネルギーの行き場がなくなっている．

　団体単位の加入だけでなく個人単位の加入をも可能にする組織形態の形成も求められるが，持続的運動や意思決定の困難さが隘路になるという市民運動共通の悩みをかかえている．こうして4月3日，反対協は「市長候補者擁立」ができないことを理由にリコール問題で「現時点での開始は困難」という声明を発表した．今後の方針として「市民投票の精神を活かし，ヘリ基地建設反対運動を市民・県民運動に拡大するとともに，リコール請求を含め創意ある取り組みを行なう」，「市長候補選考にあっては，選考委員会，選考方法など広く市民に開かれたものとする」としている．

　今後の具体的課題としてあげているのは次の点である．
(1)　市民参加型の運動強化
　①　市民への宣伝活動，②　連続講座，議会報告会の開催，③　地域組織の結成，④　諸課題ごとのプロジェクトチームの発足，⑤　サミットを機会としての内外アピール
(2)　市政の民主化運動の強化

① 基地に頼らない町づくりの推進, ② 市民参加の候補選考と選挙体制の確立
(3) 県内外への運動の拡大をあげている.
① 県民会議等との連携強化

(ヘリ反対協NEWS, Vol.3, 2000年4月による)

　リコール運動は事実上棚上げにされ, 運動の再構築が重視されている. 4月24日の総会では仲村善幸事務局長は「市民投票の初期のころに戻らなくてはいけないと痛感した. 個人の意見が閉ざされる組織であってはならない, 平和な名護を次代に引き継ぐために力をあわせたい」と呼びかけた.

3　サミットと住民運動 (2000年4月〜7月)

1)　米軍被害事件の波紋と県民大会

　反対協は4月の幹事会, 総会でリコール請求運動を中断するとともに,「サミットを機会に県内外へのアピールを行なう」ことを決定した. 3月11日沖縄平和運動センターはサミット期間中に人間の鎖で, 嘉手納基地包囲を幹事会で決定, 4月11日には沖縄サミット・平和アピール行動委員会準備委員会が開催され, サミット期間中に嘉手納基地を25,000人規模の「人間の鎖」で包囲することを決定した. 過去に4回の「人間の鎖」による基地包囲が行なわれたことがある.
　名護では, 5月になるとサミットに合わせ, 反対協を事務局に「ヤンバ・ピース・ウェーブ」実行委員会が結成され, 内外のマスコミに訴えるための諸活動を展開することが決定された (5・17). サミット反対は運動の主流にはならなかった. サミット歓迎の県内の雰囲気の中では反基地運動はサミットを利用して訴えるという方針をとっていたのである.
　こうした活動は平穏裡に行なわれる予定であった. しかし, 何か重要な問題がある時申し合わせたように発生する米軍による事件が突発し県内を騒然とさせることになった.

7月3日未明米海兵隊員による就寝中の女子中学生へのわいせつ事件が沖縄市で発生した．5年前の少女暴行事件を彷彿させる事件であった．県内世論は激昂し，サミットを控えた日米両政府も驚愕した．続いて7月4日宜野湾市のトロピカルビーチの閉じたフェンスに車両をぶつけ器物破壊の容疑で米兵が逮捕され，7月9日には沖縄市内でひき逃げ事件（軽傷）がおこった．日本政府，県，米政府と軍，地元市町村や住民がわいせつ事件にどのように対応し抗議の声をあげたかを年表に整理して見よう．

　日本政府の対応は早かった．5年前の少女暴行事件の時の対応と比較してもらいたい．その時には，当初政府は何もしなかったに等しい．今回は即日に動き出している．事件処理のために6日には外務政務次官を派遣して米側に抗議，防止策を要請している．米側もただちに謝罪する．サミットがらみの迅速な対応だと見る向きもあるが，それなりの説得性をもっている．その中で森首相の認識はずれていた．7月7日記者会見で，「基本的にはとんでもないことだ」としながらも，「政府がどうこうという話じゃない」「どう処理していくかは海兵隊が考えるであろう」と述べたという．あわてた官房長官が翌日釈明し，政府の積極姿勢を強調する場面もあった．県も自治体も住民も続々と抗議を繰り返した．

　こうした流れの中で，7月14日，県議会は抗議決議と「日米地位協定の見直しに関する意見書」を可決した．SACO合意に従って日米地位協定の運用改善で対処しようとする政府に県と県民が対立する場面の幕が開かれることになったのである．

　これらの抗議をふまえて15日5年ぶりの県民大会が開催された．参加者は目標の5,000人をこえて7,000人であった．知事，自民党県連，公明党，会派「県民の会」などは参加しなかった．大会は，①　綱紀粛正，人権教育，具体的プログラムの提示，②　被害者家族への謝罪，③　基地の整理縮小，④　日米地位協定の見直しの決議を採択した．決議内容は県民の行動の統一をはかり得るものに整理され，5年前の大会と異なり，党派的不参加があったが，7,000人規模ということは，実質的には全県民的な広がりをもつ大会であったといえよう．県と県民大会の決議にはどこにも食違いはないように思われるのである．なお，石垣市でも同日決起集会が開催されている．

【日本政府】
7・4　那覇防衛施設局長，沖縄四軍調整官（在沖最高責任者）に抗議文送付．外務省在日米大使館に遺憾の意，再発防止要請．外務省沖縄事務所の野村大使地域調整官に同様申し入れ．
7・5　河野外相，知事に「きちんとした対応を求める」の方針伝達．中川沖縄開発庁長官，防衛施設局長．
7・6　政府は浅野外務政務次官を事件処理のために沖縄に派遣，4軍調整官と総領事に抗議と目に見える防止策を要請，河野外相不快感を表明．
7・7　森首相，事件処理に消極的とも思われる発言．
7・8　中川官房長官，森発言を釈明，恒常的対策を求める姿勢強調．
7・25　衆参女性議員53人の女性議員署名の「在沖米海兵隊による女性への暴力を根絶するための要望書」を政府に提出．

【米政府・米軍】
7・4　四軍調整事務所所長県に陳謝．
7・5　米四軍司令官県民に異例の謝罪声明発表．
7・6　米四軍調整官と総領事，知事訪問，家族・県民に異例の謝罪，教育訓練強化強調，知事抗議．
7・7　米軍はサミット期間中の夜間外出，飲酒禁止の措置をとる．
7・9　米軍報道部はひき逃げ事件に謝罪と今後の方針に関するコメント発表．
7・10　在沖米軍は無期限の零時以降の外出と飲酒禁止決定．
　　　米大使河野外相に謝罪，綱紀粛正策説明．
　　　嘉手納基地司令官，沖縄市役所を訪ね市長に謝罪．
7・22　米大統領日米首脳会談で陳謝．

【県の抗議】
7・3　親川知事公室長米海兵隊外交政策部長と普天間基地司令官に電話と文書で抗議．
7・4　県知事公室長，知事，四軍司令官，米軍（含普天間基地）に抗議．
7・5　県議会抗議決議，県出身国会議員．

7・6　石川副知事，防衛施設局長，四軍調整官に抗議と再発防止要請．
7・7　知事議会で遺憾の意表明．
7・7　県教育委員会，抗議行動実施を決定．
7・7　県防衛政務次官に綱紀粛正に関して情報開示要請．
7・7　県選出国会議員超党派で抗議再発防止で一致（10，11日抗議行動）．
7・9　知事ひき逃げ事件で強い不信感と抗議のコメント．
7・10　知事9日におこったひき逃げ事件で記者会見で，憤りを表明．
7・10　石川副知事，嘉手納基地米軍，調整官，総領事館に抗議．
7・10　知事公室は防衛施設局，外務省沖縄事務局に再発防止への協力要請．
7・14　石川副知事上京米軍，外務省に抗議と再発防止策要請．
7・14　県議会抗議決議と「日米地位協定の見直しに関する意見書」を可決．
7・14　県議会，抗議決議と意見書を在沖日米機関に提出．
7・14　防衛庁長官米大使，在日米軍司令官に厳格な規律と有効措置要望．
7・18　県議会代表団，防衛庁・防衛施設庁に抗議要請行動．

【自治体・議会の抗議】

7・3　沖縄市長（憤りのコメント）．
7・4　豊見城議会（4日），沖縄市長海兵隊司令部に抗議，沖縄市議会，宜野湾市議会．
7・5　西原町議会，宜野湾市普天間基地に抗議．
7・6　那覇市議会・名護市議会・石垣市議会．
7・7　沖縄市議会・宜野湾市議会・石川市市議会（相次ぐ米兵事件に抗議）・具志川市議会（ひき逃げ事件に抗議）．
7・10　北谷町議会と町長．
7・11　宜野湾市議会（器物破壊）・嘉手納市議会（両事件）・沖縄市議会（綱紀粛正決議，政府に抗議団派遣）・宜野湾市長（器物破損）．
7・14　読谷村議会（両事件），沖縄市議会は市としては初の政府，米国への抗議．
7・17　浦添市議会（17日）．

7・18　与那原町議会・恩納村議会．

【県民の抗議】

7・4　自民党県連，共産党など（4日）．

7・5　沖縄平和運動センター，中部地区労緊急集会，県女性団体協議会，基地・軍隊を許さない行動する女たちの会，沖教組，連合沖縄，新日本婦人の会県本部，社大党，統一連，自由法曹団沖縄支部，沖縄人権協会，県憲法普及協議会，沖縄民主法律家協会，沖縄市青少年育成市民会議など市内4団体，沖教組．沖縄平和運動センターと中部地区労は緊急抗議集会．

7・7　平和運動センター，市民連絡会，統一連幹事会は15日に宜野湾市で緊急抗議大会開催決定，12日には超党派の5,000人規模の県民大会を決定，呼び掛けには，県労連，連合沖縄も加わる．県青少年育成県民会議・沖教組・具志川市職労，基地・軍隊を許さない行動する女たちの会．

7・11　高教組，沖縄市女性団体連絡協議会，沖縄弁護士会，沖教組中頭支部，北部地区労決起集会．

7・12　日教組定期大会・宜野湾市女性団体連絡協議会．

7・13　浦添軍港建設反対，ヘリ基地建設反対，あらゆる基地の建設・強化に反対するネットワーク，民青県委員会，嘉手納基地包囲に向けた講演学習会（中部地区労，沖教組中頭支部，高教組中部支部主催）．

7・15　石垣市民決起大会，自民党県連大会．

2）　サミットを目指す運動

　1月から3月まで県内の運動は一見沈静していた．名護市のリコール運動が突出していたのである．いくつかの支援運動はあった．辺野古隣接の宜野座村松田小学校PTAの基地反対決議（1・20），宜野湾市の「これでいいの？　宜野湾市民！　あなたはしっていますか主催基地はいらない宜野湾市民の会，カマドウ小のつどい」，宜野湾市職労主催（1・28），與那原街の「名護市民ととも

に新たな基地建設を阻止する島尻集会（1・16），名護市役所前で開催された「許すな悪政2・27沖縄県集会」（主催・県労連など）などが基地反対の主要な動きである．

　その中で，環境保護団体の運動が活発化したのが注目される．地元で最も強力に環境保護運動を展開しているのはジュゴン保護関係団体である．99年12月ジュゴン発見のニュースをきっかけに「ラブ・ジュゴン・ネットワーク」の呼び掛けが行なわれた．当初は地元中心だったが，ジュゴンネットワーク沖縄に名称変更，ジュゴン保護基金を99年10月に発足させた．2000年8月現在，基金提供会員は2,000人余，名護東海岸で60人が参加している．事務局長は前代表が病気のあと二見以北十区の会の代表を引き受けた38才の青年が担っている．彼は1級土木施工管理技師の資格をもっているが，基地反対運動とジュゴン保護の運動に献身している．祖母・両親・夫婦と子供4人，300坪の畑を作るだけで後はアルバイト的就業をしながら，自分でなければできないと夢を追っている．

　3月，日本自然保護協会，世界自然保護基金日本委員会，日本野鳥の会は10月の世界自然保護連合総会に，ジュゴン，ヤンバルクイナ，ノグチゲラとやんばるの生態系の保護のために，基地建設見直しとやんばるの森の世界遺産登録を求める提出した．まず国内での解決が求められており，3カ月前までに未解決の場合総会で議論されることになっている．この運動を末端で支えるのがジュゴン保護基金であり，環境保全を前面に出して訴えながら，そのための基地移設，北部訓練場へのヘリパッド建設などに反対をしている．NGO沖縄環境ネットワークは会員900人で宇井純沖縄国際大学教授らを世話人として，1997年発足，軍事問題や戦争は環境問題の元凶という立場で活動している．

　学会関係の動きも拡がる．日本応用昆虫学会はヤンバル固有の種22，1,300の多様な種の存在，自然林の保護を求めてヘリパッド移設計画見直し要請を防衛庁に要請した．そのほか，沖縄生物学会，日本応用昆虫学会，日本鳥類学会，日本野鳥の会，日本哺乳類学会，日本科学者会議などがジュゴンや自然保護を求めて対策や基地移設計画見直し決議を行なっている．

　運動は国際化してくる．世界自然保護基金日本委員会（WWFJ），国際自然保護連合が登場し，国際世論の盛り上がりに向かって大きな役割を果たすことにな

る．さらに環境保護団体の連合も進む．ジュゴン保護基金，沖縄・八重山・白帆の海とくらしを守る会，沖縄環境ネットワーク，山原の自然を歩む会，満月・祈り・御万人まつり実行委員会は上記2団体に協力依頼し，ジュゴンの環境生態調査を行ない，サミットに要請することを決定する（2000年1月）．

　これらの団体はシンポジュームや講演会を繰り返している．ジュゴン保護基金は毎月15日をジュゴンの日と定め街頭行動．署名活動を行なうことを決める（2000・6・15）．

　サミットを前にしてこれらの団体は結集して軍事基地や市民生活について考える国際環境フォーラム（主催・沖縄環境ネットワーク）を5日間の日程で開催，7月17日「沖縄宣言──沖縄から世界へ平和・環境・福祉の21世紀を」を採択して，サミット首脳に訴えた．

　政府の対応は次のようなものだった5月19日，照屋参院議員の質問書に対して，政府は「生息状況の十分な知見が得られず，種の保存法に基づく国内希少野生動植物種への指定は困難で，生息地等保護指定もできない」と回答した．政府の環境調査は無責任であったといってよい．後に國際自然保護連合の決議があると，防衛施設庁は慌てて調査を始めるのである．実は，環境庁の97年5月からの半年調査で，レッド・データブックには，天然記念物4種，その他絶滅危惧種，準危惧種，希少種，地域個体群16種が乗せられていることが判明したと報道されている（99・11・26）自然保護問題は臭いものには蓋方式で処理されてきていたのだろうか．県の自然環境の保全に関する指針」（98年2月）では，辺野古地区は厳正な保護をはかる区域として，最高のランク付けを与えられている．環境と基地は調整しがたい矛盾をかかえているのである．政府はヘリパッド移設予定地周辺の環境調査とアセスメントも5月13日に終了宣言をしており，環境団体の批判を受けていた．

　県環境審議会は，「環境基本条例」（仮称）の骨子を知事に答申した（2000・1・18）．条例は米軍には及ばないとして，米軍の環境保全義務は盛られていない．しかし，立入り調査は重要と県に努力を求めた．「基地の環境調査及び環境浄化等に関する海外調査検討委員会」はドイツの基地調査を踏まえ，緊急時の即時立入り調査，浄化費用の米側負担を明記した地位協定運用改善をまとめている（2000・3・19）．自然生態系保全に関してもこれからは，基地を特別扱

いするのではなく，基地内外で区別のない法令や条例の適用が行なわれなければ，環境保護団体を中心に高まった内外の世論に対応できないだろう．

　山原や東海岸の環境に対する意識は，地元においても，県内においても急速に高まっており，知事も市長も環境保全を条件にあげざるを得なくなっている．もう1つ大きな環境問題は基地のもたらす環境公害であり，PCBや劣化ウラン汚染，山林消失，土壌流出などが大きな問題になり，各自治体は対応に追われていることは既述のとおりである．環境問題は県の日米地位協定見直し要求提出の要因の1つともなっている．基地と環境問題が密接にリンクするものとして，明確に意識されるものとなってきているのである．

　名護のリコール問題が一頓挫したあと，4月以後，サミットを目指して県内の基地反対運動は急速に高まってくる．サミット歓迎一色の名護市の中ではサミットに向けて，反対協を中心とする諸団体が協力してヤンバル・ピース・ウェーブ実行委員会を組織し，基地建設撤回と世界に向けての平和のメッセージ発進のために，次に見るようなさまざまな催しやイベントを企画した．これが運動の中心となる．

　［ピースプラザ］7月17〜23日．名護市の中心部で，次の5つのセクションで，英文資料を準備して，サミット来訪者に情報提供を行なう．① 軍民共用基地の機能・実態，ヤンバル軍事基地化計画の内実，② 国際保護動物としてのジュゴン，海上基地とジュゴン，③ ヤンバルの自然と動植物，SACO合意の内実，④ ヘリ基地移設反対運動，市民投票と市民運動，⑤ 米軍基地の実態，米軍による住民被害．

　［シンポジューム］7月19日．「日本にとっての沖縄・沖縄にとっての日本」
　［嘉手納包囲参加］7月20日．

　［ファミリー・ピース・ウォーク］7月21日．名護の現状を知らせるチラシを海外マスコミや市民などに手渡しながら4コースでの家族連れの行進，米大統領と森首相に手紙と請願書を送る運動も行なう．宜野湾でも同時開催．

　［新たな基地はいらないアピール］7月21日．寸劇，沖縄民謡などのパフォーマンスで海外マスコミに基地反対をアピール．場所は東海岸二見入り口，終了後辺野古海岸でのニライカナイ祭り．

　［もうひとつの小さなサミット］7月22日．「エコネット・美」主催でのやん

ばるの自然紹介と基地問題の説明．同団体は手作りの自然ツーリズム案内団体で，98年6月の発足以来2000年8月までに2,000人以上を案内した．

［命を守る会と二見以北十区の会の署名活動］6月下旬より実施，サミットの21日日米首脳に手渡すため，市民団体では唯一会場内まで入るが会えない．警護側の対応ははれものにさわるようであったという．

そのほか，7月16日，瀬嵩海岸で第2回の「満月まつり」（主催・「二見以北十区の会」，「基地いらない！ 御万人ネットの会」，「ジュゴン保護基金委員会」，「竹炭しあわせ会」（最初には「ヘリ基地NO！ 女性たちの会」が99年1月にたちあげ準備したものである），7月5日には名桜大学で「山原シンポジュウムin名桜——森と海と街」も開催される．

県内外でもさまざまな形で大小の反基地平和運動が展開された．米軍被害事件や環境運動と重なりあいながら，運動は増幅していった．その頂点は既述の7月15日の県民大会であり，そして，20日の「人間の鎖」による嘉手納基地包囲であった．嘉手納基地包囲行動には，27,100人が参集した．終了後，「安保の見える丘」で集会「想像してごらん基地も戦争もない21世紀を」メッセージを採択した．沖縄は過去4回の人間の鎖による基地包囲を行なっている．1987年6月25,000人，90年8月26,000人，以上嘉手納基地，95年5月17,000人，98年5月16,000人，以上普天間基地である．動員目標をこえただけでなく，過去に比しても最高の動員が行なわれ，当日3回の基地全面包囲が行なわれたのであった．またもや起こったわいせつ事件，加うるに連日報道される米軍被害，サミット開催などによって増幅され，県民の基地の整理・縮小への声が高まったのであった．命を守る会の高齢の老人は言っていた．「病身で明日もしれないが，嘉手納基地包囲の成功と基地反対の東門美津子議員（社民）の当選に未来への明るさを感じた」．

県内外で展開された運動を運動範域や運動主体などによって区分した年表を後にあげてある．注目されるものについて説明しておきたい．

反対協など運動団体の多くはホームページを開局し，英文を付して情報を発進し始めた．県や各自治体にもホームページが設けられた．名護市も市の概要，政治，観光，自然，文化財・史跡，イベントなどを紹介している．とくにサミットと市政30周年を記念して，英文つきのビジュアル版「5000年の記憶

――名護市の歴史と文化」が発行されたことに注目しておきたい．情報合戦が展開された．県内にIT技術が普及するとともに，運動にもIT革命が引き起こされつつ，人々のネットワークが拡大している．

　6月28日那覇に住む島袋博江（25才）さんが「レッド・カード・ムーブメント」の平和運動を提唱した．基地負担と差別を訴えるために日常生活の中に赤い色を使う運動であるが，またたく間に全県的に広がった．嘉手納基地包囲も赤一色で包まれた．6月18日「心に届け女たちの声ネットワーク」は「心に届け，平和のハンカチ」千枚以上で市役所周辺を包囲，アピールを採択した．二見以北十区の会は連帯して事務所前にハンカチで彩られた平和の樹を植樹している．基地反対と平和の声の強い女性の力は，運動全体を支える大きな力であることは，辺野古の命を守る会の事務所を毎日守っているのが30余人の「おばあ」たちの力であることが如実に示している．

　7月21日には3つの新聞全面広告が載った．1番目は「米軍基地をなくす意見広告運動」の「No, U. S Bases in Nago, Okinawa, or Anywhere in Japan!」である．名護市の多くの活動家も参加した．7月14日現在での県内外の賛同者1,752人の氏名を列挙している．2番目は，ボストン―沖縄ネットワークによる意見広告「"No" to U. S Bases! A Message of Peace to the Group of 8 Summit and the People of Okinawa」である．米人中心に諸団体の代表1,600人の署名を付している．「私たちアメリカ国民は，沖縄，神戸および広島のみなさんと連帯しながら，次のことを要求します」．「① 普天間基地移設反対，② すべての基地・施設の沖縄からの引き揚げ，③ 両政府の神戸と広島の非核政策尊重」．3番目は普天間移設とは直接関係ないが嘉手納旧飛行場権利獲得期成会の「嘉手納飛行場は旧陸軍に強制収容されたもので『我々のものである』」とする意見広告である．

　基地をめぐって3つの全面広告が同日載せられたのは前代未聞のことであろう．その中で，国際的なつながりが形成され，運動の側から国際的公共圏が形成されつつあることを注意しておきたい．ジュゴンやヤンバルの自然保護をめぐる世界の自然保護団体とのつながりもその例である．サミットを目指して，浦添，宜野湾市でも「民衆の安全保障・沖縄国際フォーラム」や「世界平和民間サミット」が開催された．「国際女性サミット」も那覇で開催され，非武装

なの安全保障を訴えている．さらに，日本平和委員会は「G8サミットにあたっての沖縄米軍基地問題での国際連盟アピール」に21カ国136人から賛同の連絡があったと発表している（7・7）．5月15日には「沖縄戦記録1フィートの会」がサミット参加国8首脳に「沖縄戦・未来への証言」の英語版ビデオを郵送していることなど，国際化の流れの中の動きである．期間中NGOセンターで活躍した43団体中合意した17団体は連名で，他国への軍事基地建設反対と早期撤退，G8首脳とNGOの対等な直接対話の設定，汚染浄化要求など6項目を要求する共同宣言を発表している．県内NGO24団体も基地の現状を世界に訴える声明を発表している．反対協は多くのNGOと交流できたことを一番の成果だとし，国内外のNGOと連携する運動を展開したいと総括している（7・23）．

　学者・文化人も重要な運動の盛り上げや雰囲気を高めるのに重要な役割を果たした．環境保全運動に参加する個人や学会団体，反対の宣言・声明・要望書をを出す学会や個人が現われた．その中で大田前知事ら県内外400人の発起人を集めて創設された国際平和研究所が注目されるだろう．今後の沖縄での平和運動発展のために，県内外をネットワークで結ぶ知的拠点が沖縄に形成されたのである．

　その他，いくつかの地域，団体での反対行動も展開されたことは年表でうかがえるが，合わせて注意しておきたいのは，基地被害の続発であり，それに対する市町村の抗議活動である．それを含めて全体の運動が，基地の整理・縮小とともに日米地位協定の見直し問題を県政にとってのっぴきならない問題としていったのである．

　地元紙『沖縄タイムス』は7月19日一面トップで普天間基地の名護移転の白紙化，SACO合意の見直しの社説を掲載した．翌日には『琉球新報』が海兵隊撤収のシナリオの明示を求める社説を掲載した．沖縄世論の「本来」の最大公約数だと見ることができる．

　クリントン大統領は「平和の礎」を訪問，演説を行ない，悲劇を繰り返さないための日米の共同の責任を語るとともに，沖縄が「不可欠な役割（あるいは死活的に重要な役割と訳す報道もある）を担ってきた」と述べた．また，日米首脳会談では米兵事件に関して「こうした事件は苦痛であり，恥ずかしく思う」

と陳謝した．知事はクリントン大統領に代替施設の使用期限について直接伝えたという．しかし，その後の記者会見で大統領は「北東アジアでの米軍のプレゼンスを必要としない段階にはまだたっしていない」「ここには安全保障上米軍駐留の必要性がある」と述べたのだった．

　海外から揶揄されながら国814億円，県100億円の巨額の金を費やし，県民の無数の奉仕活動に支えられて開かれたお祭りは終わった．北部振興費10年間1,000億円に匹敵する金が用いられたのであった．

サミット関係年表

【県内】

4・11　沖縄サミット・平和アピール行動委員会準備会サミット期間に嘉手納基地を25,000人規模の「人間の鎖」で包囲することを決定．

4・17　「沖縄から平和を呼びかける4・17集会」（主催・世界の平和を求める市民連合会）（200人参加）は沖縄民衆平和宣言を採択，非暴力，自然環境保全，異なった文化・価値観・制度の尊重，共生」を訴えるとともに，サミット利用の基地強化反対の要請を各国首脳に要請することにした．沖縄環境ネットワーク，心に届け女たちの声ネットワーク，反対協などが参加している．

5・12　3日間の平和行進が3コースに分かれて辺野古の命を守る会事務所，名護市役所前を含む3コースから出発し，合計3,000人が参加した．行進は最終日の14日，宜野湾市で例年本土復帰日を記念して行なわれる「5・15平和とくらしを守る県民総決起大会」に合流する．大会には約6,000人が参加した．

5・15　「沖縄戦記録1フィートの会」サミット参加国8首脳に「沖縄戦・未来への証言」の英語版ビデオを郵送．

6・28　島袋博江（25才）さん「レッド・カード・ムーブメント」の平和運動提唱，基地負担と差別を訴えるために日常生活の中に赤い色を使う．

7・2　「2000年核兵器廃絶国民平和大行進」沖縄―広島コースが辺野古出発．

7・15　5年ぶりの県民総決起大会，7,000人参加．主催・連合沖縄，平和

運動センター，統一連，県労連，市民連絡会．

7・20　嘉手納基地包囲行動，27,100人参集，終了後，「安保の見える丘」で集会「想像してごらん基地も戦争もない21世紀を」メッセージ採択．

国内外の包囲網参加者，嘉手納文化センターで「7・20基地・軍隊に反対する平和交流集会」開催（主催・平和市民連絡会）．

ティーチイン基地のない平和な沖縄」開催（包囲行動参加の社民党女性議員ら主催）．

7・21　新聞全面広告「嘉手納旧飛行場権利獲得期成会「嘉手納飛行場は旧陸軍に強制収容されたもので『我々のものである』」．

新聞全面広告，「米軍基地をなくす意見広告運動」は「No, U. S Bases in Nago, Okinawa, or Anywhere in Japan!」．名護市の多くの活動家も参加，7月14日現在での1752人の氏名列挙．

【女性】

5・27　首都圏在住の女性市民グループ「NOレイプ　NOベース　女たちの会」有楽町でリレーアピール，名護東海岸からも参加．

6・18　「心に届け女たちの声ネットワーク」は「心に届け，平和のハンカチ」千枚以上で市役所周辺を包囲，アピール採択．二見以北十区の会は事務所前にハンカチで彩られた平和の樹を植樹．

6・22　那覇で「国際女性サミット」非武装の安全保障提起，海外40人参加，名護瀬嵩に平和の樹植樹．

7・ 8　「心に届け女たちのネットワーク」，巻町の住民投票の学習会を那覇市で開催，名護東海岸で「浜下り」．

【団体】

6・24　「生協平和フォーラムinおきなわ」（主催・県生協など）「とどけ！平和の心，わした島から」開催．

7・ 1　沖教組36回提起大会，「人間の鎖」への結集呼び掛け．

7・11　北部地区労基地包囲行動に向けて決起集会．

7・13　沖縄市で嘉手納基地包囲に向けた講演学習会（中部地区労，教組など）．

7・23　サミットNGOセンターで活動する40団体中17団体で「他国への軍事基地建設反対と早期撤退」等6項目要求の共同宣言発表．

【国内】

4・12　「ヒロシマ・平和リボンの会」は原爆ドームをリボンで囲む運動を企画，サミットにあわせ，広島・長崎両市開催の沖縄平和記念資料館での原爆展示にもリボンを掲げる計画発表．

7・17　安保破棄中央実行委員会は17〜24日の沖縄連帯全国行動に入る．街頭宣伝など．

7・20　「フォーラム平和・人権・環境」開催・全国の平和運動センターなどの代表．

【学者・文化人】

5・21　沖縄生物学会大会「沖縄島のジュゴン生息環境」シンポ，総会で「沖縄島北部地域新空港建設に対する反対決議——山原の森とジュゴンが生息する北部地域保護のために」．

6・16　宜野湾市で国際平和学会大会開催「基地なき安全保障を求めて」の集会宣言．

6・23　琉大教授ら有志12人「6・23アピール　基地のない平和の島・沖縄」の共同声明．

6・29　国際平和研究所創設（大田前知事ら県内外400人の発起人）．

7・10　日本科学者会議，知事への基地移設に関する公開質問上への回答への見解表明．

7・18　沖縄サミットに向けた法律家アピール運動事務局は4項目のアピール文発表（前日に外務省手渡し）．5団体で構成，賛同者526人，基地建設中止など．

7・19　槙枝元文元総評議長，隅谷三喜男東大名誉教授，伏見康治元日本学術会議会長等，基地撤去，新基地建設中止のアピールと要請書発表，学者・文化人239人の署名を添える．

【国際】

7・1　「民衆の安全保障・沖縄国際フォーラム」浦添で開催，宣言文発表．

7・7　日本平和委員会発表・「G8サミットにあたっての沖縄米軍基地問題での国際連盟アピール」に21カ国136人から賛同の連絡．
7・16　宜野湾市で「世界平民間サミット」開催．
【地域】
4・15　沖縄市で「沖縄サミット反対！ 5・15デモ（主催・沖縄サミットに反対する実行委員会）開催．
7・15　石垣市で世界平和アピールの総決起大会と「2000年サミット・炎の祭典」開催．
7・17　読谷村で「花は土に咲く，基地なき平和を求めて―沖縄結集」のテーマの講演会開催，大田前知事，山内前出納長，筑紫哲也氏，平岡前広島県知事など講演．
【新聞】
7・19　『沖縄タイムス』は一面トップで普天間基地の名護移転の白紙化，SACO合意の見直しの社説掲載．
7・20　『琉球新報』一面に海兵隊撤収のシナリオの明示を求める社説掲載．

4　代替施設協議会の発足（2000年8月末～10月）

1）　基地使用期限と日米地位協定見直し問題

　サミット終了1カ月後，先延べになっていた代替施設協議会を含め，4つの協議会が開催された．前日の24日，政府は「北部振興並びに移設先及び周辺地域振興に関する基本方針」を発表した．北部12市町村長は参加のために上京した．最大の焦点は代替施設協議会であった．地元では諸団体が知事，市長に代替施設協議会不参加を申し入れ，街頭で住民に訴えた．
　代替施設協議会には，中川官房長官，防衛庁，外務省，運輸省の各大臣，県からは知事，市長，北部市町村の代表として，東・宜野座両村長が出席した．すでに中川長官は15日使用期限問題はこの協議会で取り上げるべきものでは

ないと述べていたが，会議では工法・設置場所の技術面の協議に限定した．しかし，知事，市長は受け入れ条件，とりわけ使用期限と使用協定締結について要請を出した．長官は会議後の記者会見で「議題ではないが，要請があればその都度，誠意をもって対応する」と述べた．

市長と知事では主張にずれが見られた．振興策については協議会が作られている．しかし，市長は使用期限，使用協定が会議の議題にならないとすればどこで協議するのかを懸念したと思われる．そこで，それらを「『別途に協議』してほしい」と要望した（政府は議事録公開を22日に決めている）．記者会見では，「それを論じ続ける何らかのシステムが必要だ」，「地域住民と密着した方法をとりながら協議していきたい」，「国，県，市の話し合いの中でこれが消されていくということがあれば，それなりのわたしの対応はできると考えている」と述べた．協議の場の不在と同時に，国と県だけの交渉で決まることへの不安が表明されている．帰任後の記者会見では，使用期限問題解決と工法等の基本計画の決定時期は「同時でなければならない」と政府を牽制している．

しかし，防衛庁長官は同日9月11日開催の日米安全保障協議委員会（2プラス2）では期限問題は正式な議題にならないとの見通しを述べている．また，政府はこの日照屋寛徳参院議員の質問趣意書に書面回答して，日米地位協定三条を見直す考えのないことを書面回答している．実際9月11日の委員会では沖縄が主張していると伝えただけで，アメリカ側は暖簾に腕押しで相手にならなかった．

この会議で在日米軍基地関連の環境汚染問題への取り組み強化が合意され，政府は地位協定運用改善だと成果を誇った．が，知事は，県が要求する米軍への国内法適用や浄化責任明記などが取り上げられておらず「大ききな進展はなかった」「協定を抜本的に見直す必要がある」とコメントしている（9・12）．

その間アメリカ側からもグアム基地での訓練強化，過密な沖縄での訓練の困難などの議論が出された．しかし，9月20日コーエン国防長官はアジア太平洋地域の米軍10万人体制の削減を明確に否定，今後における保持を主張した．23日，森首相，外相，防衛庁長官と国防長官は会談したが，期限問題については話し合うことはなく，沖縄問題は日米安保共同宣言に従って対応していくことが重要だと述べるにとどまった．政府は自らの主張を持って交渉するので

はなく，メッセンジャーの役割のみを果たし，アメリカの好意を期待しているように思える．あえて言えば，沖縄側への言い訳に問題をアメリカに伝達するだけで，振興策をふりかざすことによって，工法，設置場所問題を具体化し，期限問題を先送りにして作り出す既成事実の上に，沖縄側の譲歩を得ることができると考えているようにも思われる．

　10月1日『朝日新聞』は報道している．「9月28日の衆院予算委員会で，森喜朗首相が日米特別行動委員会（SACO）最終報告の内容をよく知らないことが明らかになったが，翌日の衆院予算委では，米軍普天間飛行場の代替施設協議会をめぐって政府側が答弁に窮し，審議が一時中断，九州・沖縄サミットから2カ月，政府の熱意は冷める一方のようだ」．森首相は，「SACO最終報告にこの使用期限のことが盛られている」と認識不足・事実誤認の回答をしたものである．また，照屋寛徳参院議員が15年使用期限問題を決定する責任者を問うたのに対し，防衛庁長官は「主管」は私ではないと答え，主管は誰かの質問に政府側は答えられず審議中断となった．記者会見から帰った官房長官が「主宰は官房長官ということになっている」とおさめためたが「関係閣僚で協議して対応していく」と述べるにとどまったものである．

　こうした政府側の対応は無責任ともいえるだろう．一連の流れの中で，岸本名護市長は22日の市議会答弁で，15年問題と代替施設協議会での基本計画のの策定は同時に進められなければならないとしつつ，「政治生命をかけてでも，がんばりたい」と述べた．26日にはさらに進んで，「国の誠意が感じられなければ，代替施設協議会への不参加も辞さない」と述べたのだった．

　しかし，10月4日の代替施設協議会には市長は出席した．知事が移設条件への理解と解決への取り組みを要請したのに対し官房長官は「発言を重く受け止め，適切に対処したい」と主張を述べあうだけで，岸本市長は協議会では期限問題にふれなかった．県は軍民共用空港と2,000m級の滑走路を念頭においた計画案を提示した．期限問題は棚上げで議論は進行するだろうか，岸本市長の議会発言は市民向けのスタンドプレイだったのだろうか．市民は見ているのであり，市長も発言に責任を取らざるをえないだろう．

　9月19日までに三沢基地のある青森三沢市は米海軍との友好関係中断の方針を決定した．厚木基地のある神奈川大和市長は21日に同じく有効関係中断声

明を出した．直接問題になったのは，米海軍が通常硫黄島で行なわれていた騒音と危険を伴う夜間離着陸訓練（NLP）とアクロバット飛行を，自治体や住民の中止要請・反対の声を無視して実施したことである．隣接する綾瀬市も同じ措置をとると警告したといわれる．戦争を目的とする軍隊は，無規制・無拘束の自由な訓練を必然としている．現行の日米地位協定はこうした訓練差し止めに効力を発揮しないのである．

9月後半になると県内の市町村議会は次々に地位協定見直しの決議，意見書採択を行なった．宜野湾市（18），浦添（20），沖縄市（22），具志川町（25），嘉手納町（26），北谷町（27），糸満市（29）などである．

沖縄の基地反対運動は住民の生活の中から発生するものであり，抵抗の根は強い．政府は，8月14日，SACOの実施状況をまとめた．日米地位協定の運用改善に関しては改善が進んだと述べるが，記述のように基地被害は絶えることなく続いているのが事実であり，日本政府も「排他的使用権」を盾にされた場合介入できないのである．従来のような運用改善の政府申し入れでは対症療法的な部分的対策が講じられるだけであり，それでは対応できない新しい被害が次々と発生しているのである．政府報告でも立ち入りに関しては「運用上の理由」で立ち入り禁止も多いとしている．実際，県側の認識では95年の見直し「要請前より後退している」といわれているのであるが，政府が合意した，「運用上の理由が，拒否の根拠を与えたことにもなっている」とさえいわれている．

この政府報告は，施設返還に関しては，安波訓練場以外はほとんど進んでいないとしている．その原因は沖縄住民の基地反対の声なのである．

2） SACO合意の進捗状況とその他の基地問題

ここで，普天間移設先の名護以外でのSACO合意の進捗状況を整理しておくことにしよう．どこでも賛否の対立の中で，移設問題の解決は遅遅とした動きを示すに過ぎない．

① 普天間飛行場跡地利用とキャンプ桑江返還・住宅統合問題

市長の普天間飛行場の県内移設声明もないまま，振興策や跡地利用について

の要請が進んでいたのが宜野湾市であった．2000年になると5月31日普天間移設4協議会の内第3の普天間跡地利用促進協議会（青木官房長官兼沖縄開発庁長官，知事，市長出席）が初会合をもった．これに対応して，政府，県，市3者で構成する実務者レベルでの跡地対策プロジェクトチーム会議の初会合も開催された．

　7月27日宜野湾市長は北谷町キャンプ桑江の米海軍病院のキャンプ瑞慶覧内普天間ハウジングエリアへの受け入れを表明した．両キャンプの住宅地の普天間への統合に関しては，返還部分（55ha）が傾斜地のため宜野湾市軍用地等地主会が再活用困難と継続使用を求めていたが，方針転換して，6月30日有効利用を求めると市に通告したことをふまえたものである．その他の米軍施設が他の米軍施設に移設された後，計画では2007年度末までに，キャンプ瑞慶覧（基地面積計647ha）の住宅地のうち83ha，キャンプ桑江（99ha）は返還となる．

② 　浦添市と那覇軍港移設問題

　那覇港湾施設（57ha）の移設問題では，98年の那覇市議会の早期移設決議，99年3月の浦添市商工会議所提出の西海岸開発促進に関する提言陳情の議会採択が行なわれていた．移設反対を公約にしていた浦添市長は態度を鮮明にしなかった．市長には内外からの圧力が強まる．6月2日，商工会議所は重ねて西海岸開発の早期実現を市長に要請，7月15日県議会は県，那覇市，浦添市で設立する那覇港一部事務組合設立を決議する．7月26日浦添市議会は一部事務組合早期設立の要請決議を可決する．県と市との間には設立加入条件に関して折衝が繰り替えされるが，市長の姿勢は次の2000年3月の所信表明演説に示されている．軍港移設に関しては「市民感情からしてもコンセンサスは得られない」として，軍港そのものの移設には反対としつつ「民港として整備し，軍港の一部機能の移設」という姿勢を強調しており，その上で一部事務組合の設立に県とともに努力するとしているが，県や那覇市との間の溝は深い．市民感情の背景には強力な市民運動があるのである．

　浦添市には一部返還をSACOで合意された牧港補給地区（275ha）がある．那覇，浦添の両都市に隣接する県内一大物流拠点にあるのがこの基地である．国道拡幅のためにその内3haの返還が予定されているだけだが，那覇軍港問題も未解決で，未着手のまま残されている．99年7月22日，米政府高官は，「那覇

軍港の返還条件は米軍占有，牧港補給地区への出入り道路をつけることだ」と軍民共用港構想を事実上否定しており，問題の解決には程遠い．

10月20日市長は来年2月の2期目選挙に向け，支持母体の与党3党（社大，社民，共産）や市職労の反撥を受けて，那覇軍港の一部浦添移転容認方針を転換し，全面反対の方針を打ち出した．

③ 安波訓練場と北部訓練場

唯一返還が確定したのは軍民共同利用されていた国頭村の安波訓練場である．98年12月2日，土地480ha，水域7,895haが返還された．この訓練場は北部訓練場と一体化して考えられており，SACO合意で，北部訓練場から海への出入を確保するための土地，水域の確保が条件であった．新規提供された土地は39ha．水域120haであった．断崖の続くこの地域で，海と空からの上陸訓練ができる唯一の場所であり，次世代の新鋭戦闘機オスプレイ（垂直離着陸機）配備が可能だといわれる．

北部訓練場は7,513ha中過半の3,987haの土地を2002年度末に返還（特定貯水池159haの共同使用解除）の予定であった．返還条件として上記安波訓練場返還と関連した海への出入り口確保，返還地内のヘリパッド（国頭村4，東村3）の移設があげられていた．99年10月21日，東村長はヘリパッドの条件付き受け入れを表明した．条件は，地元への水道管敷設，一般廃棄物最終処分場の建設，山と水の生活博物館の建設である．国頭村長も東村長の受け入れを容認している．

しかし，地元高江区が猛反発した．26日区民総会は全会一致で反対を決議するとともに，水道整備の基地引き替えではなく行政責任での解決，ヘリの民家上空での飛行禁止，国頭移設のヘリパッド被害の防止を村長に要求した．村長は陳謝，受け入れ表明を撤回した．国頭村長も同調したと報道されている（2000・2・5）．沖縄の水がめといわれ，福地ダムと新川ダムをつ同村で，とりわけ新川ダムのある同区に水道がないということは驚きであった．県行政の怠慢のそしりは免れまい．

④ ギンバル訓練場と「象のオリ」移設問題

金武町ギンバル訓練場（60.1ha）は，ヘリパッドの金武町ブルー・ビーチ訓練場への移設，その他施設のキャンプ・ハンセンへの移設の後に97年末目途

に返還予定であった．また，読谷村の楚辺通信施設（通称「象のオリ」53.5ha）をハンセン移設後2000年末返還と計画されていた．

　1999年4月金武町長が象のオリ受け入れ表明を行なったことは記述した．ヘリパッド移設に関しては，ブルービーチ一帯は美しい海岸線を有する地域である．現在でも米軍の主要な上陸訓練場であり，民間地域を使用する場合がある．ここにヘリパッドを移設することに町や住民は反対し，また，将来の振興発展に不可欠として返還を求めている．SACO合意の実行は凍結されていた．

　「象のオリ」については，町長は財政上の理由から4月初頭受け入れを表明した．ヘリパッドに関しては，先立って2月移設先をキャンプ・ハンセンに変更するよう政府，米大使館に要請した．条件付受け入れである．政府の対応は好意的というが，調整は進んでいない．

　他方，反対の声も広がる．基地は金武町，宜野座村，恩納村，名護市に広がっている．移設可能性の強い山手に位置する宜野座村長は自村への移設懸念から直ちに自村内への移設反対を政府に申し入れた．また，別方向の山手側からは同じく移設を懸念する恩納村喜瀬武原地区が反対決議をした．

　象のオリに関しても，移設候補地の宜野座村，恩納村城原，武原の両区と金武町中川区が反対決議をしている．両施設の移設は一自治体をこえた問題となり，自治体間や住民との調整がつくにはなお程遠い．

⑤　読谷補助飛行場・牧港補給所

　読谷補助飛行場はパラシュート訓練の伊江島補助飛行場への移転，象のオリの移設後2000年度末に返還する計画だった．前者は，伊江村が財政上の理由で受け入れた．しかし，象のオリの移設はなお，受け入れ先でもめている．読谷飛行場の返還は大幅に遅れる見通しである．

　読谷村の瀬名波通信施設返還（61.2ha）もSACO合意されている．村内トリイ通信施設への統合をはかろうとするものだが，黙認耕作地の耕作者が，耕作地がつぶされると反対していた．2000年8月になって，関係する楚辺区がまとめた5項目の移設条件をふまえ，村内全体での基地縮小がはかられるとして村長は受け入れを表明した．

　2001年3月31日で楚辺通信所（236m²）と浦添市牧港補給地区内（148m²）の一部地主に国は意見照会の文書を送付，5月21日継続使用認定を首相に行なう

手続きを開始した．両施設の返還はしばらく望めず，継続使用が必要だが，地主の承諾の見込みはなく，軍用地特措法改正後の初の措置として，最終的には自治体首長の代行署名抜きに首相の代行採決を行なうための手続きである．

⑥ 所有権確認・跡地汚染・代行確認・爆音訴訟・ラプコン返還問題

返還がなされても大きな問題が残っている．跡地の旧日本軍が収容した現国有地（嘉手納町，読谷村，伊江島飛行場）の所有権回復問題である．政府は最高裁95年の判決に従って，国が地主と売買契約を締結し所有権を合法的に獲得したと上原衆院議員の質問書に文書答弁している（2000・3・28）．戦争終結後返還するという約束の下に強制的に収容されたと地元は主張している．国の答弁書は「戦時中旧軍が買収したことを証明する直接的な資料はない」ことを認めている．問題は持続するだろう．2000年7月，嘉手納旧飛行場権利獲得既成会は，飛行場は「我々のものである」と地元紙に全面広告を行なっている．8月31日には，嘉手納，読谷，那覇の旧4飛行場の地主会は「沖縄県旧飛行場用地問題解決促進協議会（1,200人）結成を決定し，本格的に動きだした．

SACO合意とは別に嘉手納弾薬庫地域の一部が99年読谷村に返還された．78.4ha（内3.4haは3月25日返還）の返還だが，6月末，カドミウム，六価クロム汚染が確認された．地主は安全確認まで引取拒否を主張し，国の責任で処理との覚え書きを交換して受け取り同意したが（9・25），重金属汚染の処理がどのように行なわれるのか，果たして完全にできるか疑点は残っている．嘉手納弾薬庫地区内の東恩納弾薬庫は返還後自衛隊基地で継続使用（7割市有地）が国と市で合意されている（99・12・15）．返還後ただちに地代支払いがなくなれば，地主の生活に支障が生ずる．3年間の継続支払いが行なわれるが，跡地利用が円滑にゆくまで7年に延長することが県・民一体で要求されている．基地返還はさまざまな関連問題を引き起こすのである．

1999年7月21日の県軍用地転用促進・基地問題協議会（県，基地所在31市町村，米軍で構成，知事が会長）総会が日米関係機関に要請することを決めた諸項目は基地問題に関する地方公共団体の共通課題を的確に示している．① 嘉手納基地ハリアー機の常駐化・訓練の中止，② PCBの徹底検査，③ 事件・事故発生時に基地内立ち入りの円滑な実施，④ 周辺事態安全確保法の実施に関し，適時・的確な情報提供と地方公共団体の意向を尊重した法律の適用，⑤

跡地利用の円滑な促進と給付金支給期間の3年から7年への延長を盛り込む軍転特措法の改正など．

　基地問題で特にふれておかなければならない問題が2つ残されている．1つは3月27日起こされた新嘉手納爆音訴訟である．前回の訴訟判決（98・5）は被害補償は一部認めたが，日本政府に対する飛行差し止め要求に対しては，政府は，安保条約，日米地位協定によって，支配の及ばない米軍行為には権限をもたないと棄却された．そこで今回は嘉手納基地周辺6市町村の住民5,544人による日米両政府を相手にしたマンモス訴訟を起こしたのである．

　もう1つは米軍の管制下にある嘉手納ラプコン（導入管制レーダーシステム）返還問題である．99年11月11日，レーダーの故障で，民間機50便に影響，復旧に27時間半がかかった事故が起こった．事故は発生後12時間後に日本側に通報と遅れた．次いで2月13日にも事故が起こった．日本復帰時の取り決められていた「暫定期間」という取り決めが現在まで継続しているのである．知事の基地受け入れ表明を控えた日本政府の対応は珍しく早かった．11月18日にはラプコン管制業務如何問題検討を日米合同委員会に提起した．県議会も12月21日早期返還を求める意見書を可決した．3月16日米国務長官は，「米軍の運用上の所要が満たされることを前提に返還する」と首相・外相・防衛庁長官との会談で述べたが返還時期は未定である．独立国日本の沖縄の空が沖縄のものとして回復されることになるかどうかは，前提条件についてのつめがどうなるかにかかっている．

（補）　新しいミレニアムになっても，わいせつ事件など米軍の不祥事件が相次いでいる．県民世論は激昂し，1月15日名護市議会が，19日県議会が，海兵隊の兵力削減要求を決議した．基地移設に賛成，反対いずれの住民にとっても，基地問題は沈静化されることのない問題なのである．

第3章　基地問題と沖縄振興

1　第3次沖縄振興開発計画総点検

1）経　　緯

　1971年制定の沖縄振興開発特別措置法（沖振法）に基づき，これまで，沖縄は3次にわたる振興計画を樹立，振興開発を行なってきた．「長年の沖縄県民の労苦と犠牲に報いる国の責務」を強調した第1次振計（72年12月）以来，3次にわたる振興計画が策定されてきた．第1次，第2次の振興計画が計画目標としたのは，「格差是正」と「自立的発展」であった．第3次振計（92～98年）は，加えて「我が国の経済社会及び文化の発展に寄与する特色ある地域としての整備」を掲げた．

　3次振計における「振興開発の基本方向」は次の6点であった．
　① 自立化を目指した特色ある産業の展開，② 地域特性を生かした南の交流拠点の形成，③ 経済社会の進展に対応した社会資本の整備，④ 明日を担う多様な人材の育成と学術・文化の振興，⑤ 良好で住み良い環境の確保と福祉・医療の充実，⑥ 都市地域の整備と農山漁村，離島・過疎地域の活性化．

　97年，社会経済情勢の変化を，とくにグローバリゼーション，環境への認識の高まり，高齢化時代や高度情報化時代の到来等について指摘しながら，第3次振計後半の「施策展開の方向」を次の6点に定めている．
　① 経済社会の変化に対応し，地域特性を生かした特色ある産業の振興を図ること，② 国際性豊かな県民性や地域性を生かし，わが国の南の交流拠点の形成を推進すること，③ これらを推進する上で基盤となり，自立的発展を支える社会資本の整備を推進すること，④ 沖縄の豊かで多様な自然環境の保全・継承など環境に配慮すること，⑤ 離島及び圏域については，その特色を生かしつつ，交通・情報通信体系の整備や産業の振興，県内外の交流を促進す

ること，⑥米軍施設・区域の整理・統合・縮小と返還跡地の有効利用を進めること．

「経済社会の変化に対応」して戦略的な産業振興の方向，都市農村の区分をこえた「圏域」ごとの総合整備の方向，「交通・情報通信体系の整備」によって，県内を一体として総合振興するという方向性を示している．さらに，環境意識の高まりに対応しての自然環境保全，SACO合意をふまえての「米軍施設・区域の整理・統合・縮小と返還跡地利用」を課題化している．なお，「国際性豊かな県民性」については海外居住30万人の県人の存在が考えられている．

2000年5月，県は「第3次振計総点検報告書――沖縄振興開発の現状と課題及び展望――」を，6月沖縄開発庁は「沖縄振興開発の現状と課題――第3次沖縄振興開発計画総点検結果――」を発表した．いずれも3次振計の実績，沖縄の現状，検討し，今後の課題・方向を考える報告書である．重要なことは，いずれも「沖縄経済振興21世紀プラン」を踏まえて点検，総括が行なわれていることである．

両者は基本認識において違いはないが，県報告は，やや抽象的一般的な国の報告に比してはるかに膨大であり，検討も施策や地域の実態の即して具体的である．また，3次振計の目標に即しての点検と，残された課題の解決を提示するだけではなく，今後の「基本的な考え方」，「方向性」を示し，前年末の閣議で決定でされた沖縄振興新法とポスト3次振計策定のための検討にあたっての沖縄の考え方をまとめ，主張している．

2） 人口及び経済社会のフレーム（県報告による，国もほぼ同じ内容）

【人口】――目標値をこえた総人口，過疎・過密と少子化
① 人口だけが3次振計の目標年次想定値130万人を1999年次で達成した．
② 人口の8割は本島中南部に集中し，北部は微増，八重山を除く離島の減少が進み，過疎・過密による生活環境悪化，人口の地域バランスの崩壊が進んでいる．
③ 全国一高い出生率だったが，少子化が進み，平成に入ってからは，合計特

殊出生率は人口静止水準2.08をを下回り，98年には1.83まで低下している．

【労働力】——高い失業率と80％をこえた第3次産業就業人口（表3-1，3-2参照）

① 労働力人口は順調に増加したが，就業人口の増加が並行せず，雇用情勢悪化の影響を反映している．

② 第1次産業，第2次産業人口は想定値では横這い，微増だったが，いずれも減少し，とくに製造業は5.7％と全国比で15.1％低い．第3次産業人口が増加，就業人口の73.6％になった．全国一の比重である．

③ 第2次産業人口中，建設業は公共事業に支えられ復帰時の4.3万人から1999年の7.7万人に増加して13.6％で全国比で2.4％高いが，不景気で最近では横這いである．

④ 第3次産業では，卸売小売業，サービス業の増加が著しく，復帰時の22.1万人から，99年の41.6万人に増加している．政府依存，観光・依存の構造が見られる．

⑤ 完全失業率は一貫して本土の2倍あるいはそれ以上であり，99年には復帰後最高の8.4％に達した．3次振計想定値は2万人だが，99年で5.1万人に達している．とくに若年層の失業率が著しく高く，15～29才が2.5万人と完全失業者の半ばを占めている．

【経済諸指標】——第3次産業傾斜，依存経済，低い県民所得（表3-1，3-2参照）

① 経済成長率．復帰後名目成長率は全国平均を1.5％上回るが，3次振計期間は名目2％．実質でも1.4％と低下．

② 支出項目．県内消費支出は復帰後97年までに7.3倍，最大は「公的県内資本形成」の11.1倍，次いで，「一般政府最終消費支出」の8.7倍，「民間最終消費支出」6.4倍，観光に牽引された「移（輸）出」5.0倍，「民間資本形成」4.1倍と続いている．政府支出への決定的な依存がうかがわれる．

③ 県内総生産は復帰後7.3倍と伸びたが，3次振計後は停滞し，97年度で，3次振計目標達成率は63.3％と低い．復帰後，第2次産業は4.8倍，建設業がで5.5倍と高く，製造業は3.7倍にとどまる．第3次産業の伸びは最高で91.4％を達成している．しかし，3次振計後の目標達成率は52.3％，68.0％

表 3-1　3 次振計フレームと実績

項　目	基準年次（1990）実数	構成比	目標年次（2001）実数	構成比	90〜2000年 年平均増加率
総人口	1,222		1,305		0.6
労働力人口	561		650		1.3
就業者数	539	100.0	630	100.0	1.4
第 1 次産業	58	10.8	50	7.9	△1.3
第 2 次産業	107	19.9	125	19.8	1.4
第 3 次産業	372	69.0	455	72.2	1.8
県民総支出（10億円）	2,961		5,027		4.9
県内総生産　　（〃）	2,812		4,900		5.2
第 1〜3 次産業計（〃）	2,890	100.0	5,016	100.0	5.1
第 1 次産業　（〃）	91	3.1	147	2.9	4.5
第 2 次産業　（〃）	614	21.2	1,082	21.6	5.3
うち製造業　（〃）	196	6.8	355	7.1	
うち建設業　（〃）	418	14.5	727	14.5	
第 3 次産業　（〃）	2,185	75.6	3,787	75.5	5.1
1 人当り県民所得(万円)	200		316		4.2

注）　3 次振計フレーム（県案）の 1990 年度数値は，3 次振計策定時におけるデータである．
　　（最新実績値）　総人口，労働力関係は 1999 年値である．県民総支出等は 1997 年度値（1990年価）県民所得は，県民総支出のデフレーターで算出した参考実質値である．1 人当り県民所得の（　）
出所）　第 3 次沖縄振興開発計画総点検書，沖縄県，2000 年 5 月．

表 3-2　県内総生産（名目）の推移（倍率）

	1972〜97 年	1991〜97 年
県内総生産	7.3	2.0
第 1 次産業	2.4	−0.9
第 2 次産業	4.8	−0.5
うち建設業	5.5	−0.4
うち製造業	3.7	−0.9
第 3 次産業	9.0	2.9
電気・ガス・水道業	14.6	3.8
サービス業	14.6	4.4

注）「第 3 次沖縄振興開発計画総点検報告書」2000 年 5 月，沖縄県による．

に過ぎない．振計後の不景気でも第3次産業のみがかろうじて成長を持続している．第1次産業はマイナスが大きく決定的に低迷している．

④　県内総生産（名目）の産業別構成（表3-1，3-2参照）

	最新実績	
実績値	構成比	達成率
(単位：1,000人、比は%)		
1,310		100.4
616		94.8
565	100.0	89.7
40	7.1	80.0
109	19.3	87.2
416	73.6	91.4
3,269		65.0
3,101		63.3
3,213	100.0	64.1
73	2.3	49.7
566	17.6	52.3
185	5.3	58.5
413	11.8	56.8
2,574	80.1	68.0
199 (216)		63.0

格）である．産業別総生産及び1人当り内の値は名目額である．

3次振計は製造業の割合が増加，第1次産業と第3次産業の比重低下を予測していた．しかし，製造業の生産額の目標年次における構成比予測の7.1％は，最新実績値で5.3％にとどまり全国の23.3％に比し格差が大きい．第3次産業のみが突出的に増加，県内総生産の80％をこすにいたった（全国65.5％）．第1次産業は復帰時の7.1から1982年の4.9，97年の2.3，第2次産業は同年次で27.2，21.5，17.6といずれも傾向的にその生産割合を減少させている（全国97年1.7％）．建設業も16.0，14.1，11.9と減少しているのである（全国9.3％）．

⑤ 1人当り県民所得は，デフレート実質値で90年の200万円さえ下回って199万円，名目額で見ても目標値316万円を大きく下回り，本土対比で86年度には76.6％まで高まっていたが，90年には71.9％，97年には，69.8へと低下し，格差は拡大している．人口増加率の高さもそのことの一因である．

⑥ 財政依存度．3次振計は目標年次に25％程度と予測していた．しかし，概ね30％台で推移し，97年で31.7％，全国の17.3％を大きく上回る．「県外受取」の内，国庫からの財政への「経常移転」が97年で43.3％をも占めている．なお，観光収入は22.2％である．

⑦ 移輸出入．移輸入超過額は復帰時28.3％，89年12.1，92年10.5，97年10.2となっているが，依然として移輸入超過は大きく（3,605億円），それが国庫からの財政移転によってカバーされるという消費型経済，依存型経済の構造を示している．

⑧ 基地関連経済．基地関連収入は，復帰時の15.6％から97年の5.2％まで低下したが，基地依存の県民が多く，基地関連交付金が歳入総額の20％以上を占める公共団体が4町村もある．

3) 沖縄振興開発の現状に関する基本認識の総括

沖縄開発庁報告書の現状に関する基本認識．

① 「本土との格差は施設整備面をはじめとして次第に縮小」，なお，要整備分野が残る．② 経済社会の構造については，「リゾート産業等において成長が見られる」が，全体としては「生産部門が弱く，財政による需要への依存度が高い」，経済の活力が不十分で成長へのメカニズムが備わらず，「自立的発展の基礎条件の整備は途上である」，③ 「広く我が国の経済社会及び文化の発展に寄与する特色ある地域として，その役割を十分に果たしているとは言い難い」，④ 今後，沖縄の優位性を活かす産業分野をのばすために，「重点的な資源配分」を行ない，特色ある地域としての自立を目指すべきである．

具体的指摘での強調点は次の通りである．

① リーディング産業としての観光・リゾート産業，新リーディング産業としての情報通信産業．新規企業立地の不十分性，多数を占める中小零細企業の経営基盤の脆弱性．雇用機会の不十分性．
② 施設整備面における本土との格差縮小，交通，水，街づくり，環境衛生等での要解決課題の存在．観光・リゾート基地，南の国際交流・協力の拠点形成のための条件整備．
③ 人材育成・確保における一定の成果と，とくに情報通信産業等の分野での人材不足．
④ 豊かな自然環境，伝統文化の国民的財産としての保全と継承．
⑤ 日本一の長寿県としての福祉・医療基盤の整備．
　交通・住居等，地域活力の向上とその自然環境，文化伝承等の多面的機能，地域資源活用の都市と農村の連携強化，医療・面での離島対策教育．
⑥ 土地利用上の米軍用地の制約，SACO合意の着実な実施と返還跡地の利用促進．

県報告書の3次振計「計画目標」に沿う総括

〈本土との格差是正〉復帰以降6兆円以上の沖縄振興開発事業の投入による

社会・産業基盤の整備による格差の漸次的縮小と未整備の分野の存在，生活・所得水準の低位，雇用機会の乏しさ，完全失業率の高さ，産業振興の立ち遅れ．

〈自立的発展の基礎条件の整備〉開発庁の認識とほぼ同じだが，重要課題として「民間主導型による経済」の構築をあげる．

〈広く我が国の経済社会及び文化の発展に寄与する特色ある地域としての整備〉過去の施策の総括の後次のような課題を強調している．保健医療や学術・文化の交流・協力拠点の構築，ハブ機能を有する空港・港湾施設，陸上交通・情報基盤の整備，国際コンベンション都市としての発展に対応する都市機能の整備

〈今後の本県振興の基本的考え方及び新たな沖縄振興計画策定の必要性〉
① 復帰時の産業振興課題は未解決である．離島の不利条件の克服，財政依存の経済構造からの脱却と民間主導型経済の構築のため「新たな法制度」の整備拡充が必要である．基盤整備の質的向上と「目的志向型の戦略的・重点的整備」など新たな視点での整備．
② 新・全国総合開発計画（98年3月）の「太平洋・平和の交流拠点（パシフィック・クロスロード）として位置づけられることをふまえての，日本の役割の一部担当．
③ 自然環境保全，豊かな長寿・健康福祉社会の実現，安全快適で安らぎのある生活空間の創造．
④ 基地の整理縮小と跡地利用への「法整備」の確立と，基地問題への「国民的課題」としての取り組みの必要性の主張．
⑤ 今後の振興について，財政依存型経済に代わる「民間主導型経済の構築」，アジア太平洋交流拠点の形成」「安らぎと潤いのある生活空間の創造」，「各圏域の特性を生かした地域の発展」などを目標とした検討の必要性を述べる．
⑥ 21世紀プランと本報告書の提起する課題を新振興計画策定に引き継がれることを期待．

沖縄の産業の立ち遅れ，低位所得，不十分な雇用機会，財政依存型経済，民間主導の経済，観光・リゾート産業，情報通信産業，目的志向型戦略的・重点

的配備，自然環境，伝統文化，コンベンション都市，ハブ空港・港湾，国際的交流拠点，SACO合意の実施などの言葉が国・県に共通的に用いられている．

今後の沖縄振興の方向性（県報告書）

「民間主導の経済を構築するとともに，広く我が国及びアジア・太平洋地域の発展に寄与する特色ある地域の形成及び安らぎと潤いのある生活空間の創造を目指す」と県は基本方向を定める．

① このため，優位性を発揮する分野に重点をおき「戦略的な振興策」を講じ，既存産業分野との連携の下に，「民間主導型経済を構築」する．

② 県の特性を生かし，諸分野での創造的活動をとおして，アジア・太平洋地域の交流・協力拠点を構築，その「発展に寄与する特色ある地域の形成を目指す」．

③ 併せて，人材育成・確保，学術・文化・スポーツ振興，社会資本整備，保健・医療・福祉の充実と県民生活の安定・安全の確保，自然環境と国土の保全，米軍施設の整理・縮小，跡地利用の推進，「安らぎと潤いのある生活空間の創造を目指す」としている．

こうした基本方向をふまえて，県の目指す開発振興の方向性を7つの分野で提示している．圏域別・離島振興の方向性はそれらと独立に別途提起している．

その他，開発庁報告は8振興部門別の63分野，県は12部門，56分野について推進状況を検討した後，両者とも圏域別開発と課題を整理しているが紹介は省略する．

2 政府と県の沖縄・北部地域振興策

1) 振興策策定の流れ

日米安保条約を是認した上で，基地の県内移設を一時承認しながら，「政府との協調と経済振興」を訴えて当選したのが稲嶺知事であった．

普天間基地移設問題は，大田前知事の拒否声明によって表向き振り出しに戻っていた．政府と県の関係は冷却化し，県基地問題や振興策を協議するために設置された沖縄政策協議会も開かれなかった．しかし，99年11月15日の新知事当選から1カ月もたたない12月11日には早くも協議会は再開された．政府は以後次々と沖縄支援策をうち出し，SACO合意の実現に向かっての稲嶺知事の判断支援策を提示していくことになる．基地問題と振興策は「一体的に進めていく」（野中官房長官）政府の姿勢であり，方針だったのである．

第3次沖縄振興開発計画，沖縄の復帰に伴う特別措置に関する法律である沖縄振興開発特別措置法は2002年3月，沖縄県における駐留軍用地の返還に伴う特別措置に関する法律は同年6月で期限切れとなる．県はポスト3次振計の策定，沖縄振興法の策定を求めて政府に働きかけていた．政府はこれらの問題を審議するため，沖縄振興開発審議会を再編成して発足させた．その総合部会の第1回会合は99年10月4日に開催され，2001年度夏を目途に最終報告をまとめ，方針の樹立と法制定を目指しているといわれる．県もまた，99年11月21日県沖縄県振興開発審議会を発足させ県案を作成，政府審議会への反映を準備している．

この最終報告を待つことなく，同年6月の沖縄政策協議会は「沖縄経済振興21世紀プラン」中間報告を了承し，その報告の具体的実施のための施策が予算化されつつ実施に入っている．

11月21日の知事の受け入れ表明を間近に控えた19日の沖縄政策審議会では，知事は受け入れの方向を伝えたとも報道されているが，15年期限問題を除く県の要望をふまえての政府の取り組み方針が了承された．21世紀プラン82項目中58項目が次年度概算要求に盛り込まれること，沖縄国際情報特区構想，ゼロエミッション・アイランド沖縄構想，新規事業創出支援体制などで検討機関が立ち上がり動き出していることなどが報告された．

岸本市長の受け入れ表明直前の12月17日の沖縄政策協議会は「北部振興に関する方針案」，「普天間飛行場移設先および周辺地域の振興に関する方針案」，「駐留軍用地跡地利用の促進および円滑化等に関する方針案」を発表した．県と地元の要求丸呑みに近い振興策である．27日市長の受け入れ表明の翌日には政府は閣議で名護市長の条件を汲んで，使用協定の締結を加えているが，日

米地位協定の改定や期限問題には慎重であった．

　年が明けると，1月31日には，早くも，北部振興，移設先及び周辺地域振興の2協議機関の設置が承認された．跡地利用促進協議会は遅れて5月31日に初会合をもっている．しかし，基地移設の基本計画や工法を協議する代替施設協議会の発足は混乱を避けてサミット後まで先送りされた．そしてサミット後の8月25日になってようやく4協議会が同日開催の運びになるのである．「北部振興並びに移設先及び周辺地域振興に関する基本方針」が発表され，25日の沖縄政策協議会では「沖縄経済振興21世紀プラン」の最終報告が決定される．

　見られるように，県や北部市町村や宜野湾市などとの調整経過をふまえて沖縄側の要望をいれて，振興策を提示あるいはその一部を実施しながら，沖縄側の重要決定時に合わせて，極めてタイムリーに，政府の振興方針は発表されているのである．振興策は基地の移設・整理と一体のものなのである．

　98年度補正予算と99年度予算で，政府は早速，新県政支援の予算編成を行なった．まず，稲嶺知事の受け入れ表明直後の第3次補正予算（11・27）では公共事業の沖縄開発庁シェアが全国比3.1％から3.4％へ増額された．島懇事業費も18.2億円増額されたのが，名護市関係でも名桜大学に新設される人材交流センターとNTTの番号案内センターを含むマルチメディア館などに予算が追加された．政府の稲嶺県政支援のいわばご祝儀が含まれていると考えられる．

　12月11日の沖縄政策協議会で，首相は使途を定めない沖縄振興特別調整費100億円支出を約束した．知事は，「沖縄経済振興21世紀プラン」策定，経済緊急対策としての航空運賃・自動車道の通行料金・通信コストの低減化，国立高専の具体化，特別自由貿易地域への企業立地対策など6項目を要請した．

　1999年度予算案は12月26日に閣議決定されたが，沖縄関係予算総額は前年ど比4.5％増，公共事業費4.3％増（全国2.8％増）となった．明らかに政治的配慮が加わっている．沖縄政策協議会での知事の要求はすべて認められた．北部，名護関係では，国立高専設置調査費，やんばる地域基本整備構想策定費，島懇事業の新規事業として予算化された国頭村の「エコ・スポーツ・レクゾーン」，「赤土流出防止事業」，「さんご礁白化現象の調査研究事業」，「名護ネオパーク内への国際種保存研究センターの新設」などがある．間接的に関係するものとして，航空運賃の低減（77億円），特別調整費から支出されることになっ

た自動車料金3割引き下げや通信コストの引き下げ費，軍用地地代3.5％引き上げのほか，マルチメディア関係の予算の頭出しなどがある．

2) 国・県計画の内容と具体化

沖縄振興のために，前知事時代から各種の振興計画や重要な法改正が行なわれていた．県の要請に基づいて行なわれた［沖縄振興開発特別措置法の改正］(98・3・30)は第3次振計から第4次振計へとつなぐ振興計画の橋渡しをするものと期待された．勿論これは，県のSACO合意協力への期待をもって行なわれたものである．① 工業開発地区，新規創設指定の，② 情報通信産業振興地域，③ 観光振興地域での特例課税，減収自治体に対する地方交付税による補填，国・地方公共団体の公共施設の整備のための資金確保義務，④ 輸入品関税の払い戻し，⑤ 特定業種中小企業における創造的事業活動への課税特例の適用，⑥ 特別自由貿易地域制度の創設及び自由貿易地域制度拡充による税制上の優遇措置と関税特例，公共施設の整備のための国・地方公共団体の資金確保義務を定める沖縄優遇措置である．

県は3次振計をふまえて，① 沖縄県観光振興基本計画を策定（1992年），② 基地返還を前提に平和主義の理念を強くもつ国際都市形成構想（96年11月），③ 基地返還アクションプログラム（96年）を基本に，振興計画の具体化として，④「沖縄県産業創造アクションプログラム」（97年6月），⑤ 自然環境の保全に関する指針（98年1月答申），⑥ マルチメディア・アイランド構想（98年9月），⑦「国際都市形成に向けた新たな産業振興策（98年9月），⑧ 戦略作目の振興をはかる「沖縄県農林水産業振興ビジョン・アクションプログラム（99年2月），⑨「環境に配慮した循環型県土形成」を県土イメージとする環境計画「ゼロエミッション・アイランド沖縄」構想（2000年3月）などを準備してきた．

⑦ までは，前の大田県政が策定したものである．① はリゾート法をふまえて「秩序と調和のとれた」形で「戦略的産業の1つ」としての国際リゾート沖縄の姿と展開方策を明らかにしようとしたものである．② は基地の返還移設を前提した平和主義に立脚する生活を強くもつ総合計画である．② と③ は経

済振興を旗印とする稲嶺知事の誕生とともにお蔵入りとなった．④ は産業振興の基本コンセプトとして「ウェルネスアイランド沖縄の創造」（県内外の人々へ健康で快適なライフスタイルを提供する）をおいている．

　守りからチャレンジへ，新たな産業フロンティアの構築を掲げ，比較優位の領域で観光をリーディング産業として位置づけながら，健康産業，観光関連，企業化支援，情報関連，環境関連，食品関連分野での新産業創出，物流・流通分野の ④ の「産業創造アクションプログラム」を策定している．⑦ は政府の規制緩和策と，沖縄政策協議会の了解の下での「国際都市形成構想」を踏まえ，① 全県的な自由貿易制度（移輸出型産業，移輸入代替産業の振興創出，観光関連産業の振興を図る），② 情報通信関連産業の集積促進，③ 国際観光・保養基地の形成を軸として，規制緩和，貿易自由化，関税免除，税制優遇，これらのための港湾，空港，情報基盤などのインフラ整備，創業支援のための拠点施設，人材育成，観光総合大学の設置，返還軍用跡地の整備，国際協力・貢献活動の拠点形成などの大胆な構想を発表していた．県計画は戦略産業（観光，情報通信，食品，環境など），環境，自由貿易，国際化などへの傾斜を強めていたといえよう．

　これらの効果的推進のために沖振法改正が必要であった．施策の具体化は国と県の関係で冷却化で遅れるものも多かったが，新知事誕生で動き始めた．ただし，稲嶺知事は，前県政の主要な柱であった国際都市形成構想は役割を終わり，より具体的な経済振興に進むべきだとして県構想からはずし，基地返還アクションプログラムも否定した．国際都市構想の平和を強調する理念や基地返還計画との強い結合は失われたが（SACO合意をこえており，計画廃止のほんとうの理由といってよい），前県政の多くの遺産は残っている．

　沖縄振興のために新しく登場してきたのは，これまでの，県の諸経済振興策や県の新規要望を集約，総合化するとともに，新しい理念の下に策定された「沖縄経済振興21世紀プラン」である．沖振法改正を効果的に政策化するためのプランであると同時に，それをこえる内容をもつものであり，県はポスト3次振計にこのプランを組み込むことと，振興策のための新法の制定を要求している．

　以上のような沖縄振興の流れに沿いながら，新県政発足とともに，また，島

田懇談会のように，国県関係の冷却化以前から動いていたものを含めて，中間報告の発表に先立って，沖縄振興策が活発に推進され始めた．

たとえば，1月には沖縄自動車道の高速料金3割値下げが決定され，3月25日には中城湾新港地区の一部を特別自由貿易地域とする地域指定申請が沖縄振興開発協議会から沖縄開発庁長官に答申されている．97年の沖振法改正で創設された，情報通信，観光振興地域設を含む3制度の内最初のそして，全国初の指定である．4月10日には，野中沖縄開発庁長官（兼務）は那覇空港滑走路の増設，琉球王国のグスク及び遺産群をユネスコの世界遺産に推薦することを沖縄経済振興21世紀プランに明記することをを表明している．サミットの沖縄開催決定は4月末であり，島懇はさらに1年間検討期間を延長されることになった．

3) 「沖縄経済振興21世紀プラン」

「21世紀プラン」の最終報告の発表は2000年8月である．経済振興策に関しては中間報告と大きな変化はないが，提案される事業施策が82から96に増え，次の点が追加されている．① 米軍施設・区域の返還に伴う対応．普天間飛行場の移設にかかわって，移設先，周辺地域振興の方針，跡地利用の促進円滑化等の方針を策定したとして，別途発表されたこれらの方針とプランが一体のものであることを示している．そして，具体的な取り組みとして，「北部振興協議会に係わる連絡会議」，「移設先及び周辺地域振興協議会に係わる連絡会議」（以上関係16省庁の局長クラスと県，地元関係市町村で構成），跡地利用協議会（官房長官，沖縄開発庁長官，知事，宜野湾市長で構成），さらにそれぞれをサポートするプロジェクトチーム（関係16省庁の課長クラス等で構成）などの体制を整えたとしている．② 沖縄振興新法の実現（99年12月27日閣議決定）の検討がポスト3次振計検討の中で行なわれるが，そこで策定される沖縄振興計画の中に内容が反映されるよう検討するとする．③ 中間報告で政府と県で検討するとされた3つの課題に関して，調査結果概要を別紙付記している．「沖縄国際情報特区構想の推進方策調査」，「新規事業創出支援体制の総合的検討調査」．「ゼロエミッション・アイランド沖縄構想推進調査」である．この3つの課題は上

述したように県独自の振興策の中で検討されてきたものであり，21世紀プランの最重点課題であるといってよいと思われる．

マルチメディアアイランド，ウェルネスアイランド，ゼロエミッションアイランドは稲嶺県政の重点3本柱だと知事も言っている．ウェルネスアイランドは産業創造アクションプログラムのキーコンセプトとされているが，報告書には定義されていない．出典が明らかでないが，恐らく県の関係文書を参考にしたと思われる『沖縄タイムス』の解説を引用しておく．「積極的・創造的に健康屋快適さを得ようとするアクティブな生活活動をいい，沖縄のもつ豊かな自然環境や独自の文化，あるいは長寿県としてのイメージや東南アジアに近い地理的条件など，沖縄の地域特性を生かして産業振興を行なうことを意味しています」（98年4月19日）．

「ゼロエミッション・アイランド沖縄」構想は，産業と環境の両立を基本方向に持つ構想であるが，この言葉を，「自然生態系に与える環境負荷全般をできる限り減らすため，日常や生産スタイルなどを改変すること」と広くとらえるとしている．たとえば生態系問題は観光産業と密接にかかわり，沖縄では，ウェルネスアイランド構想と一体に考えられている．

さて21世紀プランの中で何が課題とされ，提言されているかを見よう．

第1部　沖縄経済の現状と課題
1　雇用情勢
　失業率本土の2倍——1998年で7.7％，全国4.1％
　　20才代前半18.8％（全国8.4％）で若年層に高い
　有効求人倍率——98年で0.19倍，全国0.53倍
　新規高卒者の就職決定率——99年3月で67.2％で最下位，全国93.6％
　ふるさと志向——20才代前半の流出者の後半でのUターン率41.6（全国25.3％）
　大学生の就職者のUターン予定あり50.5％
2　産業構造
　第3次産業従事者の比重の突出，建設業の相対的高さ，製造業の極めて低い構造，観光・リゾート産業の右肩上がりの増加，99年で456万人，県民所得勘定での移輸出中観光収入は97年で49.1％，石油製品16.7％，軍

人・軍属消費支出6.4％．観光収入が突出．
3　依存型経済

県民総支出中層軍関係受取は5.2％，基地周辺次長費や市町村交付金を含めて約7％（97年），復帰時の15.6％から減少したが，沖縄の民間住宅投資に匹敵．

財政依存——県民総支出中財政依存の割合は31.7％（全国17.6％），復帰後むしろ依存度が高まる．

4　シミュレーション

現状維持ケースで2020年の財政依存率35％と悪化，完全失業率6％，戦略産業振興ケースで31％と若干低下，完全失業率3％台．

第2部　政策の理念と基本方向

1　政策の基本理念

①　民間主導型自立型経済の構築

②　わが国経済社会の発展に寄与する地域としての沖縄（96年9月の首相談話）

③　アジア・太平洋地域の交流拠点としての発展（98年3月の新全国総合開発計画「21世紀の国土のグランドデザイン」の示す沖縄のアジア・太平洋地域における人，物，情報の結節点，交流拠点の位置づけ）

④　経済振興と基地問題とのバランスある解決

2　政策の展開にあたっての基本的考え方

①　政策目的と政策手法

主役は産業界と県民で民間活力を引き出すための条件整備が政策の役割（県の提案），創業の支援や人材，技術の重視

②　優位性の重視と不利性の克服．不利性克服アプローチから優位性重視重視による両者を両輪とする前向きの戦略課題

③　産業分野別の評価

基幹産業としての観光・リゾート産業，新リーディングインダストリーとしての情報通信産業と他産業の波及，健康・医薬関連，食品，バイオ，環境産業など製造業，農業などの発展可能分野の重視

④　県土の均衡ある発展

地域特性を踏まえて地域間のバランス，公平性の重視，「地域おこしの草の根運動」への期待

⑤　政策評価の重要性──経済波及効果，費用対効果において最良を選択

第3部　政策の具体化の方向と今後の課題

1　主要分野における産業振興

①　加工型産業の振興──（基本視点）対外販路の拡大におき企業立地の条件整備

〈施策〉　自由貿易地域への立地促進，貿易促進など，7施策提示

②　観光リゾート産業の新たな展開──（基本視点）通年型観光・リゾート地へのシフト，アクセス改善，国際コンベンション都市化，文化遺産・自然・地域の営みなどの再評価で文化交流も含ませる，国際競争力のあるリゾート形成を通しての観光資源の蓄積，観光拠点と周辺地域をネットワーク化してのトータルアメニティの向上．

〈施策〉として，航空運賃引き下げ，自動車道の通行料金割り引き，査証手続き緩和，国際コンベンション都市の形成，文化交流型観光への取り組み，琉球歴史回廊の形成等，滞在型・参加型観光の促進，エコツーリズム，国際ショッピングモール構想の推進，公共インフラの整備，国際交流拠点の整備，観光地のネットワーク化，など18施策を提示．

③　国際的なネットワークを目指す情報通信産業の育成

〈基本視点〉　世界の情報通信ハブ基地としての可能性を秘めている．県の先行施策の推進，国の支援で意欲的に展開している実績をふまえ，日本の情報通信分野の牽引車となることの期待と，企業進出を本格化するための人材要請．

〈施策〉　「沖縄国際情報特区」構想の推進，通信コストの低減，インキュベート施設の整備，大容量のマルチメディアコンテンツ流通ネットワークの充実，デジタル映像．ライブラリー，制作編集センターの整備，デジタル放送研究開発共同施設，人材育成，地域イントラネットの構築導入，など16施策を提示．

④　農林水産業の新たな展開

〈基本視点〉　沖縄の優位性を活かして，県の「農林水産業振興ビジョ

ン・アクションプログラム」に見られる戦略品目，安定品目の拠点産地の形成の推進強化，戦略的構造改革．離島や，やんばる地域の基幹産業であることを強調している．

〈施策〉 特色ある農産物供給基地形成，高品質安全な畜産物供給，農業・漁業の基盤整備等，森林の公益的機能強化と県土の緑化，観光・リゾート産業との提携（観光農園，森林レクリエーション，農林漁業体験観光など），新製品開発・販路拡大，高付加価値化，後継者養成，など9施策提示．

2 産業振興のための横断的な取組
  ① 新規事業の創出支援体制
    〈基本視点〉 良質の雇用機会を生み出すために新規産業創出を推進
    〈施策〉 ソフトな機能をもつ産業振興のための拠点整備，金融公庫による創業支援体制の整備，インキュベート事業（産業振興・創業支援センターなど）促進，ロールモデル（身近な手本となる起業家）の積極活用，ソフトな支援サービスの強化，大学などからの技術移転活動の円滑化，など，10施策提示．
  ② 研究開発と国際交流の促進
    〈基本視点〉 亜熱帯の特性を活かした研究施設の整備，研究交流，学術文化・スポーツ医療などを含めた幅広い交流（新全国総合開発計画におけるアジア・太平洋地域の交流拠点としての位置づけ）．
    〈施策〉 亜熱帯特性等に注目した研究開発活動の総合的推進（産学共同，サンゴ礁生態系・海洋深層水研究，高速ネットワークの活用による研究環境整備，など6施策）．アジア・太平洋の交流拠点としての発展（沖縄ハワイ協力，国際セミナー等，国立組踊劇場，琉球王国関連遺産群の世界遺産への登録，スポーツ交流，国際医療協力の協力，など6施策）．
  ③ 人材の育成と雇用の確保
    〈基本視点〉 競争力のある高付加価値化を伴う産業振興のための優秀な人材の確保，と雇用の確保に関する諸施策の強力な推進．
    〈施策〉 国立高専の創設（名護），大学機能の充実強化，職業能力開発，沖縄特別雇用開発推進事業の推進，中小企業大学校「沖縄振興コース」

の拡充，国際化に対応した人材の育成，地域に密着した「ひとづくり」，離島などにおける人材活用，など11施策．

④ 環境共生型地域の形成

〈基本視点〉 「持続可能な開発」，「環境との共生」の地球環境問題のコンセプトは，環境が観光面からも沖縄の最も重要な資源であることに加え，環境関連ビジネスの発展，生活環境の改善の点からも有意義であるとする．

〈施策〉 国際サンゴ礁研究・モニタリングセンターを通しての研究普及開発，やんばる野性生物保護センター等の活動推進．地域振興に配慮したやんばる地域の国立公園化の検討，観光・リゾート地としての魅力と高める環境保全・環境創造型事業の推進，自然エネルギー導入・有機性資源の循環的活用などによる環境負荷の小さい地域形成，「ゼロエミッション・アイランド沖縄」構想関係5施策の推進など合計10施策．

⑤ 産業活動を支えるインフラ等の整備

〈基本視点〉 産業振興のためのインフラ整備の重要性と，目的志向型の戦略的・重点的整備，県土全体の均衡のとれた発展のための整備の必要性．

〈施策〉 特別自由貿易地域，観光，情報通信，亜熱帯農林水産業推進などの基盤整備のほか，那覇空港の整備，那覇港の整備，総合交通体系の整備，水資源開発の促進の3施策を加えている．

計画の特徴を考えながら概括すれば次のようになろう．基本理念として基地問題と経済振興のバランスある解決と基地を前提することを確認しつつ，アジア，太平洋の交流拠点として沖縄を位置づけながら，民間主導型自立型経済の確立を求めている．政策の目的手法としては不利性克服アプローチから優位性をもった戦略産業を設定し，創業支援，人材，技術などソフト面を重視した積極的手法に転換する．地域間バランスの確保がいわれるのは，北部離島振興の声に配慮したものであろう．リーディング産業としての観光産業，戦略産業としての自由貿易地区中心の加工型製造業，情報通信産業の位置づけ，優位性をもつ戦略作目を中心としての農業の構造改革や農林漁業と観光とのつながり，

などが語られる．とくに情報では「沖縄国際情報特区」の形成可能性が提起される．新規産業創出，研究開発国際交流，人材育成，目的志向の戦略的インフラ整備など，いずれも既存産業の保護ではなく，いうところの「メガ・コンペティション」に勝ち残り得る産業創出のための積極的な提案である．他方，環境は産業面からも生活面からも最重要資源だと位置づけ，沖縄環境共生型地域の形成を述べながら「ゼロエミッション・アイランド構想」を独自の視点で提起している．

稲嶺県政との連携の下に作られた沖縄振興計画が，最初に経済計画「沖縄経済振興21世紀プラン」として作られたことは経済重視の稲嶺県政の施策の方向をシンボリックに示すものである．政府もまた，基地問題に関していえば，基地で正面衝突するのではなく，県・市町村自治体や，振興策を願う経済界，県民の期待に答えることによって，基地問題の解決を軟着陸させようとしているといえるだろう．

プランは単なる机上の計画ではなく，予算の裏付けを保証するものである．稲嶺知事が基地受け入れ表明をした沖縄政策協議会の直後，『沖縄タイムス』は中間報告の施策82項目中58項目が予算要求に盛り込まれると報道している．中核的な施策である，沖縄情報特区，ゼロエミッション・アイランド沖縄構想，新規事業創出支援総合検討などの事業には，調査費やシンポ開催費が，使途を定めず支出されている「特別調整費」から支出されることになった（11月19日報道）．

計画と政府の支援は華々しいように思える．しかし，計画が実現して，戦略産業の発展が見られても，20年後の財政依存率は31％と現在と殆ど変わらないとの21世紀プランのシュミレーションが出されている．自立型経済が達成されるとはとてもいえないのである．計画立案者は沖縄の経済振興の見通しについて意外と慎重であるといってよい．政府が吹く笛にいたずらに踊るだけではない振興策の実施が県や自治体に望まれるのである．

4）北部振興並びに移設先及び周辺地域振興策に関する基本方針

同時に発表された北部振興策は21世紀プランを踏まえている．しかし，こ

れは経済プランだけでなりたつのではなく，全体の振興策であり，プランとは性格が異なる面をもっている．また，基地移設にかかわる微妙な問題をかかえていること，より具体的な要求が地元から出されているため，歯切れの悪い点もある．

岸本市長の移設受け入れが行なわれた99年12月28日に閣議決定された政府方針「案」をふまえて，移設先，周辺地域振興協議会が翌年2月に設置され，政府，県，国で検討され「方針」として決定されたものである．北部振興策は北部市町村の広域市町村圏事務組合が94年に策定した北部地方拠点都市地域基本計画の「自然交響都市圏構想」や，2000年4月「中間報告」として発表された「北部地域産業振興基本構想」をふまえ，またその流れの中で作られた北部市町村圏事務組合5月19日政府提出の「北部地域振興に係わる基本的な考え方」を直接ふまえている．というよりも最後のものの殆ど丸呑みに近いといってよい．

Ⅰ 基本方針の策定について（略）
Ⅱ 北部振興に関する基本方針
 1 北部地域の目指すべき将来方向
　(1) 北部地域振興に当たっての基本認識
　　海浜景観に恵まれた豊かな自然環境をもつ森林地域，農業地域からなる．中南部に比しての産業基盤・生活環境の整備水準の遅れ，低い所得水準，若年層の流出，人口の停滞，少子高齢化の進行，本島の水源涵養地．北部12市町村は当面15万人の圏域人口を目標（99年122,221人）とする．この条件をふまえ，予算配慮，法製麺の整備を行なう．
　(2) 北部地域振興の基本方向
　　「人と産業の定住条件の整備」による持続的な発展を目指す．
　　自然と共生する安心生活空間の創出，世界につながる未来型産業の展開，企業のインベキュータ地域としての位置付け，地域を豊かにする文化交流型産業の創出，地域産業を支える環境の保全・醸成・整備・活用，産業を支える人材の育成・確保．
　(3) 北部地域全体の均衡ある発展．個々の市町村，都市的機能の集積，広域分担のバランスと地域全体の南北軸，東西軸，離島連携軸を念頭に

おく.
　(4)　地域特性をふまえた振興
　ここでは,「自然交響都市圏」構想を継承して, 地元から提出された4つのゾーン構想をそのまま受け入れている.
　「山との共生ゾーン」(国頭村, 大宜味村, 東村) 自然, 伝統文化, 長寿地域の特性をいかし, 滞在型観光の発展と特色ある農産物の高付加価値化, 伝統工芸品など地場産品の開発.
　「広域都市拠点圏ゾーン」(名護市, 本部町, 今帰仁村, 宜野座村―西海岸―東海岸の横断の中央部) 高次都市機能の整備, 海洋博記念公園の拠点機能の充実, 海上運輸・離島との連絡機能強化のための港湾施設の整備, 観光ルートの整備, 農業の振興.
　「余暇交流ゾーン」(金武町, 宜野座村, 恩納村, 名護市の一部：中南部と連結する東西軸をもつ地域) 西は沖縄海岸国定公園, サミット開催地で国際的観光・リゾート拠点, 東は長期滞在観光リゾート拠点.
　「島の共生ゾーン」(伊平屋, 伊是名, 伊江の3村) 滞在型・体験型観光・リゾートとしての発展, 農林水産業の推進, 離島の生活環境整備.
2　産業振興に向けた主要施策
　「重点として」,「戦略的に振興をはかる」産業――地域資源活用型の観光・リゾート産業, 商工業, 農林水産業.
　今後の発展期待――情報通信関連産業, 健康・長寿関連産業, 環境関連産業横断的取組, 人材育成, 研究開発 (産官学連携で知的資本充実), 国際交流, 交通基盤, 企業立地基盤の整備.
　(1)　活力ある地域経済を目指す産業の振興
　① 観光リゾート産業――リーディング産業として「文化交流型産業」という新視点から育成, 他産業や伝統文化等と連携し, 牽引車的役割を果たすことを期待 (9施策示). ② 農林水産業 (7施策), ③ 商工業 (中心市街地の活性化, コミュニティ市場の整備地). ③ 域密着型加工製造業の展開 (3施策), ④ 情報通信産業 (国際情報特区構想の推進), ④ 改正沖振法で指定された国際情報通信産業新高地域制度の活用 (人材育成など6施策), ⑤ 環境関連産業及び健康・長寿関連産業 (リゾート産業発展にも必

要な環境関連産業・豊富な薬草による健康食品産業の振興・数の健康保養地と
しての福祉関連ビジネスを新成長分野として振興，3施策）
　（2）　産業振興のための基盤整備
　　①　総合的な交通基盤の整備（北部拠点港湾の整備，新空港の設置，本
島・離島間のアクセス改善など5施策），②　物流コストの低減化（そのため
の方策の検討と克服の1施策），③　企業立地の整備（国際金融拠点形成のた
めの検討，特別自由貿易地域の指定に向けての，新空港整備に併せた関連産業
の立地促進，など7施策），④　地域の振興を支える人材の育成高専設置の
（確実な実現など6施策），⑤　研究開発の促進（2施策），⑥　国際交流の推
進（サミット開催を契機に国際コンベンション都市，国際会議の誘致，途上国
の研修生等の受け入れが強調される）
　3　定住条件の整備に向けた主要施策
　この項は前年末国提示の振興方針案にはなかったものである．地元の要望
で入れられたものと見られる．定住促進策として若者に魅力があり，高齢者
が安心して暮らせる地域づくり，活力ある快適な生活環境形成のための福祉
環境の整備，職・住・遊ぶ・学ぶを備える環境づくりが強調される．
　上下水道，住宅・宅地の整備，医療・保険・福祉，新エネルギー活用，廃
棄物処理施設，地域コミュニティ拠点の整備，公園等レクリエーション施設
整備，地域の教育環境整備，難視聴地域の解消の8項目を列挙している．
　4　振興事業の実現のための枠組の確保
　法制の整備，ポスト3次振計での総合的検討もこの方針をふまえる，財源
の確保への特別配慮，地元公共団体の財政運営に支障がないように対処す
る．
Ⅲ　移設先及び周辺地域振興に関する基本方針
　1　基本的考え方
　　（1）　基本認識
　　普天間代替施設の引き受けの経緯と昨年末の閣議決定をふまえて，国，
県，地元が連携して振興に全力をあげて取り組む．
　　（2）　基本方向
　　魅力ある雇用機会の創出及びそのための産業基盤の整備（若者定住のた

めの魅力ある雇用機会の創出，具体的には，空港活用型産業，情報通信関連産業の集積，農業・漁業など既存産業の活性化），魅力ある定住条件の整備，自然環境の積極的醸成
  2　主要施策
  ① 空港活用型産業の育成・誘致，② 空港の経済波及効果を高めるための道路整備，③ 産業の育成・誘致のための条件整備，産業団地，研究開発拠点施設整備，情報通信基盤の整備，農林漁業など既存産業振興，④ 国際情報特区構想の展開，国際的金融情報拠点の形成については，基礎調査実施，「的確に対応」，⑤ 国際交流等の推進（施設の誘致，国際コンベンション都市としての各種会議の誘致等），⑥ 人材育成，留学生，研修生の受け入れ，高等教育機関の強化設置，研究施設の誘致，⑦ 生活環境施設の整備，⑧ 自然環境の保全と活用，研究機関の設置
  3　振興事業の具体化への取り組み
　　(1)　地元の意見収集
　　(2)　地域間バランスの確保（移設先地域と周辺地域とのバランス）
　　(3)　北部振興との関係調整
  4　振興事業の実現のための枠組みの確保
　　(1)　新法制の整備
　　(2)　財源の確保，予算上の特別の配慮，地元地域を重視した制度運営上の工夫を地元地域の意見を踏まえて行なう．地元地方公共団体の財政運営に支障が生じることのないよう適切に対処
Ⅳ　北部振興事業制度（閣議決定）を活用した振興事業の取り扱いについて
  1　協議会における採択（北部協議会ならびに「移設先及び周辺地域振興協議会」で協議の上採択）
  2　事業主体（略）
  3　採択に当たっての判断基準
　　(1)　① 産業振興，雇用の拡大，定住人口の増加につながる事業，② 多様な交流と情報発進を促進する事業，③ 人と自然が共生するための環境保全・創出につながる事業以下，個別の事業案採択にあたっての考慮事項略

V 今後の進め方
 1 当面の事業執行期間 2000年よりおおむね10年間
 2 見直し，フォローアップ

　戦略産業重視，人材育成など細部は21世紀プランの方針と共通する．北部振興に関しては，地元の計画に比して次のような点で修正されている．① まず過去の「自然交響都市圏構想」は「北部地域産業振興基本構想」では「人と自然と産業が響きあう『やんばる交響都市圏』」のテーマに変わっていたが，それが最終的には地元の「北部地域振興に係る考え方」でも，政府方針でも消滅している．② 名護市長が主張し始めた国際金融情報特区については，地元要望で「誘致」「拠点形成」となっていたが，政府の2つの基本方針とも「可能性に係わる基礎的調査」をふまえ「的確に対処」となっているだけであり，「21世紀プラン」にないこともあり，確約していないが，後述するように実現性は難しいように思われる．③ 研究開発の促進で政府案には「産官学が連携」を追加している．北部地域産業基本構想では，県内で大きな声になりつつある鉄軌道交通システムや具体的な諸施設が要求されていたが，それらは最終的には地元の「考え方」にも政府案にも載せられていない．たとえば，高速大容量情報通信網の整備，農林水産業の諸施設，卸売り市場，共同アンテナショップなどははずされている．今後，採択にあたっての判断基準をふまえて北部協議会で妥当なものを考えるということであろう．10年間1,000億円という予算制限の制約もある．

　移設先周辺地域振興方針は，北部振興策が曖昧性，抽象性をもつのに対し，より確定的な施策を打ち出しているように思われる．まず，基地引き受けの経緯を振り返えることによって実施責任を裏付ける．雇用機会創出　定住条件，自然環境の3本柱を確定し，振興策も空港活用型産業，情報特区，産業団地，国際コンベンション都市，高等教育機関，国際交流，人材養成など名護市で，すでに一部実施したり動きだしたものなど，より確定的な施策だけを提示しているのである．地元地域の重視，地元地域の意見をふまえるなど，地元への慎重な配慮を行なっている．

　両方針に見られる「地元地方公共団体の財政運営に支障が生ないよう適切に配慮」とあるのは，各自治体が問題にした地元負担部分を地方交付税などで補

填するということである．また北部振興事業制度は，政府による10年間1,000億円の北部振興への特別基金の支出に対応した制度である．

3　振興策の進展と第3次名護市総合計画

1）　沖縄と北部・名護振興策の進展

　2001年1月には中央省庁再編が出発し（99年7月8日法案成立），沖縄開発庁は廃止，新設の内閣府に沖縄・北方対策の特命担当大臣，副大臣，政務官等をおき，その下に沖縄担当部局が組織される．内閣府は沖縄問題に関しては他省庁より一段高い立ち場で各省庁を総合調整し，沖縄開発庁の所管外であった基地問題にも調整権限をもつことになる．内閣府に再組織される沖縄振興開発審議会は沖縄振興開発特別措置法に基づいて設置されたもので，沖縄振興政策の審議の最高機関であり（たとえば情報通信産業振興地域の承認など），ポスト3次振計や新沖縄振興法の策定などを行なう．また，開発庁内には沖縄振興開発検討推進会議（99年3月設置），普天間飛行場等の返還跡地利用問題対策本部（96年6月設置），北部振興検討本部，ポスト3次振計法制検討本部（2000年1月設置）の4つのとりまとめ組織が立ち上げられているが，開発庁の廃止後は内閣府の組織となる．県はこれに対応して新たに県振興開発審議会を組織している．

　沖縄政策協議会は，21世紀プランの策定，基地問題，新法制策定などについて政府と県が協議する場である．その下に北部振興ならびに，移設先・周辺地域振興，跡地利用，代替施設基本計画協議会（閣僚，知事，関係市町村首長）の4協議会が政府・県に地元市町村を含めて組織され，それぞれに対応して支援組織（官房副長官，関係省庁局長，副知事，助役等）が，さらに実務検討のための北部振興，跡地利用，新法制の3プロジェクトチーム（内閣府沖縄担当部局，関係省庁課長級，県，市町村担当者，「本部」ともいう）が設けられる（以上第Ⅱ部第2章2参照）．

　政府の沖縄振興開発のための組織と，地元との協議機関の双方を設けること

によって，地域振興と基地問題解決を一体となって進める体制が整備されることになる．

関係省庁もそれぞれに沖縄振興策を打ち出す．21世紀プラン以降どのように進められているかを報道されたものから北部振興開発に関連するものに重点をおいて，2000年9月までの施策の主要なものを列挙することによって伺って見よう（9年＝1999年，0年＝2000年）．

【環境庁】
9年 6・21　北部訓練場の返還を見据えて「やんばる地域保全活用方針検討調査」委員会開催，保護と開発を論議しつつ2000年予算に盛る方針を考える
9年10・ 6　「報道」国立公園化を視野に調査実施中

【運輸省】
9年 4・26　運輸相沖縄政策協議会で7月から航空運賃引き下げなど表明

【建設省】
9年 4・26　建設省沖縄政策協議会で観光支援のための事業推進表明
9年 7・ 1　沖縄自動車道の通行料金3割値下げ

【郵政省】（多彩であり，詳細は本文参照）
9年 4・26　郵政相沖縄政策協議会で映像系も充実させた施設，通信コスト低減の研究開発を表明
9年 8・18　郵政省局長国際情報特区構想研究会を産・官・学で来月にも発足の考えを示す
9年 9・21　郵政省有村郵政局長21世紀プランのための「沖縄国際情報特別区構想」の調査研究会で，郵政省有村通信政策局長は，沖縄をアジア・太平洋地域の情報通信のハブとして位置づけることを強調

【大蔵省】
0年 3・17　2000年度予算成立．沖縄関係4.6％増，公共事業平2.2％増（前年4.2％増），沖縄開発庁4.6％増，内沖縄振興開発事業費3.6％増．新規事業として，郵政省マルチメディアコンテンツ流通ネットワーク整備促進事業，文部省国立高専創設準備費など

第3章　基地問題と沖縄振興

0年	8・24	大蔵次官金融特区に反対と記者会見で表明．

【外務省】

0年	8・16	沖縄訪問外個人観光客の1次査証の手数料免除，手続き簡素化滞在期間延長，行動範囲の県内拡大，9月より実施

【沖縄開発庁】

9年	8・25	2000年度概算要求，前年比10％増，100億円の振興特別調整費の延長（自動車道料金値下げに40億円，単年度予算を延長）
0年	1・31	北部振興検討本部，ポスト3次振計法制検討本部立ち上げ，ほかに沖縄振興開発検討会議（主宰事務次官）
0年	6・30	3次振計総点検発表

【文部省】

9年	3・27	文部次官市長と会談，国立高専設置に前向き姿勢
9年	9・27	知事有馬文相，野中官房長官に国立高専建設候補地に辺野古地区を推薦

【農水省】

9年	3・29	北部地域グリーン・ツーリズム調査報告会
9年	4・26	沖縄政策協で沖縄の特性を生かした地域づくりや農業振興に貢献
9年	4・30	名護の冬春キュウリの野菜指定産地に指定（那覇市場の60％出荷）
9年	10・6	「沖縄北部国有林の取り扱いに関する検討委員会」で，返還地を「森林と人との共生林」などに区分する方針，開発行為制限

【自治省】

9年	10・29	1999年度基地交付金と調整交付金の99年度配分額決定，名護市は2億6,621万5千円（97年よりの基地所在町村交付の傾斜配分地方交付税）
0年	3・21	北部振興での地方負担分は交付税措置で負担軽減をはかると参院委員会で財政局長方針表明

【労働省】

0年	4・30	2000年度若年者雇用開発助成金対象事業枠を25から30事業に

　　　　　　拡大，賃金の3分の1を13年間，設備助成など（97年より実施）

【通産省】

9年 4・26　沖縄政策協で特別自由貿易地域への企業立地の促進，ソフト産業振興の拠点整備の実現への努力表明

0年 3・27　通産次官，名護で北部振興策について情報特区構想の実現を強調

【総理府】

0年10・12　各省庁連絡会議で「アジア・太平洋の有数の国際コンベンション都市の形成を目指す」基本方針を決定

【内閣府】

9年11・19　沖縄政策協議会で21世紀プラン82項目中58項目が次年度予算に盛り込まれ，国際情報特区構想，ゼロエミッション・アイランド沖縄構想，新規事業創出支援体制の検討機関立ち上がりと官房長官説明

9年12・ 2　沖縄振興開発審議会は沖振法改正による地域指定に情報通信産業振興地域23市町村（北部では名護市），観光振興地域8市町村，8地域指定（北部では名護西海岸のブセナ地域＝サミット開催地域，名護東海岸カヌチャ地域，海洋博記念公園）

9年12・17　沖縄政策協議会開催，官房長官は98年1,000億円規模の北部振興事業制度創設，県全体の振興調整費100億円継続，北部振興基金拡充，沖縄振興新法制定と北部の積極的位置づけ，軍民共用空港念頭の振興策，国際情報特区，人材養成機関設置支援など約束（27日振興策の閣議決定）

0年 1・24　内閣審議室沖縄問題担当室・沖縄開発庁は組織を再編強化

0年 3・11　島懇事業推進のための地元の自発的推進組織「チーム未来」を前市町村に広げる県協議会準備会発足

0年 3・23　島懇最終会合，全体で46事業，名護市で7事業，11事案，他の北部町村で，12事業15事案出揃う．7年間で約1,000億円の基地所在町村の振興事業で4年目に入る．

0年 4・12　森首相，参院本会議で国連アジア本部の沖縄設置について前向

第3章　基地問題と沖縄振興　　　　　　　　　　　　　　　　　　　　291

　　　　　　　き検討の以降表明
0年　4・21　「報道」21世紀プランの検討課題「沖縄国際情報特区の推進方策に関する調査報告書」提出（郵政省，沖縄開発庁，内閣内政審議室，県，沖縄の財界，教育機関など共同）
0年　6・20　国際会議の沖縄開催を推進する方針を閣議決定
0年　8・24　沖縄開発庁と内閣内政審議室沖縄問題担当室は共同で予算概算要求まとめ．今年度比8.5％増，3,783億円．新規事業に「美らシマ沖縄創造事業」「ゼロエミッション・アイランド」構想，情報通信事業の立地促進，IT利用促進観光振興モデル事業，金融業務の誘致調査費など
0年　8・25　沖縄政策協議会「沖縄経済振興21世紀プラン」最終報告決定．沖縄振興特別調整費100億円の継続と配分事業決定．ゼロエミッション・アイランド調査費，環境キャンペーン支援事業，国際会議誘致（最重点事業），沖縄コンテンツ政策支援事業，金融関連業務の可能性調査，国際交流拠点を目指す航空ネット調査など
0年　9・27　沖縄振興開発審議会総合部会専門委員会は10月末にポスト3次振計に関する中間報告をまとめ総合部会で議論，5月頃最終報告作成，新しい振計，沖縄経済新法に反映させる方針を固める
【科学技術庁】
0年　8・30　国際海洋環境情報センター設置（名護市辺野古にサミット用施設移転）の概算要求決定

　新聞掲載の記事の抜粋の年表であり，各省庁の施策を網羅したものではないが，沖縄をめぐる県，北部地域，国の振興策は，21世紀プランで総合的な方向づけを与えられ，一挙に動き出したことがわかるであろう．あたかも各省庁が，予算獲得競争もあるだろうが，競争するかのように，次々と施策を提示する．そして，沖縄振興のために支出される予算も厳しい財政状況の中でも，12年，13年と過去最高を更新し続けている．
　とくに郵政省の動きが目覚ましい．21世紀プラン中間報告が発表されると

すぐ国際情報特区研究会を発足させた．並行して地域インターネット導入促進事業を過疎市町村に，名護市に地域イントラネット事業を導入，後者には公共機関の間のネットワークを構築した．12年4月22日には，郵政省は名護市長に，この月発表の国際情報特区等の推進方策等に関する調査研究」の実施責任と情報産業振興の中心になるよう要望した．7月3日には，「沖縄国際情報特区構想推進室」を省内に設置した．具体的な推進策は，① グローバルな情報通信拠点の形成，② 公共ネットワークの高度化と地域情報通信ネットの充実，③ コスト低減，税制拡充で企業や研究機関の進出を促進，④ 大容量情報通信ネットワークを活用した国内外のコンテンツ系企業の集積，⑤ 人材の早期・大量育成だとしている．

　県の施策も戦略的に焦点を合わせてゆくことになる．2000年2月18日の知事の所信表明演説が真っ先にあげるのは経済の振興である．「産業を振興し雇用の創出」を図っていくことを目的として振興策をはかるとしながら次の諸点を強調している．① 21世紀プランと特別振興対策事業の着実な実施，② 加工交易型産業の振興のため特別自由貿易地域制度の活用による企業の誘致・立地促進，③「沖縄県産業創造アクションプログラム」による健康，情報などの戦略的産業の育成創出，④ 国際的観光リゾートや，多様なニーズに対応した通年・滞在型リゾートの形成のための基盤整備や観光客誘致，⑤「沖縄マルチメディアアイランド構想」に基づく，アジア・太平洋地域における情報通信拠点を目指しての産業集積，⑥「沖縄県農林水産業振興アクションプログラム」に基づく諸施策（戦略品目振興，安定品目の生産確保，農林水産加工品の開発，環境保全と環境保全型農業，担い手育成，効率的な輸送体制と輸送コスト低減など），⑦ 県緊急雇用対策特別事業の推進と人材育成．

　5月9日の日本商工会議所沖縄会議の講演では，① マルチメディアアイランド形成，② エコアイランド形成，③ ウェルネスアイランド形成の3つに振興目標を単純化して説明している．① は前県政時に策定されたものであり，③ は前県政策定の「産業創造アクションプログラム」のキーコンセプトである．観光・リゾートをリーディング産業として沖縄イメージアップをはかろうとするとともに，この言葉で総括しつつ産業振興に方向づけを与えようとするものである．言葉から連想されるように健康・福祉などを軸におくということとは

産業とは直結しにくいわかりにくい言葉である．② は21世紀プランの中間報告で検討課題として提起され，政府と県で検討され，県構想として発表されたものであるが，経済プランの中で提起されたものだから，観光・リゾートの振興のための循環型県土維持の表現に見るように経済目標と密接に結びついている．

観光・リゾート中心の総合的振興，新規産業と雇用の創出，国際情報特区構想の推進，ゼロエミッション・アイランド構想の推進，返還跡地の開発と保全などが強調される．2001年度よりそれらを含む総合的な振興策「美らシマ沖縄創造事業」が始まる．また，2001年度の重点事業としては，これらに加えて，21世紀プランに従って政府が進めるサミット後の国際コンベンション・アイランドの実現を最大の柱とし，「アジア・太平洋センター」「亜熱帯総合研究機関」の設置など学術・交流拠点の形成，那覇空港の沖合展開，那覇港のハブ港湾化，国際交流拠点の基盤整備などを構想している．国際都市形成構想は廃止されたので全体構想のないまま個別構想が推進される．沖縄経済振興21世紀プラン」がその代わりをなしているのであり，沖縄県振興計画全体は経済振興中心のものとならざるを得ないのである．

2） 第3次名護市総合計画

99年年12月名護市は岸本市長の下で，第3次名護市総合計画を作成した．前計画との違いを対比しつつ，紹介しておくことにしよう．第3次計画は理念性の高いものであり，かつて，逆格差論を主張した，岸本氏の理想家肌の特徴がよく示されている．それは，政府が提示する21世紀プランや北部や移設先及び周辺地域の振興策や県の振興策と諧調が異なっているようにも思われる．

A　基本構想（1999～2008年）
　Ⅰ　名護市の基本的役割
　　過去の計画と違い，今回は県の諸構想や北部圏構想を念頭に，北部圏の中心としての名護市の位置づけを次のように自覚することから計画は出発する．① 市民が夢と希望を共有できるまち，② 北部の中核都市，③ 県民のふるさと，④ 小さな世界都市．

Ⅱ　基本目標
　1．ホットするまち──花と緑にあふれるうるおいのまち──「定住」
　2．ワクワクするまち──新しい出会いと発見のあるときめきのまち──「感動」
　3．イキイキするまち──進取の人材を育み活力を肌で感じるまち──「創業」

Ⅲ　基本理念
　1．ともに生きる──人，自然，地域社会が生命ゆたかに支え合うまち──「共生」
　2．自らはばたく──伸びやかに自分らしくはばたける誇りに満ちたまち──「自治」
　3．ひびきあう──まずの一歩が力を結集し，大きく波動するまち──「能動」

Ⅳ　施策推進の基本的的考え方（政策主体と市民）
　1．参加と連携　2．情報公開　3．行財政改革　4．広域行政　5．計画行政

Ⅴ　土地利用構想
　1．自然生態系と共生する土地利用　2．合理的な土地利用　3．豊かな環境の保全と再生　4．土地利用の規制・誘導

Ⅵ　人口・所得構想
　1．人口目標は2008年で65,000人（98年55,000人）
　2．所得目標は全県平均の105％水準，全県順位で15位（96年で全県平均の96％，22位）

B　基本計画
　グローバリゼーション，高齢化・少子化，価値観の多様化・高度化・ライフスタイルの変化，技術革新の進展，環境破壊，規制緩和などの変化をにらみながら，計画を策定しようとしている．

Ⅰ　構想実現に向けた基本課題
　1．豊かに暮らせる名護市の実現に向けて
　2．2極構造の実現に向けて

3. 市域のバランスある発展に向けて
　　4. 持続的発展の実現に向けて
　　5. 財政基盤の確立に向けて
　　6. 平和なまちづくり
　Ⅱ　基本計画の視点（構想実現のためにどの分野でも前提とする視点）
　　1. 人材育成　2. 基盤整備　3. 研究開発　4. 総合性の発揮　5. 国際性の追求
　Ⅲ　地区別の基本方針（将来目標のみ掲示）
　　1. 東海岸地区　地域風土を生かした交流空間の形成──自然と共生する地域環境づくり
　　2. 羽地内海地区　澄んだ水と輝く大地を目指して──山と海に育まれた，5穀豊穣の地域づくり
　　3. 名護湾地区山原の豊かさと充実した都市機能が融合したまち
　Ⅳ　基本計画　（省略）

　第2次計画は基本原則を風土性，自然環境，自然との共棲におき，目標を，① 海にひらかれたまちづくり，② 中核都市の形成，③ 教育・文化都市，④ 地場産業の育成海，⑤ ネットワークの形成においていた．その中で，海にひらかれたまちづくりは中心的なコンセプトであった，名護湾の埋め立てと，港湾整備をはかり，それらと名護中心市街地結んで市街地再開発をはかるシティポート計画を持つウォーターフロント計画を第1の柱に，リゾート観光の振興を第2の柱とする開発色の強いものであった．

　第3次計画は，3つの基本目標「定住」，「感動」，「創業」と3つの基本理念「共生」，「自治」，「能動」をうち出し，それらをベースに計画を総合しようとするものである．今回は大型開発を正面からかかげることはなくなり，基本目標や基本理念に，夢や感性，能動性など人間を強調するものとなっている．

　沖縄における2極構造の北の中核としての都市形成，国際化，自然環境の強調と持続的発展，研究開発，観光・リゾートや情報産業などの新産業の創出，それとリンクした農工業などの積極的形成などを前回計画よりもより強く，あるいは新しく前面に押し出している．花と緑のまちづくり，活動のクラスター（群れ）の連携による参加町づくりは市長が就任と同時に提案したものである．

また，市内の地域バランスを考えて，地域別のビジョンと計画をを出しているのも新しい．ただし，県の計画は2極構造の考え方はとらない．たとえば，「沖縄国際情報特区構想の推進策検討の調査研究会の報告書」(2000年4月21日) は，2極構造案を捨て，「県内各地域が互いに補完し，刺激し合うような形での均衡発展を目指す」としているのである．

第2次総合計画は97年度人口65,000人を想定していたが，55,000人にしかならなかった．名護市の人口増加は緩慢であり，第3次計画は10年遅れの達成を目指している．

この計画は，県と市長の基地受け入れ表明前に作成されたものであり，内容は人の要因を重視し，全体として身の丈に合わせて作られ抑制されたものとなっている．基本計画の1つ1つは明確な予算裏付けのないものであり，漸進的に実現をはかる努力目標である．しかし，計画の策定過程で，また後にさまざまな振興資金が入ってくる．北部地域には10年1,000億円の政府支出に基づく北部振興事業制度によって，各年100億円（公共事業と非公共事業各50億円）が支出される．さらに基地所在市町村にはSACO交付金の配分，基地交付金，沖縄振興調整交付金（県全体に，年100億が現在3年継続している），地方交付税の傾斜配分による増額，島懇事業の実施とさまざまな資金が流入し優遇策が講じられるのである．

市民投票前に地方交付税の傾斜配分の中から二見以北10区地域振興補助金として6,000万円（各区に400万〜900万円）を補助することを市議会は決定した．防衛庁はこの地域に補助金を投入，報道によると（99・11・4）5区で公民館建設のほか公園整備が予定されているという．反対勢力の最も強い地域への対策であることは明らかである．島懇事業（前掲年表参照）は名護市に集中した．実施されたのは次のようなものである．① 人材育成センター事業（多目的ホール，国際交流会館，総合研究所，留学生センター以上名桜大学に設置，ネオパーク国際種保存研究センター），② 国際交流事業（ワールド・パートナーシップ・フォーラム），③ 名護市マルチメディア館，④ 北部地域難視聴解消事業，⑤ 北部学生宿舎整備事業，⑥ 花の里づくり事業，⑦ スポーツ整備事業（トレーナ，セラピスト養成とスポーツリハビリ施設）．

こうした開発の流れの中で，名護市長は国際金融特区構想を打ち出す．県内

の研究会の中から浮かびあがったものだが，市長は自らアイルランドのダブリンを視察し，それをモデルに，税制上の優遇策を得ながら金融特区を実現する構想を政府に働きかけた．しかし，大蔵省は1国2制度的なものには否定的であり，他省庁の事業を含め間接的な援助をしたいとしている．6月26日，ダブリンについてOECD閣僚理事会は優遇税制を有害税制リストの1つにあげ，是正に向けた勧告措置を決定した．政府の「移設先及び周辺地域振興に関する基本方針」は「国際的金融情報拠点」と名を変えて（性格は変わったと思われる），可能性について調査するとするにとどめた．名護市長の言い分を考慮しなければならなかったのである．しかし，25日大蔵次官は金融特区に反対と記者会見で表明している．もう1つ不評判だったのは科学技術庁が，サミットのため建設されたプレスセンターを辺野古に移設して建設しようとしていた国際海洋環境情報センターである．国の概算要求にのせることも決定していたのだが，名護市の与野党議員の反対で9月の市議会に当初関連予算案を提案できなかった．結局，議会は認めたが，名護振興策に政府が便乗したものだとか，雇用効果が少ないなどが理由である．しかし，貴重な北部振興資金をこのセンターに使ってほしくないというのが本音ではないか．

　名護市では，移設先及び周辺地域振興費も北部振興の1,000億円の中に含まれているのではないかという懸念が強いが政府の対応は不明である．市民投票の時政府が約束した名護市の市街地再開発や港湾整備はそれだけで1,000億円の事業だといわれた．政府の振興策はその時に比して尻すぼみではないかという人も多い．

　ともあれ，基地受け入れ表明によって，北部ならびに移設先・周辺地域に多くの資金とそれに裏づけられた進行開発計画が進められることになった．基地が建設されれば，1兆円にも及ぶ建設事業が始まる．1,000億円の資金の恐らく半ばは名護市に投入されるだろう．それだけではない．基地建設となれば，巨大な建設費が流れこみ，利権を求めて人々渦巻くが町になるであろう．名護市の第3次計画は人間の心を重視していたが，市民はそれを踏みにじる大きな興奮と熱狂の流れの中に好まずとも引き込まれざるを得ないだろう．

　名護市長はいくつもの顔や心をもっているように思える．基地受け入れに追い込まれ苦渋の判断をせざるを得なかった顔，人の心を大事にして花で市域を

彩ろうとする軟らかい心，日米地位協定見直しや15年期限をきびしく要求する顔，市民への説明会要求に答えず自己決断を貫こうとする硬い心，そして，基地と交換に金融特区など身の丈をこえた開発を政府に迫って開発を強要してゆく心，政府や県に妥協してゆく柔軟だが弱く迎合的な顔，ある時は理想主義的で，ある時は現実主義的，本音はどこにあるかといっても市長自身答えられないような心の内面と外部の力の間の交差圧力の中で出口を探っているように思われる．

（補）　年間100億円の振興費の半ばはソフト事業に支出され，地元負担は1割で，それも国が地方交付税で還付するとされる．しかし，当初は市町村は起債でまかなう．その結果，公債費比率が一定率を上回れば，自治体の独自事業のための起債が制限され，新しい事業が行なえなくなる．また，半ばの公共事業の地元負担率は2割，3割のものも多い．振興策には自治体がすぐとびつけるものではないという問題が伏在している．

第4章　内発的発展と文化自立論

1　庶民の目線にたって

　当初，地域振興策を基地問題から切り離して要求するのが県や地元の姿勢であり，政府もその立場を表明していた．しかし，県・地元の要求に答えながら，振興策を進めることによって，県や地元を包囲していった．県や地元を後戻りできないところまで追込んでゆくことによって，政府は基地と地域振興策がリンクするという姿勢を明確にしていった．両者がリンクしているとすれば，振興策を進めるということは既成事実として基地移設計画を進行させているということにほかならない．

　かりに移設を承認するとして，その引き替えとして計画実行される振興策が果たしてほんとうに沖縄や北部地域，名護市に見合うだけの貢献をするのだろうか．別の地域振興の別の道の選択はないのだろうか．こうしたことについて，若干の私的感想を述べておくことにしたい．

　先立って，私が本書でよってたった基本的な沖縄を見る視点を明らかにしておきたいと思う．私は基地問題と沖縄振興について，沖縄社会の深層部から目を離さないよう，目線を沖縄の庶民におきたいと考えていた．第Ⅲ部で，基地の中で自治形成を行ない独自の道を開き基地の返還への道筋を開いてきた読谷村，経済主義的な地域振興策の中で脚光を浴びることの少ない高齢者福祉について報告しているのは，そうした視点からである．沖縄の北部農村の大宜味村や久志区の実態も報告する予定だったが，紙数の関係で別の機会に譲らざるを得なかった．私は過疎の村のどうにもならない実態をふまえて，稲嶺県政の誕生の背後にある県民の地域振興への願いについても十分に理解している積りである．

　また，私は，システムの側からではなく，生活世界の中からの沖縄の民衆知に基づいた声の中に真の沖縄イニシアティブがあると考えている．沖縄の基地

反対運動に焦点を併せて，これまでできるだけ言説や議論をおさえ，事実の経過を追い掛けてきた．さまざまな立場からの基地反対論があるだろう．しかし，私は，沖縄の基地反対運動の中には，立場の違いをこえて，名も知れない人々の生活世界からのため息やうめき声が聞こえてくるのではないかと思える．そうでなければ，これだけ広範囲の人々を運動の中に結集したり，少女暴行事件での県民大会への8.5万人，嘉手納手納包囲に27,000人もの人々を結集することはできなかっただろう．名護市は保守的な地域である．にもかかわらず，基地移設反対が圧倒的に多いことは，紹介した各種の世論調査が示している．名護市の市民投票でも金と権力の威嚇にもかかわらず，アマーン（ヤドカリ）のように周囲を見ながら頭を出したりひっこめたりする名護マサー気質をもつといわれる無名の市民は「ノー」をつきつけたのだった．

　2000年には2つの選挙があった．6月11日の県議選挙では基地反対の姿勢を明確にした玉城義和氏が2位で当選したが，得票率は46.3％，基地賛成の2候補の52.2％に及ばなかった．6月26日の衆議院選挙では，名護市の属する1人区の3区では大田県政の副知事，東門美津子氏（社民）が1位で当選した．東門氏の得票率は，有効投票数の32.2％，基地反対を鮮明にしている共産党票を加えても，37.1％に過ぎなかった．比例区でも社民24.0％，共産8.8％自由連合2.6％で，基地反対を鮮明にする党派の得票率は35.3％に過ぎず，自民，公明の39.3％を下回る（県全体は34.7％，42.12％）．名護市の世論調査での圧倒的な基地反対の声は政党派やイデオロギーをこえたものなのである．

2　沖縄イニシアティブ

　他方，沖縄の中に安保を肯定しつつ新たに沖縄が日本やアジアのイニシアティブをとる役割を担うべきだとする新しい議論・言説が現われてきたことに注目しておきたい．高良倉吉，大城常夫，真栄白守定の3人の琉大教授が，今年3月，来沖中の小渕首相も出席して開催された「沖縄フォーラム」「アジアにおける沖縄の位置と役割」で「沖縄イニシアティブ」を共同提唱した．その内容は『沖縄タイムス』5月3〜11日に7回連載で掲載された．高良氏は99年に

は小淵首相を囲む有識者懇談会「21世紀日本の構想」にメンバーとして参加している．また，稲嶺県政のブレーンの立場にあるといわれる．

　提言は沖縄に「積極的自己評価を与え」「日本社会の一員として自己の創造的役割を定義」し，またアジア太平洋地域の中での果たすべき「役割」の発揮を明らかにし，「自己像を明確にする」ことによって，自らのイニシアティブを積極的に発揮すべきだということを企図する報告である．

　その際，沖縄が独自性を発揮する理由の1つとして次の「歴史問題」をあげる．①「琉球王国」という独自の前近代国家を形成したこと，② 独自の文化を形成したこと，③ 日本本土から「差別」を受けたこと，④ 戦争で拭い難い被害を被ったこと，⑤「異民族統治」を受けたこと，⑥ 基地負担の面で不公平であること．

　3氏は「『歴史』に対して過度の説明責任を求めたがる論理とは一線を画し，歴史に支配されることなく，現在に生きる者としての責任と主体に立脚して歴史と未来に向かい合うべきだとする．その場合，次の認識を強調する．① 歴史問題を基盤とする「地域感情」による「自己評価の普遍化」をはかる「言力」「普遍的な言葉」によって，自己を主張し相手を説得する力を獲得する．② 国際社会の一員として日米同盟の安全保障上の役割を評価し，沖縄の米軍基地の存在意義を認める．問題は，「その効果的な運用と住民生活の安定をいかに矛盾なく調整できるかという課題」であり，我々は基地の「告発者」ではなく「生活者の目線」で点検する役割を担う．そのための財産が歴史問題である．③ 普遍的な言葉や言力は沖縄の「最も良質の知的インフラ」となる．沖縄の歴史・文化を普遍的に語ることが沖縄の最大の財産であり「ソフト・パワー」である．この力を国内問題だけにシフトさせるのではなく，東京1極集中ではなく，多元的なガバナンス実現のために発揮し，日本の国家像形成の共同事業者として自己責任を果たすべきである．さらにアジア太平洋地域を視野に入れて，沖縄のソフト・パワーを「戦略化」することが必要である．④「ここに日本尽き，アジア始まる」，「ここにアジア尽き日本始まる」境界に位置し，日本であり，日本でない多義的で新しい沖縄の自己規定を行なうべきである．⑤ 以上をふまえて，この地域の歴史問題の解決方法を模索するための「知的インフラの拠点形成」を行ないそのレベルアップをはかることが，「沖縄イニ

シアティブ」の概念である．

「サミットは基地受け入れの通過儀礼」と新聞投書する別の知事ブレーンは論外であるが，3教授を含めて知事のまわりには，基地反対運動を展開する県民とは別の「もう1つ」の沖縄の存在があることを示している．沖縄にはさらに多様な顔があることも事実である．99年7月国家国旗法の衆院通過の際，議会で「天皇陛下万歳」を叫んだ保守系議員，3月の1坪反戦地主を県関係の団体役員から外す陳情の県議会採択，その後明らかになった平和記念資料館の展示資料や解説の改ざん問題（前述）などのさまざまな事件がそのことを示している．

3教授の場合は理論武装しており，とくにその仕事が知られた高良氏の場合，単なるアイデア，思いつき，権力への迎合ではなく琉球史への沈潜から形成された思想を含んでいると思われる．しかし，3教授の主張に対して沖縄の新聞紙上には多くの反論が乗せられ，新聞も論評を加えたが，同調するものは殆んどなく，すべて手厳しい批判ばかりであった．

大江健三郎氏は『朝日新聞』連載の「沖縄の『魂』から」（5月26〜31日，8回連載）で高良氏らを「これも沖縄の現実感覚です」，しかし，「悲惨を語りつたえる労役に耐えてきた老年の人々が抗議に立ち上がり，一方，つつましい家族生活の経営をひとまず脇において，生まれた土地で基地建設に反対する青年がいます．それも，やはり沖縄の現実です」と述べている．私も大江氏と同じく，目線を庶民・住民において考えたいと思っている．知識人が作り出す「普遍的な言葉」を戦略化するという発想と，沖縄の庶民の生活や発想の間には大きなへだたりがあるように思う．高良氏らの主張の中に，住民の生活との間に距離がある知識人のもつ知的エリート主義を感じとることは容易であろう．沖縄住民の生活と歴史的経験の中から生み出される沖縄の言葉の中にこそ沖縄の「ソフトパワー」があると思う．知識人の役割は，外からの普遍的な言葉で沖縄を自己規定することではなく，沖縄の内側からの言葉をそのまま普遍的な言葉として外に語ることではないか．命を守る会のプレハブ事務所を毎日交代で守る辺野古区35人の「おばあ」たちの無言の声はそのまま普遍的な言葉になるものではないだろうか．

3　経済主義的振興策

　稲嶺県政は，県の総合計画であった国際都市形成構想を切り捨て，経済を中心にしたそれも戦略産業の振興に重点をおいた振興計画の実施を先行させている．振興策の3本柱であるマルテイメディア・アイランド形成，エコアイランド形成，ウェルネスアイランド形成のいずれも本来経済振興をにらんで作られたものである．政府の21世紀プランも経済振興計画である．沖縄の総合計画はポスト3次振計とともに作られるだろうが，社会・文化・福祉などとのバランスを欠くことになるのではないかと懸念される．

　沖縄振興開発審議会総合部会専門委員会（座長清成忠男法政大総長）は10月31日，過去の沖縄振興開発計画を総括，現状と課題について中間報告をまとめた．「沖縄経済振興21世紀プラン」の提案する方向をより一層明確化して打ち出している．「選択と集中」の概念を積極的に取り入れ，沖縄の経済自立を支える戦略分野として観光と情報を位置づけるとともに，国が，そこに重点的に投資することを主張しているのである．今後の世界潮流の中で，国際化，情報化，高齢化，環境問題を焦点にしてこれに対応する振興開発を考えることを課題にしている．

　経済中心の報告であることは明らかであろう．21世紀プランは経済振興計画である．しかし，この審議会は，振興開発の総合部会であり，ポスト3次振計への反映を求める総合部会の報告である．県の総合計画もないまま，本来なら，生活，福祉，教育，文化などとの全体バランスの中に位置づけられるべき経済計画が，この審議会でも独立先行しているのである．まるで，高度経済成長時代の本土の開発計画を見るようである．高齢者問題に関しても保養，交流，活動の場として位置づけているが，誰のための場かが問題になろう．後述する壮大なリタイアメント・コミュニティ建設構想を考えると，全国的な保養，交流，活動の場が強調され，沖縄の高齢者の福祉が正面に据えられているとは思えない．高齢者問題も経済振興策の中で考えられていると思われる．

　政府省庁はこれでもかこれでもかといわんばかりに沖縄振興策を競いあって

いる．しかし，21世紀プランの産業連関表を使ったシミュレーション分析による見通しは明るくはない．「現実的な見通しであり，予測値の信頼性は高い」とされる「現状推移ケース」と「相当の努力の積み重ねによって」可能な「戦略産業振興ケース」をあげて見通している．現状維持ケースでは成長率は2000～2005年の2.2％から2020年の1.5％に低下，戦略産業振興ケースでは各3.3％，2.2％となる．

表4-1で見るように，就業者数は20年後に5万～8万人増加して失業率はそれぞれ6％，3.6％になる．しかし財政依存率は20年後においても，「予測値の信頼性の高い」現状維持ケースでゆけば財政依存率31.7％（全国17.4％）は35％とかえって悪化，「相当の努力の積み重ね」を要する産業振興ケースでも31.6％と現状と殆ど変わらない．

県内は官民あげて，夢物語のような経済振興策がいかにも実現可能なものであるかのように踊り過ぎているように思える．観光リゾートを中心とした総合開発と関連産業の創出，それとリンクすることによって意味不鮮明化しているウェルネスアイランド構想やエコアイランド構想，国際情報特区，戦略産業などカタカナや先端的を思わせる新規な言葉は県民の期待を膨らませている．しかし，国の振興開発策は県の経済構造を変え，その自立化を可能にするという見通しを初めからもっていないのである．

県内でも不安の声もあがっている．崎間晃県商工会議所連合会会長は5月9

表 4-1　労働関係指標の推移

(単位：1,000人・％)

	現状 1999年	現状維持ケース 2010	現状維持ケース 2020年	産業振興ケース 2010	産業振興ケース 2020年
15才以上人口	1,043	1,121	1,097	1,121	1,097
労働力率	59.1	61.0	63.5	63.0	63.5
労働力人口	616	695	697	706	697
就業者数	565	653	672	678	672
失業率	8.3	6	3.6	4	3.6
失業者数	51	41.7	25.1	28.2	25.1
財政依存率	31.7	34.4	31.6	32.4	31.6

注）　1．財政依存度は1997年度の数値．
　　 2．「沖縄経済振興21世紀プラン・最終報告」2000年8月による．

日の講演で復帰後沖縄に投資された「6兆円の財政支援は沖縄にとって必ずしも生きていない．地域に見合うようなものが行なわれた場合活性化する」と述べた．31日には県工業連合会総会が開かれたが，会長は「新産業創出，企業誘致は沖縄振興に不可欠だが，既存の製造業の振興こそ沖縄経済の発展の土台になるとの認識の下に各社が企業家精神を発揮し，グローバル化，IT化といった変革への対応も必要」と述べている．

　衰えてきてはいるが，砂糖きびは依然として農業の基幹部門である．こうした部門はこれからどう位置づけられるのだろうか．どう見ても観光と情報につながる分野ではなく，国の重点投資対象となる戦略部門にはなりそうもないであろう．ジャワの豊かに生い茂る砂糖きびと，やせ細った沖縄の違いを見る時，灌漑網の整備など，なお多くの改良余地があるように思う．

4　外発的開発

　焦点の情報企業について，研究会調査報告書はすでに7,500人の雇用が生み出され，将来25,000人の新規雇用が生まれることを想定している．北部でも名護市のマルチメディアセンターが既に建設され，さらに，国際海洋環境情報センターが予算化され，宜野座村のサーバーファーム整備事業（データセンター・ビジネス集積，600人規模の雇用創出想定でIBMなどの企業誘致）も北部振興策として予算要求が決定されている．

　だが，これらの先端企業やセンターは，かりに設置されたとしても地域社会の経済，社会の現状との間にあまりにも溝があり過ぎる．名護のNTTコールセンター100人の雇用は殆どが若い女性を中心とするパソコンキーパンチャーである．キー文字のないコンピュータに向かって，全国のセンターとの間の実績競争をあおられつつ，40分の交代業務，10分の休む場所もない休憩を繰り返す苛酷な労働であり，地元での評判も決してよくない．その他10社の机借りの新入企業は雇用力は小さく技術者は外部からの流入である．

　情報産業のための人材養成ということだが，単なるコンピュータ処理技術をもつものが必要な人材ではない．情報は地理的ハンディをこえて沖縄に移転で

きるだろう．だが，人間と社会に関する無限の情報から何を選んで集積し，それをどう整理するのか，また，そこから何を読み取りどう判断するのか．これらを行ない得る人材の養成は沖縄で早急に可能なのか．

　国立工業高専は一定の人材需要に答えると期待されている．しかし，私は高専制度は教育政策の失敗した例だと考えている．本土では，そのことは自明のものとなっている．だから，文部省は高専卒業生の4年生大学への編入制度をやみくもに制度化したのである．多数は卒業後，国立大学工学部に進む．琉球大学がすべて編入させる余力はない．本土の大学に進めば工学部学生の多くは大学院を希望する．そうなれば地元に帰る可能性も少なくなる．作るなら，高専ではなく，琉大工学部，農学部，理学部とつながる新構想理科系学部であるべきであり，その上に設けられる大学院大学であるべきである．高専は完結した技術者，研究者教育を行なうところではない．大学院にまで延長されれば，アジアの留学生も多く期待され，名護市の国際化，しかも言葉・人・技術によってつながる深い国際交流が可能になろう．名護市役所の調査では九州のある高専は，留学生は僅か2人であったという．教育を通しての人の交流は，最も国際化に貢献するだろう．しかし，国際化をかかげつつも，沖縄の人材養成機関としては貧弱である．沖縄は見くびられているのか．沖縄もまた，その夢を不完全な教育で実現できると錯覚しているのではないだろうか．

　『沖縄タイムス』のホームページで「環境」を検索して見よう．1998年以来，今年10月10日までに15,784項目の記事があげられている．これらすべてを読むことは不可能である．この環境情報ひとつをとってもそれを整理し，読み取り，判断することを機械は行なってくれない．囲碁は僅か19路である．無限大の人間・社会情報に比べれば極端に少ない手数しかないのだが，コンピュータは素人高段者の足元にさえ及ばない．数量処理の可能なデータなら，集積可能だろうが，それの処理にもそれぞれの分野での専門能力・創造性・アイディア・総合企画能力が必要とされる．

　しかし，そうしたデータ情報の創造，開発が専門家集団や総合企画能力を持つ集団の集積する官庁，企業，大学が集中する地域に勝ることは不可能である．開発創造されたものは沖縄からでなくてもどこからでも移転可能なのである．試みに沖縄県庁や名護市のホームページを開いて見よう．せいぜい県や市

のPR誌に毛の生えた程度の情報しか与えてくれない．どういう情報を入力するか，単なるPRをこえて市民や県外の人がどのような情報を求め，市民が何を伝えたいと思っているのかについてさえ検討していないように思われる．人材養成をコンピュータ操作を理解する程度の短期養成できる技術的な問題であるかのように錯覚してはならない．いたずらに「国際」の大風呂敷に酔うのではなく，沖縄の特性に沿って実現可能な特定分野にしぼった情報処理にじっくりと腰をすえた取り組みが必要であろう．さもなければ沖縄は労賃だけ，利益はすべて本土に吸収しようとする資本の草刈り場になってしまうであろう．

名護市が要求する金融情報特区は全くストックのない所へ，政府援助で無から有を作り出そうとするものである．経済情勢を判断するにあたって，機械の上で得られる情報は限られており，専門家集団や企業集団がひしめきあう場所で得られる情勢認識，景気変動への感覚，パーソナルなコミュニケーションから得られる情報・ヒント・感覚の把握が不可欠である．国の援助，税金上の優遇策があれば，明日にでも特区ができると考えるのは間違っている．

さらに重要なのは言葉の問題である．日本語はアジアでさえ通じない．英語も中国語も使えるものの少ない沖縄で情報を国際化することは至難の業であろう．情報の国際化というならローマ字を日常的に使うマレーシアやシンガポールの方がはるかに有利である．国をあげて情報化を進めるマレーシアに，基地対策的に国が援助するだけの沖縄一県ではとても対抗できないだろう．沖縄はアジアの中心にあって遅れた国々に対して指導的立場にたてるとするような事大主義的感覚は捨てなければならないだろう．

前述の沖縄開発審専門部会の報告は，日本一の英語県とする人材育成プログラムの実施，振興策が軌道にのるまでの本土や海外からの人材導入をうたっている．前者が重要だろうが，日常的に英語を使う機会の少ない沖縄を英語県とすることの困難さを考えるべきだろう．そのことは，大学進学率が全国一低いこと，全国的にも現在の学生の英語能力の低さも併せて考えた場合容易なことではない．具体的手段がなければ夢物語が語られているに過ぎないことになる．それよりも，沖縄で行なうべきもっと大事な教育があるように思う．沖縄を踏まえた個性的な人間教育がまず基本におかれるべきだろう．私の狭い経験だが，ウチナーグチも日本語も中途半端な人口がなお沖縄には多いようにさえ

思われるのである．

　マルチメディア化は重要だと思う．しかし，沖縄も名護もマルチメディアという先端的な言葉に踊り過ぎているのではないか．言いたいのは内発的発展が重要だということである．地域振興を求めて，政府に依存する．政府は基地の維持・強化のために沖縄の要求には何でも答えるかのように対応する．沖縄が求めているのは，結果的に政府依存の木に竹を継いだ折れやすい外発的的発展以外の何物でもないように思える．

　それでも，政府の援助で名護市にある程度の情報産業の蓄積ができるかもしれない．しかし，それらの多くが市民の生活とは無縁のところで活動する懸念を捨てることができないのである．

　サミットが行なわれたブセナリゾートは庶民の生活とはおよそ無関係である．万国津梁館の見学も自由にできない．ブセナリゾートもまた東海岸の巨大なカヌチャ・リゾートも大部分公有地を借地作られた高級リゾートである．名護最大の景勝の地を囲い込んで市民的利用を実質的に締め出している，後者は本土資本の植民地である．ここでも市民の自由な立ち入りは実質不可能である．異質の世界を作り出している高級ホテルやゴルフ場のふもとには，東海岸のあい変わらぬ生活を続ける密集した住民の住宅地が広がる．

　カヌチャ・リゾートを経営する沖縄サンビーチ開発は6月1日，1,960戸，4,560人居住の，日本で最初の介護，病院など医療と福祉が一体となった定住型リタイアメントコミュニティ「カヌチャヒルトコミュニティ」（発起人の1人には下河辺淳氏がいる）を来年5月から建設する構想を発表した．ここは沖振法改正によって，観光地域として指定された所であり．公的規制も緩やかになる所である．この計画発表時，地元も住民もそして市役所企画課も何もしらない．市有地の用途変更であから，市の許可が必要なのだが，担当部局の幹部職員にとっても寝耳に水であった．市長が知らなかったということはないだろう．この構想の善し悪しは別として，市民生活とは無縁でありながら，市民のものである市有地を利用する開発が名護に押し寄せていることを注目したい．基地移設，情報特区，コンベンションセンターなど，いずれも外発的開発が市民生活とは離れたところで進められているのである．

　政府報告書がいうように，振興開発がよほど順調に進んでも，沖縄経済の財

政依存率が変わらないとすれば，沖縄経済を根本から支えるのは既存の製造業，伝統産業，農林漁業などの諸産業だといわねばならない．6兆円を投入して，効果が見えなかったとさえ評価される公共事業も反省されなければならないだろう．これまでのところ，県の振興開発策は，すべて経済振興にかかわって取り上げられる．産業は戦略産業中心であり，教育も福祉もそれ自体として取り上げられず，産業振興に従属して論じられている．自然環境保全も経済開発政策とのバランスの中で論じられる点で経済戦略的である．

5　福祉と人間の復権の場としての地域

「選択と集中」の投資と経済の戦略は，強者を伸ばし，弱者を取り残す政策である．効率と合理性が，アバウトな行動を包み込んで，助け合って来た沖縄のゲマインシャフト社会を引き裂いていくだろう．情報産業にせよリゾートにせよ，一部に多くは外来の新しい知的職業従事層や総体的高所得層を生み出すだろうが単純労働のオペレータを含む庶民の生活は変わらない．名護市民の中に社会階層の間の所得・生活上の格差，亀裂が生まれる．基地建設となれば，1兆円にも及ぶ金が流れ，一時的な建設ブームが到来するとともに，利権をめぐる動きが活発化するだろう．そのブームに乗る業者と乗れない市民との間にも亀裂が生ずるだろう．

　グローバルなメガ・コンピティションの時代に生きようとする企業戦略や，基地をなくすためではなく基地の移設・強化のための政府の振興策は，いずれも，効率や合理性を追求する．厳しい競争や切り捨ての論理が伝統的な沖縄社会を掘り崩してゆくだろう．沖縄の心を語る時常に強調されるユイマールの心もそれによって浸食されざるを得ない．実際既に，ユイマールは生産の中でも生活の中でも，これがそれだと納得できるものは，実態的には殆どなくなっているのが現実なのである．もちろん，沖縄には本土で得られない豊な生活があることも事実である．一夕500円の席料で遊んだ名護の碁会所でのことだが，席料の安いことは別としても，泡盛とゴーヤ豆腐を出され，遠慮する私に，沖縄とはこういう所だと勧めてくれたのである．

地域社会はそうした経済や資本の効率性と行政の合理性による社会と人間関係の分断，亀裂を修復し，人間的社会を取り戻す場でなければならない．
　この観点から，まず，既存産業や，教育，福祉の基盤整備に正当な位置づけを与えるべきである．教育に関しても，戦略産業のための人材養成，情報教育はいわれても，全国最低レベルにある学校プール数（名護市にもほとんどなく，泳げない子供も多いといわれる），屋内運動場数，大学進学率などは全く問題にされることもない．福祉に関しても，全国一の設置率を誇りつつ沖縄の特殊事情からしてなお絶対的に不足していた施設福祉は後退しつつある（第Ⅲ部第1章参照）．
　施設福祉の整備率が沖縄で高かったのは，沖縄の特殊事情と県政の重点がおかれたことによっている．介護保険の実施と共に，費用のかかる施設福祉入所者の多さが，自治体の負担になっている．沖縄の介護保険料は全国最高位である．全国平均2,814円に対して沖縄は3,474円，保険料ランキング全国上位10位以内に沖縄は3市町村が入り，その中では市では名護市（3,908円），糸満市のみが入っている．名護市隣接の大宜味村は実に5,004円と県下最高である．
　施設入所者の高さが何に基づくかははっきりしないが，次の点を注目しておきたい．高齢化率は全国一低いにもかかわらず，沖縄は本土に比して，高齢者の単独世帯率が4.5ポイントも高い．離島が多いこともあろうが，第Ⅲ部第1章に見るように，本島でも親子別居が多いのである．沖縄の人は沖縄定住志向が強いが沖縄内での流動性が高いこと，土地家産をもつ家族制度を持っていた本土農村と，地割制の頃からそれを持たなかった沖縄の家族制度の違いも考えられるかもしれない．いずれにせよ，沖縄的特性を見なければならない．しかし，厚生省は全国画一的に基準を設け，県も施設入所率を減らそうとしている．全国最高の入所率といっても，施設は需要に対しては少ないのである．
　第Ⅲ部第1章の最終節を見てほしい．名護東海岸久志は，最も便利なところだが，1人暮らし高齢者は，高齢者人口の27.7％に及んでいる．高齢者のいる世帯は70世帯だが，そのうち過半の39世帯が高齢者のみの世帯である．過疎地帯大宜味の根路銘では48戸中19戸が1人世帯，喜如嘉では202世帯中58世帯が高齢1人世帯である（『沖縄の都市と農村』，巻末文献参照）．
　全国画一基準に照らして，施設入所を減らすのではなく，沖縄特性をふまえ

て，政府に対して，福祉の充実を主張してよいだろう．経済主義的な振興策だけでなく，福祉も地域振興の一環に位置づけるべきだが，諸振興策はその点では極めて不充分か全くふれないのである．施設福祉を充実しつつ，介護保険料高額負担の軽減のための沖縄的施策も考えられなければならない．施設福祉は家族福祉と並んで高齢者福祉の基本であることを踏まえてもらいたい．

　こうした福祉を考える場合，名護市全域に広がる区福祉センターや，新発足するミニ・デイサービスなどが注目される．それらにはもっと強力な支援が与えられてしかるべきである．

　これまで名護市東部海岸は無医村だった．その南部に診療所ができるようだ．マルチメディアをさらに僻地の医療に生かすことを考えるのも真っ先に行なうべきことであるが情報化計画においてそれが語られることは全くない．普通の庶民や，高齢者が使えるように単純化した端末システムを整備することや，音声入力のネット網を作ることも，亜熱帯農業や特産品，家内工業製品，民宿・環境・ツーリズム情報を送り出せるようなホームページを普及させることも大事だろう．庶民の生活と遊離しない産業と地域の振興をはかりたいものである．

　1つの事例を挙げておきたい．愛媛県過疎地帯の内子町（大江健三郎の生地）では，270戸の農家が野菜・果物・加工品を第三セクター「道の駅」に出荷し，年間3億円の売上をあげている．生産者・出荷者は殆ど農家のおばあちゃんたちである．各戸には，コンピュータ端末機（1台13万円を町が農家に貸与）が配置され，それを通して，出荷，販売の集中管理を行なう本部と連絡がとられる．各人の出荷物には，各人の個人名が記入されている．商品番号は数字化され，売れ行きは日に数回端末に連絡される．売上を高めるためには，各人が商品の質や価格面で工夫することが不可欠である．その他関連情報が，優しく絵入りで送られる．情報化を通して，高齢者が，自己責任を持った生産者，販売者として成長しているのであり，その結果が販売額3億円となっているのである．沖縄の情報化施策は，外部資本の誘致や新産業の起業化だけを向いている．情報技術を，庶民のものとしながら，沖縄を活性化する道はいくらでもあるのではないだろうか．

　生活の質ということも考えてみよう．所得，消費など金銭による量的比較に

よってのみ本土との格差が論じられる．カナダ大使館に勤めていたが故郷沖縄に帰ってきた早稲田大学出の農協勤めの青年は東京の同窓会で給料20万円に同情する友人たちに，ゆったりとした時間，新鮮な魚・海草・野菜とともにある生活の豊かさを語ったという．沖縄の青年の県外大学進学者の県内就職希望率は95％に及び，県外就職者でも「Uターン予定あり」が半ばをこえていること，24才までに流出した人口の41.6％は沖縄に帰っていると報告される（「21世紀プラン」参照）．生活の質は数量化されて計り得るものだけで考えることはできない．沖縄の青年のふるさと志向は，本土・内地では得られない満足を与える生活の質が沖縄にはあると考えているからだと見ることもできる．沖縄の生活の質について議論が深められなくてはならないだろう．

　地域社会はそうした経済や資本の効率性と行政の合理性による社会と人間関係の分断，亀裂を修復し，人間的社会を取り戻す場でなければならない．

　政府の手厚い援助のある基地所在市町村だけでなく，基地のない市町村のこともまた，考えなければならないだろう．東村長は一時，水道の設置を引き替えに基地移設を引き受けた．結局住民総会は基地との交換条件ではなく当然行政の通常施策で設置すべきものだと反対され，村長は陳謝したのだが，沖縄の水がめのダム所在地でありながら，下水道もない集落があることに県民は驚いた．沖縄の経済社会指標を本土に比して見た時きわめてアンバランスな数字が示されることを最初に分析したが，さらに県内でも離島や過疎地を含み地域的にアンバランスな構造を示す例である．北部振興策も名護市中心のものとなることは見え透いているように思われる．

　沖縄にとって最大の歴史遺産は戦争の記憶である．観光リゾートをリーディング産業と位置づけながら，21世紀プランをはじめとして，沖縄に無数に遺蹟を残す戦争と平和の記憶をその中に位置づけるものは全くない．県民意識調査でサミットでアピールしたいことは「米軍基地問題」44.6％，「県民の平和を愛する心」33.2％（99・10・20）であった．住民は沖縄で戦争と平和の発進を最も強く望んでいるのである．

　名護市の99年末策定の新総合計画は人間を中心としている点で，逆格差論を説いた第1次総合計画の流れを引き，いたずらな経済開発主義に対しては抑制的である．基地移設が焦点になることによって，市行政は政府依存の経済主

義的開発政策に大きく傾斜してきている．自ら作ったばかりの総合計画をもう一度ふりかえり，外発でない，内発的発展のしっかりした道筋を見極めてほしいと思う．人間の夢を失うことなく等身大の振興開発をはかってほしいと思う．

沖縄経済自立の道はけわしい．早急な経済的自立化のための伝家の宝刀などはない．基地のための経済振興策が先行しているが，それが，沖縄の弱い部分，戦略産業振興から切り捨てられる住民や産業を犠牲に社会のバランスを崩してしまうことを何よりも恐れる．それにしても，これでもかこれでもかと政府の振興策が出されるが，それに飛び付く沖縄の側にもある種の事大主義を感ずることさえあるのである．

6　環境保全と農業

沖縄の自然は次々と開発によって破壊されている．トレッキングを楽しめる自然は北部に残されているだけである．名護では，自然が残されるのは今や，東海岸北部の一部，屋我地半島の2カ所だけになってしまっている．基地とリゾートも自然破壊を進めるが農業生産もまた自然を破壊する．さんご礁を死滅させる赤土流出の7割は，農業に原因があるといわれる．東村は村有林を開発し，パイン生産ゼロから1万トンを達成するほどになった．赤土防止条令施行後6年目になるが，効果は乏しく，村内の14の川には赤土が堆積している．北部の自然や希少動植物は沖縄の財産であり，同時に国民の財産である．私は，この財産を守るためには，農家の努力もさることながら，国民も県民も相当の協力をすることが必要であると考える．そのために，新「食料・農業・農村基本法」の条件不利地域対策としての所得対策を適用することは当然だが，それをこえての国や県の対策が必要である．EU共同体は自然環境保全のために所得保障を行なうが，さらにドイツ国家も，その下のバイエルン州もまた所得保障を行なう3重の所得保障のシステムをもっている．産業振興にだけではなく，それ以上に，国民の財産としての自然の保護のために，国も県も資金を投入し，農家が持続可能な生産を安心してできるようにバックアップすべきであ

る．
　そして，地域内植民地を作るかのごとき地域内リゾート開発のこれ以上の進行はストップすべきである．また，長期滞在型リゾートの振興がいわれるが，リゾート銀座恩納村に見るような，ペンションの乱立する光景は決してモデルにはなりえない．自然をそのまま保存し，自然破壊につらなる建物施設を徹底して規制し，農家の住宅を自然とのバランスをもつように，また，滞在者が独立して自炊生活できるように改造する西欧型ツーリズムを基本にすべきである．そのモデルを県は恩納村に探しているようだが，すでにふれた名護東海岸の「エコネット美」の方がよりすぐれたモデルの1つである．ウェルネスアイランド構想も産業政策の中で出されたものである．まず本当の心身の健康，福祉，保養とは何かを議論するところから始めるべきではないか．

7　沖縄の心と文化自立論

　「沖縄の心」が繰り返し語られる．復帰前の「平和・人権・自治権拡大」，大田県政時代の「平和・共生・自立」，あるいは沖縄の歴史・文化などさまざまに語られる．もし沖縄の心が生き生き躍動するのなら，沖縄に根ざした内発的発展への選択肢も増えてくるように思う．政府の振興策も，沖縄の心に照らして選択されるだろう．だが，沖縄の心は合理性と効率を求める権力と資本によって蝕まれてきているのも事実であるように思えてならない．沖縄が本土化してしまったら，リーディング産業としての観光・リゾートの魅力も色褪せるだろう．実際，サミットの際，アメリカ化した沖縄には魅力がないという欧米人記者もいたのである．もしそうなら，自然風土条件の近い東南アジアの人々も日本本土に行くだろう．沖縄の個性にあわせた地域づくりに沖縄の生きる道があると思う．
　私が提案したいのは，経済自立に向かう長い道程を準備し達成してゆくためには，沖縄の文化的自立が何よりも前提とならなくてはならないということである．「生まりじまのくとうば（言葉）わしりーねー（忘りーねー）くにん（国）ふるぶ（滅ぶんどー）」という沖縄の言葉があることを山内元読谷村長から教え

られた．しかし，今では家庭の中でも子供たちが標準語を使い，老人たちもそれに合わせるため，ウチナーグチ（沖縄語）を話せない子供が増えているという．言葉はあらゆる感性や意味の源泉である．ウチナーグチの感性や意味をヤマト語に置き換えることはできない．ウチナーグチがなくなることは，沖縄の個性が消滅することである．基地反対運動の中でも沢山のウチナーグチが語られ，人々にシンボリックに訴えかけ，行動にヤマト語では与えられない意味づけを与えてきた．

美（ちゅら）海，ニライカナイ（至福の国），ユイマール，チャーシンナラン・ユンタク（我慢できない・話し合い），かりゆし，あけみお（しあわせ），ウチナンチュー，メンソーレ，ウムイ（真心），マチグワー（迷路のような市場），ヌチ（命）ドウ宝などの言葉がすべて標準語で語られるようになったら，沖縄の感性と意味世界は抽象化され，やがて消滅していってしまうだろう．それらの言葉の連関の中に沖縄の心があるといっても言い過ぎではない．今は戦前のような方言撲滅運動はないにもかかわらず，ウチナンチューはウチナーグチを自ら捨てつつあるのではないか．こうした言葉をヤマト言葉に翻訳することで，沖縄の人々は自分と沖縄を表現できると思うだろうか．

私はこの沖縄的感性と意味とシンボリック世界を作り出すウチナーグチの教育が日本語教育と同じように大事だと思う．小学校でのバイリンガルの教育を求めているのである．日常世界の中にウチナーグチを使うことができる人々が多い沖縄でのウチナーグチ教育は，多くの時間をとらなくても，小学生に週1回程度の正規の授業で十分に行なえると思う．方言普及で10月21日「沖縄方言普及協会（仮称）が発足するという．ウチナーグチを普及することは，非日常的な場での芸能・文化の保存のためだけではない．沖縄そのものの自己主張とアイデンティティのために求められるのである．伝統的文化も芸能も敬虔な祈りも日常生活の営みから離れ，特別なハレの行事として非日常的に保存されるものとなりつつある．日常の中に沖縄を取り戻すことによって，沖縄の感性と意味，その連関の中で感得される「沖縄の心」をしっかりとふまえることは文化的自立にいたる道だと思う．そのことによって，経済自立の新しい道を内発的に住民が自らの選択で発見してゆくことができるのではないかと思う．

8　基地問題解決への願望と環境世論

　最後に基地問題解決への願望に似た私の思いを述べておくことにしたい．

　米国のナイ前国防次官補，アーミテージ元国防次官補，ウォルフォビッツ元国防次官補ら超党派の米国の専門家グループが10月11日対日政策の指針となる報告書を発表したと報道された．そこでは新たな安保戦略の構築が提起されている．① 日本は集団的自衛権不行使の原則撤廃によって，より平等な同盟国になるべきだ，② 国連平和維持軍参加凍結の解除，③ 日本の軍事技術の協力・ミサイル防衛協力や米軍の任務遂行能力の維持を要件に日本の基地負担を減らす，④ 沖縄への米軍の過度集中で，海兵隊訓練で制約をうけており，訓練を「アジア太平洋地域に分散する」などを提案しているといわれる（『沖縄タイムス』と『朝日新聞』による）．

　米国や国連の軍事行動に一層深く組み込まれることを前提としているとはいえ，アジア太平洋地域10万人兵力維持の基本方針を決定したナイ報告（95年）の責任者を含む専門家グループの提案であることに注目したい．沖縄にはあまりにも基地が集中している．沖縄の住民や公共団体と米軍とのトラブルが毎日のように発生しており，米軍にも負担になっていることが提言から伺われるのである．

　この種の報道は突然ではなくしばしば繰り返されている．8月31日付『星条旗』（米太平洋軍準機関紙）では，海兵隊のジョーンズ司令官は訓練をもっとグアムで行なうべきだと述べているといわれる．米戦略国際問題研究所のキャンベル副所長は，研究所機関誌に発表した論文で，「特に沖縄の米軍駐留に対する感情にこたえるためだ」としつつ，沖縄の米軍基地や演習場を東南アジアやオーストラリアに分散し，演習も一部をフィリピンやグアムで行なうべきだと提言したという（9月4日「社説」）．9月1日には戦略国際問題研究所上級副所長のキャンベル前国防副次官補も日米軍事体制維持のためという条件つきながら，米軍の駐留体制や軍事訓練の見直しを提言している．9月19日の稲嶺知事と懇談したジョーンズ総司令官は「負担の軽減に断続的に努力している．海兵

隊訓練の展開の1つの可能性としてグアムの話をしている」と述べている．米国家情報会議も最近，米軍の現状維持政策が住民の反発で日米，米韓関係を悪化させるという報告をだしたといわれる（10月13日「社説」）．在韓米軍の14基地の返還・移転計画も米韓両政府の間で進行中であることも明らかになった（10・18）．戦争のための軍隊は本来，自由で拘束されない行動を求める．そうした，軍隊が人口稠密な沖縄にあることだけでもトラブルは頻発する．もともと，この狭い人口稠密なところで軍隊が行動することには無理があるのである．

大田前知事は，幾度となく米国を訪問し，基地の移設・縮小の道を探ってきた．その中で，基地の移設・縮小を考える多くの米側の意見を収集してきた．その一部は「在沖縄米軍基地削減等に関する議論等」（1998年3月，沖縄県）に収録されている．前知事の最近の諸著作でも負担の軽減可能性について詳述されている（巻末掲載の参考文献を参照）．前知事は「一番の具体策はハワイかグアムへの移転」，「それが一番現実的な解決法．唯一の問題は政府がまともに要請しないことだ」（9・12）と述べている．沖縄の住民の反基地運動が，最近の米側の世論の分裂を生み出したことはまぎれもないことである．ポストクリントン政権において，米の政策変更もあるかもしれない．安保体制の根幹を問わなければ最終的な解決は難しいだろうが，沖縄にとって，まず大事なのは基地の県外移設・縮小なのである．

日本政府は安保にかかわると，15年期限問題や日米地位協定見直し論に見られるようにへっぴり腰である．国際情勢の変化，朝鮮半島における南北対話の進行などをふまえて積極的な提案があってしかるべきだろうが，政府に期待するのは無理かもしれない．真剣に沖縄の負担軽減を考えるなら，基地の本土内移設も議論されてしかるべきである．しかし，問題を紛糾させるとして，提案や議論があっても全く無視し，沖縄県内移設を前提として基地をなくすためではなく，基地のための振興策を進めることによって，既成事実を積み重ねてきたのだった．

結局，直接の被害者である沖縄の挫折することない運動が中核となって，一歩一歩道を開いてゆくことになるだろう．終着の期限のない粘り強い運動の継続・展開のためには，住民が運動のエネルギーのストックをはかりつつ，持続

的に粘り強い努力を行なうことが何よりも重要なことであろうす．

1つの追い風が吹いている．国際自然保護連合（IUCN）が，10月10日，辺野古周辺海域のジュゴンや山原の森にすむ鳥類保護のために日米両政府への勧告を決議したのである．軍事基地移設がジュゴン，さんご礁，ノグチゲラ，ヤンバルクイナなどの生存に重大な脅威をあたえる懸念を表明，生息域の調査，保全を求めるものである．世界保護基金日本委員会など自然保護6団体提出の案が可決されたものである．基地建設計画と演習見直しの原案は日米政府の反対で盛り込まれなかったが，棄権した両政府代表を除き反対ゼロで可決された．IUCNは78カ国112政府機関，700以上の非政府機関で構成され，約2,000人が参加したという．法的拘束力はないが，石垣空港建設候補地が変更されたことにも見られるように世界世論を無視することはできないだろう．防衛施設庁もこれを受けて10月下旬からジュゴン調査を行なうことになった．日本政府は，保護に全力を尽くすとしても，基地計画を変更することは考えていない．他方，日本環境法律家連盟は，種保存法でジュゴンは絶滅危惧種とされ，保存配慮を行政に義務づけることのできる米国で基地移設計画の見直しをにらんだ裁判を起すことを検討中だと報道されている（10・19）．

高まる環境世論の中で，経済開発に連動する形ではなく，自然保護そのものを目的とした沖縄政策が求められざるをえない．自然を安定的に保全するための農林漁業の位置づけ，住民の努力を評価する自然保護振興策が独自に展開されなければならないだろう．

第Ⅲ部　沖縄研究フィールド・ノート

第1章　沖縄県における介護保険と高齢者福祉

　国の基準による介護保険で高齢者介護は完結しない．① 介護保険の提供するサービスのすべてを利用したとしても必要介護のすべてが満たされるわけではない．② すべての認定者が認定サービスの100％利用を求めたとしたら需要に供給は追いつかない．③ 自己負担1割の存在は，介護サービス利用率の低下をもたらす．④ 介護保険をこえた必要サービスは自己負担による上乗せ，あるいは，⑤ その他の自治体・家族・地域・ボランティアサービスによる補完という「2階建て制度」による介護が前提されている．⑥ また，財政事情が許せば自治体が保険制度に上乗せ・横だしサービスをつけ加えることもできる．

　介護保険はまた医療とリンクしている．在宅介護と在宅看護・医療，施設介護と施設での看護・医療はいずれも密接に関連しており，介護・看護・医療の全体システムの中での調整が不可欠である．医療保険では医師が認める限り医療サービスに制限はない．しかし，介護保険ではサービス給付に上限があり，保険限度以外のサービスを業者に要求すれば，差額徴収が行なわれやすい．医療と介護の両サービスをどう調整するかが大きな問題となる．

　従来のホームヘルプは実際上家事援助に多かったのだが，介護保険は家族支援がある場合，原則として家事のみの援助を認めない．介護保険は家族その他の介護支援を前提するものに変質しており，家事援助を含む高齢者福祉とのつながりを別にしては介護保険を総合的に理解することはできない．

　介護保険適用外のサービス，あるいは自立認定の高齢者に対する介護・福祉サービスの領域が広がっている．業者による上乗せ・横だしサービスは必要経費そのままの徴収であり，利用者が限定されている．自立認定者には国の「介護予防・生活支援事業」があるが，予算規模は少ない．そこで，自治体・地域・ボランティア・諸団体・家族の役割が重要だといえるが，ここでも民間業者の進出余地があり諸機関・業者の競合が生ずるだろう．

　高齢者福祉を介護保険・医療という領域に閉じこめることはできない．その

他の社会保障，生活基盤強化，緊急対応，高齢者の生きがいや自己実現にかかわる福祉領域全体との関連の中に位置づけて考えられなければならないだろう．その場合，地域福祉を中心的に担う自治体や地域住民・地域諸組織の施策や活動に注目することが重要である．福祉を地域，自治会，字レベルで考えるなら，障害者福祉，児童福祉，母子・父子福祉などと切り離して考えることもできないだろう．

　本章は介護保険実施が迫る中での沖縄の動きや対応を県全体と名護市を中心に報告することを課題としている．報告にあたっては，医療・社会保障・就業対策，障害者・児童・母子福祉等には十分立ち入れないが，できるだけ，地域における高齢者に対する全体的福祉施策や福祉活動との関連で検討して見たいと思う．

　介護保健をめぐって県も市町村も混乱し，介護保健の実施準備のため繁忙を極めている．調査研究の企画が遅かったため，わたしの場合，1999年の12月末と2月末に調査に赴くことができた．県庁でも市役所でも，予算編成や議会開催期に重なり，担当責任者から聴取，資料収集のための時間をとってもらえないか，あるいは極めて短時間にすぎなかった．厚生省の方針も変更が繰り返された．介護保険の認定申請，審査，認定通知は1月末でさえ漸く半ばをこした段階であり，居宅介護支援事業所，居宅介護支援センターの認定も未完了であり，とりわけヘルパー派遣などを行なう新規の民間参入が多い居宅サービス事業者の認定は年内には手つかずであった．11月に漸く制度化された自立高齢者への厚生省の「介護予防・生活支援事業」と介護保険事業の関係も，後者の見通しがないまま事業開始と予算措置に向かって動かなければならない．膨大な実務処理に追われて県も市町村もその他の施設機関も混乱しており，自治体の側にも全体的見通しをもった説明や資料提供を行なうだけの準備がないのも事実であろう．このため，問題を発見理解するためには困難が多かった．にもかかわらず介護保険は出発する．問題の発見とその解決は，歩きながら，走りながら行なわなければならないというのが真実であろう．

　この報告は過去の別の関心からの沖縄研究から得られストックをもふまえはしているが，報告者の仮説的想定を中心とした問題指摘にとどまることも多いことをお詫びしておきたい．忙しい中でも協力頂いた県・市・社会福祉協議会

の職員，その他名護市関係者にお礼申し上げる．

1 長寿県沖縄における高齢者介護・福祉の特質

1） 沖縄における高齢人口と世帯構成の特質

ⓐ 長寿県沖縄と低い高齢化率

沖縄は女性では全国1位，男性では全国3位の長寿県である．高齢者の実数は多いが，これまでのところ，出生率の高さや県外移動率の相対的低さに支えられて，人口の高齢者化率は全国でも最も低かった．

（参考）① 合計特殊出生率は96年で1.86（全国平均1.43）．
② 総人口に占める65才以上人口の割合は全国15.11に対し，12.16で全国44位，「老齢人口割合」が低いのは，沖縄を除けば，流入人口の多い東京，愛知，大阪と周辺の大都市圏である．

ⓑ 高齢化の急速な進展

しかし，高齢化の進行は急ピッチである．1950年以来の40年間で，総人口の1.75倍の増加に対し，高齢人口は3.9倍にもなっている．ただし，これまでのところ高齢人口の比率増加は全国平均の5年遅れで進んでいる．

（参考）2000年で老年人口比率14％（全国17％）と推計される．

ⓒ 85才以上高齢人口の高い比率

高齢者の中では長寿県の沖縄を反映して高齢者人口の中で85才以上人口の比率が全国平均の2倍近い比率を示していることは，高齢者対策に関して考慮しておかなければならない事実である．

ⓓ 離島と過疎地帯

沖縄は多くの離島をかかえており，これら離島や本島北部に広がる過疎地帯では若者の流出が進み，高齢化の進行が著しい．

ⓔ 世帯形態の特質

沖縄の世帯は，全体として見て本土に比し核家族の割合が高く，3世代家族の比率が低い．このことは我々の調査の実感から見て農村地域においても該当

する．沖縄農業の急速な解体が，若者の出生地外への移動をもたらしたことも要因の1つである．しかし，もともと，伝統的にも本土のような家業・家産意識に支えられた強い家観念は沖縄では相対的に弱かったのであり，3世代同居以上の同居形態の家族の比率は少なかったと考えられる（表1-1参照）．

　高齢者のみに限って見ても，沖縄では単独世帯が全国を大きく上回る．3世代世帯の比率は低く，子供と同居する場合も未婚の子供との同居が多い．未婚の子供はいずれ，世帯外へ流出する可能性が大きく，要介護老人を，結婚したあるいは未婚の子供が世帯内で介護することは本土以上に厳しく困難な問題をかかえている．

　以上から，沖縄においても，本土には遅れるが急速に高齢化が進んでいること，とくに介護度の高まる85才以上の高齢者比率が高いこと，本土に比し，1人暮し高齢者が多く，将来的には既婚の子供と同居しない高齢者世帯がさらに一層急速に増加することが予測されるこなどを確認しておきたい．

表1-1 高齢者世帯の世帯構成（1998年）

（単位：1,000世帯・%）

	全国		沖縄県	
	全世帯	高齢者のいる世帯	全世帯	高齢者のいる世帯
単独世帯	10,627	2,724	91	27
	(23.9)	(18.4)	(21.4)	(22.9)
核家族世帯	26,096	5,981	275	54
	(58.6)	(40.4)	(64.6)	(45.8)
夫婦のみ	8,781	3,956	59	26
	(19.7)	(26.7)	(13.8)	(22.0)
夫婦と未婚の子供	14,951	1,236	175	17
	(33.6)	(8.3)	(41.1)	(14.4)
片親と未婚の子供	2,364	788	41	10
	(5.3)	(5.3)	(9.6)	(8.5)
3世代世帯	5,125	4,401	33	25
	(11.5)	(29.7)	(7.7)	(21.2)
その他	2,648	1,715	27	12
	(6.0)	(11.6)	(6.3)	(10.2)
合計	44,496	14,822	426	118
	(100.0)	(100.0)	(100.0)	(100.0)

注）「厚生行政基礎調査」による．

ⓕ　在宅要介護者の状況
　県は在宅要介護者の市町村調査（抽出）を集約しているが，その中に要介護者の世帯状況についてのアンケートがある（98年調査，県長寿対策室「沖縄県における要援護者等の実態調査結果」中間集計）．単身者世帯（19.8％），本人と配偶者（19.8％），本人とその他高齢者（3.4％），その他同居世帯（56.9％），集計総数7,138人となっている．1人暮し，高齢者のみ，その他別の世帯形態如何にかかわらず，要介護者は発生する．介護者は　配偶者（28.4％），嫁（26.8％），娘（22.7％），息子（13.2％），その他（8.8％），集計総数5,746人であり，配偶者，嫁，娘が3大介護者である．介護は基本的には配偶者と子供に担われていることを確認しておきたい．
　これからの介護について，アンケートでは，7,922人の介護者の回答者で，21.8％が「家族介護中心」，「できるだけ家族で介護」32.9％，両者で半ば強である．30.3％が「福祉サービス中心」，「わからないなど」32.9％である．そのほかに無回答者2,506人があるが，この中には「判らない」に近いものも多いと見られる．介護期待は家族内に求めるものが最も多いが，高齢者夫婦や1人暮し高齢者が増加し，その期待を満たせず，家族か施設かの間をゆれ動いている要介護高齢者の姿を見ることができよう．

　2)　高齢者福祉の現状と進捗状況

施設福祉を中心とした整備率の相対的高水準
　表1-2は1989年策定のゴールドプランを基準に94年に設定された県老人保険福祉計画の進捗状況と，94年の新ゴールドプランに基づく整備計画とのずれを示したものである．これから，沖縄の社会福祉施策の特質を考えて見よう．一見して明らかなように，目標値との比較で見る限り，沖縄の高齢者福祉は施設福祉を重点とし，在宅福祉が相対的に立ち遅れている．施設福祉はケアハウスを除き，特養ホーム，老人保険施設，療養型病床群ともに，新ゴールドプランの目標値を50〜90％上回っている．
　これに対して，在宅福祉関連では，訪問介護ステーションが100％をこえる高率であるのに対し，ホームヘルパー，ショートステイ，デイサービスセンタ

表 1-2　老人保険福祉の現状と進捗状況

	1999年度			新ゴールドプラン整備目標④	④に対する99年の達成率⑤
	整備目標①	整備見込②	達成率③		
［在宅サービス］					
ホームヘルパー	1,278 人	760	59.5	1,435	53.0
ショートステイ	400 床	234	58.5	500	46.8
デイサービスセンター	80 カ所	67	83.8	147	40.8
在宅介護支援センター	80 カ所	53	66.3	92	57.6
訪問看護ステーション	40 カ所	39	97.5	37	105.4
［施設サービス］					
特別養護老人ホーム	4,035 人	4,065	100.7	2,521	161.2
老人保健施設	3,732 人	3,732	100.0	2,429	153.6
療養型病床群		3,167 床＊		1,656	191.2
ケアーハウス	150 人	100	66.7	865	11.6
高齢者生活福祉センター	7 カ所	4	57.1	3	133.3

注）　1．①は県「老人保険福祉計画」（1994年）に示された目標値．
　　　　①②③は県長寿対策課提供資料「沖縄県老人福祉計画の進捗状況」（1999年3月31日現在）
　　　　新ゴールドプラン整備目標は2000年の高齢化率を基にした厚生省の1万人当り数値『厚生白書』による）を沖縄の推計高齢者人口18.4万人にあてはめて計算したもの．
　　　2．12年高齢者人口推計値は18.4万人（県長寿対策室「平成10年度長寿対策ハンドブック」による），別の資料・同「沖縄県における要援護者等の実態調査結果」（99年2月中間整理）によれば，18.1万人．
　　　3．＊は2）の後の資料に掲載の2000年の起点値．

一，在宅介護支援センターは新ゴールドプランの基準値に対して，半ば前後の整備率に過ぎないのである．沖縄県の高齢者福祉は，特養ホームと医療機関への傾斜が著しく，施設福祉に対し，在宅サービスの水準が相対的に低いといわざるを得ない．しかし，沖縄の在宅福祉の水準は後述するように実は全国的に見れば高水準を達成しているのである．

施設福祉への傾斜をもたらした要因は明確化しにくいが，関係者からの聴取であげられたのは次のような点であった．① 離島が多く，離島の若者の流出によって高齢者の介護の施設依存が高まった．② 農業の急速な解体と雇用機会の乏しさから就労・居住場所の移動が激化し，同居介護者の不存在をもたらした．③ 本土の70％という所得水準の低さは共稼ぎを常態とさせ在宅介護を困難とした．④ 75才以上の後期高齢者が多いこと．⑤ 年金制度の発足が本土復帰後で，年金受給の適用外の者，低水準の受給者が多く，施設依存を高め

第1章　沖縄県における介護保険と高齢者福祉

表1-3 全国との比較での沖縄の福祉サービス（1996年度末）

	沖縄県		全国年間利用回数 65才以上（1,00人当り）
	年間利用回数 65才以上（1,000人当り）	全国順位	
ホームヘルプサービス	119.9	24	119.4
デイサービス（含・デイケア）	217.3	11	142.8
ショートステイ	15.5	47	36.8
	施設設置率（65才以上10万人当り）		施設設置率
在宅介護支援センター	21.8	19	17.3
老人訪問介護ステーション	16.0	4	10.7
	定員率（65才以上100人当り）		定員率（65才以上100人当り）
特養ホーム	2.3	1	1.3
老人保健施設	2.0	2	0.9
ケアハウス	32.0	45	120.6

た．⑥　沖縄の人たちは，高齢者を簡単に施設に預けることに本土よりも抵抗が少ない．⑦　沖縄での就業，雇用機会の乏しさが，社会事業法人の形成を促した．

　こうした沖縄の特殊事情があったにせよ，もっとも大きな要因は施設を積極的に整備してきた県行政の過去の姿勢にあったといってよいだろう．

　在宅福祉サービスの整備水準は新ゴールドプランや99年12月発表のゴールドプラン21（GP21－後述）の目標値に比べれば50％前後の達成率で大きく立ち遅れている．しかし，全国比較で見るならば，表1-3に見るように，施設福祉サービスが全国で最高位に位置するだけではなく，ショートステイを除けば普通あるいはそれ以上の水準を維持している．

　具体的には，高齢者100人当りホームヘルプサービス回数では47都道府県中24位，デイサービスでは11位であり，同上の施設設置率でも在宅介護支援センター19位，訪問介護ステーション4位を示している．ちなみに施設福祉サービスではベッド数で特養ホーム全国1位，老人保健施設2位なっている．沖縄の高齢者福祉は，施設福祉の高水準と併せて考える時，これまでのところでは

施設福祉への傾斜を持ちながらも，全体として見れば，全国的には進んだ県に属するといってよいだろう．

施設福祉の縮小問題

1999年12月，介護保険の発足を前に政府は2004年度目標の「ゴールドプラン21」（GP21）を策定した．その詳細は表1-4に示される．この計画によっても施設福祉も若干増加するが，将来的にも在宅福祉重点策が進められる．沖縄はこのGP21に比しても施設福祉が過剰であり続ける．

厚生省は福祉施設入所者の参酌基準として高齢者人口の3.4％（内特養1.36％）を示している．沖縄県の99年の比率は6.4％（11,484人—筆者試算）で基準の2倍近い施設入所者がいることになる．県長寿対策室は入所率が99年の6.4％に比しすでに5.9％に低下している2000年を起点にして，2004年度までにこの参酌基準に合せるための施設入所者削減のための年次別削減数の試算を行なっている．表1-5に示す．

2000年の入所率5.9％水準を維持した場合に比し，2004年で3.4％に入所率を落とせば，5,114人が在宅移行することになる．特養施設入所者数は2000〜4年で約1,000人，老人保険施設で570人，療養型病床群で1,410人の在宅移行

表1-4 ゴールドプラン21の達成目標

	新ゴールドプラン 1999年度目標	GP21
［在宅サービス］		
ホームヘルパー	17万人	35万人
ショートステイ（床）	6万人	96,000人
デイサービスセンター	17,000カ所	26,000カ所
訪問看護ステーション	5,000カ所	9,900カ所
［施設サービス］		
特別養護老人ホーム	29万人分	36万人分
老人保健施設	28万人分	297,000人分
痴呆性老人グループホーム	−	3,200カ所
ケアハウス	10万人分	105,000人分
高齢者生活福祉センター	400カ所	1,800カ所

表 1-5　施設入所者の在宅移行

	2000	2001	2002	2003	2004
高齢者人口	188,153		193,220		205,797
要介護人口					
（12.8％）	24,084		24,732		26,342
2000年水準維持					
（入所率）	5.9	5.9	5.9	5.9	5.9
（入所数）	11,101	11,029	11,400	11,771	12,142
目標					
（入所率）	5.9	5.3	4.6	4.0	3.4
（入所数）	10,101	9,868	9,000	8,053	7,028
在宅移行		1,161	2,401	3,718	5,114
対前年減		233	868	947	1,025
内特養入所数	3,904	3,821	3,512	3,176	2,811
（外経過措置）	95	76	57	38	19
内老人保険施設	3,030	2,987	2,826	2,650	2,460
内療養型病床群	3,167	3,060	2,662	2,227	1,757

注）　1．「沖縄県における要介護者等の実態調査結果」中間集計2000年2月．
　　　2．高齢者人口は未表示なので入所率・入所数からが逆算して出した数字．

が求められる．

　98年8～12月に行なわれたアンケートは老人ホーム入所申請を調査している．調査対象在宅要支援者は6,220人であるがそのうち，老人ホーム入所申請をしたことのある者は272人であり，4.37％の申請率となる．県の判定では，上記申請者中要入院（3人），要養護老人ホーム入所（15人），対象外（5人），不明（6人），未判定80人を除いて，特養ホーム入所待機者は97人（46.3％）だとされる．未判定が80人もあるが待機率が同じだとすれば37人となり，待機者は合計134人である．

　アンケートはサンプル調査で全体の在宅要援護者数は21,036人と推計されているから，サンプル率29.57％を勘案して，全数調査をしたとすれば，単純比例計算で919人が申請経験をもち，そのうち特養待機者は453人ということになる．前表の起点となる2000年に比し1年半近く前の調査であり，この間の入所者減（前述のように入所率はすでに減少してきている），高齢者数増加による待機者増を加えれば，2000年段階で少なくとも500人以上の待機者はあるのでは

ないか．

　この待機者は条件が変わらなければ高齢者数の増加によって年々増加する．にもかかわらず，特養入所者数は5年間で約1,100人を減少する．特養ホーム入所を希望しても入所できない要在宅支援者が急増するといってよいだろう．

　こうした減少計画がそのまま県の施策になるかどうかについて性急に判断できないが，国の削減指導が強化されるという外圧，県内部からは介護保険料の県・市町村負担の削減，介護保険料の引下という内圧が二重に加わるとき，介護費用の高い施設福祉の縮小は基本的な施策の方向と考えてよいだろう．県の高齢者福祉施策の従来の施設福祉重視のあり方は急角度で転換せざるを得ないと考えられる．

　以上の検討から考える限り，過剰とされる沖縄県の施設福祉も実は不足しているのである．加えて施設福祉のアンバランスな配置の問題がある．たとえば特養施設は98年で50施設だが，離島20市町村中11町村には施設がない．また，北部でも大宜味村，東村にもない．とくに過疎地帯や離島では，参酌基準があるため，施設設置ができない地域が多くある．北部名護市には2カ所あるが，施設不足で，常時他町村の施設に入所委託を行なっているが待機者も多い．96年には179人中50人を委託，待機者は同年で90人である．「施設のない離島8町村（高齢者生活福祉センターのある島を除いたと思われる—筆者）から島外の特養に移ったのは99年4月で46人，他に個人契約の保険施設や病院に入るため島を出る」「2度と帰ってこない」（『沖縄タイムス』1月7日）．

　沖縄には対老人人口率で全国平均の2倍近い特養施設があるが特養施設が十分だとはとてもいえないのである．それは，先島や過疎地に不足するだけでなく，都市部でも名護市のように他市町村の施設に委託するする例も見られる．一見施設整備率の高い沖縄でも生まれ生活したところで老後の生活と死を迎えることは約束されていないのである．

　沖縄の場合，在宅介護を重視する政府施策のもとでは，今後施設福祉の拡充はのぞめないどころではなく，なお不足しているとはいえ，全国的レベルでも整備が進んできていた施設は，国の画一的指導によって，参酌基準に合わせるべく縮小に向かうだろう．それを補うのが介護保険制度の下での在宅福祉だということになる．

在宅福祉の充実

在宅での福祉を直接支えるのはホームヘルパーと，それを補完するデイサービス，老人保健施設，ショートステイなどの施設である．しかし，これらも全国水準以上を維持しているとはいえ，国の目標には程遠く，今後のサービス需要増に対して追いつくのには困難な問題をかかえている．

県は1991年以来ホームヘルパーの養成をはかる助成策を講じてきた．研修終了者の数は，98年までに1級169人，2級1,565人，3級2,580人，合計4,314人にのぼっている．これは，県の99年度目標値1,278人，GP21の目標値1,435人を大幅に上回っている．研修終了＝資格取得となるのだが，資格取得者がただちに登録ヘルパーとして活動するわけではない．ヘルパーとしての登録を行なった場合にのみ介護の場に登場して関係機関によって業務に配置されるのだが，その数は760人に過ぎない．後述する名護市のように登録ヘルパーの数はむしろ減少してきている場合さえあるのである．原因はヘルパーの職業性の未確立にあるといってよい．登録しても常勤ヘルパーは限られ，ほとんどがパートであり，就業時間は不安定，細切れであり，その結果報酬も安定していない．ヘルパー専従が難しく，家事や他の仕事とヘルパーとしての仕事が競合する．多数を占める家事援助要員としての3級ヘルパーの2級への格上げ養成をはかるとともに，その定期雇用や，報酬の安定化などをはかりつつ，生活をそれに依存し得る専門職業として確立するようなシステム調整が行なわれなければならないだろう．

県はデイサービスの充実にも努力を重ねてきた．しかし，ここにも多くの問題がある．介護保険の実施によって，現在の通所者の多くが介護保険の認定からはずれるという事態が生じている．このため，デイサービスの専門施設の採算性が脅かされることになる．たとえば，デイサービスの専門福祉法人として出発した名護市の「二見の里」の事例である．曜日ごとに対象集落を代えて週1～2回のサービスを行なっている．そこへ名護東海岸のK部落から現在18人が通所している．しかし，その通所者で，介護保険認定者は2000年2月25日現在で皆無である．もともと自立高齢者が多いところで介護必要者は大部分施設入所し，介護保険での居宅介護認定者が少ないのである（もっとも現在のヘルパー被派遣者さえ自立と認定されるという認定上の問題もある）．「二見の里」は

顧客を失い，経営困難になろう．そこで自立認定者を含めた国の施策である「介護予防・生活支援事業」や，沖縄で社会福祉協議会が進めてきた「ミニ・デイサービス」との関係が問われてくることになる．自立者に対するデイサービスの実施主体がどこにあるか沖縄ではなお調整がついていない．

　他方，ショートステイは特養施設が重視されてきた沖縄では軽視され，ベッド数が少ないだけではなく利用者数は全国最低であった．その整備はこれからであるが，十分な経験を蓄積していないと思われる．介護する側からは介護からの解放の時間を確保できるのであって，その必要性は大きい．しかし，預けるのは物ではなく人間であるということを忘れないでほしい．たとえば，痴呆性老人を1週間預ければ，環境の激変によって痴呆が一挙に進むということが普通である．こうした配慮をふまえたショートステイの整備が必要である．その他の地域での福祉や病院施設との緊密な連携の下におかれなければならないだろう．

　施設福祉を重視しながら全国的にも進んだレベルの福祉を展開してきた沖縄の高齢者福祉政策は，国の新政策の画一的基準によって，軌道転換を求められている．軌道転換が沖縄の高齢者にとってプラスに転換するよう県・自治体の積極的な施策展開が求められる．

　しかし，過去の地域事情に応じて，また沖縄県政の積極的な姿勢によって，積み重ねられ展開されてきた施策を，地域事情を十分に配慮することなく，全国画一的基準の中に統一しようとする国の施策の中には大きな問題をはらんでいるといわねばならないように思う．施設福祉に関して「社会的入院・入所」が多いと批判されるが，その面を強調しすぎることは過ちをおかすことになろう．それは，在宅福祉とならんで，福祉の基本的な2本柱である．財政的理由によってその縮小が画一的に求められているのであって，施設福祉の充実をはかる姿勢が間違っていたのではないことは銘記しておくべきだと思う．

3) 社会福祉協議会と市町村の在宅サービス

社協の高齢者福祉活動の前進
　在宅福祉の中心をなす，ホームヘルプサービスを支えてきたのは殆どが市町

村単位に組織されている社会福祉協議会（社協）であった．社協は市町村からの委託を受けたり，自主事業としてさまざまな福祉活動を行なってきた．その中には，相談・援助活動，障害者福祉，老人福祉，児童福祉，母子・父子福祉，のほかボランティアの支援，小地域ネットワーク，共同募金，チャリティ事業など多彩な事業がある．

　98年度の老人福祉に関しての主要な実施事業と実施社協数は表1-6のようになっている．

　社協は多くの事業を実施しているが，年を追って充実してきていることは95年と98年の種目別事業の実施町村社協数の増加でも見られるだろう．たとえば，社協数で，配食サービスは34社協から42市社協へ，デイサービスは11から13へ，ホームヘルパー派遣は27から37へ，介護機器等の貸し付けは22から50へ，紙おむつの支給は18から29へと急増している．① 友愛訪問活動，配食サービス，入浴，クリーニング，機能回復訓練，インターホン，非常ベル設置，1人暮し老人の集い，老人大学，料理健康教室，スポーツレクレーション行事，老人クラブ活動，子供との交流などは殆ど社協単独事業として行なわれている．② デイサービス，ホームヘルパー派遣，介護機器の貸し付け，介護者講習会，介護者リフレッシュ事業，紙おむつ支給事業には国県の補助があり，社協事業として行なわれる場合は社協が行政から事業を受託する形となっている．

　表1-6には表1-7を参考に事業を市町村単独事業として行なっている市町村数を最右欄に整理してある．市町村の事業には社協委託もあるだろうが，市町村の補助もなく社協独自に行なわれるもの多いことは事業を実施する社協数と単独事業を行なう市町村数の差から明らかである．③ 沖縄社協の独自の在宅福祉サービスとしてミニ・デイサービスを実施するものが増えていること，また国県の事業としてのデイサービスを実施する社協も13と増加しつつあることは，2000年4月からの介護保険の実施主体と関連して注目されるが，これらは後述する．④ とくにホームヘルプサービスにおける社協の重要な位置づけについて注目しておきたい．沖縄はこの分野への民間の参入率は低く，社協が常勤，非常勤のヘルパーをかかえ，市町村から委託資金を受けてサービスを行なうのが中心だった．介護保険は民間参入を促し，社協を市場競争の中に巻き

表 1-6　市町村社協の在宅福祉サービス（1998年）

業種種目	実施社協数 （全53市町村）	国	県	市町村単独
友愛訪問活動	27（33）			7
配食サービス	42（37）			5
入浴サービス	9（ 7）			
クリーニングサービス	4（ 1）			
デイサービス	13（11）	＊	＊	
ミニ・デイサービス	20			5
ホームヘルパー派遣	37（27）	＊	＊	
機能回復訓練	14			
車イス・介護機器等の貸し付け	50（22）	＊	＊	
1人暮し老人の集い	31（ 6）			
インターホン・非常ベル等の設置	7（ 6）			8
介護者講習会	18	＊		
介護者リフレッシュ事業	13	＊		
老人大学（教室）	3			
健康教室・料理教室	14			
スポーツ・レクレーション行事	24			
老人福祉週間行事	33			
紙おむつの支給	29（18）		＊	23
子どもとの交流事業	18			
老人クラブ団体事務	30			
移送事業	5（内自治体委託3）			
移送車貸し付け	7			
その他	18			

注）　1．（　）内は1995年，＊印は補助有．
　　 2．沖縄県社会福祉協議会・1998年度「市町村社会福祉協議会の現況」99年3月ならびに同上「在宅福祉サービス事業の現状」95年3月による．
　　 3．移送関係は表以外の別途記述より整理した．

込むことによって，沖縄における社協中心のホームヘルプ体制を大きく変えようとしているのであり，大きな混乱を免れることはできないだろう．

市町村単独の高齢者福祉事業における地域格差とサービス調整

　福祉事業が国の機関委任事務でなくなり，市町村の自主事務となったことによって，とりわけ介護保険制度の実施以後，いままでよりもさらに市町村格差

第1章　沖縄県における介護保険と高齢者福祉　　335

表 1-7　市町村単独事業（1998年）

サービス	実施市町村数	サービス	実施市町村数
入浴サービス	5	老人福祉ふれあい訪問	2
寝たきり老人見舞い金（施設入所者）	7	高齢者生き甲斐健康づくり	7
		高齢者ふれあい健康づくり	1
敬老祝金（品）	33	老人クラブ助成	5
生年祝（各種祝）記念金品	6	老人スポーツ助成	4
敬老年金支給	13	市民福祉手当支給	1
おむつ代等支給	23	老人福祉委員設置	1
独居老人に対する健康飲料給付	4	老人福祉手当	1
寝たきり老人介護（福祉）手当	2	在宅老人保険福祉サービス	1
在宅介護手当支給	2	保険対策	1
寝たきり老人見舞金支給	6	ホームヘルパー養成	1
福祉電話設置	5	寝たきり老人ゼロ対策	1
緊急通報システム	3	住宅改造助成	1
在宅介護者ふれあいの会助成	1	ゆいまーる共生事業	1
敬老会開催	18	1人暮し老人とボランティアの会	1
高齢者世帯水道・電気料扶助	1	ミニデイ・サービス	4
給配食サービス	5	1人暮し老人ヤクルト配達	2
1人暮し老人訪問	5		

注）　県長寿対策課「平成10年度長寿対策ハンドブック」より作成．

が増大することが懸念されているが，現行の制度の下でも市町村は多種多様な福祉サービスを行なう中で，市町村間の格差が現われてきている．表1-7は市町村単独事業を整理したものだが，そのことが見てとれるだろう．

　① 敬老などの各種祝金（品）は市町村単独で多くの市町村が措置しているが，② 県費支出に市町村が上のせ支給する「おむつ代等支給」でも市町村の事情によって支給する市町村もあれば（23市町村）支給のない市町村もある．③ 1人暮し老人の緊急通信システムは不可欠のものだろうが，3町村に設置されているだけである．④ 入浴サービスは5市町村，年金支給13，介護手当て支給4，給配食サービス5，水道電気料扶助1など独自のサービスを行なう市町村も現われている．⑤ これらの市町村単独事業は市町村直轄で実施されるか，あるいは介護支援センター（従来民営事業所に国・県・市町村の補助金が入っていた），社協，その他の民営事業所やボランタリー団体に委任されて実施され

ていると思われる．

　これからは，市町村，民間機関や団体，社協の間にサービス実施の調整がどう行なわれていくかということが大きな問題となる．在宅サービスのためのホームヘルパーは社協が多くをかかえていた．全体を調整するものとしての介護支援センターは民間医療法人や特養施設におかれることが多かった．これまでは，在宅サービスは社協や市町村直轄，施設福祉は医療法人や特養と棲み分けが行なわれていたと思われる．介護保険制度の実施によって，そこへさまざまな民間の事業所が参入することになり，サービスの奪合いが生じてくることになる．介護保険事業，介護生活支援事業，県や市町村の単独事業の実施主体をどこがどのように調整し，それらにどのようにサービスを配分するかは今後の最大の問題であろう．

小地域ネットワークと福祉委員会

　① 組織化対策――市町村社協は，国と県の補助金によって制度化された地域福祉・ボランティア活動促進のための事業受け入れ主体として，次のような事業に取り組み，ボランティアセンターを設置するとともに，小地域のネットワークや福祉推進組織の形成をはかってきた．

　　社会奉仕活動センター（ボランティアセンター）事業＝1975～88年＝7社協
　　福祉ボランティアの町づくり事業（ボラントピア事業）＝1985～90年＝9社協
　　市町村ボランティアセンター活動事業＝1994～98年までに20社協
　　ふれあいのまちづくり事業＝1992～97年までに14社協
　　離島対象のゆいまーる（助け合い）のまちづくり事業＝1997年に2社協

　② 自治会の重要性――こうした組織化活動の中で注目されるのは，自治会単位の福祉の組織化の急速な進展である．沖縄の市町村地域社会においては，住民生活や行政浸透のために小地域組織としての自治会（字，町内会，部落会，区，シマ，集落などとも呼ばれる）が基礎的な役割を果たしていることを，とりわけ重視しなければならない．多くの自治体は区長手当てを月給・ボーナスとして支出し，各自治会はしばしば，自治会予算から，区長のほか職員手当を追

加支出し，区長と職員の生活の基本を保障しつつ区の運営にあたらしている．沖縄においては，多くは公民館におかれた事務所に専従職員を配置している点で，組織の強さは本土の自治会組織に比して格段と強いといえる．ただ，急速な人口集中の見られた那覇市では地域自治会の組織率は低い．

③　福祉委員会と小地域ネットワークの形成——自治会の中に福祉委員会を専門委員会として形成する動きが急速に広がった．最初は1984年名護市大中区で区長，民生委員，福祉委員，友愛訪問員の4者協議会として出発した．その後メンバーを拡大し，福祉委員会となり，給食サービス等を実行するようになった．ミニ・デイサービスとしては全国での先駆的事例である．名護市社協はこの事例にならい，福祉委員会の組織化を進め93年度末までに55自治会中54自治会で組織化を行なった．区の福祉委員会の構成メンバーの数は次のようになっている（98年）．3〜4人＝4区，5人＝5区，6〜7人＝11区，8〜9人＝12区，10〜14人＝13区，15〜19人＝2区，20〜24人＝3区，25〜31人＝4区．一部の有志中心の福祉ネットワークから，地域ぐるみの自治会型の組織化が進んできたのである．沖縄の多くの社協は名護モデルで組織化を進め全県的に広げてきた．他方，上記ふれあいのまちづくり事業実施社協を中心に，より要援護者の身近なところでのネットワーク形成も行なわれている．全県的には97年末には20市町村で767ネットワークが形成されているが，その内那覇市は534を占めている．那覇市は自治会組織が形成されない地域も多いので，他地域で一般的な自治会型の組織だけではなく，ミニネットワークが多く含まれていると思われる．

（参考）福祉委員会の活動の1つの事例

　　本部町社協は1990年度に「保険・福祉活動ネットワークづくり推進モデル地区事業」を立ち上げた．自治会からの自主申請をもとに社協は年額10万円を上限とする3年間の活動費助成を行なうものである．97年からは国の「ふれあいのまちづくり事業」（5年間の国庫補助）とリンクして事業は進められている．11年までに27自治会中15自治会がこの事業に参加した．指定終了後「推進地区」に移行した地区に対してはさらに年間15万〜30万円の助成をする場合もある．

　　その内の1つが崎本部地区（人口815人，高齢化率28％）の「エージモ（森の名）福祉ネットワーク」である．住民の8割を会員として組織し，会費年500円で運

営される．諸役職のほか老人福祉部，障害福祉部，児童福祉部，企画広報部，レクリエーション部の専門部をおいている．これらの内，老人福祉部と障害福祉部の活動は次のようなものである．在宅寝たきり高齢者介護者へのサービス，給食サービス，ミニ・デイサービス，保健・福祉講演会，グランドゴルフ，心身障害者の就労事業，虚弱高齢者家事手伝い，住宅リフォーム，サトウキビの栽培管理・耕作作業，要援護者ケース検討会．役員は自治会や議員，福祉関係役職者など地域のリーダー層が担っている（『月刊福祉』No.99参照）．

2　介護保険の実施と高齢者福祉

1）　介護申請と認定上の問題

申請，認定過程の問題

　介護保険の申請・認定は遅れている．県全体の申請者見込み概数は27,172件（「要介護認定の実施状況〈1月分〉について」による），1月末段階の集約で，申請受付は70.0％の19,016件，審査会実施43.6％の11,868件，結果通知は38.2％の10,382件に過ぎない．
　北部12市町村は北部市町村圏事務所で広域審査を行なっている．当初の申請者見込みは3,600人であったが，制度発足まで1カ月余に迫った2月22日段階で，審査完了は予定の半ばに満たない1,737件に過ぎない．
　申請から審査完了にいたるまでには多くの問題がある．
　①　公報のほか自治会単位での説明会，民生委員などの関連役職者の説明を通して周知がはかられているが，名護市の高齢者に会って話を聞いた限りでは十分に理解されていない．ここでは，申請しても受け入れられないだろうという雰囲気も強い．名護市の場合1,500人と予定された申請者は1,200人にとどまるだろうという事務担当者の予測もあった．
　②　申請後，コンピュータによる国の基準に基づいた第1次判定が行なわれた後，調査員による認定調査と主治医の意見書を基にして認定審査会で第2次判定が行なわれる．認定調査にあたっては広域的な施設入所者の市町村ごとの

調査に時間がかかるという問題があった．とりわけ，本島施設入所者をかかえる離島の場合に問題が大きい．最大の問題は主治医の意見書入手が遅れたことである．この問題は，とりわけ，医師の少ない過疎地（名護市でも東部海岸地域や南部地域には医師がいない）や離島に大きい．離島の場合，本島に主治医をもつものも多く意見書入手に2カ月もかかる例があったという（『沖縄タイムス』3月3日報道）．県の1月末段階での認定調査終了 15,853 と，審査会実施 11,868 の差は主治医の意見書の遅れに基づくものが多いと見てよいだろう．

　そのほか県の11月末段階での国への報告書を参考にして問題点を列挙しておく．

　③　調査員調査は問題行動に関して1カ月以内の状況記載となっているが，主治医意見書には期間指定がなく，最終診断日が1年以上前の場合さえあった．一般的に両者の食違いが生ずることも多いが，この期間のずれによる判断差も審査会の審査を困難にした．主治医意見書に記入もれ（専門外などの理由）があった場合，事務局は記入資料作成に医師への確認が必要となることからくる手間も多かった．

　④　認定ソフトへの信頼性がマスコミの報道もあって疑問視され，制度全体への不信感とならないかの懸念．

　⑤　特に日常生活自立している痴呆老人（居宅の動く痴呆）の評価が加味されていない．

　⑥　既在宅サービス利用者で非該当となる者が，予想以上に多い．

　⑦　審査判定において近似する状態像の例がない場合があるので，もっとレーダーチャートを増やして欲しい．

　⑧　市町村間で認定格差があるように感じられる。

　⑨　認定支援ネットワークの回答が抽象的で，市町村独自の判断が必要であり，公平・公正を欠く懸念がある．

要介護度認定について

　要介護度認定について地域差と不公平が生ずる懸念は当初からいわれていたことであった．『朝日新聞』3月2日に報道された調査によれば，やはりかなりの地域格差があるということである．報道されたのは次のような点である．非

該当者は全国平均5％であるが，宮崎13％を最高に10％以上が6県，京都府など4県は2％である．介護度3・4・5の比率は厚生省は23％と推計して予算化しているが，予想より高く41％に及んでいる．

沖縄ではどうなっているか．県全体の資料は入手できなかったので，北部市町村圏と名護市の判定結果の2月21～22日現在の中間報告を上記と比較して見よう（表1-8参照）．

非該当者（自立認定）は全国平均5％に対し，北部圏，名護では11.1％と9.9％と平均を2倍上回り，介護度3以上は北部市町村圏で34.2％，名護市で33.3％で厚生省予測の23％を上回るが，全国平均の41％を大きく下回っている．沖縄における認定審査は全国的にも厳しいといってよいだろう．沖縄では1997～98年老人保健施設の不正利用問題がマスコミによってキャンペーンされ，国の制度改正による規制にまでいたった経験をもっている．医師や福祉関係者の間にそのことの苦い経験はなまなましいといってよいだろう．医療費・介護費高騰を抑制したいという県の方針も暗黙裡に働いているのかもしれない．実際，県は「老人医療適正化対策」として，「老人医療事務指導監査」，「レセプト（診療報酬請求明細書）点検」，老人医療受給者に対する「医療費通知」の3事業を強化して医療費適正化に努めているのである．沖縄における申請率が低く，要介護認定も厳しいのがこうした状況の反映ではないことを願いたいものである．

表1-8　2次認定審査中間実績

（括弧内は％）

	北部市町村圏 （2月21日）	名護市 （2月22日）	名護市（要介護 人口＝100）
自　立	192 （ 11.1）		
要支援	240 （ 13.8）	54 （ 9.9）	（15.4）
要介護1	425 （ 24.5）	76 （ 13.9）	（27.8）
要介護2	283 （ 16.3）	137 （ 25.1）	（19.7）
要介護3	196 （ 11.3）	97 （ 17.8）	（12.2）
要介護4	212 （ 12.2）	60 （ 11.0）	（11.8）
要介護5	185 （ 10.7）	58 （ 10.6）	（13.0）
再調査等	4 （ 0.2）	64 （ 11.7）	
合　計	1,737 （100.0）	546 （100.0）	

参考までに名護市が想定する介護保険適用者等の推計人口を表1-9にあげておく．前表とこの表にあげた要介護人口の介護度別割合を比較すれば，当初の推計以上に下方認定しているわけではない．とすれば，もともと名護市の計画は，厚生省推計を上回るが，全国平均を下回るという認定計画であったということになる．認定審査はまだ半ばにも達しない．従って，上記の厳しさが最終的にどうなるかは，今後の推移を見守るしかない．

介護保険料の高額化

県の調査によると（1999年7月），市町村の65才以上の第1号保険者の保険料の基準額は3,677円である．市町村別に見れば，6,112円から2,104円の差があるといわれる．低いのは高齢者が少ない製糖労働者の島，南大東村でありこれは例外的なケースである．高額の保険料は離島地域に集中している．若者が流出し，高齢化がとりわけ顕著に進んでいること，本島の施設に入所する高齢者が多いためである．日本経済新聞社の調査（1,817自治体の回答）によれば，当初全国平均保険料は2,814円で，全国最高は沖縄与那国町4,284円となっていた（2000年3月14日報道）．しかし，与那国町は下方修正されたとされる（3月21日報道）．沖縄は保険料ランキング上位10位以内に3市町村（北海道が4町村）が

表1-9　名護市介護保険適用者等の推計人口

（括弧内は%）

	1998年度	2000年度	2004年度
総人口	54,978	55,919	57,825
介護保険被保険者人口	23,758	24,848	26,396
（第1号—65才以上）	7,280	7,714	8,511
（第2号—40～64才）	16,478	17,134	17,885
要介護度別人口	1,218	1,205　（100.0）	1,343
（要支援）	227	241　（ 20.0）	266
要介護1	350	340　（ 28.2）	380
要介護2	176	171　（ 14.2）	191
要介護3	180	176　（ 14.6）	197
要介護4	170	165　（ 13.7）	184
要介護5	115	112　（ 9.3）	125

注）「名護市介護保険策定調査」1999年，「第2次あけみお福祉プラン」（素案）2000年3月による．

入っている．名護市は3,900円で6位，糸満市が3,890円で，市ではこの2市のみ10位以内に入っている．名護市は，当面介護保険の上乗せ・横出し給付は見送るものとしているにもかかわらず高額なのである．沖縄や名護市は全国比で著しく高額である．県での聴取と日経調査を比較して，沖縄の最高額は抑制された場合も多いように思われる．

　沖縄は記述のように従来介護経費の大きい施設への依存度が大きかったため，保険料が高くなる予想である．

　こうした問題に対処するために，広域連合を形成して統一的な保険料を設定する動きもある．2001年4月を目途に，市を除く町村だけでの広域連合案，全県プール案が議論されてきた．しかし，市町村会の大勢は介護保険料の3年に1度の見直しの時に考え直そうということ方向になったようである．

　　　（追記）『沖縄タイムス』紙4月1日の報道によれば，県下全市町村の平均保険料基準額は3,474円である．最高は北部大宜味村の5,004円，2位は中部地区の中城村4,000円，名護市は県内3位で3,908円である．調査団の調査対象地国頭村は高齢化率25.45％，保険料基準額3,583円である．次に参考表として，市町村の介護保険料と高齢化率の相関を示す表をあげておく．両者は必ずしも相関しているように思えない．それぞれの自治体の過去の福祉に対する姿勢・対応（大宜味村は高齢化率29.57％の上施設入所が多い）や今回の介護保険に対する姿勢・対応が基準額の高低に影響していると思われる．

参考表　市町村の介護保険料基準額と恒例化率の相関

（単位：市町村数）

高齢化率（％）	3,000円未満	3,000〜3,500円	3,500〜3,800円	3,800〜4,000円	4,000円以上	市町村計
10％未満		2	2	1		5
10〜15		5	7	4	1	17
15〜20	1	5	4			10
20〜25	3	5	2	1		11
25〜30		4	2		1	7
30〜40		2		1		3
市町村計	4	23	17	7	2	53

注）『沖縄タイムス』2000年4月1日報道より整理．

2）介護保険料の徴収と抑制

　全国に比して高い介護保険料を徴収できるか．とりわけ離島において4,000円をこす保険料負担は事実上困難であろう．① 対応策として取られる1つの方法として徴収体制を強化する道がある．名護市ではその方向が探られている．しかし，国民健保料でさえ納付率の低い沖縄県の中でも納付率が最も低い名護市でそのことが必要だとしても果たして可能だろうか．徴収体制の強化によって納付率を高めようとする市町村もあるかもしれない．しかし，多くの市町村はもっと現実的な道をも選択するだろう．その直接的方法として次に考えらるのは，② 自治体の財政措置による保険料肩代わりが考えられる．厚生省は2000年2月に入り，国民健康保険基金や国の介護特別対策費を用いての介護保険料の引き下げを認めた．また，徳島市は，一般財源による第1号保険者（65才以上）の保険料一部負担を決めている．沖縄の場合緊急時に備えた健康保険基金をもつ市町村はほとんどない．現在のところ一般財源による補填を考える市町村も報道されていない．介護特別対策費を用いれば，それは介護サービスの水準低下に結びつくだろう．
　③ 第3に介護を国の基準以下に縮小することによる保険料の低額化が考えられる．介護保険は市町村によってサービス支給限度を設定することができる．国の基準を満たすことが困難な市町村が多く現われてくるのではないかと思われる．④ 市町村のサービス基盤が整わないことを理由に，提供サービス量が抑えられることも一般的なのである．前掲の『日本経済新聞』の3月調査ではサービス利用希望に対して充足率は平均68％にとどまっている．これは，99年11月にまとめた厚生省の調査による訪問介護の充足率の84％，通所介護サービスの72％という数字よりさらに低い．現実は予想より厳しいのである．⑤ 自己負担を理由にサービス辞退者も多いだろう．名護市内の集落レベルでの聴取では自己負担があるくらいならサービスを辞退する人も多いだろうという声も聞かれた．⑥ 介護者やヘルパーなど他人を自宅に入れたくない，あるいは介護は家族でやりたい，家族に頼りたいとするものも多いだろう．⑦ 利用率が高まれば保険財政を圧迫することになるから，あえて利用希望者の掘り

起こしをしない自治体も出てくるだろう．

　介護保険料削減のための方法として最も重視されるのは沖縄の場合，施設福祉縮小であるといってよい．施設福祉から在宅福祉へ，多くの理屈が述べられながら，在宅福祉が美化されるかのごとく強調されてきた．しかし，この議論の背景には財源問題があることは見据えておかねばならない．現実にも施設福祉は国の在宅福祉中心の方針の下では，厚生省の参酌基準3.4％を目安に，財政的な理由から，沖縄の施設福祉重視の政策の見直しが行なわれざるを得なくなっている．

　すでに見たように，県は1999年に比し，2004年に施設介護入所者を40％近く削減する試算を行なっている．こうした試算を行なうこと自体，厚生省の参酌基準の提示をもにらみながら，入所者削減が現実の課題として登場していることを意味している．県では，離島の保険料の高額化対策として，本島施設入所者の帰村在宅介護への誘導も現実的方法として政策的な話題になっているともいわれているのである．

3) ケアマネジャーと介護計画の作成

　認定された要介護者が介護サービスを受けるには，ケアマネジャーによる介護計画の作成がなくてはならない．沖縄県は97年10月1日の人口を基準にその必要数モデルを次のように算出している．

　要介護老人40人に1人のケアマネジャーである．99年8月までの合格者は県全体で1,604人（うち社協所属55人），北部市町村圏で103人（内社協所属9人）である．北部12市町村では，東村，今帰仁村，恩納村，伊平屋村など必要数を満たせない町村もあるが（名護市は25.9人に対し44人），全体としては有資格者は必要数をはるかに上回っている．問題はそのほとんどが現場の看護婦や医

	県	北部市町村圏
人口	1,305,059	123,798
65才以上人口	159,353	21,892
要介護老人数（13.9％）	22,150	3,043
介護専門員必要数（人）	553.8	76.1

師等であり，介護計画に専念できないということである．実際はマネジャー1人で20人が限界といわれるから，必要数モデルは2倍になるといってもよい．介護保険認定の遅れもあり，4月までに希望者の計画を作成することは到底できそうにない．名護市では全部終わるのは7月になるのではないかという見通しも聞かれた．その場合，ケア計画ができるまでは，本人が一時立て替え払いを行なうことになるが，立て替えを厭う高齢者も多いだろう．

　市は，現在のヘルパー利用者を優先的に計画し，現状のサービスを後退しないようにしたいと考えている．しかし，この場合も介護保険給付額の範囲内ではサービスを縮小しなければならないことも多いと思われる．現在ホームヘルプを受けている人でも不認定になる人もあり，認定者でもサービス利用希望を出さなかったり，縮小するものもいるだろうから，1人1人の意思を確認しながらサービス計画を作成をするまでに，現場では相当の混乱が生ずると思われる．

3　介護保険の実施主体

1）介護保険を担う諸機関

　介護保険制度が分担するのは，介護問題の一部である．だから介護保険をこえて介護・福祉問題を考えなければならない．また，高齢者の生活と生き甲斐対策のための福祉を抜きに高齢者福祉を考えることはできない．ここでは，沖縄県や沖縄社協が進めてきた全体的な福祉の政策と活動との関連の中にどのように介護保険が調整されて組み入れられるかという視点から問題を考えて見る．

　従来の高齢者介護は公的な福祉事務所の措置制度として実施されていた．①その中心には市部では市の，郡部では県の福祉協議会があった．② 福祉申請は個人，民生委員，区長や，区福祉委員会などの個人・委員・団体等を通じて福祉事務所に行なわれる．③ 申請されたものは，専門機関としての主に民間の介護支援センターに依頼されて個々のケースごとの相談・調査が行なわれ

る．時には先にセンターに相談が持ち込まれることもある．④ 福祉事務所はその判断を基礎にサービス，ヘルパー派遣等の処遇を検討・決定することになる．⑤ 沖縄では，施設への入所措置を除く在宅サービスの主要な部分は市町村社協に委託され，そこで具体的なサービスの検討がなされて事業が実施されるのが一般的であった．介護支援センターはその専門性の故に，普通は病院施設に併設される．名護市の場合宮里病院（医療法人タビック）と特養施設かりゆしぬ村（福祉法人松籟会）の2カ所であった．

　介護保険実施に伴って民間企業・農協・生協・シルバー人材センター・住民参加型非営利組織など多様な事業主体の参入の道が開かれ多くの「介護支援事業所」が開設された．要介護認定者はこの事業所と契約して，ケアマネージャーに相談して介護計画を樹立してもらうことになる．マネージャーは訪問介護事業所（ヘルパー派遣）や訪問看護介護ステーション，老人保健施設，デイサービスセンター，ショートステイ，特養施設などと連絡を取り，必要サービスと提供施設の間の調整を行なわなければならない．

　沖縄県の場合，介護支援事業所は11月15日で申請130事業所中119事業所が認定されたが，なお，申請は増加中という．99年度の在宅介護支援センターは38であったから，それ以外にケアマネジャーをかかえる多くの事業所が進出したことになる．名護市では，この時期までに，特養施設かりゆしぬ村，勝山病院（老人保健施設あけみおの併設），宮里病院（病院，訪問介護ステーション，痴呆病棟併設）中央外科（一般病院），桃源の里（訪問介護ステーション，老人保健施設，ショートステイ病床），社協が認可された．近く名護農協や北部医師会病院が参入するといわれる．8事業所が競合することになる．

　デイサービス施設，訪問介護ステーション，ショートステイについては県では未集計であったが，基本的には既存の該当施設の申請であり，新しい民間企業の参入はわずかであると思われる．訪問介護事業所の認定はこれからだということだが，介護支援事業所は多くこれを併設するものと思われる．

　東京などと比較すれば，大手企業を含めた民間参入の動きは弱いが，それでも上記のように介護支援事業所分野へ多くの新規参入が見られている．ヘルパー派遣の訪問介護事業所も新規参入を受け入れやすい施設である．『沖縄タイムス』2月16日報道によれば，本土大手のコムソンとニチイ学館が進出し，当

面前者が8カ所，後者が7カ所の介護支援事業所を設置，100～200人規模のスタッフを雇い入れる予定という．沖縄でも介護の民間依存，競争の熾烈化が進んでいくと見てよい．

　　（追記）　3月21日『沖縄タイムス』によると3月1日現在で居宅サービス事業者は254件，居宅介護支援事業所は208件認定されているという．

　2)　もう1つの公的高齢者福祉政策としての「介護予防・生活支援事業」

　高齢者介護は従来の公的な責任に基づく措置型福祉，従って，市町村の直営や委託から，個人と事業者との契約型福祉へと制度改変された．民間サービスの伸長が期待されているといってよい．この中でこれまで福祉において，市町村や社協がもっていた公的責任はどうなるのだろうか．

　2000年度より，それまでの「在宅高齢者保健福祉推進支援事業」を整理して，介護保険の対象外となる者の自立支援のために高齢者介護予防，生活支援を行なうべく「介護予防・生活支援事業」が発足する．2000年度当初予算において国は400億を計上し，国2・県1・市町村1の負担割合と，介護保険と同率程度の利用者負担によって実施される．

　事業メニューは次のようになっている．
　　現行どおり――配食サービス，寝具洗濯乾燥消毒サービス，高齢者共同生活，生き甲斐活動支援，高齢者の生き甲斐と健康づくり推進事業，その他活力あるまちづくり計画推進事業，老人クラブ社会活動事業など
　　拡充――外出支援サービス事業
　　新規――軽度生活援助事業（ボランティア参加の外出，食事，洗濯，家周り手入れ，修繕，家屋内整理整頓，朗読・代読，雪下し・除雪，自然災害への防備）
住宅改善指導
　　訪問理美容サービス
　　介護予防事業（転倒予防，痴呆予防，自立支援教室，地域住民グループ支援，高齢者食生活改善，生活習慣改善）
　　生きがい活動支援事業（通所サービス）
　　生活管理指導

注)「全国老人福祉担当課長および介護保険担当課長会議資料」厚生省老人保険福祉局・介護保険制度実施推進本部による.

　以上のメニューから市町村が必要に応じてサービスを調整提供するものとされている．市町村は介護保険にかかわる分野の福祉業務の実施責任から解放された．もちろん，そこでも，介護の総量やその枠内でのサービスの種類，量の調整事務は残っている．しかし，福祉は介護保険につきるものではない．介護認定者以外のより多数の高齢者を含んだ高齢者全体にかかわる福祉の仕事が残っている．新しい国の施策である「介護予防・生活支援事業」にかかわる市町村の役割はその1つである．この事業の名前が，「介護予防」とされていることから見れば，介護保険の補完的位置づけであるかのように思える．高齢者の生活や生き甲斐全体をを対象とすることがはっきりする事業名にすべきではないだろうか．しかし，国の基準による行政措置制度によりかかった従来の市町村の福祉行政システムに代わって，この事業を含みながら市町村の自主的施策が強く問われるようになった点で，高齢者の福祉に関しての市町村の自己責任はより重要になったといってよいだろう．

3) 社協のホームヘルプ事業の危機

　沖縄では，社協は市町村の委託を受けて，在宅サービスにおける基本であるホームヘルパー派遣事業の実施主体となる場合が多かった．たとえば名護市の場合，社協はコーディネイター2を含め9人の常勤，40人の非常勤登録ヘルパーをかかえ，ヘルパー派遣事業の大部分を受託してきた．98年末で派遣先高齢者は155人（他に身障派遣24人）であった（「名護市ホームヘルプ事業」1998年）．他には特養施設に併設された介護支援センターに1人のヘルパーが常置されているだけであった．

　介護保険発足に伴い，社協の独占的な受託体制は崩れる．各施設やサービス機関と個人の契約となるのだが，ケアマネージャーをかかえ，この契約を仲介する機関である介護支援事業所はすでに8施設が名乗りをあげている．直接ヘルパー派遣を行なう訪問介護事業所はまだ認定されていないが，8施設はそれ

それにヘルパーをかかえる訪問介護事業所を併営するだろう．そのほか大手のコムソンの進出も予定されている．

　名護市社協は市の委託事業の上に安住していただけではなくそれなりの努力をしてきた．北部では週1日の派遣町村が多いのに対し，1日5〜6回の訪問から週7日訪問まで，対象者のニーズ，環境状況にあわせた派遣体制を作りあげていた．1993年からは，地域別の4チーム運営方式をとり，常勤ヘルパーに地元ヘルパーを配置して集団対応し，保健婦，医療機関，福祉施設等の関係機関との連携を強化して，調整会議を随時開催して事態に迅速に即応できる体制を作りあげていた．また，医療的処置の必要な対象者はリフト車による病院への送迎サービスを実行してきた．

　東京三鷹市はモデルとされた直営嘱託ヘルパー制度をもっていた．多数の専任市職員と民間ヘルパーを軸にチーム介護で巡回型昼夜間の介護を行なっていたのである．しかし，民業圧迫と民間に太刀打ちできない人件費問題で99年6月30人の職員を解雇し，4月より事業を開業する社協に20数人を移籍している．八王子市の場合も市職員と家政婦協会の連携でサービスを行なっている．措置対象外については，登録会員に対して，福祉公社がヘルパーを要望に応じて派遣している．社協中心の沖縄は，こうした大都市型の方式に対して特質をもっているといえるだろう．

　しかし，沖縄の社協もまた三鷹市と同じ問題をかかえている．社協の在宅サービス独占が崩れた場合，たとえば，名護社協では民間との競争に対抗できないと，ホームヘルプからの撤退も考えられたという．常勤職員の雇用を維持できないこと，非常勤ヘルパーの仕事量の減少と報酬低下が予測されるからである．実際他施設からの非常勤ヘルパーの引抜きが開始されているのが現状であった．

　県社協の調査によると，99年8月と12年2月の実施に向かっての準備状況は表1-10のようになっている．市町村社協の多くは介護保険サービスに乗り出そうとしている．しかし，実施するかどうかゆれ動く姿を伺うことができよう．たとえば，訪問介護実施市町村は現行37だが，4月段階で38が申請予定と答え，8月，12月で何らかの形で準備中は41になり，2月には34に減っている．訪問入浴介護は実施を検討するものは少なく，4月の9から2月には3と減

表 1-10 市町村社協の介護保険サービス実施予定調査（全53市町村）

	訪問介護	訪問入浴介護	通所介護	居宅介護支援
現行実施	37	4	15	28
4月計	38	9	21	30
指定済み				
申請中				
申請予定	38	8	21	
書類作成中				29
検討中		1		1
8月計	41	3	18	25
指定済み				5
申請中	1			
申請予定	10	1	3	3
書類作成中	17	2	8	11
検討中	13		7	6
12月計	41	4	18	29
指定済み				14
申請中	11	2	4	2
申請予定	8		5	3
書類作成中	16	1	9	7
検討中	6	1		3
2月計	34	3	16	30
指定済み	1			22
申請中	20	2	7	2
申請予定	3			2
書類作成中	7	1	3	2
検討中	3		2	2
公設民営			4	

注）県社協調べ．

っている．通所介護は15社協で実施しているが，4月の21から2月の16に減っている．ケアマネジャーをかかえるのは28社協で，4月段階で30が居宅介護支援事業所を検討し，2月にもそのままである．

　つまり，全53社協の内，居宅介護支援事業所となることを計画しているものは30と6割弱である．訪問介護は当初の予定より多少減って34，通所介護も実施計画をもつものは当初より減っている．なお福祉用具貸与計画検討中は3社協に過ぎない．

4) 保健・医療・福祉複合体と単機能施設

　こうした競争関係の中で今後競争力を発揮するのは保健・医療・福祉を併せもつ「保健・医療・福祉複合体」であろう．具体的には病院，老人保健施設，特養ホームの3点セットに場合によってはデイサービス，ショートステイ，訪問介護事業所などを併せもつ施設である．これらの医療・入院入所・在宅サービスを垂直統合している複合体は，諸サービスを自己完結的に提供することにより，人的資源や施設の配置を効率化できるし，サービスを統合して，利用者の医療，福祉要求全体を効率的に満たすことができる．単独施設だと医療・保健・福祉のサービス種目ごとに各種サービスが分断され，利用者は選択に迷うことになる．相談にのるケアマネージャーが総合的視点からサービスを提供するためには，地域全体の医療・保健・福祉の実態に通暁し，それぞれ独立の機関・諸施設との連携・調整をはかる高い能力が求められる．しかし，ケア・マネージャーの有資格者は，名目的には必要数を上回るとはいえ，実際は医師・看護婦などの兼務が多く，専門従事者が少ない．

　現実には，サービスの効率的調整を自己完結的に行ない得る複合体は県内には殆どないと思われる．名護市における複合状況は次のようになっている（1999年末）．　　　　　　　　　　（事業所＝設置予定の訪問介護事業所）

　勝山病院＝病院・老人保健施設（あけみおの）・ショートステイ・訪問介護ステーション・在宅介護支援センター・事業所
　名護厚生園＝特養と養護・老人ホーム・ショートステイ・事業所
　かりゆしぬ＝特養・ショートステイ・デイサービス・事業所
　二見の里＝デイサービス
　宮里病院＝病院・訪問介護ステーション・痴呆性病床・在宅介護支援センター・事業所
　桃源の里＝老人保健施設・訪問介護ステーション・ショートステイ・事業所
　北部地区医師会＝病院・訪問介護ステーション
　中央外科＝病院・事業所
　社協＝事業所

農協＝事業所

　効率性ということでは複合体は有利である．デイサービスだけを対象に，発足したばかりの「二見の里」のような単機能の施設は著しく経営が困難となろう．実際，ある集落では，ここに通う高齢者18人の全員が要介護認定を受けられないという．こうしたことから，沖縄でも複合体の競争的優位性は強まっていくだろう．

　しかし，複合体の弱点もある．複合体が患者・利用者の囲い込みを行なうことによって，利用者の選択が制限されたり，利益のあがるサービスのみに重点をおくようになったりする危険性があるのである．介護保険によるサービスは，介護の一部を，市場原理や経済効率計算に基づいて分担される．介護や福祉には社協がこれまで行なってきたような，保険に該当しない多様な福祉分野が広がっている．家族・ボランティア・地域などのさまざまな支援の中で介護も福祉も成り立つといわねばならない．それらは市場原理になじまないものを多くもっている．

　また，身近なところでの地域の実態に即したサービスの提供が不可欠である．介護や福祉は極度に労働集約的なサービス活動である．経済効率性に基づいた競争を行なう複合体をはじめとする施設や機関が利用者の個別的・地域的事情に応じた対応を行なうことは難しいといってよい．介護や福祉を市場原理にまかせておけばよいというものではない．

　名護市に関していえば，諸施設は西海岸の市街地部に集中している．普天間飛行場ヘリ基地の受け入れ候補地である交通の不便な東海岸13集落には医療施設も皆無である．名護の場合でいえば，たとえば，東海岸地区という地域に密着した，時には，非経済効率的な介護・福祉の施設や活動が不可欠なのである．

　普天間飛行場移設に関連して，地域振興が大々的に喧伝されている．しかし，介護や福祉という面から見れば基地移設はマイナス以外の何物でもないことになろう．東海岸地区には身障者施設名護学院もある．名護学院にとっても基地は全くの迷惑施設である．基地移設に伴う経済開発を語る前に，後進地域東海岸の住民の生活―福祉の充実が先行して語られなければならないだろう．

　地域の実態に即した多様な，広範な介護福祉活動が展開されねばならない．

それらは複合体の垂直統合の中に組み入れられるものではない．とすれば，こうした全体的な福祉活動の調整をはかる機関・施設が不可欠であり，そのための自治体の責任は大きいといわねばならない．

  5）　基幹的介護支援センターと社協

　介護支援センターの役割変化も大きい．名護市には従来2つの介護支援センターがあった．特養施設併設かりゆしぬ村（1992年出発）と，宮里病院併設（95年出発）のものである．前者は市町村委託のセンターであり，人件費2人分が国の施策で配置されることになっていた．4月からは介護支援事業所がセンターが担当していた介護計画の作成調整管理の仕事を行い，センターはその他の事業を行なった場合に出来高払いで補助金が支出されることになる．多くの場合，支援事業所と併設のため，影響は少ないといわれるが，福祉の事業化が進められるといってよいだろう．
　厚生省は介護支援センターの存続再構築を決めている．「介護保険導入後も地域における総合的な保険福祉サービスに関する相談業務を担っていくこと」を求めているのである．特養ホームなどに併設する「標準型」に加え，大都市ビルの貸し事務所等利用の「単独型」のほか，「市町村の保険・福祉センター等に併設して統括・支援業務を併せ行なう『基幹型』を整備できることにするとともに，民間企業等に対して委託できるようにした」（99年版『厚生白書』206ページ）．
　県社協は，この「基幹型介護支援センター」の役割の市町村社協への委託を求める運動を行なっている．県内ではこれまで，基幹型に近い型は浦添など3市，那覇市は市直轄などの例があるというが，現在の所，認定は行なわれていない．しかし，基幹型が社協に認定されるかどうかは微妙であろう．
　名護市では「在宅介護支援センター」は従来県市の補助金をいれて公的に運営されていた．その運営には名護市在宅介護支援センター運営協議会（高齢者サービス調整チーム）があたり，ここで　介護に関する実態調査，諸機関の連絡調整を行なってきた．ただし，ホームヘルパー派遣については，センターも一部は行なうが，大部分は社協に委託されていた．

こうした過去の経緯に鑑みて，基幹型在宅支援センターを新規に社協におくことはすんなりとは決まらないかもしれない．「基幹型」センターはいずれにせよ不可欠である．乱立する介護支援事業所が現在のところ地域協定もなく，相互に競争する．それを放置すれば，民間諸施設の企業・経営論理のみが先行し，利用者の立場が置き去りにされることになりかねない．現場にゆけばゆくほど，効率や営利の論理ではすくい取れない高齢者の多様な福祉問題が存在しているのである．

　介護の問題に限れば，特養施設や病院や介護ステーションは専門性を発揮できるだろう．しかし，介護をこえた全体的な福祉施策では，社協が多くのストックをもっている．そのほかにもこれらの施設・機関ではカバーできないボランティア的な活動，区―自治会や，そのレベルでの自主的な活動が多くある．これら，全体を調整する組織が不可欠であるといってよい．そうした調整組織にとって「介護支援センター」という名前がふさわしいかどうかも問題であろう．

6) 介護・福祉のネットワーク形成と区福祉センター

　このように見ると介護・福祉のネットワーク形成が不可避だということになる．名護市は，1998年策定の「名護市地域保健福祉計画」で自治会レベルで既存の施設を利用しての区福祉センターの建設・整備を通して，それらを核とする「あけみお福祉ネットワーク」構想をうち出している．90年の「第2次あけみお福祉プラン」（素案）では，周辺部＝東部ならびに北部にも保健福祉センターを設置を検討を始めるとしている．全市レベル―地域レベル―区レベルの3段階での福祉ネットワークの拠点を作ろうとするものである．この拠点を中心に病院，諸施設，諸機関，区，市民や市民グループとの連携をはかろうとするものである．

　県知事は2000年2月の県議会で，北部に県内初の在宅福祉の複合施設建設の予算を計上したと表明した．これが，市の複数の保険福祉センター設置の構想とどうかかわるかはっきりしないが，介護サービスの総合調整を行なう公的施設の性格をもつのかもしれない．広域的な施設が果たす役割は重要かもしれな

いが，名護市が従来構想してきた地域レベルでのセンター構想がこれによって消滅するのではなく，地域に密着した福祉のシステム構築の視点を保持しつつ，広域―地域―区の連携の中で諸施設が機能して欲しいと思う．

「保険福祉計画」による区福祉センターのモデル例は表1-11のようになっている．

こうした，区ごとに専従職員をかかえたモデル例の実現は簡単にはできないだろう．

名護市では大中区がミニ・デイサービスを全国に先駆けて実施した経験をもっており，それをきっかけに，全市的に区福祉委員会が組織されたことは既述の通りである．すべての区でこの委員会の活動が活発だとはいえないが，多くの区でミニ・デイサービス的な活動を行なうようになってきた．

名護社協は99年4月「介護予防・生活支援事業」の実施をにらみながら民生委員や区長に区内での活動状況や将来の希望についてアンケートした．現行の活動状況は民生委員児童委員の内定例会出席の87人（1区で複数人の場合がある）に質問し，68名が回答した．55区中9区からは回答がなかった．将来の希望については全55区長が回答している．以下表1-12～1-14を参照されたい．

ほとんどの民生委員児童委員は高齢者への安否確認を行なっている．17の区では定期的に給食サービスを実施しており，内毎週が10区，毎日行なって

表1-11 モデルケースでのサービス総括表（簡略化）

〔サービスメニュー〕
高齢者・障害者デイサービス（10人/日）
給食サービス（15人/日）
幼稚園（5/日）
放課後対策事業（10人/日）
〔サービス提供者〕
責任者（ソーシャルワーカー1人）
専任スタッフ（2人/日）
小規模作業所スタッフ（2人/日）
ボランティアスタッフ（4人/日）
理学療法士・作業療法士・医師・栄養士〔各1/週〕
市保健婦（1/週）
〔設備〕公民館，幼稚園，調理室と浴場は隣接の空き家改造

表 1-12　現在の活動状況（要約）

（安否伺い）		（給食サービス）	
定期的	21	17（毎日1，毎週10）	
不定期	33	5	
過去に実施	3	11	
実施せず	6	28	
回答計	60	56	
（毎月269回実施）		内区実施 16	
（生活支援＝買物送迎など）			
実施	32		
（地域の集団支援活動）		（左の推進団体）	
レクリエーション	31	民生・児童委員	30
ゆんたく会	23	地域福祉推進委員	43
ビデオ鑑賞	13	老人クラブ	26
健康相談	23	婦人会	21
研修会	3	成人会	5
慰安旅行	12	青年会	5
スポーツ活動	26	友愛訪問員	8
その他（カラオケ・激励会・視察など）	6	区	25
		その他	4
回答計	54	回答計	53

表 1-13　ミニ・デイサービスの必要性（民生委員児童委員）

必要	40
今後を考えて実施すべき	31
今でも支援	7
予算措置必要	29
予算なくてもやる必要	8
予算がつけばやる	8
行政がやるべき	13
必要性感じない	0
回答計	59

注）（一時的国予算獲得，ボランティア前提）複数回答可．

いる区も1区ある．買物送迎なども半ば民生児童委員の近くが支援している．また，レクリエーションは6割余の地域で，スポーツ，ゆんたく（おしゃべり）会，健康相談などを半ば前後の地域で実施している．地域の支援活動の担い手は福祉委員が最も多く，民生・児童委員，老人クラブ，区，婦人会が半ば近くの地域で活動している．その他友愛訪問員を設けているのも8地域あることも注目される．

　ミニ・デイサービスやボランティア活

第1章　沖縄県における介護保険と高齢者福祉

表 1-14　ミニ・デイサービスへの協力（区長）

協力	16
可能な限り協力	20
今でもやっている	6
区の年寄り要支援者のため協力	15
公民館状況不向，活動には協力	12
活動中心者がいれば協力	11
行政がやるべき	1
協力できない	0
その他	3
回答計	46
（国の助成終了後）	（複数回答可）
予算なしでも推進	8
予算措置必要，支援する	19
行政支援なしなら始めるからしない	5
予算が切れたら止める	2
これまでも支援，今後もできる	6
その他	5
回答計	39
（ボランティアについて）	（複数回答可）
ボランティアに頼るべきでない	4
予算措置をして運営	16
社会情勢からボランティア活動必要	13
困窮者への善意の支援，ボランティア重要	12
月1・2回びボランティア運営，専門家支援	11
よく分からない	17
回答計	46

注）（国の助成（1〜3年間）を前提にして）複数回答可．

動の必要性は殆どの民生・児童委員，区長が認めているが，全体としては予算措置による行政支援を要望している．サービス施設整備の中核には公民館があるが，ミニ・デイサービスに協力可能と答えた44区中29区がそのための建物改修を求めている．

　調査報告書は，民生委員と区長の調査結果を総合して，いつでも実施可能な区は12，また実施可能な区は21と判断している．すなはち，合計33，6割の自治会で新しい体制のもとでのミニ・デイサービスの実施が展望されているの

である．

　そうした状況の中で，久志区のように4月から組織的なミニ・デイサービス体制を整えようとする区も現われてきた．

　99年久志区は字費50万円を支出して，ホームヘルパー養成講座を開設，3級ヘルパー25人を養成した．彼らは12月から毎月1回の勉強会（いがしま会）を始め，同時に区内48人の1人暮しの高齢者の内，心配な18人を選び，分担を決めて毎日の「声かけ運動」（訪問して安否確認と話し合い）を始めた．4月の新年度から区の協力を得て，ミニ・デイサービスを始めることを決めている．毎週1回要介護の年寄りを公民館に招きレクリエーション，趣味活動，交流，相談を行なおうとするものである．ヘルパーは4～6班編成で対応する．

　久志区には退職教員など福祉に積極的な女性が多いといわれる．また，キャンプ・シュワブからの高額の区有地地代が区に入ってくるという区の財政的豊かさもあり条件に恵まれているともいえる．区有地の権利を当初から個人に分配しているため区の収入が少ない隣接する辺野古区との違いである．また，為又区の民生委員を中心とした「浅茅の里」グループのように民生委員を中心としたボランティアで入浴介護を含むミニ・デイサービスを実施している例も見られる．

4　名護市の予算と介護・福祉計画

1）　名護市の予算に見る介護保険の出発

　名護市の高齢者福祉予算は近年急増してきていた．1996年度と99年を比較してその予算総額と高齢者1人当り額は表1-15ようになっている．予算枠の中では名護市は福祉重視の姿勢を強めていたといってよいだろう．

　介護保険の実施によって，従来措置制度として，一般会計から支出されていた介護関係費用は一般会計の福祉予算からほとんどが介護保険特別会計に移行することになる．

　2月末時点では名護市では事務局での予算編成期であった．県もまだ，県議

表 1-15　福祉予算と1人当り額

(単位：1,000円)

	予算合計	高齢者数（人）	1人当り額
1996	773,265	7,069	109
1999	1,004,016	7,490	134
（除介護保険準備）	961,471		128

会審議中であり，詳細が公開されていない．国の新規政策である介護予防・生活支援事業（11月決定，12月末予算化）に関しても，予算的にも事業内容に関しても県・市段階ではっきりしないことが多い．国の事業メニューから，県市の自己負担金や緊急度を考慮して何を行なうかもまだ明確ではない．市の予算は県支出金や補助金と関係するところが大きいから県の予算が決定しなければ，最終的予算編成には支障が生ずる．

名護市の2000年度高齢者福祉関係の当初予算は表1-16のようになっている．

老人保護措置費の大部分が，介護保険に移行したため，高齢関連予算は9.6億円から1.9億円に激減した．市の一般財源予算も3.87億円から0.96億円に激減した．これだけでは，介護保険を含めた市財政負担の増減は判らないので，若干の試算を行なって見よう．

介護保険関係予算の詳細はわからないが，総収入額は約20億円，内保険料50％，国費25％，県・市が各12.5％の財源負担で，市負担額は約2.5億円といわれる．措置制度として残される養護老人ホーム費を除く施設入所費，日常生活用具給付費，ホームヘルプ，デイサービス事業費介護関係の費用の内は特別会計に移行する．表1-16からこれらの費用合計を整理すると表1-17のようになる．

特別会計にまわる1999年度額での介護保険関係予算は8.9億円弱である．それが，介護保険の実施で20億円にふくれあがるのだから，事業規模は2倍以上に大きくなることになる．公式の負担割合は保険料5，国2.5，県・市各1.25である．住民には1割負担部分が加わるがそれを考慮の外において単純計算してみる．介護保険予算を20億円とみて，その半額が公費負担として，上記割合で按分すれば，住民負担10億円，国，県，市の負担はそれぞれ，5億円，2.5

表 1-16　名護市老人福祉関

	1999 年度当初予算（財源内訳）				
	事業費	国	県	その他	一般財源
高齢福祉合計	96,147	37,337	7,377	12,667	38,767
老人保護措置費	70,980	28,945	1,256	11,802	28,977
（特養）	63,526	26,304		10,918	26,304
（養護）	3,680	1,840			1,840
（生活用具給付）	1,283		855		428
（短期入所）	2,486	802	401	883	401
（ホーム入所祝）	5				5
ホームヘルプ事業	8,746	4,325	2,163	58	2,200
デイサービス	9,032	4,066	2,031	807	2,127
老人クラブ助成	1,255		167		1,087
サービス総合調整	65				65
在宅介護支援センター	2,288		1,712		576
老人スポーツ助成	106				106
福祉委員設置助成	80				80
敬老会費	421				421
敬老年金	1,105				1,105
高齢者祝金	280				280
福祉医療助成金	1,314				1,314
市民福祉手当支給	353				353
在宅生活支援事業	124		48		76
（機器設置）	24				
（配食サービス）					24
（移送サービス）					
（寝具乾燥消毒）					
（緊急通報）	100		48		52
（軽度生活援助）					
（配食サービス車両）					
（移送サービス車両）					
生きがい対策支援					
住宅改造助成					
ミニ・デイサービス補助					
低所得者特別措置					
介護保険準備事務	4,255	1,443			2,811

第1章　沖縄県における介護保険と高齢者福祉

係予算

(単位：万円)

	2000年度当初予算（財源内訳）			
事業費	国	県	その他	一般財源
18,850	5,041	3,773	862	9,575
5,071	2,191	684		2,196
955	424		98	428
4,112	1,763	0	586	1,763
0	0	0	0	0
0	0	0	0	0
5	0	0	0	5
0	0	0	0	0
0	0	0	0	0
1,187	0	144	0	1,043
56	0	0	0	56
2,196	0	1,643	0	553
106				106
80				80
450				450
1,105				1,105
315				315
1,206				1,206
330				330
3,924	1,858	997	38	1,032
15				15
3,120	1,560	780		780
2,516	1,258	629		629
168	84	42		42
155			68	88
374	169	84	38	84
116	58	29		29
393	196	98		98
1,404	632	316	140	316
250		93		157
453				453
720	360	180		180

表 1-17 介護保険に移行する項目の 1999 年予算額
(単位：万円)

	合計	国	県	市	その他
施設設置費	70,980	28,945	1,256	28,977	11,802
ホームヘルプ	8,746	4,325	2,163	2,200	58
デイサービス	9,032	4,066	2,031	2,127	807
合　計	88,758	37,337	5,450	33,304	12,667

注）表 1-13 より整理，「その他」は利用者負担金など．

億円，2.5 億円となる．これを表 1-17 の 99 年度負担額と比較すれば，国は 1.3 億円弱，県は 2 億円弱の負担増，市は 8,000 万円余の負担減となる．同表で「その他」を主として住民負担と見ると，住民の保険料と利用者負担は合わせると約 8.7 億円余の負担増加ということになる．実際は最初の年は国の保険料徴収猶予措置があるので，利用者負担は軽減される．

市の財政課の保険料の試算の根拠となる 1 号保険者の等級別人数と月当り保険料は次のようになっている．これに 65 歳未満の 2 号保険者やサービス料の利用者 10％負担部分が加わって財源の基本となるわけである．

```
1 号 =   344 人 × 1,961 円 =    674,584 円
2 号 = 3,663 人 × 2,942 円 = 10,776,546 円
3 号 = 1,269 人 × 3,923 円 =  4,978,287 円
4 号 =   942 人 × 4,903 円 =  4,618,626 円
5 号 =   295 人 × 5,884 円 =  1,735,780 円
合計     6,613 人            22,783,823 円
```

このように国，県，市民の負担増，市の負担減で介護は実施されるのだが，介護保険以外にも高齢者の介護予防・生活支援事業などの自立者向けの施策がある．それを表 1-16 から整理したのが表 1-18 である．

2000 年度から，名護市で新規に負担増，支出増となる事業と金額は，次のようなものである．

国の施策，介護保険認定からもれた高齢者を対象に介護予防・生活支援事業

表 1-18 2000年度老人福祉関係予算のまとめと対前年比較(その他機関の負担は記載しない)

(単位:万円)

	計	国	県	市	前年市
特養	955	477		428	26,304
養護老人ホーム	4,112	2,056		1,763	1,840
その他措置費	0	0	0	0	5,156
介護予防生活支援①	3,924	1,858	997	1,032	76
いきがい対策支援	1,406	632	316	316	0
低所得者措置	720	360	180	180	0
住宅改造	250		94	157	0
ミニ・デイサービス	453			453	0
市単独福祉事業	3,633			3,653	3,724
在宅介護支援センター②	2,196		1,643	553	576
老人クラブ助成	1,255		167	1,043	1,087
合　計	18,850	5,041	3,378	9,575	38,767

注) 1999年に県は,①に48万円,②に1,712万円支出.

を実施する.「在宅支援事業」と「いきがい対策支援事業」が該当するが,合わせて,国から2,490万円が支出される(表1-18参照).県・市はそれぞれ,その半額を追加して事業を実施する.この事業と低所得者特別措置にかかわる名護市の義務的負担の経費は1,528万円である.以上は,国の施策にかかわるものである.

市単独事業として新規にミニ・デイサービス事業453万円,県補助とリンクして新規に住宅改造補助157万円が支出される.以上の合計額2,138万円は,新規の市負担である.その他の支出は前年度と大きな変化はないので,この合計額を,介護保険実施に伴う負担減概算額8,000万円余から差し引くと,前年度に比し,一般会計で約6,000万円余の負担減ということになる.

そのほかでは名護市は,99年度に引き続き,県費とともに介護支援センター運営事業費(前年度は2カ所,2000度は3カ所でおそらく社協が該当すると思われる),市の独自措置としては老人福祉医療助成金(=おむつ代支給),老人スポーツ助成金,敬老年金,敬老会費,高齢者祝金などを支出する.これらは,前年度予算と大きな差はない.

社協には前年の例で4,079万円の運営補助金を出していたが介護保険実施後

の社協の基盤強化のために1,200万円の人件費補助を出す予定のようである．その他を含めて運営補助金の詳細は2月の調査時点では明らかにできなかった．運営補助金は社協の活動が障害者，母子福祉などを含むので高齢者福祉にのみ使用される補助金とは限らない．

　介護保険事業が予算計画どおりに進行すれば，介護支援センター，自治会やボランティアレベルでのミニ・デイサービス，それを支援する社協など，名護市の福祉の核となる施設や活動のネットワークの形成が一歩進むと見ることもできる．

　本稿執筆後，明らかになった2000年度予算によれば，介護保険予算は21億7,600万円であり，市一般財政からの繰り出し金は，上記試算より増加して，人件費，消耗品費を含め3億3,915万円となった．従って，介護保険関係への市負担は試算よりも9,000万円弱の増となったため，前年度に比して，市の高齢者福祉関係支出は，表1-18と合わせて計算すれば4,730万円増えることになった．市財政が圧迫され，たとえば，後に表1-22に見るように，市の将来的福祉計画の推進を遅らせざるをえないという事態も生じてきている．

　こうした公的関与を通してのネットワーク形成で問題になるのは，やはり，民間参入の問題であろう．厚生省は介護保険以外の「介護予防・生活支援事業」にも一定の条件の下で参入を認めている．これも名護市のこれまでの延長上での高齢者福祉活動撹乱要因となる．ネットワークの中核の1つに位置づけられる社協を名護市は公的に支援する姿勢を強くもっている．しかし，社協が公的支援にもたれかかってのみ活動することは許されなくなるだろう．民間参入の中で社協も事業社協の性格を強めざるを得ない．社協の最大の不安は民間に対する競争力の弱さである．民間業者の進出が強まった時，市が公的調整の役割をきちんと果たせるかどうか，今後の重要な課題となる．

2） 居宅サービスの遅れ

　介護保険は要介護認定者全員が100％利用するのではない．本人の希望に応じて利用契約が結ばれる．利用希望をしない原因としては次のような点が考えられよう．① 国の方針の不明確性からくる問題（後述），② 利用者が家族

介護を希望する，③ 介護料の自己負担の支払いができないあるいは嫌う，④ 家庭内に他人が入ることを嫌う，⑤ 利用者の要求に提供サービスが適合しない，⑥ 介護保険利用に関して無知である，⑦ ① の厚生省方針によって，これまで最も利用率の高い家事サービスが家族がいる場合利用しにくくなったことなど．

① の厚生省方針に関して問題を述べておこう．自民党亀井政調会長の「介護保険で家事の面倒まで見るのはおかしい」発言によって，厚生省は家事援助を ① 1人暮しの高齢者，② 家族が障害，疾病等の理由で家事を行なうことが困難である場合を原則とすることと2月10日に告示した．記者会見では「現場の良識ある判断にまかせるべきだ」と述べているが，この告示は現場を大きく混乱させるだろう．実際名護市における99年度における社協のヘルパー派遣の6割は家事援助である．「現場の良識ある判断」といっても告示のもつ意味は大きい．現場は家事援助削減に向かうだろう．本来介護保険は，家族介護の負担解消を意図し，介護者の有無を問わず要介護者を支援するためのものだと説明されてきた．しかし，この告示は従来行なわれてきた家事援助さえ否定するものである．ヘルパー利用者は大幅に減少せざるをえないだろう．

また3月16日厚生省が介護保険に関する小委員会提出した施設短期入所拡大策は，その入所限度を要支援で従来の半年に1週間を7週間に，要介護1～5で12～14週に拡大しようとしている．しかし，これは家族の介護からの解放ではなく，家族で介護不可能の場合という条件がついているのであり，措置制度に近いといってよい．基本的には家族介護を前提として介護保険は運用されるのであり，当初の介護からの解放という目標とは転換している．こうした流れの中で介護保険の諸サービスが計画運用されれば，現場に大きな混乱を引き起こすことは明らかだろう．

名護市はこうした告示や政策が出る前の計画だが，介護保険のサービス量を予測している（表1-19を参照）．アンケートによる要居宅介護高齢者（見込み）832人に対するサービス利用希望調査に基づいて試算されたものである．

名護市の週当り標準サービス回数は国の参酌基準を大幅に下回っている．たとえば要介護3で，通所型は国5.5回，名護市1.6回，訪問型は国7.5回，名護市3.68回，痴呆型は国1回，名護市0.14回，医療型で国8.5回，名護市1.11回

表 1-19　訪問介護のサービス必要量の算定基準

		アンケートによる希望者A	国の参酌基準（回/週）B	名護市の標準サービス（回/週）A×B	利用希望率（設定値）2000年度	利用希望率（設定値）2004年度
要支援	通所型	60.0%	0.00	0.00	58.0	78.0
	訪問型	40.0	2.00	0.80		
要介護1	通所型	44.5	3.00	1.34	57.0	77.0
	訪問型	55.5	5.00	2.78		
要介護2	通所型	44.5	3.00	1.34	47.0	67.0
	訪問型	55.5	5.00	2.78		
要介護3	通所型	29.0	5.50	1.60	40.0	60.0
	訪問型	49.0	7.50	3.68		
	痴呆型	14.0	1.00	0.14		
	医療型	8.0	6.50	0.52		
要介護4	通所型	31.0	9.50	2.95	46.0	66.0
	訪問型	52.0	8.50	4.42		
	痴呆型	4.0	1.00	0.04		
	医療型	13.0	8.50	1.11		
要介護5	通所型	32.0	12.00	3.84	40.0	60.0
	訪問型	54.0	13.00	7.02		
	医療型	14.0	9.00	1.26		

注)　「名護市介護保険事業計画策定調査」1999年10月20日，18ページ．

である．この低さは対象者への利用希望調査での希望率の低さに基づいていることは明らかであろう．市の標準サービスは国の参酌基準に利用希望率を乗じて算定したものであるからである．

　厚生省も参酌基準は現在のところ目標値としていることははっきりしている．11月発表の全国調査は，サービス利用希望者に対する訪問介護充足率は84％，施設介護充足率72％と利用希望者に対する充足率を問題にしている．しかし，名護の場合利用希望が低い上にそれに対する充足率がさらに低いのである．

　この市の低い標準サービスを基準にして，2000年のサービス必要量を1,415.3回／週を算出し，それに対して，供給見込量1,450回として，100％供給の達成が可能としている．そして2004年度にはこの希望率が介護度別に60

〜78％に上昇するとしている．ただし介護度の大きいほど希望率が低いのは，自己負担金が高くなることの関係であろう．このような推定をすること自体介護保険のかかえる問題であるといってよい．

しかし，国の基準よりはるかに低い市の標準サービスを100％希望した場合のサービス供給率（基盤整備率）は，2000〜4年度では達成できない．サービス別の基盤整備率は表1-20のようになる．なお，2000年3月の第2次あけみお福祉プラン（素案）では数字が若干上乗せ修正されているのでそれも表示する．見られるように2000年で基盤整備率は50％以下，2004年度でも70％以下に過ぎないのである．国の参酌基準を適用するならば，名護市は介護保険において非常に立ち遅れていること，簡単にその遅れを回復できないことが明らかになる．

もっとも，介護保険の実施に伴って，介護需要が掘り起こされ増大することは事実である．ホームヘルパー派遣事業の大部分を担う社協のヘルパー受け入れ高齢者は，98年で155人（他に身障者24人）である．これに対し，要介護認定予定者見込みは2000年1,205人と予想されている（前記表1-9参照）．そのうち施設利用者426人である（表1-21参照）．この内には在宅介護を併用するものもあるだろうが，それを除いても差し引き779人が利用候補者ということになる．現在の155人の利用者を差し引き620人の新規増加である．この要介護認定者が参酌基準いっぱいの利用希望をもって一挙に介護市場に現われたとするならば，準備不足の介護保険は経費的にも，人的にもパンク状態になってしまうだろう．機械的に厚生省の参酌基準と比較してのみ論ずることはできないことは明らかである．しかし，名護市の場合，厚生省の予測に比してもあまりにも低すぎるのであり，需要の掘り起こし，サービスの拡充への努力が必要であろう．

国の参酌基準はその介護に最も家族が苦労する痴呆老人に関して低い．名護市でも痴呆型は全く考慮されていないに等しいといってよいことは表1-19に明らかである．また，痴呆性共同介護は4人を12人に増やすとしているが（表1-20参照），基盤整備率0.4％は実施しないに等しいのである．

居宅療養管理は週39回から229回に増加している．しかし，これは介護サービスの向上の結果としてだけ見ることはできない．その後退の結果としての一

表 1-20　2000〜4年度の居宅サービス量と基盤整備率

(単位：回/週，%)

	2000年度	2004年度	伸び率
訪問介護	1,416	2,325	164
（基盤整備率）	50.4	70.5	
訪問入浴介護	5	8	160
（基盤整備率）	40	60	
訪問看護	250	441	176
（基盤整備率）	40	60	
訪問リハビリ	18	30	166
（基盤整備率）	40	60	
通所サービス	512	902	176
（基盤整備率）	41	61	
短期入所	591	1,040	176
（基盤整備率）	40	60	
痴呆性共同介護	4	12	300
（基盤整備率）	0.2	0.4	
特定施設入所	7	10	143
居宅療養管理	39	229	587
居宅介護支援計	770	915	119
	100	100	
福祉用具貸与	種目別略		
（基盤整備率）	44.6	64.7	

注）「名護市介護保険事業計画策定調査」1999年10月，「第2次あけみお福祉プラン」(表案) 2000年3月による．必要量は後者の前者を微修正した後者の数字で，基盤整備率は前者の数字である．

面をもっていることも考えなければならない．何故なら，表1-21に見るような施設福祉者の実質的削減が居宅療養の増加となって現われてもいるからである．

　名護市では，要介護者のサービス利用希望が低い．おそらく，1割負担をするぐらいなら利用しないとか，家族介護への依存が大きいことが理由と思われる．しかし，居宅家族介護への依存期待度が本土より強いとは思われない．従来は，沖縄は居宅介護の困難な家族が多いこと，施設福祉が重視されたこともあって，家族介護者がいる場合も極めてあっさりと施設入所させてきた経緯がある．これからは参酌基準と介護保険料抑制のために施設入所は抑制される．

表 1-21 施設サービスの基本目標

	2000 年度	2004 年度
総人口（人）	55,919	57,825
65 才以上人口（人）	8,029 (7,714)	8,827 (8,512)
サービス必要者数（人）	538	591
サービス必要者率（%）	6.7	6.7
施設サービス目標値（人）	426	426
各年度の目標率（%）	5.3	4.8
特養老人ホーム（人）	180 (189)	180
老人保健施設（人）	165	165
療養型病床群（人）	81 (66)	81 (66)
以上施設入所計（人）	426 (420)	426 (411)
医療保険適用分（人）	81	81
居宅への移行（人）	31	84
経過措置対象者（人）	9	0

注）名護市介護保険事業計画策定調査（1999年），（ ）内は，「第2次あけみお福祉プラン」（素案）2000年3月による．
特養：老健：療養型＝8.0 対 7.3 対 3.6（国目標＝ 8 対7.5）．

　介護保険については末端集落で高齢者にふれた限りでは情報が周知徹底しているとは思われない．その段階でのサービス利用希望のアンケートである．本来なら，もっと徹底した情報の周知，利用勧誘が行なわれてしかるべきである．しかし，市としては一挙に利用率を高めることは痛し痒しである．それでなくても高い保険料の高額化がもたらされるからである．加えて，国の方針で家事援助だけのヘルプは難しくなったし，施設からの退所者や，従来なら施設入所していた人々を，上記のように大量に居宅支援しなければならない．介護保険によるサービス拡充は限られたものとならざるを得なくなるという懸念があるのである．

　だから，本来必要重要なものではあるが，ミニ・デイサービスやボランティアによるサービスが，財政的理由からもいわば「安上がり」のサービスとしても求められざるをえないといっていいだろう．

3) 施設福祉の後退

　名護市では入所率の高い施設での介護保険適用と医療保険適用の割合をどうするかが保険料設定にかかわって重要な問題となった．当初5つのケースが想定された．① 厚生省の入所参酌基準3.4％にあわせた場合，② 現況の入所者数規模を将来にわたって維持する．③ 2004年までに施設入所者数を維持し，療養型を介護保険70％，医療保険を30％で想定，④ 同上の条件で50％対50％で想定，⑤ 同上30％対70％で想定．② から⑤ へと移るにつれて，厚生省の参酌基準に近づき（⑤ で2004年に4.5％になる），介護保険料も低くなると説明がついている．施設入所者数を療養型に限れば，介護保険料は最も抑制されるだろう．しかし，そうしたことはできるはずがない．参酌基準に近づけることを考えながら，実際には想定ケースにはなかった40％対60％の比率で計画策定が行なわれ，保険料が算定された．参酌基準，保険料の谷間で自治体は揺れ動いているのである．

　参酌基準に従って施設入所者を減らすことが，保険料を低くするため求められている．5年間は既入所者には猶予措置がとられる．しかし，沖縄県は99年度で65才以上人口の3.4％の参酌基準を大きく上回って6.4％であり，県は施設入所者の縮小の政策を進めている．名護市でも入所基準がきびしくなり待機者の数は半減している．市は基本的に定員を現行維持するが，高齢者人口の増加によって入所率が低下することを期待している．しかし，新規入所者もあるので，定員は保持しても実質的に退所者の誘導は行なわれていると見られる．市の基本目標を示す数字を表1-21に示した．

　資料とした「名護市介護保険事業計画策定調査」（1999年）は，別途試算目標もあげているが，この調査のあとに計画された2000年3月の「第2次あけみお福祉プラン」（素案）が基本にしていると思われるこの表だけをあげて検討する．

　経過措置対象者のほかに2000年で31人，2004年で84人と大量の居宅への移行目標があげられているのである．沖縄—名護が中心的に進めてきた施設福祉の先進性は後退し，全国的に遅れた，しかも近い将来に国の参酌基準にも追い

つく計画のない在宅福祉を中心とする体制へと移行してゆきつつあるのである．

　表に見るように，計画は，① 特養施設入所者を2000年度189人から2004年度180人に，② 老人保健施設入所者を96年の180人から，2000年には165人に減らし，以後横這いの水準におくことを示している．実数を据え置く療養型医療施設の66人を加えて，施設定員は420人から411人となる．施設定員を据え置けば，高齢者人口の増加によって，入所率が低下すると考えているのである．2000年の推計高齢者人口は7,714人，2004年は8,512人であり，なお，推定65才以上の人口に対する比率は，厚生省の参酌基準3.4％より高く，5.4から4.8に低下するだけである．こうした措置によって，かろうじて第1号被保険者保険料を3,906円に抑えているのであるが，なお，その水準は全国に比して非常に高い．今後5年間の猶予期限があるため，一挙に大きな入所者数の削減は行なわれないだろうが，新規入所者の認定はずっと厳しくなり，在宅福祉中心の方向がますます強くならざるを得ないだろう．実際，末端集落レベルでの聴取では施設入所が極めて難しくなっているということであった．

　もし，介護保険が当初の理念どおり，高齢者福祉の真の増進，介護負担の社会的分担，家族介護の負担軽減を考えるなら，施設福祉は居宅福祉と並ぶ2つの柱である．人の子の親なら自らの介護のために，自分の娘や息子の人生を長期間の介護の中に押し込め，その人生の可能性を押さえ込むことに満足する親がいるだろうか．理念として施設福祉は高齢者福祉にとって不可欠のものであることを銘記してほしい．現行の施設福祉には問題が多いことは明らかである．しかし，誰にも迷惑をかけることなく，人生の終末をそこで迎えることを自由に選択できる道を福祉理念の中から落としてしまうことがあってはならない．重要なのは，施設福祉の量的縮小ではなくそれの量質両面での向上なのである．

5　地域福祉の充実を目指して

1）　名護市第2次あけみお福祉プラン（素案）から

　市は第2次あけみお福祉プランを作成中である．その骨子を若干のコメントをつけながら紹介しよう．
第1部　高齢者保険福祉計画　総論
第1節　高齢者の保険福祉等の主要課題
　1）　高齢期の健やかな社会生活の確保
　　①　健康づくりの支援
　　　健康審査―相談―指導などの効果が十分に現われていない
　　　寝たきり予防，痴呆性予防が遅れている
　　②　自立を支える在宅福祉サービスの充実
　　　介護保険対象外の高齢者の重視，全高齢者が在宅希望
　　③　生きがい支援の充実
　2）　介護を社会全体で支える仕組みの確立
　　①　介護保険サービスの充実促進
　　　サービス主体の民間主体課，現時点での供給体制の御整備，その量質整備
　　②　介護支援の充実
　　　介護者負担の一部軽減にもかかわらず存続する負担をふまえて交流，助言など
　　　現在社協中心
　　③　高齢者の権利擁護
　　　行政的取り組みの遅れ，社協の取り組みの中で2000年4月より成年後見制度発足
　3）　高齢者の快適な住生活の確保
　　　市の独自施策として2000年より予算化

4) 地域における相互支援体制の確立

一部地域で展開，全体としては一過性や全市的未普及の問題がある．仕組み確立の必要性．地域特性，高齢者の経験の利用，人材掘り起こし，ボランティアへの高齢者参加など．2000年から市独自事業としてミニ・デイサービス費用の予算化

第2節　計画の理念と目標

1) 計画理念

① 地域重視，② 総合的展開，③ 人権尊重

① に関しては，地区（旧行政5町村）レベルでのまちづくりと，区レベルでのミニ・デイサービスを重視

2) 計画の目標

① 福祉の心を育む，② 健康づくりの推進，③ 在宅サービスの拡充，④ 生活基盤の安定と生きがいづくり，⑤ 家族支援の充実，⑥ 地域保健福祉のネットワークの形成

第3節　将来人口の推計＝省略

第4節　計画の体系

《重点施策》　1健康づくり支援，2在宅生活支援，3生活管理支援（ケアマネージメントの構築）

《高齢者の暮らしの基盤づくりにむけて》

① 福祉教育の推進，② 生活・経済基盤の充実，③ 情報化の推進及び相談体制の充実，④ 権利擁護システムの確立

《高齢者の健康・生きがいづくりにむけて》

① 介護保険サービスの推進，② 地域に根ざした保健・医療・福祉サービスの推進，③ 高齢者の社会参加の促進

《高齢者を支える体制づくりにむけて》

推進体制の充実強化，① 保健福祉人材の確保・養成，② コミュニティ活動への支援及びボランティアの育成，③ 民間団体の支援，④ 行政組織体制の充実

第5節　計画の位置づけと計画期間

名護市第3次総合計画，地域保健福祉計画，県高齢者保健福祉計画・介護保

健事業計画と連動，2000〜4年度計画
第2部　高齢者保健福祉計画　各論
　各論については，注目すべき点についてのみ略述したい．
　①　生活管理支援システム（ケアマネージメント）の構築の中核には「基幹型在宅介護支援センター」をおいている．従来，市が業務委託をしてきた特養施設かりゆしぬ村，宮里病院のほかに，社協が在宅支援センターに加わると思われるが，基幹型をどこにおき，それにどのような性格をもたせるかがなお不明確である．地域全体の調整は不可欠であり，そのための基幹型の役割機能の主導性や役割の明確化，その運営体制の確立が重要であろう．整備を計画される総合福祉センターと連携し，全市的な調整的役割を果たすとくにソフト面でのネットワーク形成，調整システムの確立が望まれる．コムスンなど全国的企業の進出が予測されるが，計画はそれを前提していない．そうした利益追求型企業の活動に対して，地域主導による調整のシステムがきちんと確立されねばならないだろう．
　②　名護市は「福祉のまちづくり条例の制定」を提案しているが，具体的な中身ははっきりしない．名護市への普天間基地の移設を前提に国の北部開発政策が急速に動き出すだろう．開発は直接的な経済開発に向かいがちである．自然環境保全は高齢者においては圧倒的に求められていることである．この自然環境保全を含み，高齢者・弱者に対する福祉計画を北部開発の重要な柱として確立した上で今後の開発政策対応を行なってほしいものである．
　③　介護保健サービスの対象外の高齢者を重視していることは計画の特徴の1つである．障害者・母子家庭などを含めた総合的全体的福祉の中に位置づけて高齢者福祉問題に対応する姿勢は堅持してほしい．
　④　「地域に根ざした保健・医療・福祉サービスの推進」は名護市の福祉政策の特質である．実際上は既述のように全市的に根付いているとはいえないが，大きく見れば少しずつ定着しつつあることを確認できる．既に全市的に形成されている区福祉委員会の活動充実，区福祉センター構想の実現，とくに広域―旧町村地域―区レベルでの重層的な福祉センターの連携の構想も注目しておきたい．
　⑤　沖縄―名護には多くの伝統文化が保存されている．それらの伝承，保

存主体としての高齢者の役割は福祉政策の中でももう少し重視されていいのではないか．

⑥　広汎な福祉領域の問題解決は，市場原理により事業化された活動だけでは不可能である．ボランティア活動による支援補完が不可欠である．この点は地域や区に根付いた福祉を考える福祉関係者には十分に理解されていると思われる．しかし，民生委員や福祉委員が従来は無料で善意で行なっていた銀行預金の引き出しサービスにまで利用料金徴収が指導されている介護保険制度の導入や民間営利企業の参入が予測される中で，無料のボランティアシステムの現行での実施はそのままでは困難となり，正当な報酬問題も必ず論議されるようになろう．こうした，ボランティアと有料サービス活動の区分が不明確化してゆくのである．改めてボランティアとは何かが明確化されてゆかねばならない．介護保険は都市型生活様式を前提に仕組まれたもののように思う．だからその全国基準での画一的導入は，地域の相互扶助システムにマイナスの影響を及ぼすことも多いだろう．沖縄に関しては伝統的な「ゆいまーる」（たすけあい）の心の解体にもつらなることもあることがたえず自省されていなければならないだろう．

⑦　福祉が生きがい領域まで含むとすれば，それは高齢者や弱者の問題であるだけではなく地域の生活全体にかかわるものだといえる．福祉を軸に地域を考えることはともすれば経済開発主義に走りやすい地域振興策を生活に根づいたものとして考え直すことにつらなる．今後基地移設にかかわって巨額の予算の導入によって展開するかもしれない北部—名護—地元の振興策を考える場合に必要な視点であろう．

2)　地域福祉の充実を目指して

2000年3月の第2次あけみお福祉プラン（素案）は介護保険を除く高齢者福祉のサービス目標を総括的に掲示している（表1-22参照）．98年設定の地域保健福祉計画目標に比して，目標水準は落とされていることは明らかである．名護市の福祉は後退してゆくだろう．厳しい基準にしばられたうえ実施主体が民間に委ねられる介護保険と異なり，介護保険以外の分野の仕事ではより市の自

表 1-22 高齢者福祉サービス目標（介護保険外）

	現状 1998年度	計画 2000年度	目標 2004年度	98年地域保険福祉計画目標 2002年度
健康審査受信率（％）				
（基本健康審査）	32	33	41	45
（胃癌検診）	9	10	16	20
（肺癌検診）	30	31	39	45
（大腸癌検診）	23	24	36	45
（乳癌検診）	12	12	22	45
（子宮癌検診）	14	14	22	30
健康教育（回）　一般	24	30	41	50
重点	20	22	28	33
健康相談（回）　一般	182	185	195	200
重点	27	28	30	30
訪問指導（回）	416	500	650	800
機能回復訓練（回）	47	47	94	94
軽度生活援助（回/週）	制度無	2	2	ヘルパー派遣
同上人数（人）			45	118
通所生きがい支援（カ所）	制度無	3	6	
同上人数（人）		45	90	
ミニ・デイサービス（カ所）	9	17	37	
配食サービス（人）	35	138	150	
寝具洗濯乾燥消毒（回）	制度無	168	200	
訪問理美容（回）	制度無	制度検討	35	
住宅改造助成（件）	制度無	12	20	
緊急通報システム（人）	制度無	40	50	
外出支援（回）	制度無	468	1092	
在宅介護支援センター				
（標準型）（カ所）	2	2	3	
（基幹型）（カ所）	0	1	1	
介護教室（回）	制度無	2	10	
介護者交流（回）	1	2	10	

注）　1．特記しない限り年間の数字である．
　　2．「第2次あけみお福祉プラン（素案）」2000年3月による．

主性が生かされるのである．余剰化した予算は福祉に還元すべきである．
　最も重要なのはミニ・デイサービスの出発であろう．2000年の9カ所から出発して16年には37カ所で行なう予定である．2000年度はとりあえず市単独予算で計画している．他の多くには国の介護予防・生活支援事業の補助があると思われる．国の事業には一定の条件を満たせば民間業者も参加できる．介護保険に見合う自己負担が必要と厚生省は指導している．しかし，ヘルパー報酬は市としては介護保険の5～6割程度と，ボランティア的活動中心に考えているように思われる．無償のボランティア行為と低料金の有償ボランティア，営利的な有償サービスが併存することになる．それぞれの性格の明確化と分担をはっきりさせなければならないだろう．しかし，この事業の実施主体をどこにするかはなお流動的である．
　いずれにせよ，この場合でも，介護保険サービスと同じく僅かな公的予算枠でサービスが完結するものではない．ボランティアとしての個人，集団，そして自治会一字の補完的役割が不可欠であろう．公的予算の援助をこえて，その何倍にも値する地域エネルギーが引き出せる体制基盤が形成されることを望みたい．こうしたエネルギーの高まりと地域への定着化によってのみ福祉の全体的充実発展はありうると考えられる．
　しかし，名護市の福祉行政が急速に進行する開発政策と福祉政策を天秤にかけて，開発を優先するならば，水準を落とした構想でさえ絵に描いた餅にならざるを得ない．

6　シマの高齢者

　沖縄の農村集落は部落，字，区，シマと呼ばれる．王朝時代からのもっとも古い呼称はシマである．このシマの高齢者の家族と生活について報告しておきたい．

1) 名護市東海岸久志区の高齢者と家族

　名護市東海岸の辺野古，久志，豊原の3区は辺野古を中心として普天間基地の移設の影響を直接受ける地域で久辺3区といわれる．辺野古，久志地域を中心に，1956年公有林を中心に広大な地域が接収され米軍基地キャンプ・シュワブが建設されている．復帰直前の70年名護市に合併した旧久志村は13区よりなるが久辺地域はその最南部に位置する．東海岸地区は名護市の中でも交通も不便で（1日4回市街地ゆきのバス）市街地を含む西海岸に比し開発が遅れ，北部10区では過疎化が進行している．

　山が海岸部にまで迫り狭小な海岸部で農業を中心に生活していたのだが，現在では農業は解体状況に瀕している．久志区で見ると，1995年農業センサスで，農家数39戸，うち専業農家は20戸，内男性生産年人口のいる農家は8戸，農業就業人口は56人にまで減少しているのである．基地雇用を除けばまとまった就業先もなく人々は雑多な職業に従事しながら生活している．当然のことながら若者の流出が進み高齢化が進んでいる．

　今回の調査とは別に1997年末，久志地区213世帯の内，60％の125世帯に対して住民の生活を見るために，世帯のあり方を区長さんから聴取した．その世帯形態別高齢者の状態を見たのが表1-23と表1-24である．

表1-23　世帯形態別高齢者の状態

世帯形態	総世帯数	内高齢者有	高齢者のみの世帯	高齢者人口数	総人口
1人世帯	36	25	25	25	36
夫婦のみ	26	22	14	35	51
核世帯	39	5		8	156
欠損核世帯	9	5		5	20
直系世帯	3	3		6	20
欠損直系世帯	11	9		10	46
その他	1	1		1	2
合　計	125	70	39	90	332

注）　核世帯＝夫婦と未婚の子供，欠損核世帯＝夫婦の一方が欠如，直系世代＝2世代以上の2組以上の夫婦をもつ，欠損直系世帯＝2組の夫婦の内どれかの夫婦の一方が欠如．

第1章　沖縄県における介護保険と高齢者福祉

表 1-24　世帯員数別の高齢者の状態

世帯員数	世帯数	うち高齢者有	うち高齢者有のみ	高齢者人口数	総人口
1	36	25	25	25	36
2	26	27	14	40	68
3	39	7		10	66
4	9	4		5	56
5	3	1		1	50
6	11	5		7	48
8	1	1		2	8
計	125	70	39	90	332

　久志区は東海岸でも名護市中心部に最も近く車で20分と便利なところにある．しかし，若者の流出が進み1世帯当り世帯員数は2.66人で，世帯規模は都市なみに縮小している．高齢化率は27.5％に及んでいる．125世帯の内70世帯に高齢者がいるが，そのうち1人世帯25，夫婦のみ22世帯合計47世帯37.6％，つまり，全世帯の4割近くが高齢者世帯なのである．とくに1人暮しの高齢者が多いことが注目される．

　高齢者世帯に夫婦の一方が60才以上の高齢者世帯予備軍を含めた1人世帯，夫婦世帯は54世帯（43％）にも及んでいる．これらの世帯に長男は45人いるが，近隣居住者はうち区内に9人（うち4人は同居別世帯），市内2人である．そのほか，県内18人，県外あるいは居住地不明16人となっている．その他で娘が区内7人，名護市内1人，次三男は区内に2人が居住している．以上重複を省いて，18世帯は区・市内の近隣に子供が居住している（うち区内に15世帯）．従って近隣に子供のいない高齢者・高齢者予備軍世帯は36世帯である．子供が就業の場を求めたり，結婚することによって久志から出てゆくのが当り前となっているのである．区内においても結婚した子供が世帯分離あるいは親子別居によって都市型の世帯・家族形成をするのが普通である．本土の農村は長男夫婦が親と同居する率が高いのに比べて大きな違いがある．

　久志区は既述のように区が自己養成した25人のヘルパーや民生委員を中心に2000年4月から区独自のミニ・デイサービスを開始する．それに先立って，12月から彼らは，1人暮しの高齢者で心配だと見られる18人への毎日の声

かけ訪問を始めた．その他の1人暮し高齢者はときどき電話で安否確認を行なう．

聴取（12月末）によると次のような実態がある．

区内65才以上高齢者は148人，1人暮しは42〜43人である．施設入所を希望するものもいるが，自己負担金の支出があるため入所申請ができない人が多い．生活保護を申請しても認可されない．自己負担が可能であっても施設入所を認可されない．心配な18人のうち社協のホームヘルパーが派遣されているのは4〜5人である．これらの人を含めて介護保険の要介護認定は得られないだろう（2月末現在認定者はいない）．別に施設入所者が10〜11人，病院入院者が3〜4人いる．見通しとしては施設入所者を中心に10人ぐらいが認定されるだけだろうとう．

区内からは北部にできたデイサービスセンター（二見の里）に10人が週2日通所サービスを受けているが（1回500円），介護保険制度施行によって要介護認定を受けられないとすればゆけなくなるだろう．そこで区で何とかしようというのが，区の福祉計画の始まりであった．当面地元の公民館を利用すれば，歩いて来やすいというメリットがあるだろう．しかし，高齢者サービスをすべてボランティアで実施することは難しいし，区が在宅手当を個人に出すこともできない．何らかの援助を受ければ実行不可能だと市に働きかけている．これに対して名護市は2000年から介護予防・生活支援事業を適用し応援する姿勢を示している．

東海岸地区は無医村地区である．近く隣接豊原区に市有地を借りて診療所を建設する計画があるという．久志にはもと診療所があった．しかし，医師が病気のため閉鎖された．久志は診療所の跡地に高齢者施設を作ることを計画している．医師の招致は年来の希望である．

声かけ運動の対象18人の内17人の生活状況について民生委員から聞いたことを整理すれば次のようになっている．

① 女87才，1人暮しで娘がたまに来ている．
② 男89才，散髪屋，長男と同居別世帯で，食事も別で独立して生活している，娘が隣にいる．
③ 男85才，1人暮し，長男行方不明，娘は隣の宜野座村にいる．妹2人が

区内居住している．病気がちで食事も作れない．わずかの国民年金暮しで金がなくて入院できない．ヘルパーに頼っているが，介護保険になるとヘルパーは派遣されなくなる．
④　女73才，腰を痛め体が弱い，糸満からの後妻で子供がなく，親戚がいない．義理の子供がときどき来て面倒を見ている．
⑤　女87才，体が弱い，息子3人が区内に住む，1人で家で寝るのが恐く，末っ子の所に泊まる．
⑥　女94才，元気だが息子死亡，孫（女）が区内にいる．
⑦　女87才，長男が区内にいる．
⑧　女68才，体弱く歩行困難，子供2人は県内流出，夫の兄弟が区内に住む．
⑨　男66才，足が悪い，元漁師で独身，年金なく生活困難，区有地を小作して生活．
⑩　男68才，生活保護，長女所在不明，2女病気長期入院，中学生の孫の面倒を見るが，子供も入院したり退院したりしている．
⑪　女85才，区長の母．
⑫　女83才，痴呆がある．子供は男2人中部地域に住む，長女はよく来ている．
⑬　女93才，長女死亡，次女が久志にいる，夫元東京地検勤務，息子2人は本土．
⑭　女61才，年金財産あり，精薄の娘同居，長男・次男は県内流出．
⑮　男50才，障害手当受給，身体的には元気だが心配，同居していた母は施設に入所．
⑯　女86才，お金はある，娘死亡，その夫は県内運転手，孫が久志にいる．
⑰　女77才，子供なし，兄弟は病院，経済的困難．

これまで，在宅介護が困難な高齢者の多くは特養施設や病院に入所・入院していた．残る在宅の高齢者には，比較的元気な人が多かった．しかし，最近では入所条件がきびしくなり，在宅高齢者の中にも介護が必要な者が増えていることが見られる．声かけ運動の対象者は基本は1人暮しだが，子供が区内居住あるいは同居していても声かけを行なっている．さまざまな家庭事情があろう

が，重要な点は女性も就業するものが多いことからくる高齢者の孤立性の高まりが大きな要因と思われることである．農村部でも，高齢者を家族だけで面倒を見ることは困難になっているのである．

2) 北部過疎村大宜味村の高齢者

調査の時点は少し古いが，過疎化の進行の著しい名護市北方の大宜味村喜如嘉，根路銘の事例を見よう．

大宜味村の人口ピラミッドは不思議な構造をもっていた．1990年国勢調査によれば，35〜54才年代における男女の数を比較すると女性が男性に対して極端に少ないことである．35〜39才では男175人に女88人，40〜44才では132人と60人，35〜49才では62人と53人，50〜54才では92人と68人である．他の世代や若い世代ではバランスがとれ，上位世代では高齢化するほど長寿の女性比率が高まるという普通のピラミッドである．

10年後の現在，女性比の少ない世代が介護を担う中心世代であろう．その世代で女性の担い手が極端に少ないのである．復帰後の激動期において，性比差をもたらす異常な人口就業移動が生じた結果であろう．こうした事態も家族介護を困難にする要因である．

喜如嘉では202世帯中実に84世帯41.6％が1人世帯であった（教員などの単身赴任者が6人）．高齢者だけではなく，性比の差から類推されるようにその世代の男子独身者が異常に多く見られたのであった．男子1人世帯は21（うち高齢者は90年年令で3人），男子の独身者には恒常的勤務者は少なく日雇いなどが多い．就業の場がないことが未婚，世帯や家族解体の根本原因である．ほかに，1人世帯ではないが，30〜59才で妻も子供もいない男子が31人もいる．ここには普通の過疎地なら流出してしまう男子が残留している．かれらの多くは他出経験をもち，他出─帰郷─他出─帰郷を繰り返しながら地元に居住するという沖縄的移動の特質の中でむらに居住しているのである．沖縄の人々は本土に流出しても沖縄に帰るものが多い．女子では60才以上の女子の単独世帯が55世帯（総世帯の27％）その他2である．複数世代2組以上の既婚者を含む世帯は19世帯9.4％に過ぎず，高齢者が同居の子供に介護を期待することはで

きなくなっている．介護世代の減少を伴いながら1人暮しの高齢者が増加してきたのである．

根路銘区では屋敷地所有の世帯が屋敷地を残したまますでに100戸以上流出し，91年48戸を留めるだけであった．そのうち19世帯が1人世帯であり，核家族的夫婦世帯は25，うち子供のいる世帯は12世帯で子供の流出した世帯が半数を占めている．直系的世帯は僅か4世帯，うち2組の夫婦からなる世帯は1世帯に過ぎない．家族による介護力の決定的低下をうかがいしることができよう．15世帯に公務員，民間会社の定期雇用者がいるが，そのうち1世帯を除いてすべて複数世帯である．就業機会が地元にないことが，こうした家族―世帯形成力の弱さの最大原因である．

家族や地域の介護力を語るためには，雇用創出を伴う地域振興が不可欠であることが示されている．福祉問題は，福祉の枠内だけでは考えられないこと，それは地域問題全体にかかわる問題であることが明らかであろう．

3） 名護市辺野古区の高齢者

辺野古区にはキャンプ・シュワブの中心部があり，普天間基地移設候補地としての最大の影響を受ける地域である．ここは，415戸の大集落であり（1998年），基地建設後新入した世帯も半ば以上をしめている．

辺野古区からデイサービスセンター二見の里には15～6人が通所している．しかし，そのうち介護保険該当者は2～3人ぐらいではないかというのが民生委員の見方であった．介護保険，従ってデイサービスからはじき出される1人暮し高齢者のことが一番気懸かりだと民生委員は述べていた．施設入所や長期入院は約10人という．

二見の里としてもこられなくなる通所高齢者のことが気になるし経営危機でもある．そこで区公民館を利用して，配食サービスや血圧測定，健康相談などをやりたいと区への協力依頼がきている．民生委員，公民館も協力医師はあるが，利用料金がはっきりしないので話が進んでいないという（99年12現在）．現在，区では民生委員とボランティアによる月1回の1人暮し老人への公民館での食事サービスと健康チェック，中学生の夏休みでの1人暮し老人の住宅掃

除，年1回の長期療養者見舞い（区が1人1,000円の予算を出して温泉や食事につれていく）などを行なっている．区としては，福祉に対しての認識も遅れており，これ以上のミニ・デイサービスに協力することは厳しいという．ヘルパーの有資格者は1人もいない．福祉への取り組みを強めている久志との違いである．

　辺野古はキャンプ・シュワブの土地収容の時，区有地の権利を個人分配した．そのため地代収入のある人が多く，高齢者も比較的余裕があるといわれる．個人地代のない久志や豊原は共稼ぎが多いが辺野古では専業主婦が多い．こうしたことも共同福祉への関心を弱めているのかもしれない．

　1人暮し高齢者の生活状況について民生委員から聴取したので紹介しておきたい．住民名簿の中で地つきの住民のみ対象の聴取であるが聴取もれもある．

① 男97才，中部に養子がいる．多少痴呆が入っており，区内で唯一ヘルパーが1日2巡回して食事を作る，デイサービスにゆく，軍用地料有．
② 女76才，こども5〜6人全員本土，仕送り・年金・軍用地料で生活，治療あり．
③ 女66才，基地メイド，隣部落に次男．
④ 女84才，肺癌で療養，子供なし，要介護認定の可能性あり．
⑥ 女75才，心臓悪く酸素ボンベ使用，病気の娘がが同居，要介護認定の可能性，軍用地料有．
⑦ 男80才，元気でサトウキビ栽培，長男夫婦は本部，娘は中部にいる．
⑧ 女84才，雑貨商，娘が区内に住む，軍用地料有．
⑨ 女81才，軍用地料有，娘は沖縄市に婚出．
⑩ 女85才，足が悪く乳母車にのる，家から出ない，娘が区内居住，軍用地料有．
⑪ 男75才，農業，子供が隣部落にいる，軍用地料有．
⑫ 女（年令不祥），隣部落の子供が援助．
⑬ 女70才，生活保護，子供なし，軍用地料はわずか．
⑭ 男65才，生活保護，血圧で倒れ，要介護認定．
⑮ 女（年令不祥），長男次男本土，娘名護，軍用地料有，デイサービス．
⑯ 女79才，子供は南部，健康でない，1人子は南部，デイサービス，軍用

地料有.
⑰　女60才，病気もち，子供はいない.
⑱　女72才，サトウキビ栽培，娘は南部にいる，軍用地料有.
〈入院中〉
①　女（年令不祥），息子と同居（別世帯）だが入院中，軍用地料有.
②　女（年令不祥），痴呆で入院，軍用地料有.
③　男85才，足が悪く歩けない，要介護認定，病院入院中.

約160戸の地つきの住民に配布し，うち97票を回収した調査票によると，1人暮しの高齢者は夫婦は24人，夫婦2人世帯の高齢者世帯は23人（うち4は一方が高齢者）となっている．合計の高齢者世帯は47人であり，調査票回収97世帯の半ば近く48.5％を占めている．1人暮しで子供が区内にいるのは4人，子供がいないものは14人である．夫婦の高齢者世帯では前者の数は6人であり，子供が区内に住むのは半ばに満たない．高齢夫婦に対する日常的家族介護は困難化しているといってよいだろう．

第2章　基地の中での農村自治と地域文化の形成

1　村と戦争

1) 沖縄を象徴する地域自治

　読谷村の戦中戦後史は沖縄を象徴している．ここは米軍の本島への最初の上陸地であった．戦後村は米軍に接収され，住民は村から追い出され苦難の道を歩んだ．沖縄には日本にある全米軍基地の75％が県下25市町村にまたがって存在するが，読谷村でも返還があったとはいえ，総面積の47％がなお基地に提供されている．

　だから，読谷村のむらづくりは，基地の存在を抜きにしては考えられない．村の中心部が基地として接収されているのだから，基地の返還を通してのみ，将来の村の姿を描くことができるのである．読谷村の村づくりは基地返還闘争を軸にして展開してきた．

　山内村長は次のように言う．戦後のむらづくりは「焦土廃墟の中から生きていくための生活の場，生産の場を求めての活動であり，基地に囲まれた生活の中での生命の安全を確保するための道程でありました」．「虐げるのでもなく，争うのでもなく，差別するのでもなく人間を大切にし痛みを分かち合い，ただひたすらに平和を求めるという"沖縄のこころ"によって今日の文化村の基盤が形成された．しかし，基地のある村は「常に生命の危険ととなり合わせに生活している」のであり，「全世界的な非核，反戦平和の構築に努力していきたい」[1]．

　村議会は1982年「非核宣言」を行ない，憲法の平和主義に撤する村づくりの基本姿勢が形成されてきた．日本国憲法の精神を村民生活に根づかせ，これを生かす「平和憲法の生活化」（5期目の山内徳信村長の91年の施政方針）が求められているのである．そして91年の施政方針で山内村長は「村民の意思を体

して」内外に「平和宣言」を行なっている．
 1. われわれは，自衛隊の海外派遣等に反対し日本の主体的な平和外交の展開を政府に強く求めます．
 1. われわれは，反核，反戦を貫き，平和を守り人類の存続と文化創造のために奮闘する．
 1. われわれは，我々と我々の子孫の幸せと繁栄をめざし，平和な社会を築くために奮闘する．
 1. われわれは，読谷村民の住みよい生活環境の確保をめざし，基地公害を拒否するため奮闘する．
 1. われわれは，読谷飛行場内の米軍落下傘演習場の早期撤去を求め，転用計画実現のために村民の知恵と力を結集して奮闘する．

　読谷の特質は，直接的な平和主義にだけあるのではない．村長が好きな言葉としてよく引用する沖縄学の先覚者・伊波普猷の言葉「汝のたつところを深く掘れ，そこには泉あり」，あるいは村長自身の言葉としての「世界の中心は読谷である」，「21世紀の歴史の批判に耐え得る村づくり」，「個性的であることから国のみならず世界にも通用するような村づくり」などに，読谷村の歩もうとする道筋が伺われる．読谷村の自治形成と村づくりは平和主義を基礎にして，地域の歴史，文化，自然を掘り起こし，沖縄―読谷的な豊かな地域個性をもつと同時に，世界に視野を広げ，誇りをもって未来を展望しようとする創造的主体的自治のあり方を追求しようとしてきた点でも，沖縄の歴史，文化，自然などの日本における位地を象徴している．それは，歴史と戦争の経験をふまえて，地域の中からアイデンティティを確立して内発的に発展してゆこうとする地域形成である．この中から，「地域民主主義」をかかげながら，「村民主体の原則・地域ぐるみの原則・風土調和の原則」，「人間性豊かな環境文化村」などの原則や理念が形成され，そのための村づくりの歩みが続けられてきたのであった．

　読谷村は王朝時代の華やかな歴史の舞台でもあった．1372年中山王国の察度王は琉球からの明への最初の朝貢使として泰期を読谷の長浜港から送り出した．泰期はその後も幾度か使いし，これが中国の文物摂取と琉球発展の基礎となった進貢貿易の始まりである．泰期は古謡集「おもろ」にもたたえられてい

る．また琉球の三山を統一した尚巴志の命で1422年ごろ護佐丸がこの地に座喜味城を築き南蛮貿易を奨励した．彼は王から無実の謀反の疑いをかけられ討伐されたが，抵抗することなく自殺した．忠誠心と悲劇をうたわれ芝居にも組まれ，今日まで沖縄の人びとにもっとも親しまれてきた物語として語りつがれている．琉球古典音楽の始祖といわれる赤犬子もこの地で生まれた．また薄幸と悲恋の遊女歌人よしや思鶴（チルー）もこの地に多くの伝承を残している．こうした海外雄飛，戦いを忌避して自殺した護佐丸，古典芸能，薄幸と歌人などもまた戦争，基地とともに沖縄と読谷を象徴するものであり，村づくりの中に生かされているのである．

本章では，この沖縄を象徴する地域自治にふれると同時に，北部大宜味村の調査を対照しながら，なお仮説的な段階にとどまるが，その自治を支える基礎的社会構造の沖縄的特質を，北部との違いに着目しながら考えてみたい（大宜味村調査は省略，巻末文献目録『沖縄の都市と農村』参照）．

2） 戦前の読谷村

読谷（ヨミタン）村は那覇市北方28km，本島中部西方東シナ海岸に接し，東と南は基地の町沖縄市と嘉手納町に，北は最近リゾート開発で著名化した恩納村に隣接する．村の面積は中部中頭郡の8町村中26％を占めて最大であり，南部を含めた市部を除く，27町村中でも8.4％を占めて第2位の広さをもっている．表2-1に見るように，戦前の統計で，山林原野は相対的に少なく56％が耕地であった．本島縦貫の主交通の便，里・山・海の幸，景勝地残波岬を含む美しい海岸線，王朝時代の歴史と文化を綴る多くの遺蹟などに恵まれた純農村であった．しかし，現在の面積統計で見るならば，耕地面積は約6分の1の17％に減じている．基地1,649haが雑種地の中に含まれているからである．戦争と戦後の基地化は読谷の人びとの生活と社会を決定的に転換させることになったのであった．

1930年国勢調査によると，世帯数3,353戸，総人口は15,835人，就業人口の86.5％が農業人口であった．農業生産について1937年県統計書で見よう．総戸数3,185，農業本業戸数2,982戸，副業を含めると3,307戸（畜産副業が2,891

表 2-1 地目別土地面積

世帯員数	1937年	1989年
総面積	3,272ha	3,517
公有地	5.5	
民有地	3,267	
水田	143	
畑	1,820	332
山林	670	
宅地	152	372
原野	432	178
雑種地	7	2,213
内基地面積		1,649
他	40	423

資料) 1937年は沖縄県統計書, 1989年は「読谷村の統計」1989年版による.

戸, 養蚕183戸, 林業198戸) であった. 本業戸1戸当りで66aとなる. 作付け面積から見ると, 甘藷(50％), 甘(30％), 大豆(16％), 水稲(7％), 野菜(2％)の順であった. 生産額からはさとうきび(40％), 甘藷(34％), 野菜(8％), 大豆(6.6％), 米(6.4％)であった. 農家の現金収入は糖業に依存していた. 90％の農家はさとうきび作を行ない, 290戸が製糖農家であったのである. 農家数の98％は有家畜農家であり, さとうきび・甘藷の茎葉を利用しての牛の肥育が盛んに行なわれ, 牛馬市も開かれた.

村民1人当り総生産額はこの年は県内13位であるが, 40年は21位であるので, 県内の上の下か中位に位置したと考えられる. 1904 (明治37) 年の大旱魃の時のソテツ地獄, 第1大戦後から昭和初期のの砂糖価格暴落に伴う困窮と出稼ぎの増大は今日に至るまで語りつがれている. 耕地は零細であり甘藷を主食とし生活は貧しかったとしても, 北部大宜味に比べればずっと恵まれていたといってよい. 土地整理はここでも1903年に終わり共有の土地の配分が行なわれた. 38年で自作農家63.5％ (耕地68.7), 自小作30％ (27.4), 小作6.5％ (3.9％) であり, 農地は基本的には耕作者の手に保持され続けてきたのであった.

1911年戸数は3,003戸, 人口14,759人であったが, 戦前は大きな増減はなく, 40年3,120戸, 15,883人であった. 出稼ぎ移民も多く見られたが, 地元定着性が強かったように思う. それが, 戦後の自然増加による急速な人口増加につながっている. 戦後1948年までの復員, 引き揚げ者は本土から984人, 海外から916人である. 大宜味は人口が読谷の約半分でありながら, 35年で軍人を除いて海外居住者933人, 県外出稼ぎ1,231人であったことに比較すれば, 海外や本土への出稼ぎや移民は北部よりずっと少なかったといえる. さらに大宜味は

1,000人をこえる県内出稼ぎをもあわせもつ，いわば出稼定住型村落となっていたのに対し，読谷は定住型の村落として存続してきたのである．基地返還運動の隠れた背景とも考えられる．

3） 地域形成の原点――戦争と基地化

1943年日本軍の当時東洋一といわれた読谷飛行場建設が始まった．戦後土地を返却するという約束のもとで75万坪の土地が強制接収され，各町村割当で人夫が徴収され読谷でも各字割当で5,000～6,000人（1日平均約3,000人）が強制労働に駆りだされた．飛行場，横穴の陣地など村は要塞化された．現在でも「義烈空挺隊玉砕の地」碑がある．また読谷村からは900人が召集され防衛隊が組織される．米軍の猛爆は44年年末から始まる．それを避けて村民は疎開地を北部の国頭に指定され住民のうち6,390人が移動する．多くの人びとは山中生活を強いられ，飢餓，マラリア，風土病にさいなまされ，飢えをいやすための毒性のソテツを食べ方もしらないまま食して死ぬものもあった．死亡者は老人子供に多かった．また多くの老人は疎開避難することなく，生まれ育った地に死地を求めて留まり潜んだ．

爆撃による徹底した破壊のあと，1945年4月1日，1,300隻の艦隊に支援されつつ，182,800人（沖縄戦投入米軍45万人）の米軍がここ読谷の浜辺から上陸を開始した．激しい戦争と多くの犠牲を経て6月23日沖縄戦は終結する．村の公式統計では，村民の戦争犠牲者は2,931人に及んだ．44年の世帯数3,150戸に対し93％であり，各戸1人近い犠牲者を出したことになる．なかでも渡具知部落は44年の戸数109戸に対し235人（1戸当り2.16人），大木部落は48戸で85人，比謝部落は49戸で70人，大湾部落は108戸で143人，後述の波平部落は368戸で426人の犠牲者を出している[2]．

この陰には疎開しそびれた波平部落住民82名のチビチリガマ（鐘乳洞）での集団自決，防空壕での17人の集団自決といういたましい事件があった．字内婚で血縁につながれた人びと，生き残った人びとにとって，お互いに傷つけ合ったこの修羅と地獄の世界は黙して語ることのできない事件であった．1969年編纂の当該部落の字誌『波平の歩み』も15頁にわたる「戦争と慰霊」の章

に全くふれていないのである．これは戦後39年もの間秘められ，八重山開拓移民の調査をしていた東京八王子の下嶋哲朗氏が偶然のことから耳にし，苦労のあげく住民との共同調査にこぎつけてようやく明らかにされた事件であった[3]．上記の公式の死亡者統計によると波平部落の一般住民死亡は37人と少ない．

　従って，この集団自決者は統計に入っておらず，死亡者統計は不完全である．また字楚辺の死亡者は，軍人・軍属154人，準軍属61人，一般住民90人合計305人である．しかし，『楚辺誌―戦争編』（1992年発行）の最近の綿密な調査によると，軍人・軍属141人（うち沖縄周辺100人），一般住民（含準軍属）308人，合計449人に及ぶ．一般住民死亡は公式統計をはるかに上回るのである．一切の文書資料が失われ，戦後半世紀を経て，なお，全村的には戦争犠牲者が確定できないのである．読谷村の多くの字には戦争犠牲の字民を祀る字ごとの13の慰霊の塔があり，その慰霊祭は各字の重要な年中行事となっている．

　米軍上陸後，まず，地元に留まった老人子供が，ついで逃げ遅れて周辺の山中に潜んでいた人びと数百人が捕虜となり収容所に入る．最初の捕虜を見た一米軍兵士は次のように日記に記している．「4月5日．私は最初の捕虜を見た．……かわいそうに，ちいさな子供と女と老人ばかりだ．もしそれが少しの慰めにでもなるのなら，私もかれらとともに座って泣きたいくらいだ．この人たちは，何年も何年もここに住んでいるのだ．ここはかれらの生まれた土地で，彼らはずっと幸せだったと思う．しかしどうだろう．いわゆる文明というものを持って我々がやってきて，人を殺し，強姦をし，そしてこの人々の生活と家を破壊した．この人達には何の罪もないのだ．彼らはこの島々の原住民で，何千年もここに住んでいるのだ．彼らは日本人ではない．また，誤解のないように言えば，私の知る限り，日本人といえども大変素晴らしい人々のように見える．我が国の政治家達が我々に宣伝してきたことはまったくバカげたものだ．ここで私は，この殺戮に自分が関わったことに対し，神の許しを乞いたい」[4]．

　4月上旬国頭の山中に避難した住民は7月の米軍の掃蕩作戦によって4カ月の飢えとマラリアに苦しめられた山中生活と別れて収容所に入る．米軍は読谷村を全面占領し，全住民を追放した．村民は収容所に入り，また伝手を求めて村外各地に分散居住することになる．だから村づくりの第一歩は村人の村への

復帰であった．住民は周辺市町村に分散居住しつつも村長を選び村行政組織を確立し，復帰に備えた．1946年8月再三の要請のあと一部地域が解放されることになり，読谷村建設隊が組織された．44年の家屋総数は3,179だったが，46年の残存家屋数は132で戦争被害率は96％であり，文字どおり「焼き尽くせ」の徹底した破壊がもたらされていたのであった[5]．8月31日突如として建設中止命令が出されたが，村長や県の懸命の努力で9月11日命令が解かれた．議会もないため前村会議員による村政委員会が作られた．委員会は新出発のために旧村名「読谷山」を「読谷」に改めた．帰るべき村のない人々は厄介視され，次第に読谷山は周辺地域からの軽蔑の名になってしまっていた．破壊に続く屈辱から誇りに満ちた新生のために村名が変えられたのであった．

600人の建設隊員が組織された．散在する村民の代表を地区ごとに設け相互に連絡協力がはかられるとともに，建設後援会が組織され，物心両面からの援助が行なわれた．建築隊250人には政府による賃金負担があったが，農耕隊350人はすべて後援会の援助で経費負担が行なわれた．地雷など爆発物，破壊家屋，死体処理などはじめとして，原野化してマングースが往来し，破壊され荒廃しつくした村の建設に村人の総力があげられたのである．本島上陸作戦の拠点となった読谷はすさまじい破壊兵器によって徹底的に破壊されていた．住宅だけではなく公共施設，畜舎，護岸施設，農道，用排水路，防潮防風林等あとかたもなくなっていた．

大宜味村の戦後復興は基本的に字のユイマールで行なわれた．直接の戦禍を受けなかった部落に定住する人々の自らの生活の自力救済のための活動であった．読谷のそれは何よりもまず，徹底した破壊による無からの新生であり，復帰可能な人々だけでなく，復帰の道を閉ざされ，差別されながら故郷回帰を夢見る全村民の，字をこえたシオニズム運動であり，半世紀を経た現在に至るまで継続している運動であったことに特質がある．この時返還された土地は僅か5％に過ぎず，現在なお，47％が基地に接収されており，復帰のかなわぬ多くの住民をかかえているのである．基地返還と復帰のための運動は読谷村の地域形成の原点となっていることを忘れてはならない．

同年11月20日から第1次移動が開始され，5,000人が帰村した．その後移動が進み，48年4月の第5次移動で旧村民の大部分15,400人の移動がほぼ完了し

表 2-2 居住地区と旧住民の自治組織の関係（199

字　名	居　住　区					総人数④
	総人数①	所属行政区数②	母区住民居住人数	行政区未加入人数③	母区住民人数率②/①	
長浜	2,270	7	930	240	41.0%	1,001
瀬名波	1,295	7	858	259	66.3	978
宇座	141	2	126	11	89.4	1,301
渡慶次	1,389	5	1,044	99	72.3	1,504
儀間	249	2	225	20	90.4	811
高志保	2,661	9	1,507	474	56.6	1,663
波平	3,111	13	2,694	108	86.6	2,891
上地	843	5	64	737	7.6	83
座喜味	2,239	8	1,549	174	69.2	1,630
親志	0	0	0	0	0	537
喜名	2,887	4	2,018	164	69.9	2,045
都屋	1,146	5	0	981	0	685
楚辺	4,368	17	2,404	864	55.0	2,605
大添	6	2	2	0	33.3	920
大木	1,930	17	878	769	3.9	1,079
牧原	0	0	0	0	0	268
長田	0	0	0	0	0	137
伊良香	2,451	15	998	1,107	40.7	1,002
比謝	1,773	13	446	726	25.2	504
比謝バシ	102	3	49	21	48.0	165
古堅	1,605	11	479	995	29.8	844
大湾	1,845	11	575	873	31.2	743
渡具知	489	2	398	88	1.4	793
合計	32,799	23	17,274	8,610	52.7	24,189

注）1．未組織者は入村者の他に，母集落不明の読谷出身の，主として子供のいない分家者を一部
　　2．楚辺，牧原，長田，比謝バシ，喜名の全域と親志の一部はもとの集落地は帰れない．

た．復帰を求める住民は当初認められた狭小な地域に密集雑居して解放をまった．米軍施設に包摂されあるいは近接しているため，建築移動終了後の再立退き命令の苦難もあった．極度に狭められた土地での生存のために当初は共同耕作，土地割当耕作が行なわれた．続く土地所有権の認定は，公的記録消滅のため困難を極め3年の時日を要した．返還土地の認定問題は今日でも全沖縄の問

1年12月）

行政区		
居住区数	母区居住人数率②/④	住民未組織率③/①
6	92.9%	10.6
6	87.7	12.3
12	9.7	7.8
11	69.4	7.1
11	27.7	8.0
8	90.6	17.8
7	93.2	3.5
2	77.1	87.4
9	95.0	7.8
6	0（座喜味＝430）	0
5	98.7	5.7
9	0	85.6
	（主＝喜名 607）	
8	92.3	19.8
7	2.2	0
7	81.4	39.8
6	0（分散居住）	0
5	0（主＝大木，伊良香）	0
3	99.6	45.2
5	88.5	40.9
7	29.7	20.6
8	56.8	62.0
6	77.4	47.3
4	50.2	18.0
23	69.6	26.3

含むと思われる．

題となている．

村民はすべて旧居住地に移動したのではない．講和条約発効（1952年）によって基地は占領地から正式に基地となったが，その時でさえ，20％が返還されていたに過ぎないからである．日本本土復帰の1972年で基地面積はなお73％を占めていた．現在は47％である．旧居住地を復旧して復帰した字もあるが，9字はなお旧居住地外に居住している．その中には移住後，立ち退き命令で再移住した楚辺，渡具知などの字もあり，復帰をめぐる困難が伺われよう．

現在なお，多くの住民が，各所に分散居住している．表2-2はその事情を示したものである．読谷村の各字の旧住民は別れて住んでいても，字の結合を保持し，共通の自治組織に加入している．表中たとえば，「字座」は総旧住民数1,301人で自治組織をもつが，実際には12行政区に分住している．宇座地区に141人が居住するが，もともとの住民は126人であり，残りの15人は別の字の自治組織に属している．従って「母字」居住率は9.7％にすぎないことになる．親志，牧原，長田などは母字には1人も居住せず，それぞれ6，6，5字に分住しながら旧住民ごとに自治組織を作っている．地域の字＝行政区はこのように旧字の結合を保持しつつ，属人的に組織されている．旧住民の結合を保持していることに読谷村の地域組織の特質を見ることができよう．こうした地域組織の編成

のもっとも重要な原因には，母字の外で借地，借家住まいをしているものが多いことや，基地内に旧住民の共有地があり，字への基地の地代収入が大きい場合も多いこともあろうが，何よりも，母字の地への復帰によって，何時の日にか，字を文字通り属人属地一体化の形で復元したいという住民の強い願いがあるといってよいだろう．「寄留民」を区別したムラ意識の伝統が残っていることもあるかが知れない．

2 読谷村の戦後産業構造の変動と内発的発展

1） 自然増を主とする人口増加

沖縄の人口は戦前は海外移民などが多く，50万人台で推移したが，1949年に100万人を突破し，90年には122万人を数えるに到っている．全国11番目の増加率だが，沖縄は唯一自然増による人口増が見られる県である．これらの，人口の80％は本島中南部地域に集中している．復帰前は那覇への集中が著しかったが，今日では読谷の属する中部地域の増加が著しく，そこに40％余の人口が居住している．この中部地域には基地が集中しており，中部地域は基地返還による増加可能性をもつ地域である．

読谷は那覇へ車で1時間の距離にあり，最近の中部地区の展開を背景に，自村のほか，周辺市町村への通勤者が多い．ここでも既述のように戦前3,200戸15,000人前後で推移した人口は，戦後増勢を強める．復帰直前の1970年にはすでに4,471戸21,410人となっており，その後も増加を続け，90年にはさらに約9,000人，3,700世帯が増加して30,750人の人口を擁している．南部地区を中心に流入増もあるが，70％以上が自然増加に基づいている．70～90年の増加人口9,340人中6,940人が自然増なのである．基地面積が多いこともあって，外部からの人口を吸引する力は強くなく，中南部の周辺市町村に雇用機会を求めながら人口を流出させることなく，自然増人口を村内に止めている村といえる．その中で村の南部地域は市街地化が進み，急速に都市化を進めており，農村というより郊外市街地の様相をもつようになっている．にもかかわらず，行

政的には「村」としてとどまっていることに注意したい.

2) 村を支える産業と内発的発展

　読谷村の開発は，返還基地の跡地利用を中心に地元主義を貫き，村の自然的，歴史的，文化的資源を利用し，農業を重視する，村の体型にあった内発型の開発をはかってきたことに特質がある．止むを得ず外部資本の力を借りる時も地域の主体性，地域発展の原則をつらぬこうとしてきた．そうした地域主義的努力とともに，基地経済からの脱却が進むことになる．

　復帰前の統計として『村の歩み　読谷村　1957』にあげられた数字がある．第1次産業人口は54％を占める．同書の説明によると総就業者中の30％，2,595人が軍雇用者であり，分配村民所得における勤労所得59.6％のうちの72.6％が軍雇用所得である．さらに基地賃貸料を含む個人賃貸料所得が15.6％を占めており，村民所得の半ば以上が基地に依存していたといってよいだろう．零細な農業就業者と軍雇用者を除く就業者は702人にすぎないのである．

　軍用地賃貸料金は54年夏契約8,578,623円，55年度夏契約29,599,985円であり，51年の村民所得2億25,577,450円に比し，その間の物価上昇を引いても極めて高い水準にあることが推量される．

　第1次産業就業率は依然として高かったが，耕地面積は基地化により1937年（2,920戸，19,626反）比で29％に減少し（2,834戸，5,618反），1戸当りでは6.7反とさらでだに零細だった耕作面積は2反弱にまで極零細化していた．基地雇用は急速に減少してゆく不安定所得であり，極零細化した農業で生活の基礎を支えざるをえなかったのである．

　しかし，沖縄経済が復興の歩みを示す中で，他産業就業が増大するのは必然であった．復帰直前の頃の変化が激しい．1965年41.5％だった第1次産業人口は，70年には半減して23.5％になっていた．その後も減少が進み，90年には7.5％まで減じてしまった．第2次産業では復帰前後からの建設投資を反映して建設業従事者が2倍以上に急増した．製造業は後述する地場産業の振興があり復帰時に比し2倍の733人となったが，雇用吸収力は弱い．最大多数を占めるのは第3次産業就業者であり，90年には3分の2を占めるにいたった（表2-3

表 2-3 産業別就業人口

(単位:人,％)

	1956年	1965年	1970年	1980年	1990年
第1次産業	3973 (54.6)	3242 (41.5)	1841 (23.5)	968 (10.4)	959 (7.5)
第2次産業	376 (5.2)	1057 (13.5)	1488 (19.0)	2687 (28.7)	3067 (24.1)
うち建設業	337 (4.6)	793 (10.2)	1084 (13.8)	1922 (20.6)	2310 (18.1)
うち製造業	39 (0.5)	259 (3.3)	392 (5.0)	676 (7.2)	733 (5.8)
第3次産業	2921 (40.2)	3504 (44.9)	4510 (47.1)	5694 (54.6)	8460 (66.4)
合 計	7270 (100.0)	7803 (100.0)	7840 (100.0)	9349 (100.0)	12733 (100.0)

注) 1. 1956年は『村の歩ミ―読谷村 1957年』による. 他は『読谷村の統計 平成元年』と国勢調査による.
2. 合計に分類不能を含む.

参照). 56年でも40.2％を占めていたのだが, その74％2,172人は米軍雇用者であった. しかし, 軍従業者は88年で666人に減じている (『読谷村の統計 平成元年』による). 90年国調の雇用者数8,045人に対して, 8.3％, 総就業者に対しては5.2％に過ぎない. 基地経済からの脱却が進んできたのである.

常住地就業者12,711人 (雇用者10,175人), 読谷居住, 読谷就業者は5,929人であり, 他市町村居住の読谷での就業者は1,513人である. 半ば以上が周辺他市町村で就業する通勤基地となっている. 周辺の沖縄市 (1,154), 嘉手納町 (1,084) の隣接市町をはじめ那覇市 (701), 宜野湾市 (463), 浦添市 (442), 北谷町 (381), 恩納村 (368) など中部南部地域への通勤者が多い (かっこ内は1985年の国勢調査による流出就業人口). 村内の就業の場が少ないことには村面積の半ばに近い基地の存在が重要な原因となっている. しかし, 交通条件に恵まれ, 北部のような村外流出は少なく, 自然増人口を中心に人口増加しつつ通勤者居住地域としての性格を強めているといえよう. 住宅地面積も戦前の152haから352haに増加し, 農地面積の一層の減少をもたらしている.

1990年の1人当り所得は県平均の90％ (県下53市町村中26位) である. しかし, 84年以降は, 村民所得の上昇率は県平均を上回っている. 82年には86％だった. 財産所得が県平均の11.9％に比し15.8％を占めており, 基地経済の影響を見ることができる[6]. 基地のない大宜味でも8.8％だから, 基地関係地代は5％程度と見られる. 前述の就業者中の基地関係雇用者率5.2％を併せると,

第2章 基地の中での農村自治と地域文化の形成

村民所得の10％程度が直接の基地関係所得と考えてよいだろう．

読谷村では沖縄振興開発法で伊良香工業適地24.2ha（全県11地区）が指定されている．しかし，工場誘致やゴルフ場などが模索された後，現在の村の方針は，地元資源の掘り起こし，地場産業の発展に重点をおいている．80年代からのこうした内発的発展のための努力としてはまず返還地における農業開発があげられる．

1976～89年には8地区で農業生産基盤の整備が実施され，集落の復帰先における集落基盤整備事業（居住地整備）も7地域で行なわれた．最大のものは返還された旧ボーローポイント飛行場跡地の198ha（2,028筆）中89.8ha（871筆），地主数464人の西部連道地区のの土地改良事業である．74年の返還後，当初は軍用地料に代るものとして，本土企業によるゴルフ場中心の開発が考えられた．6年を要した話し合いの後ようやく，沖縄振興開発法の高率補助のある内ということで，農業開発へと意見は合意をみた．

重要なのは水の問題であったが49年以降，長浜川の水資源調査が行なわれ，280haの畑地灌漑が可能ということになり，返還地で建設される長浜ダムの建設は84年に始まり当初予定より遅れて95年完工の予定である．ダム建設に先立って土地改良は81年2月から始まり，90年3月に完工した．とくに地積調査所有権の確定作業は土地台帳が戦禍で消滅しており，非難や意義申し立てが続出し難航した．コーラル・アスファルト（珊瑚石灰岩）が敷き詰められた土地の農地化も困難を極めた．しかし，完成の暁の地主と村人の喜びは大きかった．長い闘いを通してようやくかちとった返還土地が農地として蘇ったのである．完工記念の「大地悠遠」の碑が建てられ同名の記念誌も発行され多くの関係者によって，その苦労と喜びが語られている．

村では76年以来全体で8カ所，約260haの基盤整備がほぼ完工に近づいている．沖振法による補助率は国が75％と高く，地元農家負担は総事業費8.67億円のうち3.75％である（村8.75％，県12.5％）．

表2-4は土地改良区内作物作付比率を見たものである．1989年には伝統的な作物のさとうきびが81％を占めていたが，2年後には63％に減り，代わって，付加価値の高い紅イモ，観葉，花き，ハウスが増えてきている．89年で沖縄県の10a当粗生産額はさとうきび17.3万円，野菜55.6万円，花き150万円

表 2-4　西部連道土地改良区内作物の作付け状況の推移

(単位：m², %)

	1989 年		1991 年	
	面積	比率	面積	比率
サトウキビ	621,809	81.1	485,300	63.0
観葉作物	26,906	3.5	66,582	8.6
紅いも	19,611	2.6	99,078	12.8
野菜	10,241	1.3	3,055	0.4
花	24,472	3.2	51,164	6.6
ハウス	9,726	1.3	13,960	1.8
牧草	23,470	3.1	23,078	3.0
休耕	29,932	3.9	29,214	3.8
合計	766,167	100.0	771,451	100.0

注）　西部連道土地改良区『大地悠遠』1991 年による．

であり，1995年のダム完工によって灌漑が完備すれば村の農業は高収益農業へと大きく変わるだろう．

　全体としては，90年センサスで，野菜果樹50ha，紅いも60ha（菓子の原料として読谷産は評判が高く，供給が需要に追いつかない），花き18haなどの栽培が増加し，メロン（生産額県内1位），いも（主として紅いも2位），ピーマン（3位），すいか（5位），鶏卵（7位），きく（10位）などに特化しつつさとうきび中心の農業が変化しようとしている．村は飛行場返還後そこに畜産広場・バイオ研究所の建設を計画し，将来の高収益農業の方向づけを考えている．今後返還される農地に関しては，所有権確認が困難な場合もある．そのこともあるが，村の方針は生産法人として所有権を法人に帰属させ，集団的な農業開発を行なっていく方向を考えている．

　表2-5～表2-6に見るように農家数は復帰時に比し60％弱にも減ってきた．一時規模拡大の傾向が見られたが，最近は頭打ちである．しかし，農業の中核的担い手の数も減りつつあるが，60歳未満男子専従者は193人で相対的に多い．とりわけ，専業農家の内男子生産年令人口のいる農家はむしろ増加しているのである（表2-6参照）．こうした，農家群を中心に花きなどを中心とした農業の集約的展開が見られるのである．伝統的には耕種農業はさとうきびと野菜

表 2-5 専業兼業別農家数

(単位：戸)

	1971年	1975年	1980年	1985年	1990年
農家数合計	1,960	1,415	1,469	1,194	1,162
専業農家	238	128	158	157	172
うち男子生産年令人口がいる		54	68	81	90
第1種兼業	199	192	202	197	64
第2種兼業	1,523	1,095	1,109	840	926

注）「農業センサス」による．

表 2-6 経営規模別，専従者の有無別農家数

	1971年	1975年	1980年	1985年	1990年
合計	1,960	1,415	1,469	1,194	1,162
自給農的家					400
例外規定	68	21	16	11	53
50a未満	1,436	976	869	596	242
1ha未満	369	328	404	397	343
～1.5ha	77	64	101	106	79
～2ha	17	19	45	46	28
2ha以上	3	7	34	38	17
専従者無	1,100	848	957	545	632
女子専従者のみ	239	81	34	68	44
男子専従者有	621	486	478	581	486
うち60才未満有	?	226	243	262	193

注）「農業センサス」による．

と畜産であったが，それらは，最近は肉用牛のほかは停滞し，農業の構造転換が進んでいる（表2-7参照）．1990年うりみ蠅の根絶宣言が行なわれたが，本土を市場とした亜熱帯農業の振興が期待される．また，地元加工を含む製菓原料としての特産の紅いもの需要が急速に高まり，その生産拡大が進んでいる．基地返還による農地面積の拡大とともに担い手後継者の確保が不可欠である．

　産業別村内純生産で見た場合農林業は89年4.6％，鉱業・製造業は5.7％に過ぎない（表2-8参照）．しかし，読谷の場合，この2つの産業が地域の内発的発展を支える産業である．衰退していた伝統的な読谷山花織が64年以降村ぐ

表 2-7 農業粗生産額

(単位:100万円, %)

	1975年	1980年	1985年	1990年
合　計	1,184	1,840	2,354	2,185 (100.0)
耕種計	671	1,093	1,447	1,372 (62.8)
いも類	132	74	170	167 (7.6)
野菜類	293	492	320	236 (10.8)
果実類	246	2	5	3 (0.1)
花き類	512	430	301	508 (23.2)
工芸農作物	13	94	647	457 (20.9)
その他	3	747	2	813 (37.2)
畜産計	305	11	906	184 (8.4)
肉用牛	162	43	39	63 (2.9)
乳用牛	29	435	69	338 (15.5)
豚		242	515	204 (9.3)
鶏		16	253	24 (1.1)
その他			22	

注) 県農林水産部「農業関係統計」各年刊による.

表 2-8 読谷村ノ産業別村内純生産ノ構成比

	1989年	1990年
農林業	4.6	4.4
水産業	0.2	0.2
鉱業・製造業	5.7	5.8
建設業	27.3	23.5
電気・ガス水道	2.1	2.8
運輸通信	3.9	3.5
卸売・小売業	9.7	9.7
金融保険不動産業	15.2	15.4
サービス業	16.3	18.3
政府サービス生産者	16.9	17.8
対家計民間非営利団体	2.3	2.4
合　計	100.0	100.0

注) 1. 帰属利子のマイナスがあるため合計は100%にならない.
　　2. 県統計課「沖縄県市町村民所得」1989年版, 90年版による.

るみで復興され，75年県無形文化財に指定され，90年には235人の織り手が従事している（生産高7,000万～9,000万円）．繊維工業は90年で村内141事業所中101を占めているが，村営の3工場を建設して指導奨励している．また，72年人間国宝金城次郎氏を那覇の陶芸地壺屋から村の古い窯場（喜名焼）跡に招致して以来ここに登り窯による読谷壺屋焼が始められた．軍用地返還地に4つの共同窯が設けられ，ヤチムン（焼物）の里づ

くりが行なわれ，現在は村内に20の窯元があり，100人余りが製作活動を続けている（推定出荷額2億円）．軍用地跡地にはまた村内最大の沖ハムの食品加工場（110人就業）が誘致されている．紅いもは地元の業者の商品開発ですでに年間4億円の売上げがあるといわれている．より一層の商品販売開発のためには商工会が第三セクター（株）ユンタンザン（関連会社にベニ屋設立）を，農協も紅いも加工センターを作り協力している．これら地元の産物は返還地にある村営伝統工芸センターで展示販売され，地域文化の紹介の場となっている．沖振法の高率補助の下で都屋漁港が整備され（1993年）県下でもっとも大型の定置網の設置が行なわれ，養殖漁業も計画しながら，沖縄うみの園やリゾートホテルとの連携が考えられている．

　リゾート開発もまた読谷方式で行なわれる．沖縄全体がリゾート開発ブームであり隣接恩納村の地元住民でさえ海岸利用料をとられる乱開発は有名である．しかし，読谷が開発を始めるのは最近である．貸地として所有権と地代を確保し，地元優先雇用，地元農産物利用優先の契約と話し合いで開発を進めているのである．また，多くの福祉施設を誘致しており，コインランドリー社（洗濯会社）は50人の地元障害者を雇用している（以上後述）．

　読谷村の産業開発は47％の土地を軍事利用されている点で制約を負っている．その制約の中で，外部資本に依拠するのではなく，農業を基本としつつ，いたずらに大規模開発を意図するのではなく，その体型に合わせての，歴史や文化を含む地域資源を掘り起こす形のものであるといってよい．外部資本が入る場合も掠奪的ではなく，後にもふれるように「人間性豊かな環境・文化村」構想に従う，弱者にも優しい内発的であって自主性に富んだ主体的な開発であるのである．

　ゴルフ場開発も行なわれたが，外部資本によってではなく，地元地主の共同出資で会社が作られ，地元雇用（48人）にも貢献しつつ地域活性化に貢献している．

3　文化運動としてのむらづくりと農村自治

1）基地返還闘争の軌跡

　読谷村の将来計画は基地の返還を抜きにしてはなりたたない．ここでは，基地に依存した経済にもかかわらず村をあげての基地返還運動が続けられてきた．その運動の歴史はそのまま村づくりの歴史だった．基地返還闘争の歴史を振返って見ておくことにしよう．

　読谷村には現在次の5つの基地施設がある．嘉手納弾薬庫施設（村内1,145ha），読谷補助飛行場（同191ha），トリイ通信施設（同198ha），楚辺通信施設（同54ha），瀬名波通信施設（61ha）で合計1,649haを占めている．読谷の基地を象徴するものとしてまず目につくのは，楚辺通信所の「象のオリ」と呼ばれる直径200m，高さ30mに及ぶ巨大な円筒型にはりめぐされた50本以上のアンテナ網である．アジア東部の通信のすべてが傍受されるトリイ通信基地には，在沖米陸軍の司令部がおかれ，唯一の実戦部隊，米陸軍特殊部隊が配置されている．

　1972年の復帰時73％であった基地面積は78年には47％となった．返還に至るまで，住民による反基地闘争の激しい盛り上がりがあった．まず，不発弾処理場撤去が70年本格化する．爆弾破片の落下や騒音，振動被害，毒ガス発生による広域汚染などへの反対運動である．運動は座込みなど実力行使を伴ったが，役場・議会・住民一体の運動として非暴力主義的に展開されたことが特質である．長い闘争の結果，78年ついに撤去と跡地の返還が決定された．

　1976年から78年にかけてはアンテナ基地建設反対闘争が行なわれる．読谷飛行場用地所有権回復地主会をはじめとして，村役場職員組合，区長会，村役場，農協労働組合，沖教組分会，高教組分会，青年団協議会，婦人連合会，沖縄バス支部，村議会，社会大衆党，社会党，共産党，公明党の支部など広範な集団が共闘会議を結成した．10数日の座り込みや米大統領への直訴が行なわれ，計画中止に追込み，飛行場内の一部地域を返還させせた．

他方,読谷村,村議会は戦後処理問題として基地問題の解決を数限りなく政府,米軍に要請してきた.1979年「開発計画に基づく解決案」が一種の和解案として,沖縄開発庁長官によって参議院沖縄特別委員会に提示される.読谷村はすでに,78年村総合計画基本構想を作っていたが,これを受けて80年に読谷飛行場転用計画を政府に提出した.この年,日米合同委員会は読谷補助飛行場内のパラシュート降下演習場の移設について合意し特別作業班を設けて作業を進めることになった.さらに86年中曽根総理大臣（当時）の「地元の土地利用構想を尊重して対処する」旨,国会に報告する.90年,アメリカ国務省は「沖縄において,住民と軍との関係改善のためにも土地の返還を目的として基地と施設の使用を合理化していく」とのの報告を上院軍事委員会に行なうにいたっている.
　しかし現在まで具体的な努力もなく,1992年県知事を先頭に関係市町村長が訪米して返還要請を行ない,読谷は実情を訴える「Request for the Early Return of the Yomitan Auxiliary Airfield」を作成し持参した.本書によると,「パラシュート演習による事件記録」は抜粋とあるので主だったものだけであろうが,死亡事故を含めて28回あげられている.多くの字が『字誌』を出版しているが,そこには戦争と基地返還への歴史が綴られていることを銘記しておきたい.表舞台での集団的闘争だけでなく,交渉の繰り返し,返還後の所有権の確認,土地基盤の整備などの苦渋の歴史があるのである.
　表2-9,表2-10に示すのはこれまでに返還された跡地利用のむらづくりの軌跡と,飛行場の返還を予定してたてられた今後の計画,ならびに過去の軍用地変換状況を示した一覧表である.

　2) 基地の返還とともにある文化村づくり計画

　読谷の村づくりはこうした返還基地の跡地利用とともに計画実施され,今後の計画も返還を前提として樹立されている.村づくりの基本を人間性,環境,文化,平和においていることに読谷らしさを見ることができる.山内村長は次のようにいう.「基地は戦争を前提とした施設.第2次大戦ですべてを失ったように,破壊につながる.文化は創造の歴史である.創造的で,ロマンが抱け

表 2–9 返還軍用地の跡地利用の実績と計画
（◉は今後の計画，読谷飛行場跡地の◉は返還後の計画）

読谷飛行場地域計画（（1）〜（6）の合同面積293.1ha）	
（1） 村民センター地区公共設備（29ha）	◉① 行政民主広場（村庁舎，議会棟，デモクラシー広場）
	② 読谷まつり広場（総合福祉センター，伝統工芸センター，村民運動広場，◉教育文化センター）
	③ 平和の森運動公園（野球場，多目的広場，駐車場）
	◉④ かりゆし畜産広場（畜産まつり広場，闘牛場，かりゆし農園）
	◉⑤ 文化交流広場（国際平和研究所，美術館）
	◉⑥ 森と湖の広場・カルチャーレイク（森・湖，送配水濾過施設）
	◉⑦ 亜熱帯農業バイオセンター

◉（2） 展望公園および芸能ホール地区（4.2ha），赤犬子芸能ホール（芸能メッカ），野外ステージ
◉（3） 先進集団農業地区（201ha）
◉（4） 国道58号バイパス沿線ロードパーク芸術回廊（35ha），彫刻，焼物，石彫年表
◉（5） 大木地区区画整理（22ha）（商業，文化，観光拠点の形成）
　（6） 水道施設（1ha）
　（7） 座喜味地区農村基盤総合整備事業（約14ha）
　（8） 喜名地区移転先地公共施設整備事業（喜名地区旧住宅地と農地の大部分は未返還で嘉手納弾薬庫地内にある）．

嘉手納弾薬庫地区
（1） 長浜川ダム建設（総貯水量160万t）
（2） 沖縄ハム総合食品㈱読谷工場（110人就業）

波平陸軍補助施設（都屋高射砲部隊）
医療福祉センターとして計画
（1）村立診療所　（2）県立よみたん救護園　（3）福祉施設都屋の里　（4）福祉施設ふれあいプラザ　（5）農村婦人の会

トリイ通信施設
（1）渡具知地区復帰先地公共施設整備事業
（2）渡具知地区土地改良総合整備事業（約24ha）

嘉手納弾薬庫地区
（1） 長浜川ダム建設（総貯水量160万トン）
（2） 沖縄ハム総合食品（株）読谷工場（110人就業）

波平陸軍補助施設（都屋高射砲部隊）
医療福祉センターとして計画
（1） 村立診療所　（2） 県立よみたん救護園　（3） 福祉施設都屋の里　（4） 福祉施設ふれあいプラザ　（5） 農村婦人の家

トリイ通信施設
（1） 渡具知地区復帰先地公共施設整備事業
（2） 渡具知地区土地改良総合整備事業約（24ha）

嘉手納旧米軍住宅地区
古堅地区土地区画整理事業（居住地整備）

ボーロポイント射撃場飛行場一帯
（1） 農業生産基盤の整備　① 西部連道土地改良区（89.8ha）　② 渡慶次地区土地改良区（27.2ha）　③ 浜屋地区土地改良区（16.8ha）
（2） 集落基盤整備事業　① 宇座地区復帰先地　② 儀間地区復帰先地
（3） 残波峠総合公園整備（読谷村海岸保全利用計画による）
　① 勤労者野外活動施設いこいの広場（センターハウス，ソフトボール場，テニスコート，ローラースケート場，ゲートボール場，バーベキューハウス，◉その他諸施設計画中）
　② 沖縄うみの園（リゾート法による重点整備地区）
　　1）県下最大のリゾートホテルロイヤルホテルほか，◉5棟のホテル
　　2）スタジオパーク（NHK「琉球ノ風」の舞台で，文化研修施設として保存）
　③ ゴミ処理場整備

ボーロポイント射撃場Aサイト
（1） 座喜味城址環境整備事業
（2） 座喜味城址総合公園整備

注） 以上は『平和の炎 1』，ならびに "Request for the Early Return fo the Yomitann Auxiliary Airfield" と聴取による．

れば，おのずから地域像，沖縄像が出てくる」[7]．読谷のむらづくりは文化村づくりとして展開されている．

読谷村は1978年に第1次総合計画，89年に第2次総合計画基本構想（88～1997年度）を，91年に第2次総合計画・前期基本計画（94年目途）を策定している．

いずれも基本理念を「村民主体の原則・地域ぐるみの原則・風土調和の原則」に，あるべき姿を

表 2-10　主な軍用地ノ返還状況

1952年	嘉手納米軍住宅地区	32,714m²
57	波平陸軍補助施設	18,791
65	読谷補助飛行場	48,865
70	読谷補助飛行場	880,562
72	楚辺方向探知サイト	77,174
72	大木サイト	53,881
73	ボーロポイント射撃場	210,352
73	トリイ通信施設	1,314,168
74	ボーロポイント射撃場	2,713,167
74	波平陸軍補助施設	40,987
74	読谷陸軍補助施設	121,955
76	ボーロポイント射撃場	984,725
77	トリイ通信施設	26,569
77	嘉手納弾薬庫地区	76,743
77	嘉手納米軍住宅地区	102,720
78	嘉手納弾薬庫地区	1,188,254
78	読谷補助飛行場	1,012,146

注）読谷村第2次総合計画・前期計画「人間性豊かな環境・文化村」1991年による．

「人間性豊かな環境・文化村」においている．福祉やコミュニティを重視する人間性，豊かな海・山・川の自然の保全涵養，文化伝統の保持と発展をを中心に村の将来像は描かれている．第2次基本計画の基本構想は沖縄語（ウチナーグチ）で書かれてれており，伝統とアイデンティティを大事にしようとする行政姿勢が見られる．施策の大綱は日本の共通語だが，大綱の説明はウチナーグチ（沖縄語）により，3世代の祖父母，父母，兄弟，末っ子の対話形式で行なわれているのである．「言葉は文化であり，同時に文化の第1歩は言葉である，との認識にたち，人と人を結びつける絆こそ言葉である．そして，沖縄の最大の文化が沖縄口であるという誇りと，後世に伝えていく責任があるという考えからである．沖縄の言葉に"生れ島の言葉忘すりーねー国ん滅ぶんどー"というのがある」という認識があるからである．「20世紀から21世紀の橋渡しの総合計画」として構想されたのであった（以上村長の「第2次基本構想」序文）．

基本計画は，① 豊かな自然に育まれたむらづくり，② 足元から築く平和なむらづくり，③ 村民主体の活気にみちたむらづくり，④ 地域とともに発展す

る産業づくり，⑤ 伝統工芸を生かすむらづくり，⑥ 新しい文化を創造するむらづくり，⑦ 明るく快適なむらづくり，⑧ 協力と信頼によるむらづくりと8本の柱をあげている．また前期計画の主要プロジェクトとしては，① 読谷飛行場転用事業の推進，② 高齢者福祉と健康づくり，③ 自然あふれるむらづくり＝緑化推進事業，④ 比謝川沿岸整備事業の推進の4つがあがる．人間性・環境・文化・平和を強調する姿勢がこうした計画にうかがわれるが，具体的にむらづくりの成果とその方向を見よう．

　上述の「読谷飛行場転用計画」には「戦争→抑圧→基地→犠牲→事故，事件→被害」の歴史に代って，新しい21世紀への希望にもえた明るいイメージ「戦後処理の実現→戦争の鉄鎖・抑圧・苦悩からの解放→夢とロマン・希望と自信」に満ちた亜熱帯農業の「黄金の花さくむらづくり拠点」，「基地の重圧に呻吟してきた村民」が未来と子孫への文化と平和の夢と希望を託した「21世紀の歴史の批判に耐え得るむらづくり拠点」の理想がもられている[8]．

　飛行場跡地には，村民センター，産業・観光・文化拠点の形成と亜熱帯農業を軸とする先進農業集団地区の形成が考えられている．先の表2-9に計画の大要をあげてある．

　飛行場北部29haは村民センター地域として計画された．すでに総合福祉センター，伝統工芸の育成をはかる伝統工芸センター，運動公園，グラウンドなどが建設済みである．そしてセンターの中核ともいうべき役場庁舎とデモクラシー広場の1996年建設をめぐって国や米軍と交渉が続けられ，見通しは明るいといわれる．未返還地をも含んだ読谷の自主計画を国，米軍が尊重せざるを得ないという自治権を獲得していることに注目したい．表2-9に見るように各種の産業・文化・観光の公共施設が計画され，福祉，芸術・芸能，文化・スポーツ，公園や緑が重視されている．国際平和研究所が構想されているのも沖縄―読谷的である．国道バイパスの新設によって県道との交差点になる大木地区は広域交通交流の結節点として沖縄芸能のメッカ，東シナ海，中南部を一望する観光拠点，共同店舗の設置などを通しての，商業・観光文化の複合的サービスエリアとして構想される．そして，亜熱帯農業の開発研究拠点としてのバイオセンターを整備しての先進集団農業地帯の形成や，読谷の伝統をふまえての畜産広場の構想など農業が軸におかれているのである．計画用途は農用地と公

共用地が中心であるが,前者に関しては農地開発後,旧地主の農業生産法人による生産的利用が考えられている.

このように読谷村のむらづくり計画は返還あるいは返還を予定する基地を拠点に計画されている.むしろ,村内あるいは村外の反対を押し切って「基地の中に公共施設をどんどん整備して,基地返還の足がかりをつくってきた」のが村政の姿勢であったのである[9].

第2次計画は今後のむらづくりの課題として,① 基地返還とむらづくり,② 文化むらづくりのさらなる発展,をあげている点に最大の特質があるが,さらに,③ 産業振興,④ 商工業・観光の振興についてもそれぞれに特徴ある理念に基づいた計画よる施策の実現をはかってきたことは,すでにみてきたことである.

これらの計画は一部が実現への端緒についたところであるが,そのほかにも,読谷は基地運動とともに歩んだ多くのむらづくりの歴史を刻んできている.

産業政策についてはすでにふれたので,それが,農地造成,ダム建設,工場誘致,などすべて基地の返還とリンクしてきたことをここで再確認しておくだけに止め再述しないが,それ以外についていくつかの特徴点に合せて整理して見よう.

① **旧居住地への復帰.**

読谷の土地利用計画でもっとも重要なことは,旧居住地の返還と復帰,復帰地の整備事業であろう.既述のように多くの部落や住民が復帰できないまま復帰を夢みている.基地返還とともに表に見るように復帰地の整備事業が繰り返されている.しかしなお,多くの部落がこの念願を果たされずにいるのである.

② **豊かな自然に包まれたむらづくり.**

読谷村は都市化の進行が著しく住宅地開発が進み,県のリゾート振興地域にも指定されている風光明媚な海岸線をもっており,リゾート開発圧力も強い.「夕陽の美しい田園的な農村風情」をうたいながら,農村と都市の調和,海・

山・川の保全活用を目指しての利用計画が立てられ,「土地開発行為の適正化に対する条令」(1984年)やコザ広域都市計画区域における国の法律で無秩序な開発を規制している．海，山，川，大地の豊かな自然を，村振興の基盤と位置づけており，美しい自然環境との調和はむらづくりの基本理念となっている．

珊瑚礁の海，基地化のため放置された山林，村内を流れる長浜川や比謝川の保全，そのための下水道計画などに緑と自然の保全の一体化した計画がたてられるが，とりわけ比謝川沿岸の総合整備事業が重視される．琉歌に詠まれ詩情をたたえていたこの川沿岸は米軍の上陸地点となり基地構築や宅地化などによりかつての清流を失っている．戦前の橋を復元しての歴史公園，河口の景観を生かした自然公園，沿岸プロムナード計画などが立てられている．戦前読谷の住宅の特質をなした緑の塀と壁の復元，「緑地のネットワーク」形成事業などの緑化推進事業と一体になって進められる．村の公園面積は基地返還跡地を利用した座喜味城址公園や，残波岬総合公園のほか児童公園（13ヵ所）を含め村民1人当り22m²であり都市公園法の6m²を大きく上回っている．

③ 文化村づくり──伝統文化の再興と平和文化の形成

伝統文化と過去の歴史に学びながら，未来を創造する文化活動が目指されている．1969年以降読谷山花織が復興され国の伝統工芸品に指定され250人の組合員を擁するまでにいたっている．過去の伝統の地に人間国宝金城次郎氏を迎えて72年に開設された読谷壺屋焼のヤチムンの里には20の釜元が活動している．琉球古典音楽（進貢船），残波大獅子太鼓の創作も新たに行なわれた．

1975年には，県下最初の歴史民俗資料館が発足し豊かな史蹟，埋蔵文化財，民俗資料の収集保全が行なわれ，年々『研究紀要』が発行されている．88年増築とともに美術館も併設された．『村史』編集も14巻の長期計画として準備され発刊されつつある．

こうした活動の基礎には字や，有志の活動の広範な展開がある．村内の各字では『字誌』の刊行運動が進められている．88年の字誌づくり連絡会が設立された．なお，現在沖縄全域でも字誌編集の動きが活発化しているが，農村末端段階でのこうした活動によって大部の字誌が組織的に編集されるのは本土には見られないむらの動きである．資料館を支える自主的グループの活動も多く

見られ，これまで8カ字での民話集の発行，『読谷の民俗』や各字ごとの『読谷村の戦争体験』の発刊，移民・出稼ぎ調査など，記録，歴史・文化資料の発掘が行なわれる．

戦争体験は読谷の住民全体の戦後文化形成の原点である．多くの人びとによって戦争体験が記録され，また，全生存者からといっていいと思われるほどの聞きがたりの記録が生み出されつつある．戦後半世紀近くを経て，集団自殺などこれまで秘められていた経験も，チビチリガマの事件発掘以来公に語られるようになり，より新しい大きなエネルギーを生み出してきている．たとえば，『楚辺誌』はまず695ページの大部の「戦争編」として1992年刊行された．この編纂のためには，区民の要望を受けて88年総合調査体制を強化し，教育委員会，資料館，村史編纂委員会の協力を得ながら，明治大正生まれの300人近くが調査された．

「沖縄戦実態調査シンポジウム」が開催された．調査は89年から開始され，聞き語りされたことは，テープやカードに整理されたあと，字民の協力を得るため19冊の資料集にまとめらた．さらに県立平和記念資料館，ひめゆり平和記念資料館など戦跡を視察追体験して写真資料を収集，語り手すべての顔写真とともに総合編集されて発刊にいたったものである．『楚辺人』が「47年の時間と戦争という状況を越えてリアリティを持つ」「あの悲惨な戦争体験を証言」したものであり，「平和の尊さを語りついでもらえたらと願いつつ」発刊されたとされる．大部分の住民が文化の創造者として立ち現われているといってよい．この平和への願いの広がりを見るとき，読谷村のむらづくりが，単に指導者やイデオロギーだけによるものではなく，地域の住民の草の根の願いに基づいたものであることが理解される．戦争経験は多くの文学，音楽や芸能を生みだしていることも見落とせない．

村の文化創造活動の総合的な発表と創造の場として，1975年以来「読谷まつり」が開催される．「秦期はばたいた．今，読谷の自立を求めて」をスローガンに村民手作りの全文化活動の集約の場として定着し，毎年5,000人の村人が出演などで直接に関わり，10万人近い人出が村内外から繰り出す．クライマックスは600年前の最初の明への朝貢使の名前にちなんで「秦期」と名づけられた新造船を囲んで600名余が出演する創作劇「進貢船」と，琉球古典音楽

の始祖で村内字楚辺の生まれといわれる赤犬子にちなんだ300近い三味線,琴,太鼓が並んで開かれる「赤犬子琉球古典音楽大演奏会」である．

　読谷の2大まつりのもう1つは90年以降秋の残波岬公園で開かれる「残波まつり」であり，沖縄海のカーニバルの1つとして全国キャンペーンの下で実施される．また，織物，焼物，絵画など美術工芸創作活動の発表の場としてはアンデパンダン展がすでに13回目（93年）を迎えている．「文化（創造）がなければ人も来ない，企業も来ない，交流も行なわれない」（山内村長）[10]．読谷の人びとは祭り好きであり，それが行政的にも組織化され，村民主体の創造的文化形成活動として展開している．

　平和運動は平和を軸にした文化を生み出す．1988年読谷平和創造展が出発し，『平和の炎』誌が年々出版され，基地闘争の歴史や戦争体験の記録，中国侵略の実相の調査，朝鮮侵略や強制連行の調査などが特集されている．創造展入口には「戦争を起すのも人間である．しかし，戦争を拒み平和な社会を築きうるのもまた人間である」と掲示される．こうした，多彩な活動には，多くのボランティアの参加があるのはいうまでもないが，全活動の基礎には生涯学習を軸に多彩な活動を行なっている中央公民館のほか23字すべてに設けられている公民館が地域活動の拠点として重要である．字公民館は字の自治活動と協力しつつ社会教育，文化スポーツ活動の拠点として機能している．字の自治活動は後述するように，行政のコミュニティ施策に相伴って，きわめて強力である．各字とも専従職員をおき，多額の自治費をもちいて自治活動を展開している．文化保存会や，体育振興会をおき，字誌編集，字祭り，字体育会を行ない，御嶽（うたき＝おたけとも）などの拝所や各種の伝統行事の保全，三味線，琴などの伝統芸能の保存も学校や字ではかられている．なかには渡慶次のように字独自の農村運動場をもつところもある．字における体育や村の共同スポーツ施設と学校体育が相伴って，最近でも野球（高校，小学校），柔道，ソフトボールなどが県や全国大会を制覇するなどの成果を生みだすなどスポーツ活動が活発に展開されている．

　「人間は土の上に生き，土の上に文化が育ち，土に親しむ教育がこれから必要だ」とする村長の方針の下に，校庭の植栽培，作物栽培，牧場での山羊，にわとり，うさぎの飼育など勤労生産学習も盛んである[11]．また学校では三味

線,琴,太鼓などの民俗芸能学習も行なわれている.

　竹下内閣の「ふるさと創生事業」資金をもとに読谷でアイディアされたのは「のーべる平和賞を夢みる村民基金」であった.村民の自主的・主体的・創造的活動を促進し,地域を活性化させ,もって平和村づくりを推進する役割を担う集団個人を育成しようとするものである.① ひとづくり,② 文化創造活動,③ ゆいまーる(相互援助)による福祉活動,④ 地域経済活動の活性化,⑤ みどりの環境づくり,⑥ 平和創造活動などに助成をはかり人づくりをはかっていこうとするものである.

　さらに将来に向かって表示したような沖縄の芸能メッカを企図する施設,森と湖の公園などが計画されている.

④　リゾート開発——地域の歴史文化を基調に地域に連帯したリゾート展開

　読谷村の残波岬から北部は沖縄海岸国定公園に入る本島有数の景勝の地であり,県のリゾート重点整備の10地区の計画区に入っている.ここでのリゾート振興は村の産業振興であると同時に産業をこえて文化振興,自然保全策と一体となっていることに特質がある.

　すでにここには,基地跡地の総合利用計画によって,1983年本島屈指の景勝地である残波岬に総合公園が整備され,勤労者野外活動施設いこいの広場に表2-9に見たような観光スポーツの公共施設が設置された.また史蹟座喜味城址は総合公園として整備されていた.ゴミ処理場も建設されていた.

　1988年最初のホテルがオープンした.村の立場は「リゾート開発にあたっては,むらづくりの一環として位置づけ,本村の生活・地域文化の発展と共存共栄する適正な開発の誘導をはかる」としている.プライベートビーチの囲い込みがなく,ホテルが造成したビーチは村に寄贈された.ホテル用地は貸地であり,地元地権者の権利が保全されている.西表島海岸の西部資本による全面的な買い占め,隣接恩納村における私企業の買い占め独占開発と海岸立ち入り禁止などとは対象的である.地元優先雇用の取り決めで地元で作った雇用斡旋会社が斡旋して,ピーク時の雇用者450人中250人は地元が占める.雇用面,生鮮食料の供給,地元の障害者優先雇用の企業への仕事の発注(クリーニング)など企業と村の共存共栄と地元に開かれたリゾートが目指されているのであ

る．

　さらに，西部連道土地改良区の海岸沿いの開放地に10万坪のリゾート計画がたてられる．読谷の開発を求めた民間資本の当初の企図は，大規模住宅建設であった．山内村長の構想は全国規模の会合の開催も可能な文化研修ゾーンの整備による情報発進地の形成であった．企業の計画は修正され，村・地域連絡協議会・地主の軍用地跡地利用推進協議会との話し合いを経た後，1988年村と企業が開発協定を結び，文化研修施設と宿泊のためのホテルを中心とする「沖縄うみの園」総合開発計画がたてられた．

　この結果，地域の歴史文化を基調にするリゾート構想が具体化することになる．文化研修施設として旧王朝時代の久米村と王宮や那覇港を再現するスタジオパークが92年に完成し，NHKの大河ドラマ「琉球の風」のロケーションの舞台にもなった．前述の史蹟座喜味城址公園，再興された伝統文化，資料館と一体となっての歴史文化リゾート地域が形成されることになった．その他，スポーツ施設，ウォーターパークなどを整備した総合リゾート計画がたてられている．開発は地元の利益と歴史文化とリンクしているのである．ここにはさらに5棟1550室のホテルが建てられる計画であり，一棟は着工した．この開発にあたっても，敷地は貸地として提供され，地元優先雇用の契約が結ばれ，地元で雇用斡旋会社を作り，そこから従業員を斡旋することになっている．

　「うみの園」を経営する企業側も，むら主体の歴史，自然，文化，雇用拡大，農業，福祉の発展のための村指導と村主体のむらづくり計画に連携し「哲学」をもった開発姿勢をもっていることに特質がある．村の歴史と文化に一体化し，農業，雇用，福祉などと「リゾートの複合効果」を目的意識化している．

⑤　人間性豊かな福祉村——痛みの分かち合いと平和への願い

　「人間性豊かな」むらづくりは多面的な内容を含んでいるが福祉施策はとりわけ重要であろう．その中に村政の基本姿勢をはっきりと見ることができる．波平陸軍補助施設の返還地は医療福祉地区として計画され，1975年無医村だった読谷村に村立診療所が建設されたほかいくつかの施設が誘致された．県立よみたん救護園，重度身体障害者のための県立「都屋の里」も開設，医療福祉は大きく前進した．83年には精神薄弱者通所授産施設「読谷かりゆし学園」

が，85年には同訓練施設「よみたん福祉作業所」，90年には同更生施設「高志保園」が発足している．民間企業での精神薄弱者の優先雇用や，進出ホテルとの施設との仕事の提携なども進められている．また，三歳未満児や重度の障害児のためには「障害児母子通園保育ふくぎ」が設けられている．農村婦人や高齢者のための「婦人の家」も建設された．「虐げるのでもなく，争うのでもなく，差別するのでもなく人間を大切にし痛みを分かち合い，ただひたすらに平和を求めるという"沖縄のこころ"」（山内村長）[12)]の現われを福祉行政に見ることができよう．

こうした，福祉に対する姿勢を堅持しつつ，ねたきり老人対策，1人暮らし老人対策，心身障害者福祉，児童福祉，母子福祉，低所得者世帯福祉などにも一般水準をこえた行政措置が行なわれている．なお，地域全体の福祉活動の中心施設としては，80年に基地内に建設した「総合福祉センター」があり，老人の憩いや各種団体の文化活動の中心となっている．

4　自治を支える字の構造

読谷村の行政村としてのむらづくりの基礎には，字単位のコミュニティづくりがある．読谷の字は強い集団性をもっている．その物的基礎には旧字の共有財産への基地保障料を考えることもできるだろう．しかし，すべての字がそれをもっているわけではない．

沖縄―読谷のシマ（＝むら＝部落＝字＝行政区）については，次のような一般的特質も考えなければならないだろう．沖縄のシマは1899～1903（明治32～36）年の土地整理まで共有地を成員に配分する地割制のもとにあった．少なくともこの時期までは村八分もあったといわれ，戦争前までは大宜味で見た札制も一般的であり，むらの統制はきびしかった．沖縄に本土なみの市町村制・府県制が施かれたのは1920（大正9）年であり，市町村の権限は弱かったが，他方では末端で旧慣が温存されてきた．字の拝所である御嶽信仰をはじめとする沖縄の字固有の宗教的，芸能文化的結合も字の解体を押し留めた．戦後は本土では地方制度改革を通して地方自治体の自治権強化と中央の地方への行財政的

介入の強化という一見相反する2つの方向での変化が自治体機能の強化をもたらした.

しかし,沖縄では,復帰にいたるまで,自治体機能が弱く,字は行政単位として重要な機能を果たしてきたことは大宜味でも見たとおりである.読谷でも廃墟からの立ち直りのために市町村は字に依存せざるを得なかった.字の活動を基礎に生活の再建と復興が行なわれ,旧居住地への復帰,基地内耕地,基地内墓参,共有地などへの基地補償などを求めたり,基地被害に対処したりするなど生活を拠点とした要求や抵抗運動も村人を結束させた.こうして,字は住民の生活のための現代的な自治体としての性格をもって再生してきたと考えられる.

読谷村の行政は字を自主的組織として行政の最先端を担うものとして位置づけている.山内村長は1991年施政方針演説の中で次のように述べている.「本町における行政区は,生活共同体あるいは地域共同体的な性格を有し,自主的組織として活発なコミュニティ活動が展開され村行政の先端を担っております.……行政区は,村民1人びとりが主体的に参画し自己の地域づくりをはかろうとする組織であります.したがって,行政区は地域活動の母体であるとの共通認識を持ち,協力と信頼による村づくりへの参加を促して参ります」.読谷の自治と文化は村長の認識通り字に支えられているのである.その組織運営上の特質には次のような点にある.

1) 強力な字の自治組織

沖縄社会の特質といってよいが,農村部ではシマ―部落―字―行政区が強力な組織をもち自治組織を構成している.行政がこれを補強してボーナスを含む手当てを出す専任区長を置いているところも多い.この仕組みは本土には見られない沖縄の特質である.読谷でもすべての字に立派な公民館が整備され,区長のほか,書記,用務員のほか会計も含め3～4人の専従職員を配置している.たとえば喜名区の場合,区長は月額で役場より22万円,字から3万円とボーナス5カ月が支給され,そのほか,字独自に書記16万,会計(非常勤)6.5万円,使丁10万円,各ボーナス5カ月支給がおかれている.また,村からは,部落団

体補助金として老人会，婦人会，青年会，体育振興会，子供育成会，農事実行組合などにも手当が出る．

2) 旧居住民ごとのつながりの維持

　字はすでにふれたように，旧住民ごとに組織されている．北部ヤンバルや先島の住民は那覇など流出先において字ごとに郷友会を組織する．読谷村には那覇居住者のみで構成する村単位の読谷人会がある．字単位の流出者組織はないが，喜名区内に同名の親睦組織「郷友会」があるように，村内だけで，字出身者が居住地を問わず，同一字への所属を保持しつつ結束しているのが旧字民が分散居住している読谷村の特質である．祭り，運動会，公民館，子供会，婦人会活動，伝統行事への参加などの活動も属地的ではなく，旧字民単位＝属人的に行なわれるのである．

　村内5つの小学校のみが属地的である．旧字のまとまりは字住民が基地のため分散居住を強いられているためだけではない．かつては，寄留人という言葉が用いられたように，住民のシマを単位とする出身意識が強いことがもたらすものだとの意見も聞かれた．実際，字の公民館隣の広い自己住宅に住む他字出身の住民が近隣の行政区にも行政区の公民館利用にも参加できない事例も見た．基地の中での復帰願望がもたらした結束であるといえるが，やはり字の封鎖性は否めないように思う．

3) 年令階梯制と地縁を基本とした組織化

　字の集団ならびに組織編成は年令階梯・性と地縁を基本に組織されているようである．たとえば喜名区では年令階梯と性を基礎に老人会（65才以上），郷友会（45才以上），成人会（30〜40才），青年会（25才まで），婦人会がある．ブランクの年令期間があるが，モアイ（無尽）の集まりがその年令層集団の組織の欠如を補完している．モアイは成人した全年齢層でメンバー違いで複数加入していることが多く，各人は月3回は開かれるモアイの会合に参加することになるといわれ，それが同年令の集団の集まりの場となる．地縁的には8班にわ

かれ，内部ではエトを同じくするものの出生会がもたれる．これらはコミュニティ活動と一体化した基礎組織と考えてよい．

4) 団体単位での組織化と活動

字の自治活動はこうした基礎組織を軸にしながら，諸団体を単位として運営されている．字の構成戸は父系連鎖につながるヤーを単位として認知される．最近では，娘と結婚して入村した住民も受け入れられようになってきているようである．戸主会も組織されている．しかし，地域の伝統的特質だと考えられるが，本土農村と異なり，家の代表者としての世帯主だけを中心に村は動くわけではない．総会は戸主出席を基本としているとしても，年令別組織の役割が伝統的に強かったと思われる．復帰後も道路の拡張や，屋敷地の整備は青年会の分担仕事であった（渡慶次）．現在は青年団の役割は伝統的字の活動の中からは脱落する傾向にある．しかし，他の年令別組織については，現在でも楚辺では，御嶽の清掃・公園清掃は老人会，通りの清掃は婦人会などの分担が団体別に決まっている．

字はその運営に関して審議員あるいは行政委員制度をとるところが多いが委員は班あるいは団体単位で選ばれる．喜名では各班1人と各種団体の長と村議や教育委員などの公的役職者が推薦される．楚辺では各班から年令階梯と性別（30才，40才，50才，婦人）を考慮して4班から16人選出されるほか，各種団体の長あるいは委員（青年会，遺族会，子供育成会，婦人会，実行組合，老人会，体育振興会），区長推薦者が委員となる．団体には字はそれぞれ助成している．楚辺では子供育成会，老人会，婦人会，青年会，遺族会，PTA支部，芸能保存会，体育振興会に合計461万円が補助される．喜名では青年会，婦人会，生活改善グループ，松竹会（老人会），成人会，期成会，福寿会，教育隣組，敬老会，交通安全教会に151万円が支出される．渡慶次では青洋会,,婦人会，青年会，健青会青少年健全育成会，まつり実行委員会（屋外ステージを作る），各種運動会費，各班，防犯協会，いぶし銀会，敬老会，経済振興会（サトウキビ振興）などに支出が行なわれる．

5) 字費負担における実質平等原理

大宜味村もそうだが，負担に関しても実質平等原理が働いているように見える．本土が家を単位としているのに対してここでは，本土でもしばしば見られる所得割や資産割に加えて人口割や可働者割が加味されている．喜名は戸数割，人口割，可動者割，所得割，資産割で賦課し，楚辺では均等割，20％，固定資産税と所得税割50％，可働者割30％，渡慶次では人口割を廃止して戸数割60％，固定資産税割15％，村県民税割25％としている．

6) 伝統行事の合理化と字祭りによる伝統文化の保全再生

沖縄にはたくさんのお願（＝ウガン＝御願）を始めとする宗教行事がある．各家庭や門中ごとに行なわれるものと，字として行なわれるものがある．渡慶次では，文化保存会を組織し，年17回に及ぶ御願を区長と年配者に任せて行なっている．神人（女カミンチュー）は1人いるにはいるが，頼むことも少なく，一般家庭においては一部の行事を除いて忘れられていきつつあるようであり，多くは形式化された部落による保存行事になっていると思われる．

しかし，伝統文化は各字で行なわれる字祭りの中で保存され再生されている．宗教行事を除くさまざまな伝統行事はこの祭りに1つにまとめられて行なわれ，むしろそのことによって，復元されたり活性化したり，新規に企画されたりしているのである．

たとえば，1992年9月の2日間にわたって行なわれた第10回楚辺まつりを見よう．日中は老人ゲートボール，綱引き，民謡，出店，献血，ゴルフ，ドッジボール，敬老会と共進会（産物展示）が行なわれる．夜は「あしび（遊び）の夕べ」として，古典音楽愛好会の幕開けに始まり諸団体や個人による各種の民俗・古典芸能が発表される．イリベーシ（青年会，班長会），かぎやで風（子供会），子供エイサーと獅子舞（子供会），四季の喜び（婦人会若妻），鳩間節（琉舞道場），かしかけ（個人），てーまーとー（婦人会高年），太鼓演奏（島太鼓），權鳩間節・中作田節（農生婦人部），パーランクー（婦人会役員，中妻），松竹梅

(青年会), 万才 (芸能保存会), 獅子舞 (青年会) などである.

　毎年発表される芸能は同一ではなく多様な活動が展開しているのである. 楚辺祭りのほかにこの字出身といわれる琉球古典音楽の祖赤犬子のパレード, エイサー, 運動会, 慰霊祭, 講演会などがもたれている. こうした祭りは約10年前から行なわれるようになり, 最近とりわけ活発化している. なお喜名には伝統芸能組踊「忠臣護佐丸」が伝承保存され毎年上演される. こうした, 字ごとの試みが既述の全村的な読谷まつりに結集することになる.

　　7） 基地と字予算

　多くの字は字財産をもちそれが基地内にあるため, かなり多額の地代収入をもっている. 喜名では年間850万円, 楚辺では2,500万円, 渡慶次は2,000万円に及んでいる. こうした基地収入は字の慰霊塔, 公民館, 運動場, 体育館, 道路などインフラ整備に貢献している. 基地返還前にインフラ整備を進めたいということであった. にもかかわらず字費負担はかなり多い. 渡慶次の場合1戸平均1.8万円のほか公民館建築償還金6,000円が負担されている. 字費は基地収入と役場補助を含んで巨額なものになる. 楚辺では4,000万円をこえており (うち職員給料, 役職手当など1,800万円), 役場からは区長手当の他, ボーナス, 退職金が支給され, 役場のコミュニティ重視策と基地収入の貢献をうかがうことができる (表2-11参照).

　なお, 表中渡慶次の経済振興会費は砂糖黍振興会費である. 部落で6,875m²のナイター設備のついた運動場を整備しており, 区民運動会や球技大会, 陸上競技大会などが部落大会として開催され, 部落から甲子園児を出したり, 全国制覇した中学のソフトボール大会の主要メンバーを出したりしている. また, 5万坪の共有地地代は年2,000万円だが別会計で処理され, 積立金総額は1.2億～3億円になるという. 表中の繰入金はこの別会計からである. 運動場整備は他の2部落でも始まっている.

表 2-11　1992 年予算

(単位：1,000円)

	楚 辺	嘉 名	渡 慶 次	
歳　入				
負担金	5,000	8,300	5,800	
財産収入	19,000	8,010	51	
雑収入	2,100		196	
寄付金	1		90	
補助金	5,000	4,184	2,927	
繰入金	0		10,800	
繰越金	9,000	2,680	1,000	
合　計	40,101	23,174	20,864	
歳出			総務費	12,280
事務所費	28,251	12,548	うち給料手当	8,807
（内給料手当）	16,417	9,198	うち会議費	492
会議費	100	80	うち福祉費	500
行事費	2,200	3,630	うち社会教育費	51
諸支出金	1,435		財産費	2,587
運営費	1,200	1,510	体育費	2,068
補助金	4,610	3,500	文化財保存費	247
建設費	2,201	650	経済振興会費	536
祝祭費	1	163	諸支出金	1,700
繰出金	103	1,093	土木費	355
予備費			予備費	91
合　計	40,101	23,174	合　計	20,864

注）　字内の幅員4.2m以下の道路は字の責任管理である．

8)　基地をめぐる諸問題とインフォーマルな活動

　基地にかかわっては多くの問題がある．先祖への崇拝心は強いが，墓地が基地内にあることが多く（たとえば楚辺で約25墓），死亡や生命祭の祭に区長立会いで許可を得たうえで立ち入りしなくてはならない．喜名では屋敷地が狭いので借地者が多いが，居住権問題で貸し手がいなくなるという問題が出てきている．喜名の農地はすべて軍用地内にあり45人が基地内で制限の多い黙認耕作を行なっているが，農業で生活できるものは3人に過ぎないという．喜名の軍

用地地主は権利の分割相続もあり，200人の名義人となっており，最高2,000万円の地代というがほとんどは100万円以下の零細地主である．しかし，早期返還は生活問題であるとして村の方針と異なり躊躇する雰囲気もあるようである．楚辺では300戸400人の地主がおり，50人の黙認耕作者が金網の中で耕作している．渡慶次は農地は殆ど返還され基盤整備も行なわれたので長浜ダムの通水に期待している．字の地代収入の源泉である財産区に関しては，93年軍用地対策特別委員会を作り，返還により地代収入がなくなった時に備えた跡地利用を考えようとしている．基地返還が現実課題となったのである．

なお，基地内では永年作物や施設を作らない限り，時に危険を伴うとしても耕作が黙認されているところも多い．一部にはフェンスがなく，墓地にも，墓にも基地内通行証はいらない．一般には，墓参りには「1日パス」を，農耕のためには1年更新の「農耕パス」を利用する．1988年で後者の農地耕作者は377人である．基地内にはそのほか土帝君，神アサギ，東願所などの拝所もある．

字にはいくつかの聖所がある．内地の氏神にあたる聖所を拝する御嶽お願（＝ウガン＝拝）はどこにもあるが，喜名の修験道の拝所や観音堂などは非沖縄的なものの影響で北部には見られないものである．喜名には5つのうたきがあるが，個人所有で登記され（疑問をもつ人も多い）所有者が主催してお願を行なうが，集まるのは高齢者が多い．神女の上位にたつノロ（王朝時代に設けられた公儀の祭祀を司り，村むらの神女を統轄するために数村におかれた女の神職）や，男の神人はもとから1人だけであったという．北部のように多くなかったようである．

村の宗教行事は渡慶次の文化保存会のような形で意図的に保存が考えられない限り，私的行事として行なわれたり，忘れられたりして著しく単純化してきているようである．楚辺では公民館が三味線の始祖を祭る年2回のアカイネ祭りを主催し，御嶽お願は年1回区長主導で行ない，他は老人に依頼しているという．

ユイマールは都市化の中で衰えつつあるように思える．農業面ではさとうきび耕作者の間に残っているだけである．とはいえ，「ユイマールの心」は強調されている．葬式は字全員参列が多いようである．渡慶次では葬式には部落全

員が参加し2,000～3,000人の参列も珍しくないという．婦人会は資金を集めて炊き出しをする（楚辺では50戸内外の隣保班が中心に働く）．建築，耕起などにも無償の個人的な助け会いは残っておりユイマールの心がなくなれば部落はなりたたぬと考える高齢者も多い．しかし，全体としては，都市化の中で合理化されつつ，衰退してきていると考えられる．喜名では1人暮し老人を中心に25人が月2回の公民館での集まりをもち，区の主導で，その2倍のボランティアが芋豆腐やおじやを作って世話してきたが，最近では後者が集まりにくくなっているという．モアイ各人3～4種に参加しており月3回ぐらいの飲食を含む会合に参加するが，金の融通を目的としたものは減っており旅行や親交などの親睦模合が増えているのである．

　他方，トートーメ（位牌）相続や門中のような家族・親族に対する慣行儀礼は根強く存続している．4つの禁忌，① タチイマジクイ（父系以外の相続の禁止），② チャッチウシクミ（相続からの長男排除の禁止），③ チョーデカサバイ（兄弟の同一仏壇禁止），④ イナグガンス（女による先祖ごとや相続の禁止）は厳しく守られている．女性がトートーメを継いだ例はどの字でも知られていない．女の子しかいないときや子供のいないときの財産は，トートーメ相続者（世代輩行下位の次・三男あるいは門中内の男）とともに全部移動するといわれる場合，一代稼ぎの財産を実子に残すといわれる場合，実子と分割という場合がある．最近は後2つの方向が選ばれることが多くなっているように思う．複数の男子がいて相続する場合，長男が屋敷地を含めて多く次・三男にも分割するのが一般的のようである．ただし，字から流出した場合長男でも相続排除があるときかれる点ではチャッチウシクミの禁忌の適用が弾力化してきているといえるように思われる．楚辺では仏教のお坊さんをよぶこともあったが，最近では呼ばなくなったともいわれる．仏教の影響は弱い．

　門中のつながりは，本土と異なり地縁結合としての字＝部落をこえて拡がる特質をもつが，字のつながりよりも強いといわれる．出生祝いも字より門中主催の方が出席者は多いといわれる．中には渡慶次のように字の体育振興会によって門中対抗ソフトボール大会を開く場合もある．渡慶次の場合50近くの門中に別れる．Y門中は村内長浜に起源がある．そこに大殿内（オオドウンチ）があり，字内には中門中（ウフドウンチ），小門中（グワードウンチ）がある．

生命祭には代表が1人50円程度のウサカテ（お酒代）を集めて大殿内にお詣りにゆく．本部半島など先祖伝承のある拝所（ウガンジュ＝お願所）に5～7年ごとに詣でるが，車の普及もあってかってより簡略化されたようである．字内では小門中ごとに墓をもつことが多いが最近では家墓も増えている．小門中でもムウートヤー（＝元家＝本家）が他市町村や他字に流出すれば，出生祝いや生命祭の際にそこへ出向き，逆に流出者はもとのムウートヤーに帰ってくる．かなりの小門中が「下庫里」などの王制時代の政治的身分名を門中名の下につけており，門中名と家紋を継承しながら門中意識が持続されていることの中に門中が，首里を中心とした支配階級につらなる身分的血縁意識として広がってきたものであるということが確認できる．

こうして見ると字はユイマールや宗教行事では伝統慣行の衰えは否めないが，即自的な集団から目的意識的，自覚的アソシエーションとして再組織化されているように思える．その軸にはムラが本土と異なってタテ型の統制を伴うことなく，ヤー（家）単位社会をソフトに維持しながらも，個人・団体や集団をむらの構成単位として位置づけてきた伝統をふまえて，現在は文化活動によって再生していることと，よかれあしかれ，ヤー―門中―シマへの強いアイデンティティ意識があるといってよいだろう．行政がそうしたシマの再組織化とコミュニティ形成を支援しているのである．こうしたシマの活力が行政的に主唱されるユイマールによる福祉へと展開することを望みたい．

5 むらづくりの展望

読谷村の村づくりの方向は，沖縄の自然と文化との調和，差別と迫害の歴史をふまえての人権尊重，戦争経験に基づく人権と平和主義を基調に地域に根付き，見るべき成果をあげてきた．またこうした読谷の歴史的風土が，本土復帰時の初代琉球政府公選首席，初代沖縄県知事屋良朝苗氏や現山内徳信村長ら多くの人材をを生み出したともいえよう．ここでのむらづくりが中央追随的，管理的計画手法をとるのではなく，個性的な形で進められてきているということは，むらづくりの中に地域が息づく主体的な地域づくりであり，地域の人間が

活動し創造する人間的な地域づくりだということを示すものと考えられるだろう．それは，単に沖縄だけでなく「地方の時代」を目指す日本全体における地域づくりのためのもっともすぐれた先進事例の1つとしてモデル化し得る価値をもっている．

　読谷の海と遺蹟は王国として自立しつつアジアとの交流にはばたいていた時代の歴史を想起させ，夕日と珊瑚礁に象徴される海岸の美しさはニライカナイ（海の彼方の至福の国）への夢をかきたて，苦難の歴史は人間と平和への限りない尊重を培う土壌となってきた．こうした風土の上に，むらづくりが冒頭に述べたように，「21世紀の歴史の批判に耐えうる」「個性的であることから全世界にも通用するような」形を夢みながら展開されているのである．

　村はこうしたむらづくりの基本にすえるために，1982年「非核宣言」を採択し，さらに「平和行政の基本に関する条例」を制定し（91年），憲法の理念である平和，主権在民主義，基本的人権の尊重，地方自治の本旨に基づいての住民自治，団体自治の確立に立脚しての21世紀を目指す「人間性豊かな環境・文化村」づくりの創造を目指している．

　もちろん，問題をかかえていないわけではない．その中の最大のものは基地返還がもたらす財政と住民の経済問題である．

　読谷は基地をもつ沖縄53市町村の中では基地の返還がもっとも進んだ村である．ということは，読谷の歩んだ軌跡はこれから基地返還を受ける市町村にとって，基地返還が村の衰退となるのではなく村の発展をもたらすという過渡的モデルになるといってよいだろう．1992年，村財政への基地関係収入は次のようになっている．

①	村土地賃貸料	387,721　（千円）
②	施設等所在市町村調整交付金	148,000
③	特定防衛施設周辺整備調整交付金	83,000
④	国有提供施設等所在市町村助成交付金	32,550
	合　　計	651,271

そのほか学校の防音関連維持費補助金と交付税の割増があるが，いずれも，基地があるための必要経費なので基地解消で財政には影響しないだろう．そこで基地収入は，予算総額6.8億円の9.6％であり，村税13.3億に比して半ば近く

を占めることになる．財政力指数は90～92年の3年平均で0.345であり，都市部の0.428は下回るものの県平均0.249，町村平均0.208は大きく上回っている．

　村民所得中の財産所得率は県平均で15.8％である．基地のない大宜味でも8.8％だから，基地関連の地代はせいぜい5％程度だろう．地代は半ば近くが50万円以下であり，100万円以下で70％を占めるといわれる．村役場では，基地が返還されれば，花き園芸などを含めて，地代の3倍の所得になろうと試算している．地代の低い山林は植物園化するなどして全体として悪くても2倍になろうという姿勢で臨んでいる．村民の所得が低い時は基地収入は大きいが，リゾートへの賃貸，都市化の進行なども進んでおり，一部の巨額地代取得者を除き所得減少問題は漸進的に解決されると考えてよいのではないか．

　第2の問題は読谷村の1つ1つの字が，また村自体が自治共和国であるかのごとき地域主義をつらぬいている点にかかわって，これらが開かれた地域主義に発展してゆくことを望みたい．読谷は中央から地方へ，都市から地方への流れにおいてではなく，村から中央や都市へ，さらに沖縄の各地域，全国の地域，そして世界へとつながる情報を発進してゆくだけの基盤を作りつつあるように思う．実際，読谷の戦後史はとくにその平和主義を通して多くの情報を発信してきたのであった．しかし，これからは，第3次沖縄振興開発計画方針においてだけではなく，読谷村が自覚しているように，地理的位置から過去の伝統をふまえて，世界とりわけ東アジア，東南アジアにつながりを求めてゆかねばならない．より開かれた地域としてこれらの地域との交流を深めながら，日本とこれらの地域をつなぐ輪の軸となるむらづくりが進められねばならないだろう．

　読谷村は開かれているのか，閉ざされているのか．既述のように字は他所者には閉ざされているように思える．村政上の大きな問題は，公的に組織された行政区に未加入の住民が26％にも増えていることである．若者世帯，新規住民，県営住宅や旧米軍住宅のほかアパート住まいの住民などが地域アイデンティティをもたないということも原因であるがそれだけではないだろう．すでに見たような，旧住民ごとのまとまりが強い中では，彼らが加入しにくいということも一因であると見られる．アイデンティティが，偏狭なむら意識や狭い利害によって形成されるのではなく，開かれたものになって欲しいと思う．村は

地域の行政の最先端を担うとともに，生活共同体として存続する行政区活動から疎外された住民に対して1991年より行政連絡員を配置することにした．しかし，単に行政連絡や行政サービスの均等化のためを考えるのではなく，自主的な共同活動を育て，あるいは既存の行政区と融和させることが重要なのである．

　読谷村が自然の保全，歴史，芸能文化，リゾート，地場産業，先端農業，福祉をめぐって創造する知識の蓄積をもって，平和を求める人びと，すでに構想されている中国との対岸交流の場，多くの郷土出身の移民が住む世界各地や近隣のアジア各地に情報を発信する基地となるような地域主義を発展させてゆくことを期待したい．

　読谷村のむらづくりには復帰後登場した山内村長の存在が大きい．しかし，それにいたるまでの屋良朝苗を生んだ読谷村の戦後の苦難史が山内村長の登場とその施策を生み出したものと考えられる．しかし，村長は当初は与党12，野党10の緊迫した情勢の中で苦闘した．1992年現在，自民党1，公明党1，社大党1，共産党3，16無所属（うち4は保守で残りは社大党に近い）で，現在では村民の圧倒的支持が与えられて村政を継続している．

　沖縄タイムス社最初の団体自治賞，「潤いのあるまちづくり」の自治大臣賞，農村アメニティコンクールでの国土庁長官賞，神戸都市問題研究所第5回宮崎賞，「若い農業者グループ活動コンクール」総理大臣賞などを受賞していることにも見られるように，計画や掛け声だけではなく，そのあげた実績が全国的に注目されているのである．

［注］
1)　山内村長の発言，読谷村役場『平和の炎　1』，1988年の序言，および『月刊自治新報』1993年1月号，48ページ．
2)　『平和の炎　2』，1989年に所掲の統計参照．
3)　下嶋哲朗『南風の吹く日』童心社，1984年，参照．
4)　前掲『平和の炎　2』．
5)　『村のあゆみ──読谷村』1957年，所掲の統計による．
6)　沖縄県企画開発部統計課「沖縄県市町村民所得・平成2年度」による．
7)　喜久村準ほか『沖縄・基地とたたかう』高文研，1990，113ページ．

8) 前掲『平和の炎 1』.
9) 儀保輝和「円滑なる議会運営で文化村構築を目指す」『月刊自治新報』1993年1月号, 97ページ.
10) 九州経済調査会「人間性豊かな環境・文化村をめざす読谷村」『九州経済調査月報』1989年5月.
11) 「読谷村教育の今昔」『月刊自治新報』前掲, 104ページ.
12) 前掲山内村長の発言, 本章冒頭部分参照.

(補注)

　1995年5月, 日米合同委員会は在沖米軍の那覇軍港と, 読谷補助飛行場について県内の移転先を示して合意した. 村づくりの中心地域に計画されている飛行場の返還は読谷村にとって半世紀をこえる長年の悲願の一部がかなえられたとも見られる. しかし, 返還地は村内基地総面積1,649ha中の191ha（11.6％）に過ぎないし, 嘉手納飛行場内の旧居住地や農地は返還されない. また国防総省は同年2月の「東アジア戦略報告」で, 日米安保を「米国のアジア政策のかなめ」と位置づけ, アジア太平洋地域で10万人の兵力を維持する基本戦略は変わらないことを表明している. 代替地は沖縄県内の他地域に求められている. 読谷の人びとは心から喜べないだろう. 読谷の村づくりはこれからも平和のための闘いと共に歩んでゆくことになるだろう.

　また1995年9月4日3人の米兵による小学生少女への暴行事件が発生した. 5月にはハンマーによる滅多打ちで日本女性殺害という事件があった. 前年の米兵の刑法犯罪は77件, 米軍の訓練中の事故は頻発している. 県民の積もる怒りが爆発し, 抗議行動が広がった. 盛上がる世論を背景に大田県知事は更新期にきた基地用地強制収容のための代理署名を拒否した. 問題は, 米軍の「地位協定」,「基地の存在」から, さらには本土の世論にも影響を与えながら, 安全保障条約の存在そのものへと広がってきた. 10月21日に開催された, 39年ぶりといわれる超党派での島ぐるみでの沖縄の抗議集会には, 空前の85,000人が参加した. 日米両国政府の間で, 地位協定や読谷飛行場を含む基地の一部整理統合の検討が始められた. しかし, アメリカの基本戦略の不変更, 両国政府の安保堅持の基本方針の下での検討であり, 沖縄住民の願いの実現の道はなお遠いと思われる.

基地移設・北部振興問題年表

（1） 年表の作成にあたっての主な参考文献・資料
① 1997年後半からは『沖縄タイムス』紙掲載の報道を基本にしている．
　筆者作成の年表は詳細であるが，その中から抜粋したものである．原表は1999年4月までは，沖縄ヤンバル地域の社会変動と海上ヘリ基地問題」（科学研究費報告書）東京国際大学，1999年8月刊に載せている．それ以後は2001年3月刊行予定の報告書に掲載する予定である．
② 現地での聴取．③ 1997年夏「ヘリポート基地建設の是非を問う名護市民投票推進協議会の会」（ヘリポート阻止協議会）で入手した（1997年6月4日）（井上正信氏作成）年表．④ 畠基晃『沖縄問題・基礎知識』亜紀書房，1996年．⑤ 沖縄県総務部知事公室・基地対策室「沖縄の米軍基地」1998年3月．⑥ 沖縄タイムスブックレット『民意と決断――海上ヘリポート問題と名護市民投票――』沖縄タイムス社，1998年3月．⑦ 石川真生『ヒューマン・ドキュメント――海上ヘリ基地』高文研，1998年4月掲載の出版社作成年表．⑧ 1995年7月以降，98年4月28日までの名護市市民投票の経過と年表は反対協編『名護市民燃ゆ』反対協発行，1999年5月に詳細であるが，ここでは直接の参考にはしていない．
　日付は事件，事実の発生日である．報道日のずれや聴取の際の記憶の曖昧さによって，日付で1〜2日食違う場合や，内容にも一部不明確な点がある．
（2） 見出しについて
① 理解の便宜のために，見出しをつけて時期区分をした．
② 各項目の頭に，日米（国・政府），県（県庁），沖（沖縄の動き），市（市当局），名（名護市内の動き），区（市内区レベルでの動き），市町村（冒頭に市町村名を付す）の区分を示した．
③ †＝反対の動き，＊＝推進の動きを記号区分で示した．
（3） 年表整理期間について
　名護市での海上ヘリ基地問題一頓挫した．大田知事の海上基地反対表明以後，政府と県の関係は冷却した．基地問題の論議や解決策に大きな進展はない．この期間3月

から8月頃までは年表を中断する．1998年末稲嶺県政が登場してからSACO報告に基づく基地の整理移設問題は全体としては急速に動き出した．以後年表を再開し2000年10月末までを整理した．基地問題だけでなく，それと直接に関連することになった北部を中心とする沖縄振興問題にも目を配った．

一部本文中に掲載した年表はここでは省いた．

① 基地をめぐる新しいうねりと少女暴行事件

【1995年】

米	2・17	米国防総省「東アジア戦略報告」アジア・太平洋地域で10万人の維持の基本方針確認＝ナイ・レポート．日米安保の重要性，沖縄基地存続明記
米	5・10	宜野湾市で米海兵隊員日本女性を殺害
沖	5・14	「人間の輪」（17,000人）で普天間基地包囲
沖	5・15	宜野湾市で「5・15平和とくらしを守る県民総決起大会」
沖	6・23	「平和の礎」除幕式
米沖	9・4	3人の米兵による少女暴行事件
県	9・21	県議会暴行事件とその処理方法について全回一致で「抗議決議」
日米	9・21	外相・米大使会談，大使は地位協定について「見直しはしない」と発言
米		米大統領「遺憾の意」表明，米政府高官の謝罪と日本側との基地問題対策協議がこの時期相次ぐ
県	9・28	大田知事基地強制使用のための署名代行拒否を県議会に表明
沖	10・21	県民抗議集会，85,000人参加，復帰後最大規模
米	11・1	ペリー国防長官来日，新協議会の設置の確認，米軍体制維持，安保体制堅持，地位協定改定の不実施の確認
米	11・16	クリントン大統領訪日中止発表
国県	11・17	「沖縄米軍基地問題協議会」設置決定
日米	11・19	「沖縄における施設及び区域に関する特別行動委員会＝SACO設置が村山首相と米副大統領で合意決定
国県	11・28	知事「基地問題協議会」幹事会で普天間飛行場返還要求

② SACO合意と普天間基地の返還問題

日米　12・21　日米合同委員会で返還合意の8施設，10事業案について98年12月までの完全返還正式決定

【1996年】

米	1・7	北谷町で米軍車両にはねられ母子3人死亡
国	1・17	橋本内閣発足
国県	1・23	首相・知事初会合，知事基地の整理縮小など要求
県	1・30	基地返還アクションプログラム素案を基地問題協議会幹事会に提出
国県	3・22	首相・知事会談，知事普天間基地の早期返還要求，首相「現状は厳しい」
国	3・25	福岡高裁那覇支部，職務執行命令判決，国側勝訴
国	3・31	読谷村楚辺通信所の一部用地，国の「不法占拠」状態に入る
日米	4・12	普天間飛行場5～7年以内に県内移設条件で全面返還発表
日米	4・15	SACO中間報告，米軍施設の20％返還，いずれも移設条件付き
日米	4・17	米大統領・橋本首相「日米安保共同宣言」
沖	5・8	連合沖縄県民投票条令制定要求（32,944人署名）
米	6・26	米，普天間移設3候補地提案（含キャンプ・シュワブ），この前後から，年内を通して，各地で反対の決起大会，反対決議相次ぐ
市†	6・27	名護市長移設反対の記者会見，28日市議会反対決議
区†	6・28	辺野古緊急行政委員会「断固として反対する」
名†	7・10	名護市民で反対決起集会，市長実行委員長（4,100名参加）
新潟	8・4	新潟県巻町で原発是非の住民投票
区†	8・19	辺野古・久志・豊原の地元3区合同委員会反対決議
国県	8・20	「沖縄米軍基地所在市町村に関する懇談会」（通称島田懇）発足
国	8・28	最高裁代理署名訴訟で県の上告を棄却
沖	9・8	県民投票，投票率59.3％，89％が基地縮小などに賛成（有権者の53.04％）
国		首相特別調整費50億円と，沖縄政策協議会の設置を提示
米	9・13	米側海上ヘリポート案提案

県	9・13	知事公告・縦覧代行応諾
↑	9・15	辺野古行政委員会，ヘリ基地移設反対決議
日米*	9・24	日米首脳会談，海上ヘリ案を軸に11月末決着を確認
国	10・24	那覇防衛施設局長，海上基地は東側北部と言明
県	11・11	県「国際都市形成構想」を沖縄政策協議会に提示

③ 移設先シュワブ沖に確定

国	11・16	久間防衛庁長官，シュワブ沖が有力と報道
市↑	11・18	名護市議会2度目の反対決議
市↑	11・19	比嘉名護市長反対表明
区↑		久志3区合同委員会全会一致で反対決議
国		島田懇，基地所在市町村の振興策を提言
沖*	11・23	北部建設協議会「埋め立て」の条件付きでヘリ基地誘致を決定
名↑	11・29	名護市民総決起大会（2,600名参加，市長実行委員長，商工会が抜ける）
区↑		久志地区活性化協議会全会一致で反対決議（13区長ほか）
日米	12・2	SACO最終報告，普天間基地本島東海岸沖海上基地建設による移設合意
国	12・4	首相，基地所在市町村長との会談で，ヘリ基地建設は「頭越しには決めない」
沖↑	12・21	基地縮小，県内移設反対県民大会（22,000人参加）
沖*	12・24	北部法人会（700社加入），ヘリ基地移設促進声明，埋め立て案か陸上案条件
沖*	12・26	石川市など3漁協ヘリ施設受け入れ表明，漁業振興，埋め立て条件

④ 地元説得と事前調査

【1997年】

国県	1・8	岡本首相補佐官知事に海上施設建設に協力要請，知事県内移設に難色，初めて海兵隊兵力削減要請
↑	1・9	辺野古住民「ヘリ基地」反対の横断幕自主作成

国県	1・14	知事埋立て案に反対，国は県に名護市説得協力要請，県は一義的に国の責任で交渉すべき意向表明
国		基地所在地自治体への傾斜配分交付税75億円の沖縄配分伝達
区†	1・15	辺野古で有志集まり，反対活動の会結成確認（命を守る会のきっかけ）
国	1・16	梶山官房長官「日米両政府はキャンプ・シュワブ沖で基本合意」と表明
国市	1・21	那覇防衛施設局長，名護市長に事前調査受け入れ要請，市長は県同伴を条件，県仲介せず，市長協力拒否
区†		久志で区長会と市民の意見交換会，市長に反対意見書（「なぜ市民の声をきかない」）
国	1・25	北部東海名護振興に1,000億円と報道
†	1・27	命を守る会結成大会（27人参加）
区	1・30	ヘリ問題で辺野古住民討論集会（15〜160名参加），賛成意見皆無
名†		北部地域総決起大会（1,100人参加）
名・北部†		北部地区労，連合北部地域協，平和運動センター基地反対の意見書を市長に提出
	2・4	
区†	2・10	久志区長会，再度，移設反対の意見書を市長に提出
国	2・16	諸富防衛施設庁長官現地視察，反発強くバスを降りたのは2度
名†	3月初	後の「市民の会」メンバー初会合
市	3・10	市長「海上施設は原則反対」と表明
米	3・11	米下院安保条約への沖縄県民の協力への感謝決議，5・20には上院
区	3・13	辺野古ヘリポート対策協議会結成会，2回で開かれなくなる
日米	3・24	米副大統領来日，首相米軍削減を求める考えはないと明言
国	3・25	第12回首相知事会談，名護に国立高専設置提案
区†	4・6	辺野古入り口に「平和のモニュメント」（観音像など）
市	4・9	辺野古公民館で，市長事前調査4人と表明，それは「建設を前提」としないと国と覚書
県	4・10	知事，市の判断結果尊重と容認
国	4・11	駐留軍用地特別法改正衆議院通過，（非合法利用の合法化）

区	4・11・12	市長，久志，豊原説明会，前者は説明を聞くのみ，後者は反対表明
区	4・15	二見以北10区の区長，市長説明を拒否して退席
名†	4・17	5者協主催で「市民投票を成功させる決起集会」
市	4・18	市長正式に調査受け入れ表明，建設は原則反対
名†	4・20	チャーシンナラン・ユンタク（がまんできない・おしゃべり）フォーラム開催（250人参加）
国	4・24	衆議院沖縄における基地問題，地域振興に関する決議
区*		辺野古活性化促進協議会結成
区†	4・27	命を守る会，辺野古で反対署名838人（小学生以上の65％）提出
名†	4・28	「ヘリポートいらないみんなの会」結成
区†	5・7	命を守る会テント小屋設置，監視開始
国	5・9	海上事前調査始まる
名†	5・10	「ヘリポートはいらない名護市民の会」結成
区†		久志区臨時総会，投票80人中74人基地反対，事前調査反対60％以上，豊原では年初に反対確認
県	5・19	県「国際都市形成構想基本計画」を発表

⑤ 市民投票条令制定

区†	5・29	汀間区総会反対決議
名	6・6	ヘリポート基地建設の是非を問う名護市民投票推進協議会結成総会（1,300人参加）
名†	8・13	推進協条令制定要求の19,700の署名簿提出
名†	8・23	推進協連続市民フォーラム開始（チャスガヤ→チャシンナランへ）
国		橋本首相日本青年会議所沖縄地区協議会に異例の出席，電話案内センター，高専設置など提案，「頭越しに押しつけない」発言
市*	8・27	名護与党17人名護市活性化協議会結成
名*	9・4	名護市活性化市民の会結成
沖†	9・11	全県的ヘリ基地反対の「島ぐるみネットワーク」結成
沖†	9・16	那覇市でヘリ基地と基地県内移設反対県民大会（7,000人），名護で名護市活性化促進市民大会（5,600人）

日米	9・24	防衛協力のための新ガイドライン発表
市	9・26	市長「四者択一」の条令案提出，10・2市議会可決
名区	10・3	名護市活性化促進市民の会基地建設を振興策条件付きで容認明言，二見以北活性化市民の会基地建設について政府に協力要請
区†	10・12	「ヘリ基地いらない，二見以北十区の会」結成大会（400人，女性部ジャンヌの会）
名*	10・14	名護市商工会理事会条件付賛成を決定
名†	10・17	推進協解散，「海上ヘリ基地建設反対・平和と名護市政民主化を求める協議会」結成
市	10・30	市長市民投票を12・1告示，12・21投票と表明
県	11・4	FTZ県案決定
国県	11・7	第16会首相知事会談，「移設を含め現実的対応」の認識と報道，5日久間防衛庁長官，9日鈴木沖縄開発庁長官来沖，
*	11・11	活性化促進市民の会，会員署名2.2万人をこえたと発表（後に実数は17,000人と訂正）
国区	11・12	政府二見以北で説明会，「怒号・混乱」，18日名護地区，屋部地区説明会
国	11・14	梶山前官房長官・村岡官房長官来沖
沖†	11・15	「海上基地なんてとーんでもない」沖縄女たちのネットワーク発足
名†	11・17	ヤルキーズ（命どう宝・ウーマンパワーズ）発足
区名†	11・20	十区の会，反対協それぞれ人間の輪で市役所包囲
国名	11・21	政府主催復帰25周年記念式典，首相ヘリ基地への協力訴え，「沖縄経済振興21世紀プラン」樹立計画発表，「取引的姿勢強化」
国		政府シュワブ沖調査結果報告書公表，zf絶滅危惧種8種，天然記念物4種，特記すべき種として44種，ジュゴン確認
沖†	11・22	宜野湾・那覇でヘリ基地反対大会
区†	11・24	海上ヘリ基地建設反対久志13区女性の会結成，女性の会大集合（含市外）
国*	11下旬	防衛庁長官，沖縄出身自衛隊員・防衛施設局職員3,000人に書簡
国*	11・29	鈴木開発庁長官・松山千春名護入り

名*	12・2	市活性化促進市民の会，首相に振興策要請
国*		秋山防衛事務次官，県財界に協力要請，3日来名護各所で協力要請
県	12・3	県の国際都市形成構想発表
国*	12・5	閣僚会議で各省庁に協力呼び掛け
宜野湾*		宜野湾商工会名護市への移設促進を意味する建設促進の見解発表
全国†		全国革新懇名護調査，6日全国シンポジューム
国	12・6	村岡官房長官，野中自民党幹事長代理，市長らと会談，北部12市町村に振興策提示，「基地の受け入れが前提」
国	12・7	首相普天間返還を「政権最大の成果」と強調
沖†	12・8	沖縄統一連など現地闘争本部設置
国*		来沖の鈴木開発長長官市長に基地建設前提に振興策提示，北部市町村長議長に国策協力前提に傾斜配分，活性化市民の会と懇談
名†		反対協全国アピール
		沖縄統一連（安保破棄・暮らしと民主主義を守る沖縄統一行動連絡会議（沖縄統一連）と安保破棄中欧実行委員会は名護市内に現地合同闘争本部設置
国*	12・9	防衛施設局職員200人によるユイマール作戦開始（個別訪問）
浦添†		ヘリ反対協支援の浦添市民の会発足
区・沖*	12・10	数久田区代議員会で条件付き賛成決議．豊かな沖縄をつくる母の会ヘリポート建設賛成アピール，市長への激励要請

⑥ 市 民 投 票

市	12・11	市民投票告示
国の動き*		11日首相海上ヘリ基地以外に選択肢なく，反対なら普天間は残る発言，12日より沖縄総合事務局は3交替で北部振興策照会窓口開設，鈴木長官建設業者に集票依頼，13日久間長官来名護，賛成派応援「基地は観光資源」の発言，萩防衛施設庁長官宜野湾市長に市民投票に協力をと異例の要請
賛成派の動き*		12日県商工会連合会条件付き賛成（北部地区商工会協議会の要請を受けて），名護漁協久志支部条件付き賛成確認（防衛施設局長挨

拶と説明）

鈴木長官出席の「ふるさと山原の将来を語る会」（那覇）で不在者投票勧誘の話し合い，日商店経営者ら200人集会などに沖縄開発政務次官，防衛施設局長ら出席．焦点経営者ら200人余の集会，12月担ってから賛成は集会頻繁，辺野古活性協区内1,090人中625人の署名による「条件付き賛成の要望書」提出．「ソーキ汁，牛汁も準備しております」の案内ビラ．本土建設関連企業連絡協議会（173社）の懇談会．15日防衛施設庁長官宜野湾市長に「市民投票協力を」の異例の要請，市農業者活性化の会賛成派の活性化促進市民の会と懇談会，18日経済団体関係者400人以上で決起大会，市街地に1,200人投入，18日政府沖縄振興の新聞全面広告，19日報道不在者投票5,900人をこす

反対派の動き↑ 11日野党議員「市民の自由意志が反映」されるよう「適切な措置」を市長に要望，県労働組合総連合名護市内宣伝活動，13日反対協不当介入中止申し入れ，13日羽地地区決起集会，宜野湾市民集会，婦人民主クラブ「一言はがき運動」，全国労働組合総連合は激励メッセージ運動，いなぐ（女）のパワーフォーラム，14日久志地域総決起大会（500人），1自由法曹団ら5団体不在者投票について市に厳正対応要求，15日平和のリレー出発，16日「やんばる愛郷の会」，「平和をつくる百人委員会など反対アピール，大宜味村議会反対決議，17日宜野座村松田区「子供の未来を守る松田父母の会」反対集会，19日読谷村議会反対決議，反対協羽地地区決起集会，平和運動センター600人動員，「ヘリ基地No！ 女性たちの会」3,269名連名の新聞広告，沖縄平和運動センター600人動員，ヤルキーズ1,305人の連名によるアピール，読谷村議会抗議反対決議，20日ジャンヌの会道ジュネー，久辺中学生反対ビラ作成，20日「沖縄から平和を創る留市民大学人の会（約千人）基地反対と投票誘導抗議アピール

沖 12・12 学童疎開船「対馬丸」深海探査機のライトに浮かぶ

12.19 世界自然保護基金日本委員会「絶滅危惧種ジュゴンおよびサンゴ礁

		の回復に影響を及ぼすからやめるべき」との意見書を政府似て移出
名	12・21	市民投票，反対票が2,372票上回る，不在者投票7,633人（19.9％），投票率（82.45％）
市	12・24	市長基地建設受け入れと辞任表明，25日辞表提出，抗議集会頻繁
沖†	12・27	「心に届け女たちのネットワーク」ジャンヌの会の呼び掛けで発足
沖†	12・30	海上基地建設に反対する市民団体連絡協議会（31団体）「平和と環境を守る共同宣言」

⑦ 市長選挙と大田知事の海上基地反対表

【1998年】

市	1・5	岸本助役市長選出馬表明（賛成派応援），1・7日玉城県議出馬表明（反対派）
全国†		「名護ヘリポート基地に反対する会」知事に建設阻止要請
沖†	1・9	「心に届け女たちのネットワーク」知事に海上基地反対要請知事に影響
名	1・13, 16	日本テレビ，琉球放送，辺野古沖でジュゴン映像撮影
市	1・20	岸本氏，名護での海上基地問題凍結，知事判断に従う，政府ごりおしすれば名護市としても反対
県	1・22	知事74団体・個人からの海上基地建設に関する意見聴取の保護K受ける大勢は反対
県	1・24	県自然環境保全審「自然環境の保全に関する指針」発表，ヘリ基地予定地はランク1とされる
市	2・1	市長選告示，大田知事，宮平，東門副知事，山内出納長，土井社民党委員長玉城候補応援
県†	2・6	大田知事海上基地反対声明
市	2・8	岸本氏市長当選
市	2・9	（現時点では）「受け入れ容認の立場ではない」
国	2・13	沖縄振興特別措置法改正案閣議決定（紆余曲折），3・30成立—自由貿易地区（日本最初）など
国	2・16	首相施政方針演説，海上基地建設は「最良の選択」

県		知事議会で，海兵隊削減に初めて言及
沖	2・20	自治労本部，県本部「琉球諸島自治政府」を柱とする「21世紀にむけた沖縄政策」提言
†	5・8〜10	「心に届け女たちのネットワーク」東京大行進

⑧ 県知事選挙以降

		知事選まで　国県関係冷却．諸協議会など開催されず（省略）
市	9・13	名護市議選岸本与党過半数確保
県	9・21	稲嶺氏政策発表「海上ヘリ基地見直し，一定期間に限定した軍民共用の県民の財産になる陸上新空港建設（北部の可能性強い），地域振興，県政不況
浦添	9・22	市議会，商工会議所の「浦添市西海岸開発促進のための提言」を可決（那覇軍港浦添移設事実上容認）
沖	10・7	米兵女子高校生ひき逃げ，死亡．県，名護市議会抗議声明
県	10・8	県議会「那覇軍港の跡地利用と浦添西海岸開発促進に関する決議」
区†	11・7〜10	二見以北十区の会「きちゃならん・ちむぐくる大行進」二見〜那覇
国	11・11	小渕首相海上基地建設の見直しを表明
県	11・15	稲嶺氏知事当選．16日，17日日本政府，米政府見直しに応ずる，期限付きは不可などの発言続く
日米	11・20	小渕・クリントン会談「SAC合意の実施までともに協力していこう」
米	11・23	米国防省「東アジア戦略報告」
国県	11・24	首相，関係閣僚，自民党三役ら就任前の稲嶺氏と会談，東京で財界人や企業トップと会談
国	11・27	補正予算で新県政支援
県	12・10	新県政発足
国県	12・11	沖縄政策協議稲嶺知事迎え会再開（全閣僚出席）
県	12・16	知事議会で，基地県外移設を現実的でないと否定，基地返還アクションプログラムの見直し，国際都市形成構想の見直し，軍民共用空港など

| 北部† | 12・21 | 「新たな基地はいらない，やんばる女性ネットの会」発足（14団体），ヘリ基地反対協市民投票1周年の臨時総会 |
| 浦添† | 12・22 | 「那覇軍港の浦添移設に反対する市民の会」結成大会 |

⑧　移設候補地の選定と受け入れ

【1999年】

国	1・1	野呂田防衛庁長官新春インタビュー 5年メドに軍港移設SACO合意の知事と協力しての着実な実施強調
国	1・12	野呂田防衛長官，知事会談．普天間返還後の跡地利用について関係省庁でプロジェクトチームを作り支援したい．「海上基地が最良の選択肢」，「地元の頭ごしに進めることはしない」
国	1・14	14日発足の自自連立内閣の沖縄開発庁長官就任（兼務）の野中官房長官は「基地問題の解決と自立経済を目指す振興策を一体的に進めていく考え」表明
国名		防衛庁長官前名護市長に「感謝状」（異例のこと）
与那城・勝連†	1・21	沖縄商工会議所提案の与那勝沖への基地建設と航空機整備場に反対する「ヘリ基地つくらさんどー与勝の会（仮称）の第1回結成準備会
国	1・24	報道，沖縄自動車道の高速料金3割値下げ方針を23日までに固め，29日の沖縄政策協議会で県に示し確認
米	1・28	フォーリー駐日米大使記者会見 「沖縄の普天間飛行場の代替基地としての軍民共用空港使用に15年間の期限をつけることには懸念する．だが沖縄の米軍の作戦上必要な条件をみた満たす提案なら，いかなる提案も検討する容易がある」
県	1・29	知事那覇軍港浦添移設受け入れについて沖縄政策協議会（主催・野中官房長官）で「前向き検討」を表明，政府は県の要望する，①那覇港国際ハブ港湾化計画調査の予算措置を含む支援，②自立経済を目指す「沖縄経済振興21世紀プラン」策定などを約束
	1・30	日米返還合意から25周年

沖	2・16	昨年10月那覇地裁で北中城村での米海兵隊員による女子高校生飲酒ひき逃げ事件の判決公判，懲役1年8月
国	2・26	照屋寛徳参議院議員（社民党・護憲連合）への答弁書（小淵総理大臣）海上ヘリ基地案は「最善の選択肢であると判断されたものである」「海上施設案については，現時点においてこれを見直すためにアメリカ合衆国政府と交渉することは考えていない．他方，政府としては，従来から，地元の頭越しに進める考えはない旨表明しているところであり，今後，稲嶺沖縄県知事の意見を十分聞きつつ，本件の解決に向け，真摯に取り組む考えである」．「一般論として申しあげれば，使用期限を明示することについては，将来の国際情勢など様々な要因とも関連するので困難であると考えている」
県		知事議会で普天間移設知事責任で「公約の案も含め」複数案を選定すると答弁
国		米軍用地特措法の再改定案を含む「地方分権整備法案」閣議決定
県†	3・29	知事海上ヘリ基地に反対の発言（記者懇談会）
		以後の動きは，普天間基地の移設問題は稲嶺知事の調整待ちで，那覇軍港移設，読谷飛行場の返還問題が中心となる．普天間基地移設に関しては，いくつかの地域や，商工会議所などで誘致運動と反対運動がおこる．名護市でも誘致運動と反対運動が続く
		浦添方式もいわれる．国が交渉するのではなく地元経済団体が賛成し，議会が賛成し地元の声で那覇軍港移設をはかる方式である
		読谷飛行場の関連施設などSACO合意関係施設の駆け込み受け入れを苦渋選択する自治体が3月末相次ぐ．1998，99年両年度のSACO交付金確保が呼び水
宜野湾	4・13	公約が県内移設反対の革新宜野湾市長，同市の普天間飛行場の県内移設合意が得られれば反対できる立場にないと表明
国	4・27	ガイドライン関連法案衆議院通過（5月24日参議院通過）―周辺事態・後方支援問題
国名	4・29	名護2000年サミットの会場に逆転決定
日米	5・3	小渕クリントン会談，首相がガイドライン衆議院通過，サミット沖

		縄決定を報告,大統領は稲嶺知事選出とサミット決定で普天間移設問題「進展」に期待を表明
国	5・24	日米防衛協力のための新指針関連法参議院で可決成立.県内7市長反発・懸念表明,沖縄,名護市長理解を示す(糸満市長は出張中)
国	6・11	地方分権整備法 衆議院通過
日米	6・18	クリントン・小渕会談(ケルンサミット)で大統領サミットまでに米軍普天間飛行場移転問題の進展を要求
米	6・25	クリントン大統領,サミットに関し,「基地問題が未解決な状態で沖縄に行きたくない」と記者会見で発言,日本にサミットまでに「米側が受け入れ可能な移設案を作成するよう促した」
国	6・29	沖縄経済振興21世紀プラン中間報告発表
国	7・8	地方分権法成立(参議院通過).土地収容は総理大臣権限になる
県	7・22	2000年度の重点政策の基本方向.平和行政最重点から経済振興へ
宜野湾*	8・19	市議会普天間基地移設先の早期決定を求める決議
宜野湾	9・1	普天間飛行場返還跡地利用促進協議会(市商工会中核,津波保光会長)25団体で結成,市軍用地主会花城清善会長2,300人の地主の不安解消訴え(地代100万円未満43%)
県	9・1	知事普天間移設先辺野古地区最有力と発言
辺野古†	9・2	ヘリ基地に反対する辺野古住民一同県に抗議(宮城清子代表)
宜野湾†	9・21	宜野湾市西海岸公有水面への米軍普天間基地移設反対市民の会結成
浦添*	9・21	市議会,「西海岸開発構想促進」「那覇港湾管理組合の早期設立促進について」の陳情可決
区†	9・24	辺野古区行政委員会議会「一連の報道で取りざたされている陸上案,および埋め立て案についても辺野古区は反対する決議」(海上案では賛否分かれる,96年にも反対している
勝連†	9・24	勝連町長移設反対表明(議会は4月に反対決議)
浦添	9・24	那覇港管理一部事務組合加入問題で,市の覚書案提示,市長の施政方針の「物資の搬出入といった那覇軍港の一部機能の移転については認める」,と書き加えたと説明,与党拒否
沖†	9・27	「普天間基地・那覇軍港の県内移設に反対する県民会議」結成総会

基地移設・北部振興問題年表　　　　　　　　　　　　　　　　　　443

		（宜野湾市で800人参加）
区†		久志区臨時行政委員会「キャンプ・シュワブへの普天間移設に反対の決議」，全会一致，「海上・埋め立てなど，いかなる工法であっても移設を認めない」，97年5月の決議の確認
市		市議会「北部地域への新空港早期建設に関する決議」否決
国県		知事国立高専で文相，官房長官に辺野古地区を推薦
沖†		「普天間基地・那覇軍港の県内移設に反対する県民会議」結成総会宜野湾市に800人参加で結成
区†		久志行政委員会移設反対決議
市		市議会与党議員の一部提出の「北部地域への新空港早期建設に関する決議案」を20対8で否決
区†	9・30	豊原区臨時行政委員会「陸上・埋め立て両案に反対する決議」（97年4月にも反対決議）
県	10・2	『朝日』県は1日までに移転先1カ所に絞りこみ政府に提案方針固める
県	10・15	県議会「普天間飛行場の早期県内移設に関する要請決議」25対19
沖†		県労連，名護市議会有志，「基地・軍隊を許さない行動する女たちの会」，県・国に反対要請
東	10・21	宮城村長，水道管敷設，廃棄物処分場，山と水の生活博物館と引き替えにヘリパッド受け入れを施設庁に表明
米日		在沖米陸軍特殊部隊（グリーンベレー）のパラシュート訓練を読谷から伊江飛行場移設で日米合同委員会合意
区*	11・3	「二見以北村おこし研究会」（大城幸男会長）県に地域振興を要望，7月にヘリ基地建設要請
区*	11・4	二見以北に補助金投入で公民館続々建設，ほかに地方交付税傾斜配分から97年より各区に400万〜900万円交付
区†	11・10	久志13区中6区反対決議，過去の反対決議確認は3区
沖†		「許すな悪政11・10県集会」那覇市で開催，普天間移設と基地県外移設を求める集会
沖†		「21・沖縄の未来を開く県民の会（知名洋二会長県経営者協会会

		長）結成総会，70団体，1,000人
沖†	11・10	「心に届け女たちのネットワーク」（宜野湾市長に県内移設反対申し入れ
名†		基地の県内移設に反対する県民会議」辺野古より市役所まで行進
宜野座†	11・14	松田区行政委員会辺野古移設反対決議
国	11・22	知事辺野古沿岸域を正式決定と表明
国・沖		政府，県内財界，知事決定を支援，支持表明
沖†		県内移設反対県民会議移設反対申し入れ書を知事に
名†		反対協抗議集会，緊急アピール
名†	11・23	反対協市役所前で座込み開始
県	11・24	県の「自然環境の保全に関する指針」（99年2月）で辺野古沿岸域は最高ランクが判明
国県	11・25	知事移設候補地決定を政府に伝え，15年期限などの条件を要望
沖†	11・26	沖縄人権協会など4団体，日本科学者会議など反対，抗議声明，
名†	11・29	市民みんなで決めた大切なことを守る・緊急市民集会
沖†	11・30	沖縄米軍基地の県内移設に反対11・30戦争協力を許さない集い，その他反対集会，抗議しきり
国		郵政省「地域インターネット導入促進事業」で事業実施主体に沖縄市町村指定（過疎市町村）
県	12・2	県「北部地域の振興についての要望書」国に提出
国県		38会沖縄開発審議会総合部会開発庁で開催情報通信産業振興地域23市町村，と観光振興地域8市町村8地域了承
区†	12・3	二見以北十区の会「うちてい語やびら」勉強会」
沖†	12・4	基地の県内移設に反対する県民会議，市役所前で決起集会（2,500人）
東	12・5	「報道」東，国頭村長ヘリパッド移設受け入れを村民の反対で撤回
名†	12・7	市役所前座込み終了，14日間で延べ1,500人参加
名*		辺野古活性化促進協議会緊急役員会，工法と場所にこだわらないを確認，久辺活性協の安里会長も協力用意と発言
国内†	12・13	世界自然保護基金日本委員会（WWFJ）辺野古，北部視察，国内外

基地移設・北部振興問題年表　　　　　　　　　　　　　　　　　　　　　　*445*

		反対世論盛り上げ
県		牧野副知事，青木官房長官に「米軍普天間飛行場移設・返還に伴う同飛行場移設先及び周辺地域の振興に関する要望書」提出
		国・県・関係自治体の3者協議の場設置要望
国内†	12・15	団体「沖縄への新たな米軍基地押しつけに反対し全国から連帯と支援の輪をひろげよう」アピール
名†	12・16	ヘリ基地県内移設に反対する退職女教師の会（新発足，代表の1人はひめゆり学徒）市長に要望書提出，
県		県，普天間移設選定資料公開
国	12・17	沖縄政策協議会，沖縄振興策を決定，主として北部振興策
区†	12・19	久辺地区総決起集会（500人）
名*		名護市商工会「受け入れ英断を要請」
名		『朝日』，『タイムス』名護市世論調査，基地反対59％，賛成23％，女性は65対16
県	12・21	県議会嘉手納ラプコン管制権早期返還決議
沖†		「日米両政府による基地の押しつけ反対県民会議」那覇で開催8,000人参加
沖†	12・22	「那覇軍港の浦添移設に反対する市民の会」1周年記念集会，県内移設反対確認
市*	12・23	市議会徹夜審議，移設促進決議可決，17対10（公明議員退席）
名†	12・24	反対協集会その他県内運動頻発
名†	12・26	反対協市民座込み開始
市*	12・27	岸本市長受け入れ表明
名†		反対協市長の解職請求の方針決定
沖*	12・26	経済関係10団体知事激励，名護市商工会，辺野古活性化推進協議会など歓迎
	12・27	米政府「重要な一歩と」声明発表
沖	12・28	報道，琉球放送電話調査，市長決断に名護で支持しない63％，支持する35％，県内56対41
名†		反対協抗議集会

国		辺野古への移設を閣議決定「使用期限問題に関して」「地元の意向を重く受けとめ」

⑨　市長リコール問題
【2000年1月～4月3日】

区†	12・31～1・1	二見以北十区の会瀬嵩の浜で「いのちがめぐる東海岸から『平和の火を』2000年へ」開催
県	1・6	県科学技術振興大綱（案）まとまる
名†		リコール要求の受任者600人以上確保と浸透の方針，13日取り組み開始決定
市	1・12	市長15年期限の問題は「複数の条件の1つ」
南部†	1・17	「平和と豊かな環境づくりを目指す島尻ネットワーク（平良修代表），「名護市民とともに新たな軍事基地建設を阻止する島尻集会開催
県		沖縄情報通信高度化研究会運営委員会，具体化提案書をまとめる
県	1・18	県環境審議会「県環境基本条例」〔仮称〕骨子を知事に答申
国	1・20	北部振興関係者会議（国・県・北部市町村），4協議機関のうち北部振興，移設先および周辺地域の2つの設置確認対応予算100億円（他の2つも2月に閣議決定＝跡地利用と代替施設），官房長官，副長官13省庁次官出席の異例の会議
		副長官と関係省庁局長級の会議設置，議機関支援の実務担当北部振興，新法制の2プロジェクトチーム設置
沖†		ジュゴン保護基金（99年10月発足は生態調査環境調査を実施保全要求と発表．基金募集，国際自然保護連合，世界自然保護基金の協力依頼，参加団体は他に，沖縄・八重山・白保の海とくらしを守る会，沖縄環境ネットワーク，山原の自然を歩む会，満月・祈り・御万人まつり実行委員会
区*	1・25	辺野古行政委員会基地移設を事実上容認
区*	1・27	久辺地域振興協と二見以北村おこし研究会（大城幸男会長）日米関係機関に移設賛成と条件提示

宜野湾†	1・28	普天間移設問題に関し「これでいいの？ 宜野湾市民! あなたは知っていますか？」の講演と集い（カマドゥ小たちのつどい，基地はいらない宜野湾市民の会），宜野湾市職労主催
国	1・31	沖縄開発庁，沖縄振興開発検討推進会議開催，北部検討本部とポスト第3次振計法制検討本部設置を決定
		両者は次の3者協議会対応の事務レベルプロジェクトチームをまとめる．総括・総合振興，北部振興，跡地利用対策，新法制
区	2・1	辺野古区長毒物自殺をはかる
沖†		県高校障害児退職教職員会基地移設撤去の申し入れ（県に）
中部	2・4	嘉手納司令官と3首長の意見交換会3回目
名†	2・5	安保破棄・くらしと民主主義を守る沖縄件統一行動連絡会議（統一連）街頭宣伝
国内	2・7	日弁連サミット前に国際法律家シンポ開催計画，5月中に基地公害，事件調査報告書を5月中に作成
区†		二見以北十区の会1,040人分の基地反対署名市に提出
名†	2・8	市長就任2周年激励会5,900人参加
県	2・9	国際都市形成推進室廃止方針決定（3月31日廃止）
米	2・15	コーエン米国防長官，1月の首脳会談で予見できない国際情勢下で，期限設定はできないとしていたことが判明
沖縄市	2・17	市長嘉手納高射教育訓練場と弾薬庫の私有地を20年契約
国		文部省「国立高専創設準備委員会」3月中にも設置
名†	2・19	「沖縄のジュゴン保護のために」シンポ（名護），WWFJとジュゴンネットワーク主催
日米	2・20	ラプコン返還協議で日米一致
区	2・22	久志3区振興策で意見交換，久志は市長受け入れに抗議で対応異なる
国頭	2・23	村長は県に「海洋深層水研究と総合利用施設」設置を要求
名	2・25	国際金融センターの可能性調査の「自立型オキナワ経済発展機構」設立総会，県，市町村，県内外企業出資
名†	2・27	「許すな悪政2・27沖縄県集会」市役所前で開催

名†	2・29	反対協リコール運動に向けた第1回連続市民講座開催
浦添	3・1	宮城市長施政方針演説,移設反対,民港として整備,軍港そのものに反対,一部機能を移設
国名		郵政省99年度地域イントラネット基盤整備事業に「名護ファイバーシティ事業」が決定,ネットワーク形成
沖	3・5	郵政省6月開始の東京—沖縄間のデジタル映像コンテンツの共同制作実証実験に向けてコンテンツ流通プラトホーム実証推進協議会発足(30社)
名†	3・7	「平和を願う教師と父母のネットワーク」が基地問題で学習会
市		市長大蔵事務次官に税制特別優遇を要請(金融特区を構想),次官税制で企業誘致をはかるのは国際批判の高まりで困難.他省庁の事業計画に税制面でどう対応するか
市	3・8	岸本市長施政方針演説.安全性の確保,自然環境への影響.基地使用協定締結,15年使用期限などの基本条件を要請,北部振興策で大胆な雇用拡大などの制作,高専,拠点港湾整備など
国内†		日本自然保護協会,世界自然保護基金日本委員会,日本野鳥の会はジュゴン保護のため日米両政府に働きかけする.10月ヨルダンでの国際自然保護連合総会に決議案提出,まず国内での解決,解決しない時,総会で議論
沖†	3・9	沖縄平和運動センター,サミット期間中に嘉手納基地を「人間の鎖」で包囲することを決定
沖*		島田懇事業推進のため「チーム未来」を全市町村に広げ調整にあたる県協議会設立準備会発足
区†	3・13	辺野古行政委員会と反対派住民話し合い,宮城委員長「移設容認でない.過去の反対決議はまだ生きている」
金武		軍用地跡地利用整備基金の設置に関する条例可決
米	3・17	コーエン国務長官15年期限問題で,人為的に決まらないと拒否
国		北部振興プロジェクトチーム12市町村の意見聴取終了,自然交響都市圏で共通,「北部地方拠点都市地域基本計画」を基本に計画策定の考え示す

県	3・19	「基地の環境調査および環境浄化などに関する海外調査検討委員会，緊急時の立ち入り調査，浄化費用の原因者負担明記の日米地位協定改善案をまとめた
市	3・21	岸本市長15年問題決着しなければ代替施設着工すべきでない（議会答弁）
県	3・22	県環境文化部長，県環境条令は米軍は適用外と議会答弁
国県	3・23	島懇新規事業8件了承，事業6月末で終了，3年間で46事業，1,000億円，名護市で新規スポーツ整備事業
沖†	3・27	嘉手納基地周辺6市町村住民5,544人日米両政府に新嘉手納爆音訴訟
国		通産次官名護市内ホテルで北部振興策について情報特区構想の実現を強調
県読谷	3・28	県議会軍用地返還・跡地利用対策特別委，読谷の地主会，耕作者の会から意見聴取，664人の地主
国		政府答弁書，嘉手納，読谷，伊江島飛行場などは戦時に国が有効に取得した
県	3・29	新平和記念資料館会館式典，展示物変更発覚，県三役関与
県	3・30	県議会で，1坪地主などを県機関の役員からの排除を陳情
米	4・1	アーミテージ元米次官補15年期限問題で10年後に継続の是非を決める構想示す
	4・2	中曽根文相　高専を辺野古につくる方針で検討中
	4・3	反対協，リコール問題で実施困難との声明，候補者難が主原因

⑩　サミットをめぐって

国	4・5	森新内閣発足
北部	4・6	北部広域市町村圏事務組合は地域の将来像について中間報告をまとめる12市町村を4ゾーン，12エリアに分ける．94年の計画では全五カ所名護市集中を地域バランスに配慮にした
沖†	4・7,8	「心に届け女たちの声ネットワーク」那覇で講演，賀陽区で浜下り，エコネット美案内

沖↑	4・10	鉄軌道市民グループ結成
沖↑	4・11	沖縄サミット・平和アピール行動委員会準備委員会．嘉手納基地を25,000人規模の人間の鎖で包囲することを決定，5回目（以下サミットまでの基地運動は本文参照）
県	4・12	知事，普天間跡地利用の中心施設として「アジア・太平洋研究交流センター」設置構想の論文を発表していたことが判明
国	4・13	国アメラジアンスクールの支援について島懇利用，宜野湾窓口調整開始
国	4・14	2000年3月31日期限切れの読谷村楚辺通信所と浦添市牧港補給所ない一部の土地所有の地主に意見照会の文書送付
沖	4・16	平和祈念資料館の展示資料の英文説明文から米軍批判の部分が一部欠落ていると市民団体集会で指摘される
沖	4・21	沖縄国際情報特区構想の推進策検討の調査研究会（座長＝仲井沖縄電力社長）は報告書をまとめ郵政相に提出，沖縄経済振興21世紀プランと沖縄振興新法への反映を求める．当初，那覇と名護の2極構造案だったが，各地域の相互補完と均衡ある発展を目指すと改めている ① グローバルIX（インターネット・エクスチェンジ），② 地域情報通信 ② ネットワーク，③ 情報通信関連企業，研究機関の誘致促進・集積・育成，④ 国内外のコンテンツの集積，⑤ 人材の早期・大量養成の5つの方策を通して国内情報拠点となることを提言．地域の公共的施設を結び医療・福祉・教育サービスの充実など地域社会への貢献も主な施策のひとつ．不確かな面も多くあるが，数年でコールセンター中心に32社，1,700人の実績を見逃せないと評価
市	4・22	郵政相名護市長と会談，昨年の県内調査研究会の沖縄情報特区構想報告書について，実施責任と名護市が情報産業の中心になってほしいと話す
区↑	4・23	辺野古区民大会開催100人参加
県	4・26	知事は新石垣空港の建設位置に「カラ岳陸上」を正式決定

国頭†	4・27	「やんばるに新基地はいらない平和を願うかがり火集会」国頭辺土岬で開催，28日に名護市役所前で集会
県	4・28	「ゼロエミッション・アイランド沖縄」構想がまとまる．環境負荷の軽減，環境共生型社会の実現を目指す
宜野湾	5・2	2日までに国・県・宜野湾市の跡地利用について検討するプロジェクトチーム発足
沖朝鮮	5・3	沖縄平和友好団（大田団長）と朝鮮対外文化連絡協議会連帯集会開催
名	5・8	名護市民投票「損害賠償訴訟」判決，請求棄却
商工会議	5・9	日本商工会議所沖縄会議，恩納村で開催，知事基調講演製造業の誘致失敗，観光が一番伸びた．今一番は情報産業で20社近く進出．情報，観光産業中心にチャレンジしたい．県はマルチメディアアイランド構想をもつが，情報特区，観光特区も設けたい．東南アジア，東アジアとの交流の歴史をもつ．海水淡水化，風力発電，害虫駆除など近隣諸国に使える技術を持ち，そのハブ地域としてスタートしたい．21世紀に向けて，マルチメディアアイランド形成，エコアイランド形成，ウェルネスアイランド形成の3つの振興目標．サミットを通じて平和発進，近隣諸国に貢献する沖縄を目指す．人口は復帰後34万人増，労働力人口60％増加，就業人口54％20万人増加，失業者増加だが雇用創出力は弱い．経済成長率も全国以上．要因は公的支出，観光収入，基地収入，軍用地は今なお右肩上がり，基地地代以上の利益を生む土地利用の方法必要，経済の質的上昇の指標として，平均寿命，法人企業の新陳代謝の大きさ．基幹産業は観光で，観光を中心とした複合産業の発展を考える，コールセンターも沖縄に向いている
宜野湾		キャンプ・シュワブのSACO合意での瑞慶覧の一部返還住宅地の跡地利用までの継続使用要望
名†	5・17	サミットに合わせ，市内市民団体など「ヤンバル・ピース・ウェーブ」実行委員会結成，事務局は反対協．ゆるやかな基地反対の運動やシンポ開催を決定，7月16～23日，デモでないピースウォーク

		やシンポ開催，内外のマス・コミに普天間移設の現状を訴えることを目的
北部	5・17	北部市町村圏組合「北部地域振興に係わる基本的な考え方」決定
国	5・19	照屋参院議員の質問書に対しての政府回答「生息状況の十分な知見が得られず，種の保存法に基づく国内希少野性動植物種への指定は困難で，生息地等保護指定もできない」と回答
国		防衛施設局，駐留軍用地特措法に基づき，2000年3月使用期限切れの読谷村楚辺通信所（236m^2，浦添市牧港補給地区148m^{2}の土地について「継続使用認定申請を首相に行なう，地主側拒否の姿勢（代理署名などの手続き不要化）
国		政府，返還合意の北部訓練場について2002年以降を目処国立公園として指定する方針を決定
市	5・20	『日経』報道，名護市は金融機関に税制上の優遇措置を与える金融特区制度の実現に向けて動きだす．市長は20日から同制度で経済成長したアイルランドを訪問するとともに6月1日シンポ開催．月内にも政府に制度創設を要請．大蔵省は「1国2制度的なものは認められない」と否定的
名†		海上ヘリ基地訴訟，原告側控訴断念．原告団代表興石正氏らは，賠償請求棄却は不当だが，① 住民投票の結果に反する行為がなされた場合，司法判断の対象となりうることを示した，② 住民投票結果の拘束力は投票条例に違法行為に対する規定が盛り込まれている場合には認められると解釈できると，却下としなかった判決を部分的に評価，見送りの理由として一審判決を下回る可能性があると，全国各地の住民投票への影響配慮，運動の再構築化にむけた実質的なエネルギー源を汲み取ることができたなどをあげた
国県市		普天間基地の跡地対策準備協議会の初会合開催，青木官房長官（沖縄開発
県	5・23	「第3次沖縄振興開発計画総点検報告書」発表．29日知事答申
国	5・31	普天間基地跡地対策協議会の初会合開催，青木官房長官（兼沖縄開発庁長官），知事，普天間市長ら意見交換，普天間で具体策検討4

		協議機関の内，移設先，北部地域と3が設置，代替施設協議機関の目処はたたない
国	5・31	島田懇最終報告，25市町村46事業の評価分析を踏まえ，政府に事業期間（7年）の5年延長や予算措置，アメラジアン問題への取り組みなどを盛り込んだ報告書をまとめた．評価は計画どおりに行なわれた時の97～2007年度までの経済波及では，総投資額の約4倍の3,839億円の所得増加，9,200人の雇用誘発，県政つ経済の誘発精算額が01～02年度に500億円前後でピーク，に対し事業経済による精算額は02年度以降400億～700億円と永続的な経済効果を推定，ソフト事業の重要性を実証したとする．地域ごとのチーム未来で住民がわの発意取り入れ
名		沖縄サン・ビーチ開発とハンディネットワークインターナショナルは外国特派員協会で記者会見，「カヌチャヒルトコミュニティ構想」（定住型リタイアメントコミュニティ）発表，定住型コミュニティは国内初
国	6・6	沖縄開発庁首脳「沖縄国際情報金融センター」構想について，本年度予算で調査事業実施する意向表明，大蔵次官は4日にも否定的見解
国	6・8	小渕前首相葬儀，県内から約40人参加，知事，名護市長，前市長比嘉氏ら（内閣・自民党合同葬）
中国	6・9	中国政府は那覇―上海定期空路開設を決定と県に伝える，第1便は8月10日就航
沖	6・12	「報道」11日の県議選結果．与党30議席，野党18議席，投票率65.23％で過去最低（対前回減1.13％）名護市投票率55.19％，総数22,058 安里進（当・自民・現）10,595，玉城義和（当・無・現）10,203，新垣光夫（無・新）928，無効332
国内	6・13	『日経』報道，12日7党首討論会の発言 小沢一郎自由党党首「沖縄の戦争中の歴史と今日までの占領，基地が集中している状態は日本国民全体が分かち合わなければならない問題だ．もし岩手に適地があれば賛成する」

韓朝	6・14	南北首脳会談，緊張緩和，自主的統一，連邦制の統一志向，離散家族親戚訪問団の交換等人道問題の解決，経済協力等諸分野交流など4つの課題について合意
県	6・15	14日までに「地位協定改正素案」をまとめた．① NATO軍とドイツの間のボン補足協定との比較で協定の3分の1以上の不備指摘（本文参照）
名†		ジュゴン保護基金委員会は基地移設計画を見直すよう求める署名集め，毎月15日をジュゴンの日と定め街頭行動，署名は世界自然保護基金集約，7月に首相と米大統領に提出

（以下環境運動は本文参照）

国	6・20	政府は閣議で国際会議等各種会議の沖縄開催を推進する方針了解，3次振計や21世紀プランに盛られた「国際交流の拠点」「国際コンベンション都市の形成」を図るのが目的
区†	6・21	命を守る会は首相と米大統領にあてた請願の署名集めを始める
沖	6・22	「沖縄南北縦貫鉄軌道を実現する会」の会員総会那覇で開催
国内	6・25	衆議院選挙
那覇	6・26	国際女性サミット最終日，軍事費削減，その経費を紛争予防に，戦争犯罪を裁く国際刑事裁判所設立条約批准などを声明に盛り込む
沖		衆議院選挙県内結果結果概要
		当選　小選挙区—自民（2区）公明（1区）社民（3区），比例区—自民2，共産1
		3区，嘉数知賢48,622（自民），上原康助32,917（民主，元社会，社民），東門美津子68,378（社民），古堅宗嘉10,431（共産）西田健次郎（無）52,089
		3区—比例　自民61,261　公明15,725　民主33,339　社民46,978　共産17,195　自由連合5,026　自由16,450
世界		名護市の国際情報金融センター構想のモデルのアイルランド・ダブリンを，経済協力開発機構（OECD）閣僚理事会は有害税制リストに含まれる22カ国の1つにあげた（優遇税制が問題）
国	6・27	森首相，駐留軍特別措置法の基づき，那覇防衛施設局から申請され

		ていた楚辺通信所と牧港補給地区の一部土地の継続使用を認定．前者1筆236m², 後者1筆148m²で2000年3月末日で使用期限切れ
沖	6・29	国際平和研究所創設．発起人―大田昌秀（平和研究所主宰），宮城悦次郎前県公文書館長，永六輔，森村誠一（作家）ら県内外から約400人の発起人，1,200人参加
国	6・30	沖縄開発庁は30日3次振計総点検を発表．これを受けてポスト3次振計の策定作業を進める
県	7・3	21世紀プランをポスト3次振計保管の計画と位置づけ，沖縄振興特別措置法に代わる沖縄新法で対処するよう政府に要請決定
沖縄市		3日未明米上等兵（19才）アパートに侵入，就寝中の女子中学生へのわいせつ行為，住居侵入と準わいせつ容疑で逮捕
沖	7・5	「6日報道」米四軍司令官は県民へ異例の謝罪声明発表，勤務外綱紀粛正方針を示す
米	7・6	米四軍調整官（アール・ヘイストン中将）と総領事，稲嶺知事訪問直接被害者・家族・県民への異例の謝罪，教育訓練強化強調，知事抗議
（以下7月3日の米軍事件については本文参照）		
県	7・12	県は改正沖振法に基づく観光振興地域に宜野湾市西海岸地域，工業等開発地区に豊見城村の指定を沖縄開発庁に申請，8月中旬に指定の見通し．指定されると税控除．沖縄トロピカルリゾート構想の浦添・宜野湾沿岸地区に指定，コンベンション機能中心の環境リゾート拠点
宜野湾	7・15	5年ぶりの県民総決起大会（主催・連合沖縄，平和運動センター，統一連，県労連，市民連絡会）7,000人参加
国際	7・17	国際環境NGOフォーラム最終日，「沖縄宣言――沖縄から世界へ平和・環境・福祉の21世紀を」宣言を採択．宮本憲一氏講演「環境再生と維持可能な沖縄を求めて」
沖	7・19	『沖縄タイムス』一面トップで普天間基地の名護移転の白紙化，SACO合意の見直しの社説掲載
県	7・19	「報道」平和祈念資料館の問題化した展示資料の英訳不備の殆どは

		欠落誤訳が修正されていないこと判明（館側「予算の問題もある」）
嘉手納	7・20	嘉手納基地包囲行動，27,100人（主催・基地はいらない人間の鎖県民大行動実行委員会），17.4km（3時の3回目完全包囲）
米	7・22	日米首脳会談．① 大統領米兵事件で「こうした事件は苦痛であり恥ずかしく思う」と陳謝，② 思いやり予算33億円削減で合意，③ SACO合意の着実な実施の協力，辺野古への基地移設について早期に基本計画策定で合意，④ 15年期限問題では首相「国際情勢の変化に対応」「在沖米軍の兵力構成や軍事体制について緊密に協議」，⑤ 米軍関連の仕事で地元企業優先，⑥ 米軍受け入れの県民の協力に感謝
国際		サミット「グローバルな情報社会に関する沖縄憲章（沖縄憲章）」採択［ITは21世紀を形づくる最強の力の1つ］
国際	7・23	共同宣言「沖縄2000」を採択してサミット閉幕

⑪　代替施設協議会と沖縄振興

県	7・27	県軍用地転用促進・基地問題協議会（会長・知事）2000年総会，日米地位協定見直し案など了承，県と歩調を合わせる
宜野湾		比嘉盛光市長はSACO合意の北谷町のキャンプ桑江にある米海軍病院のキャンプ瑞慶覧内普天間ハウジングエリアへの移設受け入れを防衛施設庁長官に伝える
北部	7・31	北部12市町村は普天間基地移設に伴う北部振興策がスタートする今年度分の事業案に合意．首長同士つばぜり合い，別途に移設先振興策が約束される名護市と宜野座村に集中していることは不満の原因，名護マルチメディア館の拡充（21億円），宜野座サーバーファーム・ビジネス事業（情報関連企業など誘致＝31億円），県食肉センター名護分工場建て替え（30億円），辺土名高校増築などが大規模．2000年度予算に関して地元負担のある非公共分野（100億中の50億）ではなお，予算が使いきれない
		21世紀プランの新規事業創出支援体制の総合的検討報告まとまる
国		運輸省が那覇―上海定期航空路線解説を認可，週2便運行

沖	8・1	「報道」タイムス県民意識調査（29・30日） サミット成功した65.8％，成功しなかった14.5％ 警備や交通規制　協力すべき60％，厳しすぎた33％
県	8・8	県2001年度の「重点施策の基本方向」決定 ポストサミットを強調，「国際コンベンションアイランド」実現を最大の柱，併せて「アジア・太平洋センター」，「亜熱帯総合研究機関」の設置など学術・交流拠点の形成を目指す．原状は98年日本国内開催の国際会議は2,455件，外国人50人以上計300人以上は251件で沖縄は1件．那覇空港の沖合展開，那覇港のハブ港湾化を促進，国際交流拠点の基盤整備をはかるなど ① ポストサミットへの積極的対応，② 産業の振興と雇用の創出，③ 米軍基地問題の解決促進，④ 住みよい沖縄の創造，⑤ 新たな沖縄振興計画の策定に向けた取り組み
県	8・10	国立高等専門学校創設準備委員会は9日までに辺野古北側隣接の港原（集落とキャンプに挟まれる地域）に建設を決定．
沖	8・11	琉球新報世論調査．新基地反対55％，賛成39％，賛成派の65％は「15年使用期限」の条件付賛成
区†	8・15	二見以北十区の会は市役所に住民説明会の開催を要請（99年12月以来再三要請）
県	8・16	日米地位協定見直し県案決定
読谷	8・18	瀬名波通信施設のトリイ通信施設への移設について，安田慶造村長は，楚辺区がまとめた5項目履行を条件に移設受け入れを表明．トリイ施設内の黙認耕作地が施設建設でつぶされると楚辺区反対，17日の区民総会で，① 黙認耕作地の整備，② 新公民館・体育館の建設，③ トリイ施設への区民立ち入りの緩和，④ 施設内軍用地料の値上げ，⑤ 施設内の下水施設整備．村長，トリイ施設強化はあっても村全体としての整理・縮小を強調
国	8・22	政府は代替施設協議会の議事録公開方針を決定，沖縄関係会議で初
名	8・23	ヘリ反対協，① 協議会不参加，② 受け入れ表明撤回，③ 市民との対話集会開催を，久辺地域振興促進協（安里治正会長）地元意思

		尊重を市に申し入れ
市内	8・24	「報道」① 昨年9月辺野古，豊原行政委「陸上，埋め立て両案に反対」決議，両委員会には3km沖合のメガフロート推進の久辺地域振興促進協のメンバー多く，行政レベルの主流，② 辺野古活性化推進協は埋め立て主張，一部埋立てを含む図面を作成，③ 杭式桟橋（QIP）は市内建設業者支持，内外大手ゼネコンなどを背景に勢力拡大争い．辺野古活性委半年ぶり活動再開
国		大蔵次官，記者会見で金融特区に反対の意向表明
国		北部振興協議会，移設先及び周辺地域振興協議会，「北部振興ならびに移設先及び周辺地域振興にかんする基本方針案」発表
国	8・25	4協議会開催（本文参照）
		［北部振興協］［移設先および周辺地域振興協］合同会議，中川官房長官（沖縄開発庁長官），知事，名護市長ら北部12町村首長で構成
		［跡地対策準備協］11項目の課題を中間的にまとめる．国・県・宜野湾市で協議，2002年の国会で法制化の方針，① 米軍汚染物資の調査，除去，原状回復を国責任で行なう，② 返還後に見つかった時も同様対応，③ 並行しての再開発事業調査，手続き可能化の検討，④ 埋蔵文化在調査の実施と財政支援，⑤ 返還後の至急機関の延長を視野に検討
国		政府は米軍施設への立ち入りなどを規定した日米地位協定3条を見直す考えのないことを照屋寛徳参院議員の質問主意書に書面回答
国		沖縄政策協議会（全閣僚と知事）は「沖縄経済振興21世紀プラン」の最終報告を決定．新規16施策を加えて97施策．新規は情報特区構想，新規事業創出支援体制整備，ゼロエミッション・アイランド構想の推進
国		［代替施設協］中川官房長官，防衛庁・外務省・運輸省の各大臣，知事，名護市長，宜野座・東両村長．政府は規模，工法，具体的な建設場所に関する技術的協議の場としている．中川長官は期限問題にふれず

		知事は「過重な基地負担から期限を設ける必要がある」．岸本市長は7条件に言及，「使用期限や基地の使用協定締結についても別途に協議してほしい」，「『地域の住民生活と自然環境に著しい影響のないように』というくだりを2度繰り返した」
国		政府は米軍施設への立ち入りなどを規定した日米地位協定3条を見直す考えのないことを照屋寛徳参院議員の質問主意書に書面回答
国	8・27	「報道」国際海洋情報センター 豊原に設置（国予算要求）
市		「報道」国際海洋情報センター（仮称）が豊原に設立，科学技術庁の特別認可法人・海洋技術センターが計画コンテンツ政策中心に20〜30人の雇用，プレスセンター・アメニティ棟移設，海洋情報をデジタル映像化（北部振興策で採択，市が17億円の国補助で整備）
県国	8・29	知事，官房長官，防衛庁長官に県の日米地位協定見直し案の実現を要請．官房長官は運用の改善に誠意をもって取り組む意向を表明したものの，協定の改定には慎重姿勢を崩さず
県	8・30	稲嶺知事と基地所在市町村の首長らは，在日米軍司令部に県策定の地位協定の見直し案の実現を要求
県	8・31	県議会，地位協定見直しを内閣官房，防衛施設庁，外務省に要請．外務省は改定には慎重
区		普天間移設先の3区は移設問題を話し合う連絡協議会の設置を名護市に求めることを決めた．区長のほか行政委員約20人全会意一致の決定．合同委員会の島袋哲博委員長（久志行政委員長）は「移設に賛成するか反対するかは話をきかなければ分からない」と幅広い課題を協議する考え．辺野古・豊原両区は埋め立てなどの工法に反対する決議，久志区は工法を問わず反対の決議をしている
沖		旧日本軍接収の3飛行場の地主会（嘉手納旧飛行場権利獲得規制会，読谷飛行場用地所有権回復地主会，旧那覇飛行場所有権回復地主会は「沖縄県旧軍飛行場長地問題解決促進協議会（約1,200人）結成を決定．
区	9・5	辺野古区など3区代表は市長訪問，振興策などを話し合う行政連絡

		会議の設置を要請．市長は代替施設の工法や規模は別の協議会となる見通しや，久志全域の振興機関の必要性を述べる
北部		北部市町村と県の行政懇談会開催，名護東道路の早期建設など40項目の要望提出．伊江村長は挨拶で，15万人圏域を目指す北部振興策が取り組まれる中で「千載一遇のチャンスを迎えている」
国	9・6	防衛施設庁は県収容委員会に楚辺通信所と牧港補給地区の一部土地について，それぞれ4年2月と10年の採決を申請．特措法改正後はじめての採決申請．面積は各236m²（1筆）と148m²（1筆），2人の地主契約拒否
国県市		第1回「普天間飛行場跡地利用計画関連情報連絡会議」県庁で開催．
米	9・8	米国防総省当局者，使用期限問題について「米側の立場に変更はない」
宜野湾	9・10	アメラジアン支援事業難航，島懇事業の枠で「宜野湾市人材育成交流センター事業として実施予定．アメラジアンスクールと市教育研究所の2つの不登校対象教室の入所．不登校原因が異なること，施設だけで維持費が出ないことなどが問題
米日	9・11	日米安全保障協議委員会（2プラス2）ニューヨークで開催，普天間実施委員会早急再開で合意．米軍基地の環境汚染対策強化で合意．河野外相15年期限問題で昨年の閣議決定以降日本側の経緯説明，今後国際情勢の変化に対応して兵力構成など協議してゆきたいと従来の方針繰り返し．虎島防衛庁長官は県や市町村から解決を要望されているとして，基地問題に関し「目に見える形で解決に努力することが極めて重要」と米側の協力を要請，米側からは具体的対応なし
県	9・12	知事は環境汚染対策の合意に「一定の前進と評価できる」しかし，国内法適用や浄化責任明記などがなく「大きな進展はなかた」「協定を抜本的に見直し」の必要性があるとコメント
国		「共同報道」防衛庁長官は記者団との懇談で，日米安全保障協議委員会で期限問題先送りについて，米側に求める段階ではないとの認

		識を示す
国	9・13	全国都道府県知事会議で首相は稲嶺知事の「特段配慮」要望の地位協定見直し,15年期限問題に関し慎重で,知事「まだピンと来ないという感じ」との認識
市	9・16	市長国際海洋環境情報センター建設案の9月議会への提出取り下げ決定
米県	9・18	米海兵隊トップのジェームス・ジョーンズ総司令官知事と懇談.海兵隊訓練は現実的な作戦即応訓練を「グアムで行なうことを話し合っている」と述べる
宜野湾		宜野湾市議会地位協定の見直しと住宅防音工事の助成区域拡大に関する意見書全会一致可決
米	9・19	『沖縄タイムス』,ジョーンズ総司令官にインタビュー.垂直離着陸機MV22オスプレイについて組織のトップとして公式に初めて配備を認める.騒音軽減にも役立つ.沖縄の負担軽減のための訓練のグアム分散問題は再度強調したが,それと基地を沖縄におくことは別問題とした
三沢		三沢基地のある青森県三沢市は19日までに米海軍との有効関係の中絶方針を決定.米空母艦載機の夜間離着陸訓練が中止要請にもかかわらず行なわれ続けているため.市長「日本を植民地扱いしているんじゃないかと言いたくなる」
浦添	9・20	議会は日米地位協定の見直しを求める意見書全会一致可決
県		県離島・過疎地域振興対策協議会は向こう5年間の「過疎地域自立促進方針と計画」を了承.6町15村該当,概算事業費5年間で2,470億円
嘉手納		沖縄県旧軍飛行場用地問題解決促進協議会(名嘉真裕治会長,1,200人)結成,基地返還など戦後処理要求.嘉手納旧飛行場権利獲得既成会(同会長120人)読谷飛行場権利獲得地主会(比嘉憲一会長,660人),旧那覇飛行場所有権回復地主会(金城栄一会長,370人)で構成
市	9・21	岸本市長は「代替施設協議会で計画される位置や工法」と「15年

		使用期限の解決は同時に進めなければならない」「政治生命をかけてでも，がんばりたい」と議会で表明．ただ3月定例会のヘリコプター以外の使用の反対は撤回
		首相は所信表明演説で，普天間代替施設に関し「できるだけ早く成案を得るべく努力していく」と述べる
		厚木基地のある大和市長は米軍の夜間離着陸訓練（NLP）に抗議，友好関係一時中断決定，硫黄島完全移転実現まで，中断継続
日米	9・22	コーエン米国防長官，首相，外相，防衛庁長官と相次いで会談，普天間移設問題解決に向けて日米強力を確認，15年期限問題は話合わず．兵力構成見直しについて，「米軍や自衛隊が行動するとき，強いプレゼンスと訓練が必要だ」と10万人体制は変えない考えを明らかにする
沖縄市		「日米地位協定の見直しに関する意見書」を沖縄市議会全会一致で可決
沖縄市		沖縄市長中城湾港泡瀬地区埋め立てによる東部海浜開発計画について事業推進を石川副知事に要請
西原	9・25	西原町で耕耘機と不発弾接触，全焼，運転男性無事，米国製60ミリ迫撃砲弾
読谷浦添		知花昌一（読谷），古波蔵豊（浦添9漁師強制使用認定は憲法違反と首相相手に認定取り消し訴訟を那覇地裁に起す
県		県収容委員会，楚辺通信所，牧港の一部地区の那覇防衛施設局からの土地強制使用の採決申請の受理決定
県	9・27	県議会「サトウキビ振興対策等に関する意見書」を採択
那覇		市議会は在沖米四軍調整官の市議会要請団とのわいせつ事件面談拒否に対する抗議決議案と日米地位協定抜本見直しに関する意見書を全会一致可決
北部		北部市町村会総会，新開町に吉田勝広金武町長選出（今帰仁村長辞任）
米		共和党ブッシュ候補外交顧問のアーミテージ元国防次官補は，東アジアの米軍10万人前方展開体制について，ブッシュ政権下で見直

国	9・28	す可能性があると述べた．しかし，増強の可能性にもふれている． 森首相は衆院予算委員会で，「SACO」最終報告の中に使用期限のことが盛られている」と事実誤認の回答をして，指摘されて，あわてて訂正
市		名護市議会，日米地位協定の見直しに関する意見書全会一致可決
市		米軍基地内の県内企業の優先発注を求める意見書可決，補正予算案可決に際し，第三セクターのネオパーク沖縄の経営不振に関し抜本的対策を講ずる付帯決議，嘉手納28那覇地裁で，新嘉手納爆音訴訟第1回口頭弁論
国	9・29	虎島防衛庁長官が参院予算委員会で，代替施設問題に絡み「私は主管ではない」と発言して空転，中座していた中川官房長官が代替施設協議会は官房長官，FIG（日米普天間実施委員会）の担当は外相と防衛庁長官と，両機関で意見が違う場合は関係閣僚で協議の上政府全体で取り組むと答弁
国	10・3	代替施設協議会開催，県は軍民共用空港，旅客・貨物機は中型ジェット機を妥当とする案提示，2,000m級滑走路を念頭にしたもの．知事は使用期限問題について要請，市長はふれず
沖		「報道」大学教授ら中心に沖縄方言普及協会が21日に設立総会
世界	10・10	国際自然保護連合（IUCN）はヨルダンのアンマンで第2回世界自然保護会議開催，沖縄本島東海岸沿岸域に生息するジュゴンとやんばるの森の調査保護を求める勧告案を，日米両政府（棄権）を除く全会一致で採択．「生存を確実にする適切な環境影響評価と措置」を求めている．また，やんばるを世界自然遺産候補地として指名することを考慮することも要請．日本の自然保護6団体が共同提出，当初はジュゴンとやんばるの森の2本立てだったが1本に統合．同団体は78カ国，112政府機関，735非政府組織が加入，4年ごとに総会開催
名護県†	10・11	ヘリ基地反対協は親川知事公室長に代替施設の受け入れ撤回撤回と，代替施設協の解散を要求，室長解散考えずとの認識を示す
宜野湾		宜野湾市軍用土地等地主会の返還対策・跡地利用促進委員会初会合

市		名護市は地元3区との間で「行政連絡会議」を発足させる
米		米専門家グループ，対日政策の指針となる報告書発表．「日米同盟は米国の世界安保戦略の中心である」．集団的自衛権は許されないとするのは同盟関係の制約になる．「より平等な同盟国」して「力を共有する時がきた」として，有事法制の制定，国連平和維持軍本体業務への参加ミサイル防衛協力の拡大などを提唱．沖縄に関しては「米軍駐留を持続可能で信頼のおけるものとするために沖縄の負担軽減は欠かせない」としつつ，SACO合意の実施に加え，太平洋地域の兵力10万人体制の見直しや，海兵隊訓練を「アジア太平洋地域に分散する」目標模索の考え打ち出す．ナイ前国防次官補，アーミテージ元国防次官補，ウォルフォビッツ元国防次官補など超党派の専門家が含まれる
国	10・12	前29省庁局長級で構成する省庁連絡会議第2回会合で，「アジア・太平洋地域の有数のコンベンション都市の形成を目指す」，「従来とは異なる国際コンベンション都市の形成で日本の選択肢が拡大」などの基本方針と第1次5カ年計画決定．沖縄開発庁の総合窓口設置．本土主要都市集中の政府系国際会議の2割程度年間20件誘致を目標で5カ年計画．国際16国際会議「渡り性水鳥とその生息地保全に関する沖縄ワークショップ」（主催・環境庁，豪州環境省，国際湿地保全連合アジア太平洋支部），4日間の日程で那覇市で開催，沖縄宣言採択の予定
国	10・17	防衛施設庁，ジュゴンの予備的調査を今月下旬から沖縄本島周辺で空，海から3カ月間行なうと発表，代替施設協議会の協議の円滑化のためとしている
浦添		「報道」宮城健一市長と支持の社大，共産，社民の与党市議との間に政策調整，市議ら8日に「一部昨日移設撤回を要求」，これまで与党と市職労撤回要求，市長は西海岸開発のために不可欠としており，市長出馬断念もの観測
国		政府は県内米軍人・軍属等のマイカー課税を県民なみに実施すれば99年度試算で7.6億円の県税アップとの試算を明らかにした

沖		県軍用地等地主連合会と北谷町軍用地主等地主会は防衛庁に軍転特措法の改正（給付金支給期間の7年への延長，跡地整備実施など），キャンプ桑江内の返還実施計画の変更について要請
米	10・18	14カ所の在韓米軍基地の全面または部分的名返還・移転計画を進めていることが韓国国防省の国会提出資料で判明
市		名護市議会国際海洋環境情報センター関連予算を含む補正予算案を賛成多数で可決，沖縄国際情報金融センターを目指す市単独調査費も盛り込む
国内†	10・19	「報道」日本環境法律家連盟（340人）弁護士ら，米国法律適用の「ジュゴン」保護のために，生息地域の米軍基地建設計画見直し裁判を起すことを検討中
浦添	10・20	市長は来年2月の2期目選挙に向け，支持母体の与党3党（社大，社民，共産）や市職労の反撥を受け，那覇軍港の浦添移設に全面反対の姿勢に方針転換
日米	10・20	米国防総省で日米政府の「普天間実施委員会（FIG）」3年ぶり開催，日本側は県の15年使用期限問題への希望を伝えたが回答なし
沖†	10・21	「名護市への新たな基地建設に反対する県民総決起大会」（主催・普天間基地那覇軍港の県内移設に反対する県民会議・山内徳信共同代表），那覇市で開催，参加者2,000人，目標5,000人
沖†	10・22	ジュゴン保護基金委員会，設立1周年記念集会県庁前で開催．アンマン報告，「愛のジュゴン」など報告発表
市	10・26	名護市議会要請団はジュゴン保護を沖縄開発庁に来沖の中川官房長官に要請．予備調査にあたり，有識者，NGOなどとの意見や，情報公開を求める
国	10・31	第3回代替施設協議会開催．防衛施設庁97年5～10月の辺野古海域の地形・生物分布調査結果報告．建設地点に一部陸域も含まれることを示唆．県は昨年11月の移設候補地提示にあたって明らかにしていた．ICUN会議でのジュゴン保護の決議を踏まえ，川口順子環境庁長官も「国際的に関心が高いことを認識している「と補足調査を要望したことを明らかにした

国 沖縄振興開発審議会総合部会専門委員会(座長・清成忠男法大総長)は3次にわたる沖振計画の現状と課題について中間報告をまとめた.方向性として,「選択と集中」の新概念を積極的に導入,自立化のリード分野も観光・リゾート産業と情報通信産業にしぼった.日本一の英語県とする人材育成プログラムの実施,軌道に乗るまでの本土や海外からの人材を集める制度の必要性も挙げている

参考文献──沖縄・基地移設問題の学習のために──

①ホームページ
＊沖縄タイムス
　http：//www.okinawatimes.co.jp/
＊琉球新報
　http：//ryukyushimpo.co.jp/
＊朝日新新聞社asahi.com　沖縄ホームページ
　http：//www.asahi.com/paper/okinawa/
＊ヘリ基地反対協議会（諸運動団体へのリンクあり）
　http：//www.yanbaru.ne.jp/〜nago1221

②ビデオ
「95沖縄　新たな闘いへ──10・21沖縄県民総決起大会」小川町シネクラブ（東京神田・電話03-3294-4737）
「平和な沖縄を返して（Part3）──海上ヘリポート基地」（株シネマ沖縄内）
「美ら海・辺野古──海上ヘリポート基地予定地──」（同上・電話098-857-5545)

③主要参考図書
　バックデータとした多くの官庁関係や運動団体の発行資料は省略する．重要なものは本文中に引用してある．入手可能な最近の単行書を中心にして掲示する．

［地方誌史］
字誌編纂委員会『字久志誌』名護市久志区公民館，1998年（移設先地元3区の1つ）
5000年の記憶編集委員会『5000年の記憶──名護市民の歴史と文化──』名護市役所刊，2000年.
比嘉宇太郎『名護六百年史』沖縄あき書房，1985年.
『羽地大川──ヤマの生活誌』同調査編集委員会，名護市・北部ダム事務所.
辺野古区編纂委員会『辺野古誌』辺野古区事務所　1998年（移設先地元3区の1つ）.

［一般］
朝日新聞社編『沖縄報告　復帰後　1982－1996年』朝日文庫，1996年.
朝日新聞社編『沖縄報告　サミット前後』朝日文庫，2000年.
新崎盛暉『沖縄現代史』岩波新書，1996年.
新崎盛暉『基地のない世界を──戦後50年と日米安保』凱風社，1996年.

沖縄国際大学公開講座委員会編刊『沖縄の基地問題』1997年．
大山朝常『沖縄独立宣言』現代書林，1997年．
石川真生『［ヒューマンドキュメント］沖縄海上ヘリ基地』高文研，1998年．
浦田賢治編著『沖縄米軍基地法の現在』一粒社，2000年．
沖縄タイムス社編『民意と決断』沖縄タイムス社，1998年．
沖縄国際大学公開講座委員会編刊『沖縄経済の課題と展望』1998年．
沖縄タイムス社編『50年目の激動——総集沖縄・米軍基地問題』沖縄タイムス社，1996年，文庫本沖縄タイムス社から，1997年に再刊．
沖縄県総務部知事公室基地対策室編刊『沖縄の米軍基地』1998年．
沖縄問題編集委員会『沖縄から「日本の主権を問う」』ルム出版社，1996年．
大城常夫，高良倉吉，眞栄城守定『沖縄イニシアティブ』ひるぎ社，2000年．
大田昌秀『沖縄の決断』朝日新聞社，2000年．
大田昌英『沖縄　平和の礎』岩波新書，1996年．
大田昌英『沖縄，基地なき島への道標』集英社新書，2000年．
沖縄を知る辞典編集委員会編『沖縄を知る辞典』紀国屋書店，2000年．
我部政明『沖縄返還とは何だったのか』NHKブックス，2000年．
来間泰男『沖縄経済の幻想と現実』日本経済評論社，1998年．
隅谷三喜男『沖縄の問いかけ』四谷ランド，1998年．
高橋明善編著『沖縄ヤンバル地域の社会変動と海上ヘリ基地問題』東京国際大学人間社会学部・社会学研究室（科学研究費研究成果報告書），1999年．
地位協定研究会編『日米地位協定逐条批判』新日本出版社，1997年．
中里嘉彦『サミットと北部経済の将来展望』春夏秋冬社，1999年．
皇基晃『沖縄問題・基礎知識』亜紀書房，1996年．
福地曠昭「基地と環境破壊」同時代社，1996年．
ヘリ基地反対協『市民投票報告集——名護市民燃ゆ——』ヘリ基地反対協刊，2000年．
眞喜志好一，他『沖縄はもうだまされない』高文研，2000年．
山内徳信・水島朝穂『沖縄・読谷村の挑戦』岩波ブックレット，1997年．
山本英治・高橋明善・蓮見音彦編『沖縄の都市と農村』東京大学出版会，1995年．
吉沢弘明『海と大地を守れ』あけぼの出版，1998年．
宮本憲一・佐々木雅幸編『沖縄　21世紀への挑戦』岩波書店，2000年．
三木健『ドキュメント　沖縄返還交渉』日本経済評論社，2000年．

著者略歴

高橋　明善（たかはし　あきよし）

1934年　島根県生まれ，56年東京大学文学部卒業，東京大学教養学部助手，64年東京農工大学農学部専任講師，65年同助教授，76年同教授，97年同定年退職（名誉教授），同年東京国際大学人間社会学部教授．

主要編著書

『現代日本の地域社会』（共編著）青木書店，1983年．
『日本の社会　Ⅰ変動する日本社会』，『日本の社会　Ⅱ社会問題と公共政策』（共編著）東京大学出版会，1987年．
『農村社会の変貌と農民意識』（共編著）東京大学出版会，1992年．
『国際化時代に生きる日本人』（共編著）青木書店，1992年．
『沖縄の都市と農村』（共編著）東京大学出版会，1995年．

主要論文

「中国における生産請負制・郷鎮企業の発展と農村社会の変貌」東京農工大学『人間と社会』第5号，1994年．
「ジャワ農村における家族・村落と『貧困の共有』の現代的様相」東京農工大学『人間と社会』第6号，1995年．

沖縄の基地移設と地域振興

2001年2月28日　第1刷発行

定価（本体6500円＋税）

著　者　高　橋　明　善
発行者　栗　原　哲　也
〒101-0051　東京都千代田区神田神保町3-2
発行所　株式会社　日本経済評論社
電話 03-3230-1661　FAX 03-3265-2993
振替 00130-3-157198
装丁・鈴木　弘
印刷・シナノ印刷　製本・協栄製本

© TAKAHASHI Akiyoshi　2001　　落丁本・乱丁本はお取替えいたします．

ISBN4-8188-1331-1　　　　　　　　　　　　　Printed in Japan

Ⓡ〈日本複写権センター委託出版物〉
本書の全部または一部を無断で複写複製（コピー）することは，著作権法上の例外を除き，禁じられています．本書からの複写を希望される場合は，日本複写権センター（03-3401-2382）にご連絡ください．

来間泰男 著　沖縄経済の幻想と現実　四六判 340頁 2800円	沖縄経済の特質をふまえ，日本復帰後の状況分析から，自由貿易地域をめぐる議論とアメリカ軍事基地とその経済の関係等について問題の本質をさぐる。1998年度伊波普猷賞受賞。（1998年）
来間泰男 著　沖縄経済論批判　四六判 340頁 2500円	沖縄の本土復帰から24年。沖縄経済の性格を「基地経済」と捉える見方が多い。戦前から現代までの関係主要論文を詳細に検討し，鋭い批判を展開する著者30年余の沖縄経済論。（1990年）
三木 健 著　沖縄・西表炭坑史　四六判 224頁 2200円	沖縄の南端・西表島では，明治初年から約70年間，幾千人もの坑夫たちが汗と血を流した。沖縄の歴史からも切り離されてきた彼らの全体像に迫る。（1996年）
冨山一郎 著　近代日本社会と「沖縄人」―「日本人」になるということ―　Ａ５判 320頁 3200円	近代資本主義社会の論理が「沖縄人」をつくり上げる過程で，「立派な日本人」になるために沖縄出身者はいかなる営為を展開したか？沖縄民衆の深部に視座を置く近代日本社会論。（1990年）
冨山一郎 著　戦場の記憶　四六判 190頁 1800円	戦場には，命令としての死がある。それゆえに，戦場の記憶は，人間性に深く影響を与える。沖縄と南洋諸島の戦場で何が行われたかを検証しつつ「戦争」を掘り下げる。（1995年）
香村武一 著　戦後日本の形成と発展―占領と改革の比較研究―　Ａ５判 530頁 7200円	近年公開された占領期の新資料を駆使して，占領政策が日本経済に及ぼした影響，軍政下の琉球列島に対する政策を分析。ドイツ，イタリアにおける占領の比較もする。（1995年）
三木 健 著　ドキュメント沖縄返還交渉　四六判 352頁 2600円	「核ぬき」，「本土なみ」を強く求める県民の願いをよそに，軍事基地沖縄は冷戦の力学に翻弄される。30年前，第一線記者によるリアルタイムの記録。（2000年）